JN448178

신라 화랑도

조범환

서강대에서 영문학을 전공하면서 부전공으로 택한 역사학에 매료되어 사학과 대학원에 진학하였다. 석사 과정 중에 고대사에 관심을 두어 그것으로 전공을 삼았고, 박사학위까지 취득하였다. 서강대 박물관 연구교수로 지내다가 이후 2010년 9월에 서강대 사학과 교수로 자리를 옮겨 현재에 이르고 있다. 서강대학교 박물관장을 지냈으며, 한국사상사학회장도 역임하였다. 현재 한국고대사탐구학회장으로 활동하고 있다.
저서로는 『신라선종연구』(일조각, 2001), 『나말려초 선종산문 개창 연구』(경인문화사, 2008), 『나말려초 남종선 연구』(일조각, 2013), 『중세로 가는 길목, 신라하대사』(새문사, 2018), 『신라 중대혼인정치사』(일조각, 2022) 등이 있고, 또한 여러 편의 공저도 발간하였다. 최근에는 최치원에 관심을 두고 논문과 책을 집필 중이다.

서강학술총서
155

신라 화랑도

조범환 지음

서강대학교출판부

서강학술총서 155

신라 화랑도

초판 1쇄 발행 | 2025년 12월 25일

지 은 이 | 조범환
발 행 인 | 심종혁
편 집 인 | 하상응
발 행 처 | 서강대학교출판부
등록 번호 | 제2002-000170호

주 소 | 서울특별시 마포구 백범로 35(신수동)
전 화 | (02) 705-8212
팩 스 | (02) 705-8612

ⓒ 조범환, 2025 Printed in Korea
ISBN 978-89-7273-548-9 94910
ISBN 978-89-7273-139-9 (세트)

값 33,000원

* 잘못된 책은 구입하신 곳에서 바꿔드립니다.
* 이 책의 판권은 지은이와 서강대학교출판부에 있습니다.
양측 서면 동의 없는 무단 전재 및 복제를 금합니다.

* '서강학술총서'는 SK SUPEX 기금의 후원으로 제작됩니다.

책머리에

화랑도에 대하여 학생에게 질문하였을 때, 대다수는 사다함이나 관창 그리고 더 나아가 김유신을 떠올리고 그들이 전쟁터에서 용감하게 싸웠다는 대답을 들을 수 있었다. 또한 일부 학생 가운데는 화랑도에 대하여 교과서나 개설서에 실린 내용을 가감 없이 그대로 전해 주기도 하였다.

그렇지만 진흥왕대에 만들어졌다고 하는 화랑도 구성원의 다수를 차지하는 낭도의 신분이 어떠하였는지, 무리를 이루었다고 하는데 어떻게 그것이 가능하였는지, 국가가 그렇게 만든 것인지 아니면 자발적으로 특정한 인물을 중심으로 모인 것인지 혹은 화랑이 낭도를 모았는지 등에 대한 의문에 대해서는 대답이나 생각을 거의 들을 수가 없었다. 또한 화랑도에서 양명한 다음 성인이 된 이후에 화랑과 낭도의 관계가 어떠하였을까 하는 것에 관해서도 거의 아는 바가 없었다. 이는 화랑도에 대한 이해가 피상적인 수준에 머물러 있음을 말해 주는 것이며, 그 집단에 대한 이해가 제대로 이루어지지 않았기 때문에 이와 같은 상황이 되었다고 생각된다.

그리고 또 하나 중요한 점은 화랑이었던 사다함이나 관창을 전사로 이해하고 있다는 사실이다. 이는 일제강점기와 유신정권에서 만들어 낸 신라 화랑도상이 현재까지도 그대로 이어져 왔기 때문이다. 지금까지도 그와 같은 교육이 이루어지고 있기에 전쟁터에 나가 싸우다 죽은 화랑의 이름만을 기억하고 있다고 할 수 있다. 이는 학생의 화랑도에 대한 기본적인 이해가 출발부터 문제가 있다는 것을 말해 준다.

신라 화랑도는 신라 사회를 이해할 수 있는 중요한 창구의 하나라고 할 수 있다. 진흥왕대에 탄생한 화랑도는 신라가 멸망할 때까지 지속되었으므로 오랜 역사를 가졌을 뿐만 아니라 그것의 변화를 통해 신라 사회의 여러 모습을 살펴볼 수 있기 때문이다. 화랑도가 생겨나면서부터 신라 사회는 발전하기 시작하였고, 삼국통일의 원동력이 되었다고 할 수 있다. 그리고 신라 중대 이후부터 화랑도는 변화를 거듭하였고, 하대에 이르러서는 본래의 모습을 상실한 채 변질되기까지 하였다. 변질되었다고 하는 의미는 탄생의 목적을 상실하고 형해화된 형태로 실질적인 모습은 사라지고 사병적인 형태로 전락하게 되었다는 것을 말한다. 물론 이와 같은 설명은 지금까지 화랑도 연구의 대체적인 흐름이고 학계에서도 수용하고 있다는 점에서 그렇다.

화랑도에 관한 연구는 일제부터 시작되었다. 그러나 일본인 연구자들이 연구한 화랑도는 실제의 모습과는 거리가 먼 것이었고 왜곡하여 설명한 것이 대부분이었다. 이후 이와 같은 연구 성과를 넘어서고자 하는 국내 연구자의 노력이 있었다. 다만, 박정희 정권 때는 화랑도가 정권의 도구로 활용되기도 하였다. 그렇지만 1980년대 이후 이루어진 화랑도 연구는 많은 발전을 보였고 새로운 결과도 많이 도출되었다.

이와 같은 과정에서 필사본 『화랑세기』의 출현은 신라 화랑도를 다시 돌아보게 하는 계기가 되었다. 그 과정에서 진위에 관한 논쟁이 여러 차례 이루어졌고, 소수의 몇몇 연구자는 이 자료를 이용하여 신라 화랑도에 대한 새로운 접근을 시도하였다. 은사이신 이종욱 선생님께서 필사본 『화랑세기』를 기초로 『화랑』이라는 제목의 책을 2003년에 세상에 드러냈다. 제목이 『화랑』으로 되어 있으나 실제 내용은 화랑도에 관한 모든 것을 설명하고 있다. 필사본 『화랑세기』를 기본으로 하여 저술한 만큼 지금까지 우리가 알고 있던 화랑 혹은 화랑도와는 전혀 다른 화랑도의 모습에 대해서 알 수 있게 되었다. 그리고 이 책이 가지는 또 하나의 중요한 점은 화랑도에 관한 전문적인 개설서라는 점이다. 지금까지 화랑도에 관하여 다룬 책이 여럿 있었으나 단행본으로 발간된 것은 손으로 꼽을 수 있기 때문이다. 따라서 이 책은 신라 화랑도에 대한 기본적인 이해뿐만 아니라 그것에 대하여 깊이 있게 알 수 있다는 점에서 주목할 수 있다.

현재 필사본 『화랑세기』는 학계의 관심에서 멀어져 있고, 최근에는 이와 관련된 논문을 거의 찾아볼 수 없다는 점에서 그러하다. 그렇다고 여기서 다시 필사본 『화랑세기』를 활용하여 신라 화랑도를 연구하려는 것은 아니다. 필사본 『화랑세기』가 알려지기 전의 연구 성과를 검토하고, 또한 그것이 알려진 이후에 발표된 연구를 살펴본 후 새로운 각도에서 화랑도를 알아보고자 하는 것이다. 본서를 발간하게 된 이유가 바로 여기에 있다.

필자가 화랑도에 관하여 관심을 가지게 된 것은 신라 하대 화랑으로 활동하였던 '김효종' 관련 논문을 쓰면서부터 시작되었다. 그는 진성왕대에 활동한 화랑으로 효녀 지은을 도운 것을 계기로 하여 헌강왕의 딸과 혼인하였고, 효공왕 사후 왕위를 두고 박경휘와 경쟁을 하였던 인물이다. 물론 그는 박경휘(후일 신덕왕)에게 밀려 왕위를 계승하지는 못하였으나 그의 아들인 김부가 경순왕으로 왕위에 오른 것으로 보아 화랑 세력과 불가분의 관계가 있었음을 알 수 있다. 이와 같은 논문을 발표한 이후 오랫동안 화랑도를 잊고 지냈다. 그러다가 화랑과 낭도와의 관계를 한국고대사학회에서 발표하였고 학술지에 게재하였다. 또한 승려 낭도에 대해서도 새로운 관점에서 서술하여 학술지에 실었다. 이렇게 할 수 있었던 데에는 선학의 도움이 컸다. 그는 화랑도에 관한 논문이 많으나 정작 제대로 된 책을 찾아볼 수 없다면서 필자에게 화랑도에 관한 책을 써 볼 것을 권유하였다. 그러나 당시 그 자리에서는 확실한 대답을 하지 못한 채 얼버무리고 말았으나 언젠가는 기회가 있을 것이라는 막연한 생각만 하였다.

이후 필자는 은사이신 이종욱 선생님께서 화랑도와 관련하여 발표한 여러 논문을 통하여 깊은 감명을 받았을 뿐만 아니라 새로운 연구서를 세상에 발표하는 것이 은사의 뜻을 잇는 것이라는 생각을 하게 되었다. 그래서 은사의 연구 성과를 최대한 수용하면서 이미 필자가 발표하였던 논문과 그것을 기반으로 하여 화랑도에 관한 새로운 연구서를 저술하는 것이 학계에 도움이 되겠다는 생각이 들었다.

그러한 중에 서강대학교 학술총서위원회에 화랑도와 관련한 책을 쓰겠다고 연구계획서를 제출하였고 얼마간의 연구비를 받아 이 책을 집필할 기회를 얻게 되었다. 그렇지만 오랜 시간 동안 글을 쓰지 못하였을 뿐만 아니라 약속한 기일에 맞춰 원고를 제출하지 못하였기 때문에 책의 출판 여부도 불투명한 상황이 되었다. 이 과정에서 우여곡절을 겪고 나서야 이 책을 완성할 수 있게 되었다. 이후 학술총서위원회에 원고의 완성을 알렸고, 심사를 받아 책을 출간할 수 있게 되어 너무나 다행이다.

이제 정년이 얼마 남지 않았다. 주어진 숙제를 마무리해야 하는 시점에 서 있는 상황에서 이 책을 출간할 수 있게 되어 기쁘고, 남은 시간 동안 연구한 내용을 학생들에게 한국고대사 강의를 통해 새롭게 전해 줄 수 있기를 기대해 본다.

2025년 9월

노고산 정하상관 907호 盤松 서실에서

목 차

서론

서론

1. 연구의 배경

김대문(金大問)의 『화랑세기(花郎世記)』에 따르면 “어진 보필자와 충성스러운 신하가 이로부터 나왔고, 훌륭한 장수와 용감한 병졸이 이로부터 생겨났다”라고 하였다. 이는 화랑도(花郎徒)의 특징을 한마디로 정리한 것으로 신라가 삼한을 통합할 수 있었던 중요한 디딤돌이었음을 말해 준다. 잘 알려진 바와 같이 신라 화랑도는 진흥왕대(眞興王代)에 만들어진 청년 단체로서 신라가 끝날 때까지 존속하였으며, 인재 선발이 주된 목적이었다. 화랑도가 이와 같은 목적을 지녔기에 많은 인재를 배출하였으며, 특히 삼국을 통일하는 데 밑거름으로 작용하였다. 결과적으로 볼 때 신라가 변방에서 성장하여 천여 년 동안 역사를 지속하는 동안 화랑도는 신라를 성장시키고 발전하는 데 있어 주춧돌과 같은 역할을 하였다고 해도 지나친 말이 아닐 것이다.

이 단체가 생겨나기 이전에는 원화(原花)가 운용되었으나 내분으로 막을 내린 다음 화랑도가 탄생하였는데, 이는 골품제 사회의 운용 원리를 익히게 하는 사회화의 장치로서 기능하였다고 알려져 있다.[1] 또한 화랑도는 탄생부터 사라질 때까지 그 성격을 그대로 유지한 것이 아니었다. 이 단체는 중고기에 매우 활성화되었고, 중대에는 일시적으로 사라졌다가 부활하기도 하였으며, 하대에는 매우 정치적인 성격을 띤 단체로 변질되었다. 비록 이와 같은 변화와 변질을 겪기는 하였으나 하나의 애해 집단으로서의 성격을 가졌던 단체라고 규정해도 무리한 이해는 아닐 것이다.

이와 같은 성격과 기능을 가진 화랑도에 대하여 지금까지의 연구를 살펴보면, 제일 먼저 일제강점기에 일본인 연구자인 삼품창영(三品彰英, みしなしやうえい)의 연구를 주목할 수 있다. 그는 1929년 경도(京都) 제국대학 대학원 1학년 재학 중에 제출한 연구보고서에서 화랑도에 관하여 다루었다.[2] 이후 그것을 더욱 정리하고 완성하여 책으로 발간하였다.[3] 그의 신라 화랑도에 관한 연구는 한국고대사 연구자들

---

1 이종욱, 「신라 화랑도의 편성과 조직·변천」『신라문화제학술논문집』 10, 1989, 249쪽에서 "화랑제의 본질적인 기능은 골품제 사회체제에 대한 사회화 과정으로서 왕경인 자제들에게 해당 신분의 성원으로서의 권리와 의무를 숙달시키는 것이었다고 본다"라고 하였다. 이와 비슷한 견해가 또 있는데 김병곤, 「신라 중고기의 화랑도-골품제를 뒷받침하는 화랑도의 역할에 대하여-」『동국사학』 30, 1996, 86쪽에서 청소년 집회 생활을 통해 진골 귀족과 그 이하 두품과의 상하 관계 의식을 자연스럽게 심어주어 폐쇄적인 골품 제도에 순응할 수 있도록 유도하였다고 파악하고 있다.

2 이에 대해서는 曺凡煥, 「일제강점기 일본인 연구자들의 신라 화랑 연구」『新羅史學報』 17, 2009, 71쪽의 〈표-1〉 '삼품창영의 화랑연구 목차의 변화'를 참고할 것. 또한 본서에 실린 보론을 참고할 것.

3 일본인 연구자 三品彰英이 화랑도와 관련하여 출간한 『朝鮮古代研究

에게 큰 영향을 미쳤고, 최근까지도 중고등학교 교과서와 한국고대사 관련 일반 개론서에서도 그의 연구가 계속해서 인용되고 있을 정도이다.[4]

해방 후 국내에서도 화랑도에 관한 연구가 이루어져 단행본이 발간되기는 하였으나,[5] 특정한 목적을 위하여 발간한 것이었으므로 학술서로서의 가치는 크지 않다.[6] 이후 화랑도와 관련하여 발표된 논문을 모으거나 정리하여 책으로 발행한 연구자가 여럿 있었다.[7] 이와 같

-第一部 新羅花郎の研究-』, 三省堂, 1943을 주목할 수 있다. 그는 오랫동안 화랑도에 관심을 기울여 처음 발표한 원고를 다시 수정 및 정리하여 이 책을 출간하였다.

4 2015년 교육 과정 개정에 의한 중고등학교 교과서에는 삼품창영의 연구가 영향을 미쳤으나, 2022년 교육 과정 개정에 의한 2025년도 발행된 중고등학교 교과서에는 화랑도의 기원에 대한 설명은 찾아볼 수 없는 실정이다.

5 국내에서 화랑도와 관련하여 발간된 연구서로는 李瑄根, 『花郎道研究』, 海東文化社, 1949 및 『花郎道』, 형설출판사, 1971 그리고 『화랑도와 삼국통일』, 세종대왕기념사업회, 1974 등이 있다.

6 이선근의 연구는 해방 이후 화랑도에 관한 연구지만 현재로서는 그다지 의미가 없는 책이다. 1949년에 발간된 이 책은 해방 이후 우익 청년단과 우익 학생운동의 이념적 뿌리를 찾기 위한 것이었다(박찬승, 「이선근의 한국사 연구와 역사관」『근대교류사와 상호인식』 III, 아연출판부, 2008, 217쪽).

7 李基東, 『新羅 骨品制社會와 花郎徒』, 一潮閣, 1984 및 『新羅社會史研究』, 一潮閣, 1997 등을 참고할 수 있다. 두 책은 신라 화랑도를 이해는 데 큰 도움이 되고 있다. 다만 두 책은 화랑도에 대하여 발표하였던 논문을 한데 묶은 것일 뿐 화랑도만을 전문적으로 다룬 단행본은 아니다. 그리고 이도학 외, 『신라화랑연구』, 한국정신문화연구원, 1992가 있는데, 이는 여러 연구자의 글을 모은 것이다. 그리고 한국향토사연구 전국협의회에서 엮은 『화랑문화의 신연구』, 문덕사, 1996을 들 수 있는데, 이 책도 여러 연구자의 논문을 묶은 것에 불과하다. 또한 박남수, 『신라 화백제도와 화랑도』, 주류성, 2013에서도 화랑도에

은 연구는 신라 화랑도에 대한 기본적인 지식을 제공하였다는 점에서 눈여겨 볼 수 있다. 다만 화랑도에 대한 전체적인 흐름을 살피는 데는 여전히 부족한 점이 없지 않다. 그리고 역사학 분야가 아닌 체육 관련 분야나 교육학 쪽에서 화랑도에 대한 연구서가 발간되었으나,[8] 화랑도에 관한 전체적인 모습을 알아내기에는 한계가 있다.[9]

사정이 이러한 가운데 필사본 『화랑세기』가 세상에 드러나 화랑도 연구에 새로운 국면을 맞이하게 되었다. 새롭게 발견된 필사본 『화랑세기』는 지금껏 알고 있던 신라 화랑도에 대한 인식을 바꾸는 계기를 마련해 주었다.[10] 이는 기왕에 이루어진 화랑도 연구를 새롭게 돌아볼 필요를 제공하였다는 점에서 그냥 지나칠 수 없음을 말해 준다. 그러나 필사본 『화랑세기』는 남당 박창화(朴昌和, 1895~1962)의 소설 같은 작품에 불과하다면서 『삼국사기』와 『삼국유사』의 기록을 통해

관한 몇 편의 논문을 싣고 있다.

8 李鎭洙, 『新羅花郎의 體育思想 硏究』, 보경문화사, 1990 및 손인수, 『신라 화랑도의 공간』, 문음사, 1996 등을 들 수 있다.

9 화랑도에 관한 단행본이 많지 않은 대신 논문은 상대적으로 많은데, 그 가운데서도 화랑의 활동에 관심을 둔 연구가 제일 많이 이루어졌다. 전쟁에 나가 목숨을 바친 화랑 관창이나 사다함 등 진골 신분을 가진 이들에 대하여 많은 관심을 보였다. 진골 화랑에 대하여 관심이 많았던 이유는 그들에 대한 기록이 낭도에 대한 기록보다 상대적으로 많기 때문이었다. 따라서 화랑도 연구에서 화랑 관련 연구가 낭도에 관한 연구보다도 상대적으로 많을 수밖에 없는 이유가 여기에 있다. 반면에 화랑과 함께 활동하였던 낭도들에 대한 이해는 상대적으로 적을 수밖에 없었는데, 이는 낭도에 대한 집중적인 조명보다는 화랑도나 화랑을 연구하는 과정에서 그들을 부차적으로 다루었기 때문에 일어난 결과라고 할 수 있다.

10 이종욱, 『화랑』, 휴머니스트, 2003에 실린 「화랑세기에 대한 사료비판」 부분을 참고할 것.

이루어진 연구가 타당하다는 주장이 강하게 제기되었다. 한국 고대사 학계의 대체적인 분위기는 전자보다 후자의 견해를 지지하고 있어,[11] 필사본 『화랑세기』의 내용이 학계의 환영을 받지 못하고 있을 뿐만 아니라 그것을 기반으로 하여 발간된 화랑도 연구도 관심의 대상에서 멀어져 있다.[12] 비록 상황이 이렇기는 하지만 필사본 『화랑세기』가 지금까지 알고 있던 화랑도에 대해 새로운 시각으로 바라볼 수 있는 계기를 마련해 주었다는 점에서 결코 무시할 수만은 없다.[13]

비록 필사본 『화랑세기』를 사료로 인정하지 않는다고 하더라도 기왕에 만들어진 화랑도의 틀이 옳았는가 하는 것을 새롭게 돌아볼 필요성은 누구나 절감하게 되었다고 할 수 있다. 그 이유는 일제강점기 일본인 연구자들이 만든 화랑도의 기본 틀을 지금까지도 계속해서 따르고 있기 때문이다. 심지어 화랑도 연구의 근간으로 작용하고 있다는 점에서 쉬이 벗어날 수 없는 형편이다. 무엇보다도 삼품창영의 화랑도 연구가 현재까지도 그 영향을 미치고 있기에[14] 이에 대한 새로운 방법론이 절실하게 요구된다고 하겠다. 현재 우리가 알고 있는 화랑도의 모습은 우리가 연구해서 만든 화랑상(花郎像)이라고 하기보다

---

11 김기흥, 「화랑 설치에 관한 諸 史書의 기사 검토-김대문 『花郎世記』와의 관련성을 중심으로-」 『역사교육』 88, 2003.

12 이종욱, 앞의 책, 2003이 대표적이라 할 수 있다. 필사본 『화랑세기』를 기본 사료로 이용하여 화랑도 연구를 진행하였기 때문에 연구자들의 많은 관심을 끌지 못하고 있다는 점에서 아쉽기만 하다.

13 이종학 외, 『花郎世紀를 다시 본다』, 주류성, 1992가 참고된다.

14 이기동, 앞의 책, 1984, 309쪽에서 삼품창영의 연구에서 많은 시사를 받았다고 하였으며, 같은 책, 330쪽에서는 삼품창영의 책이 자료집으로서 참고되는 바가 많았다고 하였다.

는 일제 강점기 시대에 일본인 연구자가 만든 틀에 살을 덧붙인 것이라고 할 수 있다.[15] 물론 해방 이후 화랑도 연구가 많이 이루어져 기왕의 견해가 수정되기도 하였고 새롭게 밝혀진 것도 적지 않다. 비록 그렇다고 하더라도 일본인들이 만들고 체계를 세운 화랑도의 모습은 거의 변하지 않고 지금까지 이어져 한국사 관련 일반 개설서에 그대로 반영되어 있다. 즉 화랑도가 삼한시대 청소년의 모임에서 비롯되었다거나 순국 무사로 활동하였다고 하는 것이 바로 그것이다.[16]

그렇다면 어떤 방법을 동원해야만 신라의 화랑도를 새로운 각도

15 金京秀는 "화랑의 전신으로서 三韓사회에 존재했었을 가능성이 큰 연령 집단으로서의 청년 조직을 사료로 입증하기 위하여 사료의 맥락까지 왜곡시켜 가면서 억지춘향으로 사료를 다루는 태도는 사학자로서의 기본 태도에도 문제가 있을 뿐만 아니라, 억지 이론을 맞추기 위하여 人類學의 이론까지 아전인수식으로 왜곡 적용하는 것은 인접학문간의 교류에도 커다란 폐해를 끼친다고 생각된다" 라고 하였다(金京秀, 「新羅社會의 年齡體系와 花郎制度」『韓國文化人類學』 17, 1985, 70쪽). 그리고 정운용은 "사료의 잘못된 해석과 인류학 연구 성과의 그릇된 적용에서 비롯한 일본인 연구자의 주장에서 시작되어, 무비판적으로 '통설'의 지위를 누려 온 '花郎 三韓起源說'은 더 이상 학문적 가치를 부여해 줄 수 없다" 라고 하였다(정운용, 「新羅 花郎制 成立의 政治史的 意義」『화랑문화의 신연구』, 1996, 119쪽). 또한 주보돈은 화랑의 기원을 원시 공동체 사회까지 소급시켜 특화할 필요가 없는 것이라고 하였으며, 화랑도의 시원을 명확한 근거 없이 무조건 올려 잡아서도 곤란하다고 하였다(주보돈, 「新羅 花郎徒 硏究의 現況과 課題」『啓明史學』 8, 1997, 94쪽). 이상 세 연구자의 지적은 타당하다고 할 수 있으며 화랑도 시작에 대한 연구의 틀이나 시각을 교체하지 않으면 안 된다고 하는 것을 정확하게 지적한 것이나 다름이 없다고 할 수 있다.

16 경상북도에서 발간한 『신라 천년의 역사와 문화』 연구 총서 가운데 11권에 「화랑도와 인재교육」, 2016, 144쪽에서 미성년자 조직을 상정하고 있다. 또한 이기백, 「한국의 전통사회와 병제」『한국학보』 6, 1977 : 『한국사학의 방향』, 일조각, 1978, 198쪽에서 화랑도가 지니는 기능 중에서 가장 중요한 것은 군사적인 기능이었다고 한 것이 그것이다.

에서 이해할 수 있을까 하는 것이다. 우선 새롭게 발견된 필사본 『화랑세기』를 이용하여 신라의 화랑도를 새롭게 그려 보는 일일 것이다. 그렇지만 그것을 이용하여 화랑도 연구를 진행하면 기존의 연구에서 벗어나는 것이 어렵고 특정한 연구자의 연구 내용과 다를 바가 없기 때문이다.[17] 따라서 필사본 『화랑세기』를 이용한 화랑도 연구는 후일을 기약하고 대신에 『삼국사기』와 『삼국유사』에 실린 화랑도 관련 자료를 최대한 새롭게 해석하는 것이 하나의 방법일 것이다. 물론 화랑도에 관심을 가지고 연구를 이끌어 온 선학들의 연구를 검토하는 것도 또 하나의 방법이 될 수 있지만, 이미 이에 대한 논문도 여러 가지로 학계에 소개되어 있으므로[18] 여기서는 그러한 방법을 지양하고 도리어 화랑도 탄생과 성장 그리고 변화와 소멸 과정을 전체적으로 그려 보는 것을 목표로 하겠다. 또한 화랑도의 구성과 조직 및 화랑도의 여러 모습을 통하여 그것의 실체에 좀 더 다가가는 것이 화랑도를 이해하는 좋은 방법이라 할 수 있다. 더 나아가 화랑에서 양명한 이후 성인이 된 후에 서로 어떤 관계에 있었으며 그것이 가지는 정치적 의미가 어떤 것인가 하는 것을 살펴보는 것도 중요하다고 할 수 있다.

본 연구는 신라의 화랑도에 새롭게 접근하여 지금까지의 연구에

17 이종욱, 앞의 책, 2003 참조.

18 홍순창, 「신라 화랑도의 연구사적 고찰」 『신라가야문화』 2, 1970 ; 최재석, 「화랑연구의 성과-초기부터 1986년까지를 중심으로-」 『화랑문화의 신연구』, 문덕사, 1996 ; 최광식, 「화랑에 대한 연구사 검토-초기부터 1986년까지를 중심으로」 『화랑문화의 신연구』, 문덕사, 1996 ; 이기동, 「新羅 花郎徒 연구의 現段階」 『李基白先生古稀紀念韓國史學論叢』, 一潮閣, 1994 : 앞의 책, 1997 ; 주보돈, 앞의 논문, 1997 등을 참조할 것.

서 미처 언급하지 못하였던 부분들을 밝히고, 나아가 그것의 실체에 다시금 다가가 보고자 하는 것이다. 본 연구를 하게 된 이유가 바로 여기에 있다고 할 수 있다. 화랑도가 만들어지기 전에 있었던 원화에서 시작하여 화랑도가 만들어진 이후 변화와 더불어 변질되고 소멸할 때까지의 과정을 그려 보고자 하는 것이다. 물론 그렇다고 해서 화랑도의 역사적 변화 과정만을 다루는 것이 아니라 여러 측면에 관하여 다양하게 다룰 것이다. 이와 같은 연구서를 통해 신라 화랑도에 대한 이해가 깊어질 뿐만 아니라 그것을 연구하는 연구자에게는 더 나은 연구를 할 수 있는 디딤돌 역할을 할 수 있게 되기를 바랄 뿐이다.

2. 연구 방법

신라 화랑도를 연구하기 위해서는 여러 가지 방법을 동원할 필요가 있다. 우선 『삼국사기』와 『삼국유사』에서 화랑이나 낭도와 관련된 자료를 전부 추출하는 일이 선행되어야 할 것이다. 두 사서에서 화랑도와 관련된 기록이 많지는 않으나 관련 자료들을 최대한 추출하는 것이 무엇보다 중요하다.

두 사서에서 화랑도와 관련된 자료들을 추출한 다음 해야 할 일은 사료에 관하여 철저하게 분석하는 일일 것이다. 사료에 대한 분석이 제대로 이루어지지 않는다면 기존의 연구 성과와 다를 바 없는 결과물이 나올 수 있기 때문이다. 예컨대, 화랑이 많은 수의 낭도를 거느리고 있었다는 사실은 누구나 알고 있다. 그런데 여기서 궁금한 것은 수백에서 천여 명에 이르는 낭도들이 어떻게 모이게 되었는가 하는 것이다. 다시 말하면 화랑이 낭도를 모집하였는지 아니면 낭도가

화랑을 선택하였는지를 살펴보아야 할 것이다.[19]

그런데 지금까지 화랑도를 연구하면서 이러한 의문에 대해서는 그다지 천착하지 않았다. 화랑을 중심으로 낭도가 모였다고 하는 것을 지극히 당연한 사실로 인정하였기 때문이다. 그렇지만 이러한 기초적인 의문을 해결하지 않고서는 화랑과 낭도와의 관계를 제대로 살펴볼 수 없다. 왜냐하면 이 문제를 해결해야만 화랑도가 계속해서 존속되는 이유를 알 수 있기 때문이다.[20]

다음으로 신라 화랑도를 연구하는 데 있어 관심을 기울여야 할 부분이 시기 구분일 것이다. 신라 화랑도의 전형은 중고 시대에서 찾을 수 있다. 그런데 신라 하대에도 화랑도의 활동을 찾아볼 수 있는데, 이때의 모습은 중고 시대의 그것과는 같지 않다. 따라서 신라 전 시기의 화랑도의 활동을 중고 시기와 중대 그리고 하대로 구분하여 살펴보는 것이 중요하다. 또한 신라 중고기의 화랑과 낭도의 모습에서 어떤 변화가 있었는지 살펴보는 것도 좋을 것이다. 진흥왕대에 생겨

---

19 박남수는 진평왕 때에는 화랑을 선임하고 나서 낭도를 결성하였던 것으로 보고 있다(박남수, 「신라 중고기 花郎의 出身 家系와 花郎徒 운영의 변화」『韓國古代史研究』 51, 2008 : 앞의 책, 2013, 410쪽). 또한 그는 진평왕대부터 화랑도 출신들이 지원보다는 징집되어 부대에 편성되거나 천거를 통하여 참전하였던 것으로 추측하였다(박남수, 앞의 책, 2013, 413쪽). 그런데 그가 근거로 제시한 인물로는 귀산과 추항 그리고 김흠운 등이다. 귀산과 추항에 대해서는 수긍할 수 있지만, 김흠운의 경우는 이미 화랑도에서 양명한 다음의 일이다. 왜냐하면 김흠운의 경우 태종무열왕대인 651년에 낭당 대감에 보임되어 전쟁터에 나간 것이므로 화랑도에서 낭도로 활동하던 시기와는 거리가 멀기 때문이다.

20 李鍾旭, 앞의 논문, 1989 및 「신라 중고시대의 화랑도」『省谷論叢』 27-4, 1996 참조.

난 화랑도는 진지왕과 진평왕대에 이르러서는 좀 더 변화한 것이 아닌가 하는 생각도 든다. 예컨대, 국선의 탄생이라든가[21] 화랑의 숫자가 많아진 점이라든지 조정에 화주(花主)가 있어 화랑도 보호에 관심을 보이고 있다든지 하는 것도 검토할 대상이다.

이상과 같은 검토를 하면서 동시에 추구해야 할 문제는 바로 다음과 같은 것이다. 즉 화랑도를 연구하는 방법에 있어 중요한 점은 새로운 아이디어를 가지고 접근해야 한다는 사실일 것이다. 새로운 아이디어를 얻을 방법은 여러 가지가 있을 것인데, 우선은 신라의 변화를 염두에 두고 화랑도를 연구하게 되면 지금까지와는 다른 새로운 각도에서 그들의 모습을 볼 수 있을 것이다. 또한 화랑도와 관련된 특정한 주제를 몇 가지 선정한 다음 그것에 대하여 집중적인 검토를 하게 되면 신라 시대 화랑도를 이해하는 데 있어 한 걸음 더 나갈 수 있지 않을까 싶다.

3. 연구의 내용과 방향

본 연구는 다음과 같은 내용으로 구성하고자 하였다. 제1부에서는 화랑도의 변천사에 대해서 검토할 예정이다. 이를 위해 첫째로 화랑도가 제정되기 이전에 원화제가 시행된 사실에 주목하고 그것이 무엇 때문에 만들어졌으며 지소태후와는 어떤 관계가 있는지 등에 대하여 살펴볼 것이다. 그리고 어떤 이유로 원화가 폐지되었으며 이후

21 박순교는 진흥왕대에 만들어진 화랑도가 진지왕대에 이르러 국선의 설치와 더불어 화랑제도 전반에 걸쳐 維新이 있었다고 하였다(박순교, 「眞智王의 改革과 花郎徒의 動向」『淸溪史學』 18, 2003, 37~39쪽).

화랑도를 탄생시킨 촉발 요인은 무엇인지 알아보기로 하겠다.

둘째로 진덕왕대에 국학의 탄생이 화랑도의 동향에 어떠한 영향을 미쳤는지에 대해서 검토할 예정이다. 다음으로 신문왕대에 화랑도가 거의 폐지되는데 그 이유가 무엇이며, 국학의 정비와 화랑도와의 관계는 어떠했는지 집중적으로 짚어보고자 한다. 그리고 효소왕대에 화랑도의 부활이 이루어지고 있으며 국선의 활동이 크게 도드라진다. 그렇게 된 이유가 어디에 있으며 그것이 가져온 결과가 무엇인지 알아볼 예정이다.

셋째로 화랑도가 폐지와 부활 과정을 거치면서 더욱 새롭게 정비되어 간 것이 아니라 신라의 쇠락과 함께 그 운명도 같이 하였다고 하는 점이다. 우선 국학의 강화와 더불어 화랑도가 더욱 위축되었을 것인데 이에 대한 검토가 요구된다. 다음으로 원성왕대에 독서삼품과의 설치로 말미암아 낭도의 신분에도 큰 변화가 일어나게 되었을 것으로 짐작할 수 있는데 이러한 점을 현재의 화랑도 연구에서는 간과하고 있다는 점이다. 또한 신라 하대 독서삼품과의 설치는 화랑도의 존재 자체를 더욱 위축시킨 것으로 생각되는데, 이에 관한 더욱 치밀한 검토가 요구된다고 하겠다. 더 나아가 신라 하대에 들어가면 화랑도의 변질이 가속화되었는데, 그러한 것을 왕위 쟁탈전과 연계하여 살펴보고자 한다. 신라 하대에 치열하게 전개된 왕위 쟁탈전과 그 속에서 움직이는 화랑도에 대한 검토가 무엇보다 중요하다고 할 것이다.

제2부에서는 화랑도의 구성과 조직에 대해서 검토할 예정이다. 이를 위해 먼저 원화와 낭도와의 관계에 대해서 알아볼 것이다. 원화의 신분을 살펴보는 것과 아울러 낭도의 신분도 함께 검토해 보고자 한다. 그리고 원화제 아래서 낭도의 활동에 대해서도 살펴볼 것이다.

다음으로 화랑도가 생겨난 이후 특정한 화랑의 낭도가 되고자 하는 젊은이들은 어떤 기준을 가지고 화랑을 선택하였으며 선택의 기준이 무엇인가 하는 것이다. 그리고 그 선택에 따른 목적이 숨겨져 있는데 그러한 것이 무엇일까 하는 것을 밝혀 볼 예정이다. 다음으로 낭도들의 역할을 통해 신라 중고기 화랑도에 대하여 좀 더 자세하게 알아볼 예정이다. 신라 중고기에는 여러 명의 화랑이 동시에 존재하였고 그들은 수백 명에서 천여 명에 이르는 낭도들을 이끌고 있었다. 그렇다면 신라 왕경 내의 젊은이들 모두를 합해도 그 숫자가 모자랐음에 틀림이 없다. 그렇지만 현재까지 화랑도와 관련하여 이루어진 연구는 그러한 것을 염두에 두지 않고 있다고 해도 과언이 아니다. 이에 본서에서는 낭도의 출신이 지방민까지도 포함되었던 것이 아닌가 하는 생각을 가지고 살펴보려고 한다.

마지막으로 화랑도와 승려와의 관계를 살피는 것이 무엇보다 중요하다고 여겨진다. 지금까지 화랑도에는 한 명의 승려가 속해 있었고, 그들이 큰 역할을 하였음은 널리 알려져 있다. 그러나 지금까지 화랑도와 관련되어 나타난 승려들에 대한 기록을 다시 검토해 보는 것도 중요하다고 생각된다. 지금까지 별다른 의문 없이 수용하였던 기존의 연구 성과를 다시금 살펴보아야 하기 때문이다. 그리고 승려가 화랑도의 구성원이 된 배경에 대해서는 좀 더 다른 각도에서 살펴보는 것이 필요할 것이다. 또한 중대 말부터 승려가 화랑도에서 서서히 사라지고 있는데 그러한 것에 대한 이유와 배경에 대해서도 검토할 것이다. 마지막으로 신라 화랑도 내에서 승려의 활동이 가지는 의미에 대해 좀 더 새로운 해석을 해 보고자 한다.

제3부에서는 화랑도의 기본적인 활동에 대하여 살펴볼 것이다.

이를 위해 첫째로 화랑도의 수련에 대하여 검토해 보고자 한다. 특히 화랑의 개인적인 수련과 화랑도 단체의 수련으로 나누어 살펴볼 것이다. 개인적인 수련에 대해서는 김유신을 중심으로 검토할 예정이고, 단체 수련에 대해서는 화랑도의 세 가지 수련 내용에 대하여 집중적으로 헤아려 보려고 한다.

둘째로 화랑도와 전쟁에 대해서 검토해 볼 예정이다. 현재 화랑도가 진흥왕대부터 시작하여 삼국통일 과정에서 전사 집단으로 활동한 것처럼 설명하고 있는데, 이와 같은 설명이 옳은 것인가 하는 것을 알아보고자 한다. 그리고 화랑도 출신 인물들 가운데서 전쟁에 나가 목숨을 바친 인물들에 대한 검토를 통하여 지금까지 알려진 것과 달리 많은 화랑도가 전장에서 죽었던 것이 아니라고 하는 것을 밝혀 보고자 한다.

셋째로 화랑도에서 양명한 이후 성인이 된 다음 사적 결속이 어떻게 이루어졌는가 하는 것을 살펴보기로 하겠다. 이와 같은 사적 결속은 화랑도 탄생 이후 발생한 부산물이라 할 수 있는데 중고기부터 시작하여 하대까지 지속되었다. 다만 중대에는 변화의 과정을 겪기도 하였는데 어떤 이유로 그렇게 되었는가 하는 것을 더듬어 보기로 하겠다. 더구나 하대에 사적 결속이 더 강화될 수밖에 없었던 이유에 대해서도 알아보려고 한다.

제4부에서는 화랑도와 정치 권력과의 관계에 대하여 살펴보고자 한다. 이를 위해 첫째로는 화랑도와 국왕 그리고 조정 화주와의 관계에 대하여 검토해 보고자 한다. 화랑도와 관련된 기록을 살펴보면 국가와 관련된 기록뿐만 아니라 국왕과 관련된 기록들이 찾아지고 있다. 이러한 사실에 주목한 과거의 연구에서는 국왕이 화랑도를 탄생

케 하는 데 주도적인 역할을 하였다거나 혹은 국왕과 관련된 사실을 통하여 화랑도가 반관반민적(半官半民的) 단체의 성격을 가졌다고 하였다. 그렇지만 이러한 성격 규정은 화랑도가 탄생한 이후부터 신라가 끝날 때까지 지속된 것이 아니라 시간적인 변화와 더불어 성격이 바뀌고 있다는 점을 염두에 둘 필요가 있다.

또한 화랑도와 국가와의 관계에 대해서 기왕의 연구에서는 조정화주가 화랑도 운영에 간여하였다고 파악하고 있다. 이러한 견해는 결국 화랑도가 국가의 영향력 아래 있었다고 하는 설명이 되는데 실제 조정 화주에 대한 검토를 통해 화랑도가 국가의 영향력 아래 있었는지를 알아볼 예정이다.

둘째로 신라 하대에는 화랑 가운데서 왕이 되는 경우를 찾아볼 수 있다. 그러한 것이 화랑도에 어떤 결과를 가져왔으며 또한 어떤 의미로 해석할 수 있을까를 살펴볼 것이다. 이를 위해 신라 하대 화랑이었던 효종랑에 대하여 헤아려 보고자 하며 그를 중심으로 하는 세력과 박경휘 세력과의 대립을 검토해 볼 것이다. 더 나아가 효종의 아들인 김부가 왕위를 계승하면서 화랑 세력이 어떤 방향으로 나가게 되는가 하는 것에 대해서도 검토해 볼 것이다.

이상과 같은 검토를 하면 신라 시대 화랑도에 대한 전반적인 이해를 새롭게 얻을 수 있을 것으로 생각된다. 선학의 연구를 바탕으로 하되 본서에서 새로운 화랑도상을 제시함으로써 화랑도에 대한 새로운 이해를 얻을 수 있기를 기대한다. 지금까지의 화랑도에 대한 이해에서 벗어나 새로운 시각에서 접근해 볼 수 있는 창문 역할을 하였으면 하는 바람이다.

1부

화랑도의 역사

-기원에서 소멸까지-

1장

중고기 화랑도의 탄생

1. 머리말

화랑도는 진흥왕대에 탄생한 것으로 원화에서 맥을 잇고 있다. 즉 원화는 화랑도의 전신으로 알려져 있으며 빼어난 미모를 가진 두 명의 여성이 각각의 낭도를 이끌며 활동하였다. 이후 원화 내부의 사정으로 폐지된 이후 일정 시간이 지나 화랑도가 탄생하였고, 이로부터 인재 선발을 본격적으로 담당하게 되었다. 그러한 가운데 진덕왕대에는 인재 양성의 기능을 가진 국학(國學)을 설치하였다. 이는 신라가 인재의 양성과 선발에 깊은 관심을 두었음을 말해 주는 것으로 중고기의 비약적인 발전 과정을 설명하는 데 있어 중요한 요인 가운데 하나라고 할 수 있다.

이와 같은 사실을 염두에 두면 원화와 화랑도 그리고 국학은 신라의 인재 선발과 양성이라는 측면에서 함께 논의할 수 있다. 특히 원화는 화랑도를 연구하는 데 있어 첫 단추와 같은 역할을 하고 있다.

원화가 만들어진 이유가 무엇이며, 그것이 화랑도 탄생에 어떤 영향을 미쳤는가 하는 것을 밝히면 중고기 사회를 이해하는 데 있어 도움이 되기 때문이다.

그러나 현재 원화에 관한 연구도 그렇거니와 그것이 어떻게 화랑도로 이어지게 되었는가 하는 것에 대해서는 그다지 깊이 연구된 바가 없다. 또한 화랑도에 관한 연구와 달리 원화에 관한 관심은 상대적으로 부족하였다. 그 이유는 여러 가지로 생각해 볼 수 있는데, 우선 원화에 대한 기록이 부족한 데서 비롯되었음은 누구라도 부인할 수 없다.

다음으로 일제강점기 일본인 연구자들이 원화에 대한 부정적인 시각을 제공하였던 것과 무관하지 않다고 하는 점이다. 즉 원화를 창기(娼妓)로 보거나, 역사적 근거가 없는 설화로 여기기도 하고, 북방으로부터 유래한 샤머니즘이 습합된 무녀적(巫女的) 기능의 여성 화랑으로 풀이하였기 때문이다.[1]

이러한 해석에 대하여 과거 우리 학계는 일제강점기 일본인 연구자들의 연구를 넘어서기 위한 노력이 있었으나 그것이 쉽지 않았던 것 같다. 예컨대, 원화를 모계사회의 유제로서의 여자 청소년 연령급단조직으로 파악하거나 혹은 원시공동체에서 파생된 약자(若者) 「두레」의 수양단의 여성 단장 등으로 이해하고 있음에서 그렇다.[2]

최근에 와서야 원화에 대하여 다시 주목하고 신라 사회에서 그것

1 원화에 대한 일본인 연구자들의 연구에 대해서 고현아, 「신라 원화제 시행의 배경과 성격」『역사와 현실』 67, 2008, 102쪽 및 박남수, 「新羅 眞興王代 政治社會와 花郎徒 制定」『史學研究』 92, 2008 : 『신라 화백제도와 화랑도』, 주류성, 2013, 381~382쪽 참조.

2 李丙燾, 「眞興大王의 偉業」『韓國古代史研究』, 博英社, 1976, 684쪽.

이 가지는 의미를 적극적으로 살펴보려는 연구가 발표되었다. 즉 원화를 가배(嘉俳)의 풍속이나 사제로서의 여성의 역할 및 모계적 사회의 요소를 강조하여 여사제의 성격으로 이해한 연구가 바로 그것이다.[3] 또한 원화 설치의 궁극적인 목적에 대한 설명도 찾아볼 수 있는데,[4] 이러한 연구는 원화에 대하여 새로운 해석을 하였다는 점에서 주목할 수 있다.

이와 같은 최근의 연구를 통해 원화에 대한 새로운 시각이 제공되기는 하였으나 적잖은 문제들이 찾아지고 있다. 예컨대, 원화가 만들어진 시기에 대해서는 구체적으로 밝히지 않고 있다. 또한 원화의 신분이라든가 그녀를 따르던 낭도에 대한 구체적인 검토도 이루어지지 않은 실정이다. 또한 원화에서 화랑도로 변화한 시점에 대해서도 거의 언급이 없다. 결국 원화를 제관(祭官)적인 성격으로만 해명하는 데 그치고 있어 연구의 한계를 보여 주고 있다. 이는 원화에 대하여 접근하는 시각에 어떤 문제가 있는 것으로 생각할 수 있다. 돌려 말하면 원화에 대한 새로운 인식과 해석이 필요하다는 것을 역설한다. 이를 위해서는 무엇보다도 원화를 구성하였던 사람들에 대한 이해가

---

3 李道學, 「新羅 花郞徒의 起源과 展開過程」『정신문화연구』 13, 1990 : 『신라화랑연구』, 한국정신문화연구원, 1992에 재수록 및 고현아, 앞의 논문, 2008 그리고 박남수, 앞의 책, 2013 등을 참고할 수 있다.

4 이도학, 위의 책, 1992, 21~26쪽에서 중앙집권적 귀족 국가의 출현과 짝하여 분산적인 제의권의 국가적 통합, 이를테면 복속 지역에 대한 이념 기반의 국가적 통제와 확대라는 측면에서 그 같은 업무 수행 집단으로 원화 조직의 출현을 생각하고 있다. 그렇지만 이와 같은 원화 탄생 목적에 대한 이해는 추상적인 설명에 그친 감이 있다. 도리어 원화가 만들어진 시기와 그 주체가 누구였는가 하는 것에 대한 것을 이해하면 이와 같은 설명에는 문제가 있음을 알 수 있을 것이다.

선행되어야 할 것이다. 그렇지만 지금까지 이러한 문제에 대해서는 거의 언급이 없는 실정이다.

이에 본 장에서는 먼저 원화의 시행 배경을 당시의 정치적 상황과 연결하여 살펴볼 것이다. 특히 원화의 시행을 진흥왕의 모후인 지소태후와 관련하여 설명하고자 하며, 그 시기에 대해서도 다시금 살펴보고자 한다. 다음으로 원화가 폐지된 이유에 대해서도 검토해 보아야 할 것이다. 남모에 대한 준정의 질투로 말미암아 원화가 폐지되었다고 하는 것은 매우 단순한 지적이다. 그보다는 그것이 폐지될 수밖에 없었던 이면의 배경을 좀 더 추구해 보아야 할 것이다. 이어서 화랑도의 탄생에 대해서도 검토해 볼 필요가 있다. 원화에서 화랑도가 탄생하였다면 그 변화의 과정에 대한 이해도 필요할 것이기 때문이다. 마지막으로 진덕왕대에 설치된 국학과 화랑도와의 관계에 대해서 더듬어 보고자 한다. 즉 진덕왕대에 국학의 기초가 마련되었는데 그것이 화랑도에 어떠한 영향을 미쳤을까 하는 점이다.

이상과 같은 검토를 통하여 신라 시대 원화의 탄생과 소멸 그리고 화랑도가 생겨난 배경 등을 이해하는 데 도움이 되길 바란다. 또한 본 장이 신라 화랑도를 연구하는 데 있어 출발점 역할을 하게 될 것을 기대해 본다.

2. 원화의 설치와 폐지

잘 알려져 있듯이 원화는 화랑도가 만들어지기 이전에 운용되었다. 연구자들 가운데서는 원화라고 하지 않고 '원화제'라고 하는 경우도 있는데, 그것은 하나의 조직으로서 국가에 의해 만들어졌으며, 일정 기간 운영되었다고 하는 뜻을 내포하고 있다. 즉 국가에서 원화를 임명하고 그 아래에 낭도를 두었으며 또한 그것이 일정 기간 존속되었기 때문에 현재의 연구자들이 그렇게 명명한 것이다. 그렇지만 신라의 관직 제도 속에서 원화제에 대한 것을 찾아볼 수 없으므로 원화제라고 하는 것에는 쉽게 동의하기 어렵다. 이에 본 장에서는 사료에 보이는 그대로 원화라고 칭하겠다.

그러면 원화는 언제 만들어졌으며 그것을 만들게 된 배경이 어디에 있었을까 하는 것에 대하여 살펴보기로 하자. 물론 이에 관한 연구가 없었던 것은 아니나,[5] 기왕의 연구에서 미처 살펴보지 못한 측면들이 있다고 생각되기에 여기서 좀 더 구체적으로 검토해 보려고 한다.

A-1. 처음으로 원화를 받들었다. 일찍이 임금과 신하들이 인물을 알아볼 방법이 없어 걱정하다가, 무리들이 함께 모여 놀게 하고 그 행동을 살펴본 다음에 발탁해 쓰고자 하여 마침내 미녀 두 사람, 즉 남모(南毛)와 준정(俊貞)을 뽑고 무리 300여 명을 모았다. 두 여인은 아름다움을 다투어 서로 질투하여, 준정이 남모를 자기 집에 유인하여 억지로 술을 권하여 취하게 되자 끌고 가 강물에 던져 죽였다. 준정이 사형에 처해지자 무리들은 화목을 잃고 흩어지고 말았다. 그 후 다시 미모의 남자를 택하여 곱게 꾸며 화랑이라고 이름하고 그를 받드니, 무리들이 구름처럼 몰려들었다(『삼국사기』 권4, 진흥왕 37년).

A-2. 또한 (왕은) 천성이 풍미(風味)하고 신선(神仙)을 매우 숭상하여 인가(人家)의 낭자 중에서 아름답고 예쁜 자를 택하여 받들어 원화로 삼았다. 이것은 무리를 모아서 인물을 뽑고 그들에게 효도와 우애, 그리고 충성과 신의를 가르치려 함이었

5 고현아, 앞의 논문, 2008이 대표적이라 할 수 있다.

으니, 또한 나라를 다스리는 대요이기도 하였다. 이에 남모랑(南毛娘)과 교정랑(皎貞娘)의 두 원화를 뽑았는데, 모여든 무리가 3~4백 명이었다. … 여러 해 뒤에〔累年〕 왕은 또 나라를 흥하게 하려면〔慾興邦國〕 반드시 풍월도를 먼저 해야 한다고 생각하여, 다시 명령을 내려 좋은 양가의 남자로서 덕행이 있는 자를 뽑아 화랑이라고 하였다(『삼국유사』 권3, 탑상 제4, 미륵선화 미시랑 진자사).

위의 A-1 및 A-2의 기록을 자세하게 살펴보면, 원화가 생겨난 시기와 배경에 대하여 좀 더 가까이 다가갈 수 있을 것으로 생각된다. 우선 A-2의 기록에 따르면 원화가 폐지된 이후 여러 해 뒤에〔累年〕 화랑도가 만들어졌다는 기록으로 볼 때 원화는 화랑도가 생겨나기 이전에 만들어졌음을 알 수 있다.

그런데 A-1에서는 원화가 진흥왕대에 만들어졌다가 같은 왕대에 폐지된 것처럼 기록되어 있다. 진흥왕 37년에 원화가 폐지되고 화랑도가 만들어진 것으로 기록되어 있다는 점에서 그러하다.[6] 그렇지만 『삼국사기』의 기록과 달리 원화는 진흥왕대 이전 어느 시기에 두어졌을 가능성이 연구자들에 의해 제시되었다.[7] 이러한 연구 성과를 염두에 두면 진흥왕 즉위 이전에 이미 원화가 만들어졌음을 충분히 짐작할 수 있다.

6 고현아는 앞의 논문, 2008, 107쪽에서 원화 역시 진흥왕 초기에 시행되었을 가능성을 열어두고 있다.

7 주보돈은 화랑도가 제도화된 시점을 진흥왕 5년으로 상정하여 원화제는 그보다 앞서 그리 멀지 않은 시기에 시행되었을 가능성을 들고 있다(주보돈, 「新羅 花郎徒 研究의 現況과 課題」『啓明史學』 8, 1997, 99쪽 참조). 그렇지만 필자는 여기서 화랑도의 시작을 진흥왕의 즉위와 더불어 시작된 것으로 파악하고 논지를 진행할 것이다.

이렇게 보면 원화가 만들어진 시기는 진흥왕대 이전인 법흥왕대까지 소급해 볼 수 있다. 하지만 이와 같은 주장을 입증하기 위해서는 A-1과 A-2의 기록을 다시 주목하지 않을 수 없다. 우선 A-1과 A-2의 두 기록에서 주목되는 사실은 원화가 여성이라고 하는 점이다. 미모의 여성 두 사람을 선발하였다고 하는 것에서 당시 여성의 사회적 위상을 염두에 둘 필요가 있다. 그리고 그 아래에 삼백여 명의 무리가 따랐다고 하는 것에서 볼 때도 두 사람이 차지하는 사회적 지위가 높았음을 엿볼 수 있다.

잘 알려져 있듯이 신라 상고기에 왕실 여성의 지위와 역할이 적지 않았고 특히 왕실의 임무 가운데 하나인 국가 제사권을 왕녀가 장악하고 있었다고 하는 점을 떠올릴 필요가 있다. 남해왕(南解王)이 여동생인 아로(阿老)에게 제사를 주관하게 하였던 사실로 미루어 볼 때 그러하다.[8] 이렇게 보면 신라 사회에서 특히 왕실 여성의 지위가 높았으며 그러한 지위를 이용하여 제사를 주관하였는데 그 과정에서 원화의 탄생을 엿볼 수 있지 않을까 싶다.[9]

이상과 같이 생각하고 보면 원화가 생겨나기 이전부터 이미 그것의 태동을 위한 단초가 마련되어 있었다고 해야 할 것이다. 그리고 그러한 단초가 자연스럽게 원화로 이어지게 되었다고 생각된다. 화랑도가 만들어지기 이전에 원화가 조직되었던 만큼 진흥왕대 이전에 탄생하였음은 의심할 여지가 없을 것이다. 그렇다고 한다면 결국은 법흥

8 이종욱은 이러한 사실을 지적하여 아로가 1세 원화에 해당된다고 하였다(이종욱, 『화랑』, 휴머니스트, 앞의 책, 2003, 161쪽).

9 백동인, 「新羅 嘉俳의 정치성-위계질서와 성역할의 재생산-」 『한국고대사탐구』 32, 2019가 참고된다.

왕대에 원화가 만들어졌다고 해야 할 것인데, 그것을 입증하는 것이 무엇보다 중요할 것이다.

그러면 법흥왕대에 누가 원화 설치에 관하여 관심을 기울였을까에 대해서 검토해 보기로 하자. 앞서 보았듯이 아로가 왕실의 제사를 주관하고 있었으므로 원화는 이미 그 태동을 위한 밑바탕이 마련되어 있었다고 할 수 있다. 즉 왕실에서 왕녀가 제사를 주관하였고 그러한 전통이 계속해서 지속되었던 만큼 그것이 원화로 이어질 수 있었던 것으로 보아왔다.[10] 이러한 연구 성과를 근거로 할 때 원화가 만들어지게 된 배경에는 아마도 법흥왕 혹은 그와 아주 가까운 여성의 역할이 있지 않았을까 하는 생각에까지 미치게 된다. 그렇다면 먼저 법흥왕의 비인 보도부인(保刀夫人)을 떠올릴 수 있다.[11]

그러나 법흥왕의 비인 보도부인이 원화를 만들었다고 단정할 만한 기록이 없을 뿐만 아니라 신라 상고기에 이어 신라 중고기에도 제사와 관련된 일을 맡았는가에 대해서는 의문이 들기 때문에 보도부인과 원화에 대해서는 유보적일 수밖에 없다. 도리어 기존의 방식대로 왕매(王妹)가 그러한 일을 주관하였다고 보는 것이 옳지 않을까 싶다. 물론 그러한 사실을 곧바로 입증할 수 있는 기록을 쉽사리 찾을 수는 없으나 적어도 「울주천전리서석(蔚州川前里書石)」에 보이는 기록을 통해서 엿볼 수 있지 않을까 싶다.

---

10 李道學, 앞의 책, 1992, 20쪽에서 제사 주관의 업무를 왕족 여성이 담당하였다고 보고 있다. 하지만 자세한 논증은 아니어서 이에 대해서 좀 더 살펴볼 필요가 있다.

11 나희라, 『신라의 국가제사』, 지식산업사, 2003, 127쪽에서 신라 초기의 왕실 여성, 특히 왕비(또는 왕매)는 왕과 함께 왕실이 맡았던 종교적 임무를 수행하는 종교 전문가로서 역할을 하였다고 보았다.

법흥왕 12년에 작성된 천전리 서석의 원명(原名, 乙巳年 명문)에서는 왕의 여동생인 어사추가 행차를 주관하였고, 26년에 작성된 추명(追銘, 己未年 명문)에서는 입종갈문왕(立宗葛文王)의 비인 지몰시혜비(只沒尸兮妃) 즉 진흥왕의 모인 지소태후가 행차를 주관하여 법흥왕의 비와 그곳을 다녀갔음을 알려주고 있다.[12] 이러한 사실을 통하여 법흥왕대에는 왕의 여동생이나 딸이 제사와 관련된 일을 주관하고 있었음을 알 수 있으며, 법흥왕의 여동생이 죽은 이후에는 그의 딸인 지소부인이 그 일을 대신하고 있었음을 헤아릴 수 있다.[13] 그리고 원명과 추명을 통해서 볼 때 그들이 그곳을 다녀간 것은 정치적인 의도뿐만 아니라 종교적인 의미가 내포된 행동으로 보아야 할 것이다. 이러한 사실을 염두에 두면 적어도 법흥왕의 딸인 지소부인은 고모인 어사추가 사망하자 곧바로 제사를 주관하는 그러한 위치에 있었다고

12 이와 관련한 기존의 연구 성과는 李炫珠, 「신라 중고시기 왕실여성의 칭호-〈蔚州川前里書石〉 銘文을 중심으로-」『新羅史學報』 27, 2013을 참조할 것. 그리고 李喜寬, 「新羅上代 智證王系의 王位繼承과 朴氏王妃族」『東亞研究』 20, 1990, 92~93쪽. 또한 고현아, 앞의 논문, 2008, 109쪽. 그런데 박남수, 「蔚州 川前里 書石銘에 나타난 眞興王의 王位繼承과 立宗葛文王」『韓國史研究』 141, 2008 : 앞의 책, 2013, 142쪽에서 537년에 지소부인이 서거하였기 때문에 지소부인의 섭정은 잘못된 것이라고 하였다. 그렇지만 이는 무리한 주장이라고 생각되어 따르지 않는다.

13 金台植, 「祭場으로서의 川前里 書石谷과 祭官으로서의 신라왕실의 여인들-渦卷文과 銘文 분석을 중심으로-」『한국암각화연구』 6, 2005, 134~136쪽에서 잘 설명하고 있다. 또한 이현주, 앞의 논문, 2013, 120쪽에서도 이와 같이 설명하고 있다. 다만 법흥왕의 여동생이 언제 죽었는지 알 수 없다. 그러나 법흥왕 여동생의 사망 이후 법흥왕의 딸인 지소부인이 그것을 이어서 주관하였다고 볼 때 적어도 법흥왕 12년 이후임에는 틀림이 없다고 짐작된다.

보아도 무리가 없을 것이다.

이러한 추측이 가능하다면, 법흥왕대에는 왕의 여동생인 어사추가 제사와 관련된 일을 주관하였고, 그녀가 사망하자 법흥왕의 딸인 지소부인이 그 자리를 이어받아 주관하였던 것으로 짐작된다. 지소부인은 제사와 관련된 일을 담당하면서 좀 더 새로운 방식을 고안해 낸 것 같다. 바로 원화가 만들어질 수 있는 기반을 마련한 것으로 보아도 무리가 없을 것이다. 즉 법흥왕의 여동생인 어사추가 사망하자 뒤를 이어 제사를 주관하게 된 지소태후는 자신에게 도움을 줄 수 있는 여성을 필요로 하였던 것으로 생각된다. 천전리 명문에서 원명과 추명 모두 작식인(作食人)이 보이고 있는데, 이들은 여성으로서 제주인 왕후를 도와 제수용품(祭需用品)을 준비하거나 그런 일을 거드는 사람으로 생각해 볼 수 있다.[14]

다만 작식인이 당시 고위 관등을 가진 사람의 부인으로 나타나 있기 때문에 원화와는 거리가 있다고 볼 수 있다. 작식인을 제외한 다른 인물을 찾아야 할 것인데 바로 추명에 보이는 '예신(禮臣)'이 주목된다. 추명에 보이는 예신이 왕실의 행차와 관련된 임시직을 의미하는 것인지, 특정한 실무를 수행하는 관인으로서의 정체성을 가진 것인지는 알 수 없다.[15] 그렇지만 예신으로 기록된 것으로 볼 때 예와 관련하여 중요한 일을 담당하였음을 알 수 있다. 그렇다고 하면 지소태후를 도와 예와 관련된 의식을 거행함에 실제적인 일을 담당한 이들이 원화였다고 할 때 이들을 예신으로 표현한 것이 아닌가 하는 생

14 金台植, 위의 논문, 2005, 133쪽.

15 한영화, 「신라 禮部의 성립과 운영」『인문과학』 76, 2020, 106쪽.

각이 든다.

남해왕대와 달리 이 시기에 이르게 되면 왕실 제사의 규모가 커졌을 것이고 지증왕대에 신궁(神宮)의 설치로 말미암아 종교적인 기능도 강화되었을 것이기 때문이다. 따라서 제사장의 역할이나 기능이 강화될 수밖에 없었을 것이다. 상황이 이렇게 되니 왕실 제사를 주관하는 데 있어 도움을 줄 수 있는 여성을 두게 되었고 그것이 원화로 이어지게 되었다고 할 수 있다.[16] 또한 일 년에 네 번의 제사를 지내야 했으므로 제관이 무엇보다 필요하였음은 의심의 여지가 없다.[17] 어사추에 이어 왕실 제사를 주관하게 된 지몰시혜비는 두 명의 여성을 선발하여 그러한 일을 맡겼고 그것이 곧 원화로 나타나게 되었다고 보아도 좋지 않을까 싶다. 제례가 복잡해짐에 따라 그것을 수행하고 봉사할 수 있는 전문가가 필요하였기에 지소태후가 두 명의 여성을 발탁한 것에서 비롯되었다고 볼 수 있는 것이다. 이렇게 볼 때 원화는 법흥왕의 딸인 지소태후에 의해 법흥왕 중후반기 무렵에 만들어지게 되었다고 짐작된다.

또한 원화를 두게 된 이유를 좀 더 설명해 보자면, 제관이었던 원화가 제사를 관장하였으므로 납부된 곡물에 대해서도 그들 책임하에 운용되었을 것이다.[18] 다시 말해서 육부에서 바친 신곡(新穀)이나 공

16 고현아, 앞의 논문, 2008, 119쪽. 그는 여관의 존재를 일본의 기록을 통해 입증하고 있다. 하지만 여관이라고 하는 것에 대해서는 좀 더 연구해 볼 필요가 있다고 생각된다.

17 여성의 종교적 직능에 대해서는 고대 일본 사회에서도 쉽사리 찾아볼 수 있다. 이에 대해서는 고현아, 앞의 논문, 2008, 115쪽 참조할 것.

18 전덕재, 『한국고대사회경제사』, 태학사, 2006, 79쪽.

납물을 보관한 신창(神倉)을 여사제가 관리하였다고 볼 수 있다. 처음에는 왕실에서 제사를 주관하는 왕실 여성이 이를 모두 담당하였을 것이나 시간이 흐르면서 이와 관련된 업무가 과도해지자 여사제를 필요로 하게 되었다고 볼 수 있다.

그러면 이러한 목적에서 만들어진 원화 아래 여러 명의 무리를 두었던 이유는 무엇이었을까 하는 것이다. A-1 및 A-2의 기록에서 무리를 함께 모여 놀게 하고 그것을 통해 인재를 선발하고자 하였던 것으로 보아 원화가 처음에는 왕녀나 공주를 도와 제사 지내는 것을 주관하였지만 시간이 흐르면서 인재 선발의 기능까지 담당하였던 것을 알 수 있다. 기록에 나타난 것과 같이 삼백여 명에 해당하는 낭도를 두었다고 하는 것을 통해 그러한 것을 헤아릴 수 있다. 물론 처음부터 원화 아래에 삼백여 명의 무리를 두었다고는 생각되지 않는다. 시간이 흐르면서 점차로 무리가 늘어나게 되었을 것이고 그러한 과정에서 필요한 인재를 선발할 수 있는 기능을 가지게 되자 이와 같은 인원에 이르게 되었던 것이 아닐까 싶다.

그런데 여기서 말하는 인재 선발의 기능이 곧바로 신라 조정에서 필요로 하는 인재로 이어졌다고 단정해서 말하기는 곤란하다. 왜냐하면 원화가 없었던 시기에도 인재 선발이 있었고 그것을 통하여 조정에서 필요로 하는 인재를 두었기 때문이다.[19] 그러한 가운데 원화가 생겨나고 그 밑에 낭도들을 두게 됨에 따라 인재 선발에 있어 전과 달

19 신라 고대 사회에서 원화제나 화랑도가 생겨나기 이전에 관직에 나가는 방법으로는 추천에 의한 천거제가 일반적이었음을 추측할 수 있다. 逸聖王 14년(147)에 왕이 신하들에게 장수가 될 만한 지혜와 용기를 가진 사람을 추천하도록 한 것은 그 좋은 예가 될 것이다.

리 좀 더 쉬워지게 되었다고 생각된다. 결국 원화가 처음부터 인재 선발을 염두에 두고 만들어진 것은 아니며 원화의 발전과 더불어 인재 선발의 기능까지도 겸하게 되었던 것이 아니었을까.

법흥왕의 딸인 지소부인이 만든 원화가 발전하여 인재 선발의 기능까지 담당하였던 것은 시사하는 바가 적지 않다. 추천제에 의한 인재 선발에서 좀 더 확실한 인재 선발을 하고자 하는 왕실의 의도를 원화와 그 무리를 통해 충족하고자 한 것이다. 추천제에 의한 인재 선발이 한계가 있었기 때문에 적어도 여러 명을 모아 그들의 행동을 지켜본 다음 그 가운데서 인재를 선발하였다고 하는 것은 인재 선발이 한 단계 발전하였음을 의미한다. 이러한 의미에서 볼 때 법흥왕대에 지소가 만든 원화는 처음과 달리 더욱 새로운 형태로 발전하게 되었다고 할 수 있을 것이며 그것이 인재 선발의 기능까지 겸하게 되었다고 볼 때 그것이 가지는 의미가 매우 크다고 할 수 있겠다.

그러면 원화가 만들어진 이후 왜 오랫동안 지속되지 못하고 사라질 수밖에 없었을까에 대해서 살펴보기로 하자. 이와 관련하여 다음의 기록이 주목된다.

B-1. 봄에 처음으로 원화를 받들었다. … 두 여인이 아름다움을 다투어 서로 질투하여, 준정이 남모를 자기 집에 유인하여 억지로 술을 권하여 취하게 되자 끌고 가 강물에 던져 죽였다. 준정이 사형에 처해지자 무리는 화목을 잃고 흩어지고 말았다(『삼국사기』 권4, 진흥왕 37년).

B-2. 이에 남모랑(南毛娘)과 교정랑(皎貞娘)의 두 원화를 뽑았는데, 모여든 무리가 3~4백 명이었다. 교정은 남모를 질투하였다. (그래서) 술자리를 마련하여 남모에게 (술을) 많이 마시게 하고, 취하게 되자 몰래 북천(北川)으로 메고 가서 돌로 묻어서

죽였다. 그 무리는 남모가 간 곳을 알지 못해서 슬프게 울다가 헤어졌다. (그러나) 그 음모를 아는 사람이 있어서 노래를 지어 동네 아이들을 꾀어 거리에서 부르게 하였다. 남모의 무리가 노래를 듣고, 그 시체를 북천 중에서 찾아내고 곧 교정랑을 죽였다. 이에 대왕은 영을 내려 원화를 폐지시켰다(『삼국유사』 권3, 탑상 제4, 미륵선화 미시랑 진자사).

B-1과 B-2의 기록에서 보아 알 수 있듯이, 원화인 준정이 원화 남모를 살해하였고 그것이 발각되어 준정이 사형을 당한 후 무리가 화목을 잃고 흩어졌다고 한다. 더욱이 B-2에서는 이 사건으로 말미암아 왕이 영을 내려 원화를 폐지하였다고 한다. 두 원화 사이의 질투로 말미암아 그것이 폐지되었다고 하지만, 실제 원화를 폐지한 궁극적인 이유가 있지 않았을까 궁금해진다. 기록에서 보아 알 수 있듯이 제사를 주관하는 일과 더불어 인재 선발의 기능이 상실되었다고 하는 점에서 볼 때 국가적으로는 큰 불행이 아닐 수 없기 때문이다.

이와 관련하여 몇 가지 기존의 견해부터 살펴보기로 하자. 첫째로 무녀의 역할이 남성의 사제적(司祭的) 권한으로 넘어가는 시대적인 추세였기 때문에 남모와 준정의 질투 사건이 원화 해체의 요인이 되었다고 볼 수 없다는 것이다.[20] 다시 말해서 원화의 폐지는 두 여인의 질투와는 상관없고 남성의 역할이 커지는 시대적 상황과 밀접하게 관련이 있었음을 설명하고 있다. 둘째로 원화 폐지, 화랑도로의 이행 과정을 지배 체제 내에서의 권력 기반을 둘러싼 왕권과 지배 세력 사이의 갈등으로 이해하고 있다.[21] 셋째로 삼국의 쟁패기라는 시대적 요

20 李道學, 앞의 책, 1992, 25쪽.

21 고현아, 앞의 논문, 124~126쪽. 그는 원화가 폐지된 이유에 대해서 그것이 지소태후의 독자적인 인적 기반이었기 때문에 그것에 대하여 귀

청에 따라 인재 양성이 무엇보다 필요하다는 진흥왕과 그를 둘러싼 진골 귀족이 원화제와 풍월도를 합하여 화랑도를 제정하였다고 한다.[22] 넷째로 불교 수용 이후 그동안 신라 왕실에서 받들었던 신선 숭상과 연결된 풍월도로 지칭된 이념 체계가 약화함에 따라 진흥왕이 이를 보완하기 위해 원화 및 화랑 제도를 새롭게 마련한 것으로 보고 있다.[23]

원화의 폐지와 관련하여 이상과 같은 지적을 돌아볼 때, 수긍할 수 있는 점도 있지만 그렇지 못한 점도 있다. 남녀의 역할에 따른 시대적인 상황 변화에 대해서는 그렇다고 하더라도 진흥왕의 모인 지소태후에 대한 반대 세력이 구체적으로 언급되지 않았던 점을 들 수 있으며, 어린 나이에 즉위한 진흥왕이 화랑도 창설의 주축이 된 것처럼 설명하는 것도 문제가 있어 보인다. 사정이 이러하므로 원화를 폐지한 이유에 대하여 좀 더 구체적인 검토가 요구된다고 하겠다.

앞서 보았듯이 원화는 지소태후가 제사를 주관하기 위하여 만든 것으로 나중에는 인재 선발의 기능까지 겸하였다. 이렇게 보면 원화가 만들어진 것과 폐지된 것은 전부 지소태후와 매우 밀접한 관련이 있다고 할 수 있다. 그러면 지소태후는 어떤 이유로 원화를 폐지하였는가

족들이 반발하였으며 그로 인해 지소태후와 귀족 사이에 갈등이 일어난 것으로 파악한다. 그렇지만 당시 지소태후에 반발한 귀족들이 누구인지에 대한 설명은 없다.

22 박남수, 앞의 책, 2013, 394쪽.

23 趙法鍾, 「花郎關聯 用語의 檢討」『화랑문화의 신연구』, 문덕사, 1996, 420쪽. 하지만 그의 견해는 원화와 화랑도의 탄생을 같은 맥락에서 추구하고 있기 때문에 문제가 있다고 생각된다. 적어도 원화가 사라지고 화랑도가 생겨났다고 하는 것으로 미루어 볼 때 원화와 화랑도의 탄생은 각각의 이유가 있었을 것으로 보는 것이 옳을 것이다.

하는 것을 알아내게 되면 이러한 궁금증이 풀릴 것으로 생각된다.

지소태후는 아버지인 법흥왕이 왕위를 이을 후사를 두지 못한 것을 알고 있었으며, 법흥왕 사후 자기의 아들인 삼맥종이 왕위를 계승하는 문제에 관하여 준비하였을 것이다. 물론 그 시기가 언제인지 정확하게는 알 수 없으나 적어도 법흥왕 후반기임에는 틀림이 없을 것이다. 그러한 과정에서 어린 삼맥종이 순조롭게 왕위를 계승할 수 있도록 지지 세력이 필요하였을 것이고, 더욱이 어린 임금을 대신하여 섭정을 하게 되었을 때 그녀를 도와 정국을 운영해 나갈 수 있는 정치 세력이 필요하였음은 충분히 예측할 수 있다.[24] 아무래도 원화 아래에 낭도를 두었던 것도 이러한 것을 염두에 둔 조치가 아니었을까 하는 생각마저 들게 한다.

그런데 법흥왕은 말년에 머리를 깎고 승복을 입었으며 스스로 법운이라 칭하다가 죽었다고 한다.[25] 이와 같은 사실에서 볼 때 법흥왕 말년의 정국은 어수선하였을 가능성이 크다. 법흥왕 스스로가 승복을 입었다고 하는 사실은 정치에는 관심이 덜하고, 불교에 더 관심을 두었음을 말하는 것으로 생각된다. 사정이 이와 같았으므로 국가의 제사를 담당한 원화도 영향을 받지 않았을까 싶다. 그러니까 원화의 필요성이 덜하게 되었고 불교를 통한 사상 체계의 재편이 이루어지게

24 윤진석, 「신라 중고기의 왕위계승과 '섭정'」『대구사학』 126, 2017, 6쪽에서 輔政之臣을 언급하며 이들이 바로 이사부와 거칠부였다고 하였다. 그리고 이천우, 「신라 진흥왕의 왕위계승을 통해 본 신라 중고 왕실의 '나물왕계' 형성」『震檀學報』 134, 2020에서는 나물왕계의 역할에 대해서 언급하고 있다. 하지만 이러한 설명도 결국에서는 거칠부와 이사부에서 벗어나지 않고 있다.

25 『삼국사기』 권4, 진흥왕 37년

되었을 것이다. 이렇게 되자 원화는 사라질 위기에 처하게 되었고 한 명의 원화만이 남는 것으로 결정되었던 것은 아니었을까 하는 것이다. 이와 같은 사정으로 말미암아 결국 남모와 준정의 사건이 발생하게 되었던 것으로 파악된다.

이 사건으로 원화를 따르던 낭도마저 흩어지게 되자 지소태후는 그것을 정리할 필요가 있었을 것이다. 원화와 관련된 사건이 도리어 진흥왕의 왕위 계승에 걸림돌로 작용하게 될 경우를 염려하였던 것으로 볼 수 있다. 이에 지소태후는 비록 본인의 주도 하에 만든 조직이기는 하였으나 이것이 문제가 되어 진흥왕이 왕위를 계승하는 데 있어 발목을 잡힐 경우를 염두에 두었을 것이다.[26] 아무래도 진흥왕의 왕위 계승을 달갑게 여기지 않는 왕실 세력이나 그와 뜻을 같이 하는 정치세력들이 원화 사건을 빌미로 다른 문제를 소환할 경우 더 큰 문제가 발생할 수 있다는 것을 깨닫게 되었을 것이다. 이에 지소태후는 원화를 과감하게 폐지한 것으로 생각된다. 한 명의 원화가 죽었다고 하는 것은 국가적인 사건이었으므로 법흥왕도 간여하였을 것이다. 왕의 명령으로 폐지하였다고 하는 것이 바로 그러한 것을 알려준다.

그리고 지소태후는 아들의 왕위 계승을 위해 원화를 통한 인재 선발을 기대하였으나 기대에 부응하지 못하였기에 폐지에 동의한 것이 아닌가 한다. 법흥왕대에는 불교가 공인되고, 율령이 반포되는 등 신라의 사회적인 변화가 계속해서 일어났다. 이와 같은 사회 변동은 원화의 존속이 어렵게 되었다는 것을 의미한다. 다시 말해서 여성을

26 朴成熙, 「신라 眞興王 즉위 前後 정치세력의 동향」『韓國古代史研究』 22, 2001, 176~179쪽 참조.

중심으로 하는 제사 의례와 인재 선발은 사회적 질서나 제도가 과거와 달리 확대된 만큼 사적인 영역에 머물러 있는 시스템의 한계를 드러낸 것이었다. 그 과정에서 발생한 남모와 준정의 질투 사건은 이러한 것과 불가분의 관계가 있었음을 말해 주는 것으로도 해석할 수 있지 않을까 싶다.

비록 원화가 얼마 동안 존속한 것인지는 알 수 없으나 적어도 법흥왕 시절에 생겨났다 사라진 것으로 볼 때 그 기간이 그리 길지는 않았을 것이다. 하지만 두 명의 여성을 우두머리로 한 집단을 만들고 그 휘하에 낭도를 두고 인재를 선발하고자 하였다는 것은 단순한 제의만을 위한 것이 아니라 신라가 새로운 사회로 발전하기 위한 중요한 전환점이었다고 해도 좋을 것이다.

3. 진흥왕과 화랑도 탄생

앞서 지소태후에 의해 원화가 만들어진 이유와 폐지된 이유에 대해서 살펴보았다. 그렇다면 이제 원화를 이어 화랑도가 만들어지게 된 시기와 배경에 대해서 살펴보기로 하자.

> C. 왕은 천성이 풍미(風味)하고 신선(神仙)을 매우 숭상하여 민가의 낭자 중에서 아름답고 예쁜 자를 택하여 받들어 원화(原花)로 삼았다. 이것은 무리를 모아서 인물을 뽑고 그들에게 효도와 우애 그리고 충성과 신의를 가르치려 함이었으니, 또한 나라를 다스리려는 대요(大要)이기도 하였다. … 이에 대왕은 영을 내려 원화를 폐지하였다. 여러 해 뒤에〔累年〕 왕은 또 나라를 흥하게 하려면〔欲興邦國〕 반드시 풍월도를 먼저 해야 한다고 생각하여, 다시 명령을 내리고 좋은 양가의 남자로서 덕행이 있는

자를 뽑아 화랑이라고 하였다. 처음 설원랑을 받들어 국선으로 삼았는데, 이것이 화랑 국선의 시초이다(『삼국유사』 권3, 탑상 제4, 미륵선화 미시랑 진자사).

C의 기록을 보면, 화랑도가 만들어지게 된 시기에 대하여 헤아려 볼 수 있다. C의 기록에 따르면 원화를 폐지한 이후 '누년(累年)' 즉 여러 해가 지났다고 하는 것이 주목된다. 이는 원화가 폐지된 이후 곧바로 화랑도가 만들어진 것이 아니고, 그것이 만들어지기까지 어느 정도 시간이 지났음을 말해 준다. 그렇다고 해서 화랑도가 진흥왕 37년(576)에 생겨났다고 볼 수는 없다.[27]

화랑도의 탄생 시기에 대한 기왕의 연구를 돌아보면 다양한 견해가 있으나,[28] 현재에는 크게 두 시기가 언급되고 있다.[29] 진흥왕 즉위년에 화랑도가 제정되었다고 하는 견해[30]와 진흥왕 5년 무렵에 화

27 朱甫暾, 앞의 논문, 1997, 96쪽에서 "화랑도의 제정 시점으로서 꼭히 진흥왕 37년에 집착하거나 그에 그리 큰 비중을 두지 않아도 무방할 듯하다"고 하였다.

28 화랑도가 만들어진 시기에 대해서 최재석, 「신라의 화랑과 화랑집단」 『민족문화논총』 8, 1987 : 『한국고대사회사연구』, 일지사, 1987, 444~445쪽에서 기존의 연구 성과를 정리하여 두었고, 최광식, 『고대한국의 국가와 제사』, 한길사, 1994, 276~277쪽을 참고할 수 있다.

29 화랑도 제정 시기와 관련한 기존의 연구에 대해서는 최재석, 앞의 책, 1987, 445~450쪽 및 朱甫暾, 앞의 논문, 1997, 97쪽의 각주 37) 참고할 것.

30 이종욱은 화랑도의 설치 시기를 진흥왕 즉위년으로 보고 있다(이종욱, 「新羅 中古時代의 花郎徒」 『省谷論叢』 27-4, 1996, 617쪽). 물론 이종욱이 처음 주장한 것은 아니고 이선근이 『화랑도연구』, 해동문화사, 1950, 4쪽에서 진흥왕 초엽으로 판단하고 있다. 그런데 초엽이라고 하였으므로 구체적이지 못하다.

랑도가 탄생하였다고 하는 연구가 있다.[31] 이상의 두 견해 가운데 후자는 군제 개편을 염두에 두고 설명한 것으로 화랑도가 군사적인 성격을 띠고 있음을 은연중에 암시하고 있다. 따라서 그대로 수용하기는 어렵고 도리어 어린 나이에 왕위에 오른 진흥왕을 위해 지소태후가 화랑도를 설치한 것으로 생각하는 것이 좀 더 온당하지 않을까 싶다.[32] 이는 지소태후에 봉사하던 청소년 집단을 모태로 하여 화랑도가 정식으로 제도화되었던 것으로 추정한 견해[33]를 다시 생각하지 않을 수 없다.

화랑도의 탄생은 시대적인 배경과 결코 무관하지 않을 것이다. 화랑도가 탄생하게 된 것은 지소태후의 진흥왕을 위한 정치적 배려에서 비롯된 것으로 볼 때 이는 인재를 필요로 하는 시대적인 요구에 부응하는 것이기도 하였다.[34] 따라서 진흥왕 초반에 화랑도가 제정되었다

---

31 朱甫暾, 앞의 논문, 1997, 98쪽에서 진흥왕 5년(544) 한 해에 신라 군단의 핵심인 大幢과 三千幢(10停)의 설치 및 병부령 1인의 증치가 있었다는 기록을 들어 군제 개편과 관련하여 제정 시점을 설명하고 있다(朱甫暾, 앞의 논문, 1999, 98~99쪽).

32 이에 대해서는 이미 孫晋泰, 『朝鮮民族史槪論』, 乙酉文化社, 1948, 127쪽에서 언급한 바 있고, 이기동, 「新羅 花郎徒 硏究의 現段階」『李基白先生古稀紀念韓國史學論叢』, 1994 : 『新羅社會史硏究』, 一潮閣, 1998, 237~238쪽에서도 같은 설명을 하고 있다.

33 이기동, 앞의 책. 1998, 237~239쪽.

34 박남수는 원화제로부터 화랑제로의 변화는 진흥왕의 친정 이후 탁부·사탁부 중심의 정권이 확립되면서 화랑도를 설치하여 원화제 중심의 과도기적 6부 천거제를 국가와 진골 귀족이 주도하는 인재 양성 방식으로 전환함으로써, 진골귀족 자제의 정치적 훈련과 낭도로서 참여한 6부민 자제의 천거를 포괄한 것으로 풀이된다고 하였다(박남수, 「新羅 中古期 花郎徒의 敎育과 出仕」『歷史敎育』 108, 2008 및 「新羅 眞興王代 政治社會와 花郎徒 制定」『史學硏究』 92, 2008 : 앞의 책,

고 보는 것이 순조로운 해석일 것이다.

D-1. 진흥왕이 즉위하였다. 이름은 삼맥종(三麥宗)[일명 深麥夫라고도 한다]으로, 이때의 나이가 7세였다. 법흥왕의 아우 갈문왕(葛文王) 입종(立宗)의 아들이며, 어머니는 김씨로 법흥왕(法興王)의 딸이고, 왕비는 박씨 보도부인이다. 왕이 어렸으므로 왕태후가 섭정하였다(『삼국사기』 권4, 진흥왕 즉위년).

D-2. 제24대 진흥왕은 즉위하였을 때 나이가 15세여서 태후가 섭정을 하였다. 태후는 곧 법흥왕의 딸로서 입종갈문왕의 비이다(『삼국유사』 권2, 기이 제1 진흥왕).

D-1과 D-2의 기록을 보면, 진흥왕은 어린 나이에 왕위에 올랐다. D-1에서는 7살에 즉위한 것으로 되어 있고, D-2에서는 15세에 왕위에 오른 것으로 되어 있다. 그렇지만 어린 나이에 즉위하였다고 하는 공통된 사실은 부인할 수 없다.[35] 그 결과 진흥왕의 모후인 지소태후가 섭정하였다고 한다. 이는 진흥왕 초기 정국 운영에 있어 지소태후의 역할이 컸음을 부정할 수 없다.

2013, 394쪽 참조). 그의 이와 같은 생각은 화랑도가 국가 주도로 제정되었다고 하는 것을 설명하는 것으로 기왕의 견해와는 사뭇 다르다고 할 수 있다. 그렇기에 정치적 목적성이 너무나 투영되어 있음을 알 수 있는데, 이는 화랑도가 생겨난 배경을 이해하는 데 있어 너무 무리한 해석이 아닐까 하는 생각이 든다.

35 진흥왕 즉위 시 나이에 대하여 어느 한쪽을 취할 것이 아니라 두 기록 모두에 의미를 부여하고자 하는 연구를 주목할 수 있다(金昌謙, 「新羅眞興王의 卽位過程」『韓國上古史學報』 23, 1996, 177~182쪽 참조). 본고에서는 진흥왕이 즉위하였을 때의 나이를 7세로 보고자 한다. 왕태후가 섭정을 했다고 하는 기록이 틀리지 않는 이상 진흥왕의 나이가 어렸음은 충분히 입증된다고 할 수 있다. 이와 관련하여 윤진석, 앞의 논문, 2017, 5~6쪽을 참고할 것.

지소태후는 원화가 폐지된 이후 아들인 심맥부가 법흥왕을 이어 순조로운 왕위 계승을 하기 위해서는 무엇보다 지지 세력이 필요하다는 것을 알고 있었을 것이다. 그리고 아들인 진흥왕이 왕위를 계승한 이후 안정적으로 정국을 이끌어 나가는 데 필요한 세력과 아울러 어린 진흥왕을 도울 수 있는 정치 세력을 키워 나가는 것도 중요하다는 것을 알고 있었을 것이다. 그렇다면 어떠한 방법으로 이와 같은 일을 추진하고자 하였을까 하는 점이다. 이는 화랑도를 만든 목적이 어디에 있었는가 하는 것을 알아내는 방법이기도 할 수 있기 때문이다.[36]

> E-1. 봄에 처음으로 원화를 받들었다. 일찍이 임금과 신하들이 인물을 알아볼 방법이 없어 걱정하다가, 무리를 지어 함께 모여 놀게 하고 그 행동을 살펴본 다음에 발탁해 쓰고자 하여 마침내 미녀 두 사람, 즉 남모와 준정을 뽑고 무리 300여 명을 모았다. … 그 후 다시 미모의 남자를 택하여 곱게 꾸며 화랑이라 이름하고 그를 받드니, 무리가 구름처럼 몰려들었다. 도의(道義)로 서로 연마하고 혹은 노래와 음악으로 서로 즐겼는데, 산과 물을 찾아 노닐고 즐기니 멀리 이르지 않은 곳이 없었다. 이로 말미암아 사람의 사악함과 정직함을 알게 되어, 착한 사람을 택하여 조정에 천거하였다(『삼국사기』 권4, 진흥왕 37년).

36 화랑도의 설치 목적에 대해서는 최재석, 앞의 책, 1987, 445~450쪽에서 기존의 연구를 잘 정리하고 있다. 또한 최광식, 앞의 책, 1994, 277~280쪽에서 화랑도의 설치 목적에 관하여 정리하였고, 더 나아가 필사본 『화랑세기』의 내용을 인용하여 "화랑도가 그동안 강조되어 온 무사 집단이 아니라 신에게 제사 지내는 것을 주목적으로 한 제사 집단"이라고 하였다. 그러나 화랑도의 주 기능은 기존의 연구와 같이 인재를 선발하기 위한 목적으로 만들어진 것으로 파악하는 것이 옳을 것이며, 제사를 지내는 기능도 일부 있었을 것으로 짐작된다.

E-2. 신라 사람들이 인재를 알아볼 수 없을까 걱정하여 무리 지어 함께 모여 놀게 하고 그 행동을 본 후에 발탁해 쓰고자 하여 드디어 미모의 남자를 뽑아 분장을 시켜 이름을 화랑이라 하여 받들게 하니 그 무리가 구름떼처럼 모여들었다. 도의로써 서로 갈고 닦았으며, 혹은 노래로써 서로 즐기고, 산수를 유람하며 즐기어 멀리까지 가지 않은 곳이 없었다. 이로 인하여 사람의 그릇됨과 바름을 알아 선택하여 조정에 천거하였다(『삼국사기』 권47, 열전7 김흠운).

위의 두 기록은 신라 정부에서 인재 선발에 깊은 관심을 드러낸 것으로 화랑도를 통해 인재를 선발하고자 하였던 것을 보여 주고 있다. 이와 관련하여 앞서 제시하였던 C의 기록에 보이는 '욕흥방국(慾興邦國)'의 의미를 검토하는 것이 무엇보다 중요할 것이다. 문자 그대로 '나라를 흥하게 한다'라는 것으로 여러 측면에서 설명할 수 있지만 적어도 진흥왕이 성장하여 친정하였을 때를 예견한 것으로 볼 수 있을 것이다. 이는 결국 진흥왕을 도와 나라를 이끌어갈 인재가 필요하다는 사실을 염두에 둔 것으로 짐작된다. 이렇게 볼 때 지소태후는 진흥왕이 즉위하자 곧바로 화랑도를 만들었고 그것을 통해 인재 공급과 선발을 염두에 두었다고 할 수 있다. 위에 제시한 E-1과 E-2의 기록이 바로 그것이라 할 수 있다.

사실 지소태후는 이미 앞서 언급하였듯이 원화를 통해 인재를 선발하여 키우고자 하였다. 하지만 그러한 노력이 실패로 돌아가자 다른 방법을 찾은 것인데 바로 화랑도를 만든 다음 화랑 아래에 진골 귀족의 자제들도 같이 들어가 활동하게 함으로써 인재 선발을 위한 방법을 바꾼 것으로 볼 수 있는 것이다. 적어도 왕경 6부 진골 귀족의 자제들을 한곳에 모아 놓고 그들의 행동을 본 다음 인재를 선발하고자 한 것으로 파악된다. 물론 그 이전에 원화에서 낭도로 활동하던 두품 신분의 젊은이들도 포괄하고 더 나아가 육부의 평민들까지 모두 참여하게 하여 그것을 통한 인재 선발에 관심을 두게 되었다고 생각된다.

지소태후의 이러한 의도는 왕을 중심으로 진골 귀족들을 한데 모으고 그 아래 육부의 두품 신분과 평민들을 두루 모으는 것이었다. 왕을 중심으로 한 통치 질서를 더욱 강화하고자 한 의도가 있었다고 판단되는 것이다.[37] 어린 나이에 왕위를 계승한 진흥왕을 위해 지소태후는 이러한 것까지도 염두에 두었다고 할 수 있다. 화랑도를 통한 인적 기반의 확보는 왕권의 성장과도 결코 무관할 수 없는 것이었다고 해도 좋을 것이다.

결국 화랑도는 육부 귀족의 자제들뿐만 아니라 두품 신분을 포함하여 평민들까지 참여하게 함으로써 왕권을 강화하고자 한 것이었다고 볼 수 있다. 또한 여러 무리의 화랑도를 통해 어린 진흥왕을 보필할 수 있는 그러한 집단이 생겨나도록 한 것도 지소태후의 의도였다고 볼 수 있다. 화랑도의 탄생은 이러한 의도에서 비롯된 것으로 보는

37 신라 화랑도가 화랑을 중심으로 결합된 義俠的 性格의 조직이며, 화랑도의 조직을 만들어 운영한 주체가 신라의 귀족들이었다는 점에서 화랑도가 가지는 본질적인 성격과 기능이 귀족 세력의 배경을 이루는 중요한 무력 기반이 될 수 있다고 한 견해가 있는데(李純根, 「新羅 貴族勢力과 결합한 武人勢力」『聖心女子大學論文集』 23, 1991, 66쪽), 이는 화랑도의 탄생을 기왕의 일반적인 연구 성과와는 다르게 보고 있다. 비록 그렇기는 하지만 화랑도가 의협적 성격의 조직이라거나 혹은 화랑도를 만들어 운영한 주체가 신라의 귀족이었다고 하는 견해는 쉽사리 수긍할 수 없다.

것이 타당하지 않을까 싶다.[38]

이와 같이 생각하고 보면, 지소태후가 화랑도와 관련된 모든 것을 주도한 것처럼 생각될 수 있다. 그렇지만 지소태후가 모든 것을 주도할 수 있는 상황은 아니었을 것이고 누군가의 도움을 받았을 것임에는 틀림이 없다. 이와 관련하여 기존의 연구에서는 실제 화랑도의 추진을 건의한 인물로 거칠부(居柒夫)를 손꼽고 있다.[39]

다만 거칠부 혼자서 화랑도 창설을 건의한 것으로 파악하는 데는 문제가 있다. 도리어 당시 거칠부보다 정치적 영향력이 컸다고 생각되는 이사부(異斯夫)를 주목할 수 있다. 그는 나물왕의 4대손으로[40] 지증왕대부터 활동하였다. 그는 지증왕대에 실직주 군주를 역임하였는데 최초의 군주였다. 비록 법흥왕대에 활동한 기록이 보이지는 않지만, 진흥왕 2년에는 병부령이 되어 내외병마사를 관장하였다는 사실을 주목할 수 있다. 이는 그가 군사 책임자가 되었다고 하는 사실을 말해 주는 것인데 아무래도 화랑도의 창설과 관련이 있을 것으로 보는 것이 옳다. 더구나 진흥왕 6년에 『국사』 편찬을 건의하였다는 사실에서도 미루어 짐작이 가능하다.

38 주보돈은 화랑도의 제정 목적을 두 가지 측면에서 살피고 있는데, 첫째는 예비 병력 충당의 목적에서 젊은이들을 조직화하여 둘 필요가 있었다고 보았으며, 둘째는 유능한 인재를 선발하려고 하는 것에서 그 목적을 찾고 있다(주보돈, 앞의 논문, 1997, 101~103쪽 참조). 후자의 견해는 수긍할 수 있지만 전자의 견해는 쉽사리 수긍하기 힘들다. 진흥왕 5년 당시 군제 개혁의 재편과 관련하여 설명한 것은 무리가 있다고 생각된다.

39 주보돈, 「거칠부의 출가와 출사」 『한국고대사연구』 76, 2014, 193~198쪽에서 거칠부와 화랑도 창설에 대해서 자세하게 설명하고 있다.

40 『三國史記』 권44, 열전4, 異斯夫

화랑도 창설과 관련하여 이사부의 역할이 컸음을 알려주는 또 하나의 기록을 찾아볼 수 있는데, 진흥왕대 대가야 정벌 때 사다함이 참전하였다는 사실이다. 기록에 따르면 진흥왕이 이사부에게 명하여 대가야를 습격하게 하였다.[41] 이때 사다함이 귀당비장이 되어 이사부 휘하에서 전공을 세웠다. 사다함이 이사부와 함께 출정한 사실 및 그의 휘하에서 공을 세울 수 있었던 것은 어떤 관련이 있을 것으로 생각된다. 아무래도 이사부가 그를 전장에 참여하도록 한 것은 실제 화랑도를 운영해 보려는 목적에서였을 수 있다. 따라서 이사부가 화랑도 창설에 있어 큰 역할을 하였음에는 틀림이 없을 것이다.

거칠부가 지소태후의 명을 받아 화랑도를 창설하는 데 있어 조연의 역할을 한 것으로 보기보다는 이사부가 그러한 역할을 한 것으로 인정하는 것이 더 타당할 것이다. 그리고 화랑도의 창설 의도는 지소태후에게서 나온 것으로 판단하는 것이 합리적이지 않을까 싶다. 왜냐하면 지소태후는 이미 원화를 통해 무엇이 문제이고 어떻게 새로운 조직을 만들까 하는 것에 대해서 생각한 바가 있었을 것이기 때문이다. 그 결과 원화를 폐지하고 화랑도를 창설할 수 있었다. 따라서 최초의 화랑인 설원랑이 보이고 있으며, 15세의 나이로 사다함이 진흥왕 23년(562)에 출정을 한 것으로 볼 때 지소태후가 의도하였던 바가 이루어졌다고 할 수 있다.

이와 같이 볼 때 화랑도의 기원은 적어도 원화에서 비롯되었음에는 틀림이 없다. 그런 만큼 고대 사회 청소년 집단에서 화랑도가 시작되었다고 하는 견해는 이제 폐기되어도 좋을 것이다. 그리고 화랑

41 『三國史記』 권44, 열전4 斯多含

도가 진흥왕의 섭정이었던 모후 김씨에 봉사하고 있던 청소년 집단을 모체로 하여 정식 제도화된 것으로 파악하는 것은 의미가 있다고 할 수 있다. 이제는 법흥왕대와 진흥왕대 초기의 변화 과정에서 화랑도의 기원을 찾아내는 것이 무엇보다 중요할 것이다. 그런 의미에서 원화에서 화랑도로의 변화를 읽어내는 것이 무엇보다 중요하지 않을까 싶다.

4. 국학의 설치와 화랑도

신라 중고기에 생겨난 화랑도는 진평왕대를 거치면서 더욱 왕성한 모습을 보이고 있는데 이는 신라 화랑도의 전형적인 모습이라 할 수 있다. 그리고 그들의 활동과 관련하여 무엇보다 주목되는 점은 신라 조정에서 필요로 하는 인재 선발에 있다.[42] 그 결과 화랑도가 인재를 배출하는 중요한 역할을 하였고 국가에서도 충분히 활용하였다고 짐작된다.

그런데 진덕왕 5년(651)에 이르러 국학의 태동을 위한 실무자가 두어졌다.[43] 즉 진덕왕 5년에 대사(大舍) 2명이 설치된 것으로 보아 국학의 업무를 예부 소속의 관리가 담당하였음을 알 수 있다.[44] 이러한

---

42 고경석, 「신라 관인선발제도의 변화」『역사와 현실』 23, 1997 및 朴南守, 「新羅 中古期 花郎徒의 敎育과 出仕」『歷史敎育』 108, 2008 : 앞의 책, 2013 참조.

43 『三國史記』 권38, 雜志7 職官 上 禮部

44 국학의 설립 시기에 대해서는 651(진덕왕 5)년과 682(신문왕 2)년으로 크게 구분된다. 각각의 연구자의 견해에 대해서는 김덕원, 「신라 國學의 설립과 그 주도세력」『震檀學報』 112, 2011, 3쪽 참조할 것. 그리고

사실에서 화랑도를 통한 인재 선발에서 벗어나 새로운 인재 선발 제도가 생겨나게 되었음을 알 수 있다. 다시 말해서 신라 조정에서 필요로 하는 인재 선발에 있어 화랑도만으로는 한계에 다다랐음을 의미한다. 그리고 기왕의 인재 선발 방식과는 다른 새로운 방법에 눈을 돌리게 되었음을 알려준다.

그러면 진덕왕 5년에 이와 같은 기관을 설치한 이유가 무엇이었을까 하는 것이다. 이에 대해서 기왕의 연구에서는 648년에 김춘추가 대당 외교의 일환으로 당의 국학을 참관한 것이 직접적인 계기가 되었던 것으로 파악하고 있으며, 651년에 김춘추를 중심으로 한 세력들이 일련의 관제 정비를 추진하는 과정에서 그것이 설립되었다고 한다.[45] 이러한 설명으로 미루어 보면 기왕에 이루어져 왔던 화랑도를 통한 인재 선발에 있어 그것이 한계에 다다랐기 때문에 인재를 선발하는 방법을 달리하고자 한 것이며, 더 나아가 김춘추 일파가 자신들의 정치력 확대와 더불어 지지 세력을 확보하기 위한 노력에서 비롯된 것으로 확대 해석해도 좋지 않을까 싶다.

이상과 같은 해석을 염두에 두면 진덕왕 5년의 이러한 관제 제도의 정비는 화랑도에게 어떠한 영향을 주었을까 궁금하다. 다시 말해서 국학의 설치로 말미암아 국가에서 인재를 선발하는 데 있어 최우선시되던 화랑도 조직이나 활동에 어떤 영향을 미쳤던 것은 아니었을까 하는 것이다. 그런데 이러한 점과 관련하여 기왕의 연구에서는 당

주보돈 외 지음, 『신라 국학과 인재 양성』, 민속원, 2015를 참고할 것. 본고에서는 국학이 처음 만들어진 것은 진덕왕 5년이었고, 신문왕 2년에 이르러 그 기구가 정비된 것으로 보고자 한다.

45 金德原, 위의 논문, 2011, 9쪽.

시의 대내외적인 문제가 복합적으로 작용하여 크게 영향을 미치지는 못하였을 것으로 파악한다. 즉 국학이 설립되었던 당시의 신라는 대외적으로는 대야성이 함락되는 등 백제의 침입이 계속되었기 때문에 국가적인 위기 상황에 직면해 있었다고 한다.[46] 또한 김춘추 세력은 당시 귀족 세력과 불교 세력을 제어할 수 있는 능력이 없기 때문에 정치 제도 개편에도 한계성에 직면할 수밖에 없었다고 한다.[47] 결국 국학의 탄생을 보기는 하였으나 그것이 화랑도에 커다란 영향을 미치지는 못하였을 것이라고 하는 것이 지배적인 해석이다.

결국 진덕왕대에 이르러 인재 선발의 다변화를 추구하기 위한 정책으로 국학을 탄생시켰으나 그것이 화랑도에게는 큰 영향을 주지 못하였음을 알 수 있다. 특히 진골 귀족의 자제들에게 있어서는 더욱 그러하였을 것이다. 다만 진골 신분이 아닌 두품 신분의 경우에는 일정한 영향이 있었던 것이 아닌가 하는 생각이 든다. 그것은 중원경 출신인 강수가 바로 대표적인 예이다.

강수는, 선행 연구를 돌아보면, 중원경에서 일정한 공부를 한 이후 대략 17세를 전후한 나이에 국학에 들어가 공부를 한 것으로 알려져 있다.[48] 또한 그가 중앙에 와서 공부한 과목들이 후일 국학이 정비된 이후 수학하는 과목들과 거의 비슷하였다. 이렇게 보면 그는 화랑

---

46 金德原, 앞의 논문, 2011, 21쪽 참조.

47 정호섭, 「新羅의 國學과 學生祿邑」『史叢』 58, 2004, 51쪽.

48 강수의 출생년이 정확하지는 않지만 대략 634년 무렵으로 파악되고 있다(김창겸, 「强首와 新羅社會」『震檀學報』 101, 2006, 36쪽). 그리고 그는 강수가 15세 무렵에 왕경의 국학에서 공부한 것으로 보고 있는데, 아마도 국학이 생겨나자 곧바로 왕경에서 공부한 것으로 짐작된다.

도에 들어가 낭도로 활동하는 대신 국학에 들어가 공부하는 것을 택한 것으로 볼 수 있다. 적어도 두품 신분 가운데는 화랑도에 들어가기보다는 국학에 들어가고자 하는 이들이 있었음을 알 수 있다. 이는 적어도 국학이 두품 신분의 청년들에게 있어서는 하나의 유인(誘因)이 되었다고 할 수 있을 것이다. 비록 그렇다고 하더라도 진덕왕대에 만들어진 국학이 태종무열왕 시기나 문무왕대에 있어서는 화랑도의 근간을 흔들 만큼 큰 기저로 작용하였던 것은 아니라고 할 수 있다. 다만 그것이 후일 화랑도의 모습을 변화시키는 하나의 요인으로 작용하였다고는 볼 수 있을 것이다.

5. 소결

원화는 진흥왕의 모후인 지소태후와 밀접한 관련이 있는데, 제일 큰 목적은 제사를 주관하는 일을 보좌할 수 있는 사람을 선발한 것이라고 할 수 있다. 사정이 그러하였기 때문에 원화는 아주 높은 신분을 가진 여인 가운데서 선발되었다.

그러나 원화는 법흥왕대 중후반기에 짧은 기간 동안 존재하다가 사라졌다. 이는 지소태후가 의도한 만큼의 역할을 하지 못하였기 때문이다. 더구나 인재를 선발하는 역할에도 그다지 도움을 주지 못하였다. 다만 원화는 화랑도가 생겨날 수 있는 바탕을 마련하였다고 하는 점에서 적지 않은 의의를 부여할 수 있다. 지소태후는 어린 진흥왕을 위하여 보필할 수 있는 새로운 인재 양성을 위해 노력하였고 그러한 가운데 화랑도가 탄생하였다.

원화의 폐지와 진흥왕이 즉위한 해에 화랑도를 설치한 것은 크게 두 가지 의미를 지니고 있다. 첫째로는 지소태후에 의한 진흥왕의 왕권 강화 노력이다. 어린 나이에 왕위에 오른 아들을 위하여 그를 보필할 수 있는 새로운 인재 발굴을 기대하였고, 법흥왕대에 이루어진 여러 가지 변화를 계속 추진하고자 하는 것이었다. 둘째로는 지증왕 이후 신라의 발전을 계속해서 이어가고 중앙집권적 국가의 기틀을 다지기 위한 목적이 컸다고 할 수 있다. 이는 지증왕 이후 법흥왕대를 거치면서 신라 사회의 변화를 적극 수용하는 과정에서 비롯된 것이며 화랑도가 그것의 한 측면을 담당할 수 있기를 기대한 것이라 할 수 있다.

진덕왕대에 국학을 만들고 그것을 통해 인재 선발 방식을 바꾸고자 하는 노력이 있기는 하였으나 곧바로 통일 전쟁이 시작됨에 따라 이러한 노력은 뒷전으로 밀려나고 여전히 화랑도가 인재를 공급하는 주요한 공급처가 되었다. 중고기에 화랑도는 여전히 인재를 배출하는 주요한 공급처로서 후일 삼국 통일의 밑거름으로 작용하였다고 해도 지나친 말은 아닐 것이다.

2장
중대 화랑도의 변화

1. 머리말

신라에서 화랑도가 생겨난 이후 신라가 멸망할 때까지 그들의 활동은 계속되었다. 그렇지만 화랑도의 활동을 시기별로 좀 더 세분해서 살펴보면 그것에는 변화가 있었음을 엿볼 수 있다. 화랑도는 중고기에 가장 활발한 활동을 보이고 있고,[1] 중대에 들어와서는 그들의 활동이 중고기의 그것과는 비교가 되지 않을 정도로 변화된 모습을 보여 준다.[2] 예컨대, 부례랑과 낭도들의 활동을 살펴보면 중고기의 화

1 『三國遺事』 권5, 感通 제7 融天師彗星歌 眞平王代 참조. 그리고 李基東, 『新羅骨品制社會와 花郞徒』, 일조각, 1984, 333~334쪽 참조.

2 화랑도의 변화에 대해서 李基東, 「新羅社會와 花郞徒」 『新羅文化』 1, 1984 : 『新羅社會史硏究』, 일조각, 1997, 284~285쪽 참조. 그는 삼국통일 이후 신라가 약 일백 년 동안 전제 왕권을 추구하였는데, 그러한 왕권의 전제화 과정에서 화랑의 이미지도 퇴색한 것으로 설명한다. 화랑도의 변질이 있었다고 하는 것은 동감하지만 신라 중대의 화랑도에

랑도와는 사뭇 다른 모습을 보이고 있는데, 이는 화랑도가 처음 생겨났을 때와는 달리 시간이 흐르면서 그 속에서 변화가 발생하였음을 암시한다.

본 장에서는 이상과 같은 사실과 해석을 염두에 두고 신라 중대 시기의 화랑도에 대해서 검토해 보려고 한다. 태종무열왕대에 전쟁터에서 용감하게 싸우다 죽은 화랑 관창에 대한 것과 효소왕대에 이르러 활동하였던 부례랑 그리고 경덕왕대에도 화랑도가 있었음을 보여주는 월명사에 대한 기록을 통해 신라 중대 화랑도에 대한 것을 더듬어 보고자 한다. 물론 이상과 같은 기록을 제외하고는 신라 중대 화랑도에 대한 기록을 찾아볼 수 없으므로 이 시기의 화랑도에 대한 검토는 쉽지 않은 실정이다. 다만 이미 선학의 연구를 통해 이 시기 화랑도에 변화가 발생하였음을 알 수 있는데, 이에 대하여 좀 더 설명이 필요한 것이 아닌가 한다. 왜냐하면 중대 이후 화랑도가 중고기와 달리 놀이적 성격에 치중하고 있다는 해석[3]에서 벗어나 좀 더 새로운 해

대해서는 좀 더 구체적으로 살펴볼 필요가 있다.

3 이기동은 이 시대의 화랑도에 대하여 부례랑을 예로 들면서 "그것은 평화의 시대를 맞아 그들의 名山大川 遊娛가 한층 더 활발해지는 동시에 道義 연마보다는 歌樂 놀이에 치중하는 '놀이적' 성격이 강화되었다는 점이다"라고 하였다(李基東, 앞의 책, 1997, 294쪽). 그리고 화랑도의 성격이 그렇게 변화하게 된 이유에 대해서는 전쟁 뒤 장기간 평화가 계속되자 전쟁터에서 발산되었던 그들의 에너지가 사치와 향락을 추구하는 사회적 분위기와 맞물려 화랑 집단에도 일정한 영향을 미쳤다고 설명하였다(이기동, 위의 책, 1997, 292쪽). 현재 신라 중대 화랑도에 대한 성격 규정은 그의 견해가 거의 그대로 수용되는 실정이다. 그렇지만 이 시기에 화랑도가 변화하게 된 구체적인 이유에 대해서는 좀 더 자세한 검토가 필요한 실정이고, 더 나아가 이 시대의 화랑도를 놀이적 성격이 강한 집단으로만 규정하는 것도 문제가 있어 보인다.

석을 찾아야 할 필요가 있기 때문이다. 새로운 해석은 곧 중대 화랑도에 대한 성격 규정을 새롭게 할 수 있는 기반을 제공해 줄 수 있다고 믿기 때문이다.

그렇다면 신라 중대에 이르러 화랑도의 활동에 변화가 생긴 이유가 무엇이며 그러한 변화는 화랑도에 어떠한 결과를 불러왔을까 궁금하다. 본 장을 작성하게 된 배경이 바로 여기에 있다. 이를 위해 먼저 신문왕이 화랑도를 폐지한 것과 그러한 조치를 하게 된 배경이 어디에 있었고, 국학의 정비로 말미암아 인재의 수급 상황이 변화하게 된 것에 대하여 살펴볼 것이다. 다음으로 효소왕대에 화랑도가 부활하게 되었는데 어떠한 배경에서 그렇게 되었는가 하는 것과 아울러 국선이 이끈 화랑도는 어떠한 성격을 가지게 되었는가 하는 것에 관해서도 연구해 볼 것이다. 마지막으로 경덕왕대에 국학의 강화와 더불어 화랑도가 어떤 대응을 하였을까 하는 것에 대해서도 살펴 보고자 한다.

사료가 많지 않은 상황에서 논지를 전개하다 보니 무리가 따르기도 할 것이다. 그러나 중대에 보이는 화랑도 기록을 최대한 검토하고 그것을 통하여 지금까지와는 다른 견해를 도출해 보도록 하겠다.

2. 신문왕대 국학의 정비와 화랑도

신라가 삼국을 통일하기 위한 전쟁과 당나라의 군대를 한반도에

부례랑의 예를 가지고 중대 화랑도를 일반화시키는 것에는 문제가 있다고 생각되며 이에 대해서 좀 더 자세한 검토가 요구된다.

서 몰아내기 위한 전쟁을 치르는 동안 많은 사람들이 희생되었다. 특히 전쟁에 참여하였던 군인들이 적잖게 전사하였을 뿐만 아니라 화랑이나 낭도도 전쟁에 참여하였고 그곳에서 나라를 위해 목숨을 바쳤다. 예컨대, 태종무열왕대에 대백제전에서 용감하게 싸우다 죽은 화랑 관창을 통해서 그러한 사실을 알 수 있다.

김춘추가 왕위에 오른 이후 신라는 나당 동맹을 바탕으로 백제와 고구려를 멸망시키는 긴 전쟁을 수행하였다. 이러한 기간에 전쟁을 수행하고 이끌어 가기에는 인재가 무엇보다 필요하였을 것이고, 그러한 인재를 바로 화랑도에서 찾게 되었다고 해도 과언이 아니다.

> A. 관창(官昌)은 신라 장군 품일(品日)의 아들로 모습이 우아하였으며, 어린 나이에 화랑이 되어 사람들과 잘 사귀었다. 나이 16세 때 말 타고 활쏘기에 능숙하였다. 대감(大監)인 어느 사람이 태종대왕에게 그를 천거하여 당나라 현경 5년 경신에 왕이 군대를 내어 당나라 장군과 더불어 백제를 칠 때 관창을 부장(副將)으로 삼았다. … 관창이 "예" 하고는 곧바로 말에 올라 창을 빗겨들고 적진에 곧바로 진격하여 말을 달리면서 몇 사람을 죽였으나 상대편의 수가 많고 우리 편의 수가 적어서 적의 포로가 되었다. … 관창이 (돌아와서) 말하기를 "아까 내가 적진 가운데에 들어가서 장수의 목을 베지 못하고 그 깃발을 꺾지 못한 것이 깊이 한스러운 바이다. 다시 들어가면 반드시 성공할 수 있다." 하고 손으로 우물물을 움켜 마시고는 다시 적진에 돌진하여 민첩하게 싸우니 계백이 잡아서 머리를 베어 말 안장에 매어 보내었다(『삼국사기』 권47, 관창).

위 A의 기록을 보면 신라가 당나라 군대와 더불어 백제를 공격할 때 황산벌 전투에서 화랑 관창이 참전하였음을 알 수 있다. 기록에 따르면 그는 자발적으로 황산벌 전투에 참전한 것이 아니었다. 어느 대감의 추천으로 부장이 되어 참전하게 되었다. 이는 관창의 아버지인 품일이 자발적으로 왕에게 그의 아들과 함께 전장에 나가겠다고 하지 않았음을 말해 준다. 어느 대감의 추천이라고는 하지만 결국 왕의 명령으로 전장에 나갈 수밖에 없었음을 의미하는 것이다. 장군 품일은 어린 아들을 전장에 데리고 가는 것이 적절치 않다고 생각하였으나 왕의 명령에 따라 아들을 데리고 나간 것이다. 이러한 사실로 보면 중고기 사다함이 그랬던 것처럼 중대에도 화랑이 전투에 무조건 참여하는 것이 아니라 왕의 허락이나 혹은 명령이 있어야만 가능한 것이었음을 알 수 있다.

그렇지만 위와 같은 사실보다 더 중요한 점은 태종무열왕 초기에도 화랑도가 존재하였고 그 가운데서 화랑이 왕의 허락 혹은 명령을 받아 전투에 참여하고 있다는 점이다. 이는 신라 중대 초에도 화랑도가 왕성하게 활동하였음을 보여 주는 것이다.[4] 또한 A의 기록을 통해 알 수 있는 사실은 화랑 가운데에는 말을 다루는 솜씨가 능숙한 자뿐만 아니라 활쏘기에도 뛰어난 자가 있었다. 이는 그만큼 그 시대가 요구하는 인물이었다고 해야 할 것이다. 이렇게 볼 때 관창은 태종무열왕대에 백제를 멸망시키기 위한 전쟁에서 꼭 필요로 하였던 인재상이라고 할 수 있다.

그런데 기록을 살펴보면 태종무열왕대에 활동하였던 화랑 관창을 제외하고는 효소왕대 초까지 화랑도와 관련된 기록을 찾아볼 수 없다. 물론 효소왕대 초반에 이르러 다시 그들의 활동을 찾아볼 수 있

4 『三國遺事』 권1, 紀異2, 장춘랑과 파랑조에도 그들이 황산벌 전투에 참여하였다가 죽었다고 한다. 두 사람을 화랑으로 보아도 무리가 없을 것인데, 그렇다면 이들도 화랑이었음을 알 수 있겠다.

지만, 그 사이에 화랑도의 활동이 전혀 보이지 않는 사실에 대하여 주목할 필요가 있다. 물론 기록에 남아 있지 않아 그럴 수도 있겠지만 이에 대한 의문을 지울 수 없다.

그렇다면 태종무열왕대에 보이던 화랑 혹은 화랑도가 문무왕대에 이르러서도 여전히 활동하였을까 하는 것이다. 이러한 의문은 어렵지 않게 해결할 수 있다. 왜냐하면 문무왕대에는 당나라 군대와 연합하여 고구려를 멸망시켰고 더 나아가 670년부터는 당나라 군대를 한반도에서 물리치기 위한 전쟁을 시작하였기 때문에 화랑도의 전사적인 활동이 더욱 요구되었다고 볼 수 있기 때문이다. 적어도 문무왕이 사망할 무렵까지도 전쟁이 간헐적으로 지속되었기 때문에 화랑도는 필요한 존재였다고 생각된다.

이렇게 보아오면, 신라가 백제와 고구려 그리고 당나라를 상대로 치열한 전쟁을 치르는 동안 화랑도는 중요한 역할을 하였다고 해도 과언이 아닐 것이다. 화랑도 자체가 하나의 군사 조직처럼 운용되었을 가능성이 크기 때문이다. 그리고 화랑으로 활동했던 인물들 가운데서 출사하여 정치적으로 큰 영향력을 가진 인물들이 있었을 것이고 그들은 자신들이 속해 있던 화랑도와도 긴밀한 관계에 있었을 것이다.

이상과 같은 추측이 허락된다면 문무왕 후반기에도 화랑도의 영향력이 컸음에 틀림이 없다. 신라가 676년 기벌포 전투에서 승리를 거둔 이후 당과의 전쟁이 그쳤다고는 하지만 당의 재침공을 염려하였기 때문에 군사력을 유지하기 위하여 노력하였을 것이고 화랑도가 보조적인 역할을 하였다고 해도 무리한 이해는 아닐 것이다.

그런데 신문왕대에 이르러 화랑도에 큰 변화가 일어났다. 이는 다음과 같은 기록을 통해 짐작할 수 있다.

> B. 국학(國學)을 세워 경(卿) 1인을 두었다(『삼국사기』 권8, 신문왕 2년 6월).

신문왕은 재위 2년에 국학을 설치하고 그 책임자로 경을 한 사람 두었다고 한다. 그런데 앞서 보았듯이 진덕왕 5년에 국학을 처음 마련하였으므로 국학의 시초는 신문왕대가 아닌 진덕왕대에 시작된 것으로 볼 수 있다. 그러므로 신문왕 2년의 조치는 진덕왕대 만들어진 국학을 정비하여 체제를 갖춘 것으로 이해할 수 있다.[5] 국학의 정비는 결국 인재의 등용을 위한 것으로 이제까지 화랑도를 통해 선발하던 인재 등용 방식을 바꾼 것이라 할 수 있다. 화랑도 대신에 국학을 통해 인재를 선발하겠다고 하는 의미가 내포된 것이다. 그렇다고 하면

5 『삼국사기』의 기록에 따르면 신문왕 2년에 국학을 설치하고 경 1인을 두었다고 되어 있는데, 이 기록을 근거로 이때에 비로소 국학이 설치된 것으로 이해하는 경우가 많다. 이에 관한 연구 성과 정리는 김덕원, 「신라 國學의 설립과 그 주도세력」 『震檀學報』 112, 2011, 3쪽의 각주 12)를 참고할 것. 그리고 이 기록을 근거로 하여 박수정, 「신라 국학의 교수법과 관리등용」 『역사와 교육』 26, 2018, 88~89쪽에서 국학의 직접적인 관부 설치와 교육 기관으로서의 성격 확립은 아무래도 신문왕대의 일로 이해하는 것이 좋을 것 같다고 하였다. 또한 한영화, 「신라의 교육과 관인 선발」 『신라사학보』 45, 2019, 342쪽에서도 이와 같은 견해에 따르고 있다. 그러나 이미 진덕왕대에 국학의 설치를 위한 기본적인 조건이 갖추어져 있었고 그것을 기반으로 하여 신문왕이 국학을 정비한 것으로 이해한 견해가 있는데, 이에 관한 연구 성과 정리도 김덕원, 앞의 논문, 2011, 3쪽의 각주 11)을 참고할 것. 그리고 이와 같은 견해를 보완한 연구로는 김덕원, 같은 논문, 2011, 9쪽 및 한준수, 「신라 국학의 수용」 『신라 국학과 인재 양성』, 민속원, 2015, 64~73쪽이 주목된다. 필자도 후자의 견해에 따른다.

그동안 화랑도를 통해 이루어지던 인재 선발 기능은 역할이 축소되는 변화를 초래하게 되었다고 할 수 있다. 결국 이러한 사실은 화랑도의 인재 선발 기능에 있어 어떤 커다란 변화가 생겨나게 되었음을 감지할 수 있게 한다.

그렇다면 왜 신문왕대에 이르러 국학의 정비가 이루어졌고 그것이 화랑도에 미친 영향은 어떠하였을까 하는 점이다. 이와 관련하여 다음의 사실을 주목해 볼 수 있다.

> C-1. 소판 김흠돌(金欽突)·파진찬 흥원(興元)·대아찬 진공(眞功) 등이 반란을 꾀하다가 죽임을 당하였다. … 다행히 종묘의 도움을 받아 악(惡)이 쌓이고 죄가 가득 찬 흠돌 등의 꾀가 드디어 발로되니 이러므로 병중(兵衆)을 모아 그 효경(梟獍)과 같은 나쁜 놈을 없애려 하니 … 그러나 그 지엽(枝葉)을 탐색하여 죄다 주살하고 … (『삼국사기』 권8, 신문왕 원년 8월).

> C-2. 이찬 군관(軍官)의 목을 베고 교서를 내려 말하였다. … 이에 역신 흠돌 등과 사귀면서 그들이 반역을 도모하고 있다는 사실을 알고서도 일찍이 알리지 않았으니 … (『삼국사기』 권8, 신문왕 원년 8월 28일).

위 C군의 기록을 자세하게 들여다보면, 신문왕이 즉위하자 곧바로 김흠돌(金欽突)의 난이 일어났으며 김군관(金軍官)은 그러한 모의를 사전에 알고 있었음에도 왕에게 알리지 않았다고 하여 처형을 당하였다고 한다. 김흠돌 일파가 난을 일으킨 이유는 신문왕의 왕권 강화에 반발하였기 때문으로 알려져 있다.[6] 여기서 중요한 점은 김흠돌이 난

---

6 김흠돌 난의 원인과 성격에 대해서는 최홍조, 「神文王代 金欽突 亂의

을 일으켰을 때 병중(兵衆)을 모았다고 하는 것이다(C-1 기록). 병중은 아무래도 그를 따르는 군사들로 생각되는데 여기에는 화랑도도 함께 참여하였던 것이 아닌가 한다. 물론 병중이라고 하는 것만으로 그러한 사실을 알아내기는 힘들지만, 적어도 통일 전쟁을 치르는 과정에서 성장한 화랑도 세력이 김흠돌의 난에 참여하였던 것으로 파악되는 것이다. 신문왕이 김흠돌 난을 진압하면서 지엽까지 탐색하여 죄다 주살하였다고 하는 것으로 볼 때 그를 추종하는 무리가 적잖았음을 헤아릴 수 있다. 그 무리가 병중으로 기록되었고 결국 그 가운데는 화랑도도 포함되어 있었던 것으로 짐작해도 무리가 없지 않을까 싶은 것이다.[7]

신문왕이 김흠돌 난을 진압한 다음 해 6월에 국학을 정비한 것으로 볼 때 이는 화랑도의 폐지와 서로 연관이 되어 있다고 생각된다. 이러한 사실에 주목하여 기왕의 연구에서는 681년에 화랑도를 폐지하고, 다음 해인 682년에 국학을 정비한 것으로 설명한다.[8] 이는 매우 중요한 지적이라 하지 않을 수 없다. 더구나 신문왕 7년 5월에 문무관에게 전을 내리되 차이가 있게 하였다고 한 기록을 주목할 수 있다. 이러한 조치는 신분이 아니라 관직을 기준으로 새로이 토지를 지급하겠다고 하는 것이고 6두품 이하의 관료들이 그 대상이 되었다고

재검토」『大丘史學』 58, 1999.

7 이종욱은 "화랑도 출신 인물들이 김흠돌의 난에 많이 가담하였기에 난을 진압한 후 풍월주를 우두머리로 하는 화랑도를 폐지한 것이다"라고 하였다(이종욱, 『신라의 역사』 2, 김영사, 2002, 111쪽).

8 李鍾旭, 「新羅 中古時代의 花郎徒」『省谷論叢』 27-4, 1996, 637쪽 참조.

짐작된다.[9] 결국 이러한 조치는 국학을 돌려놓고는 설명할 수 없는 부분이다. 신문왕은 화랑도 대신 국학을 통하여 출사한 관료들을 우대하겠다는 것으로 파악된다.

신문왕은 김흠돌의 난과 연결되었던 화랑도를 폐지하고 그것을 대신하여 인재 선발을 할 수 있는 방법을 고심하였고 진덕왕대에 만들어진 국학에 눈을 돌렸다고 할 수 있다.[10] 그런 다음 국학에서 공부할 수 있는 기준도 신분적인 것을 염두에 두고 고친 것으로 생각된다. 국학에서 공부할 수 있는 자격은 진골부터 4두품까지 정한 것으로 생각할 수 있다.[11] 따라서 평민의 경우 국학에서 공부할 기회를 얻지 못하였을 것이다. 이러한 조치는 매우 파격적인 것으로 생각되며 평민으로서 화랑도에 들어가 낭도로 활동하며 화랑과 인적인 유대 관계를 맺었던 그들로서는 더 이상 활동할 수 있는 장을 상실하게 되었다고 할 수 있다.

비록 그렇기는 하지만 신문왕의 이러한 조치는 매우 획기적이라 할 수 있으며 화랑도를 통한 인재 선발의 기능을 국학으로 대체한 것

9 金壽泰, 「新羅 神文王代 전제왕권의 확립과 金欽突亂」『新羅文化』 9, 1992 ; 同改題, 「專制王權의 확립과 金欽突亂」『新羅中代政治史研究』, 一潮閣, 1996, 28쪽.

10 홍기자는 모반 사건을 겪은 신문왕으로서는 왕을 보필하고 권력 구조 내에서 갈등을 무마시킬 수 있는 신하를 필요로 하게 되었고, 이로 말미암아 인재 양성을 위한 교육 기관의 설립을 추진한 것으로 보았다(홍기자, 「신라 하대 독서삼품과」『신라문화제학술발표회논문집』 19, 1998, 129쪽).

11 이희관, 「新羅 中代의 國學과 國學生」『신라의 인재 양성과 선발』, 신라문화선양회, 1998, 106~109쪽 참조. 그런데 전미희는 「元曉의 身分과 活動」『韓國史研究』 63, 1988, 93쪽에서 4두품 신분층은 국학의 입학 대상에서 제외된 것으로 파악하고 있으나 이를 따르지 않는다.

이다. 물론 국학이 인재 선발보다는 인재 양성이라는 측면이 강하지만 결국에는 그곳에서 공부한 다음 관료로 진출하는 통로였던 만큼 신문왕의 관심을 끈 것은 당연한 일이었다고 할 수 있다. 통일 전쟁이 끝나서도 군사적인 성격을 지닌 화랑도를 계속해서 둘 수 없게 되었을 뿐만 아니라 그것이 결국 김흠돌의 난과 연결되었던 만큼 화랑도 폐지라는 조치는 어쩌면 당연한 귀결이었다고 해야 할 것이다.

3. 화랑도의 부활과 국선의 활동

신문왕 원년에 폐지되었던 화랑도가 효소왕 원년 기록에 다시 보인다. 화랑도가 폐지된 지 약 11년 만에 새롭게 부활하였음을 알 수 있다. 그렇다면 화랑도가 부활하게 된 배경이 어디에 있으며 그 부활한 화랑도가 신라 중고기에 활동하였던 화랑도의 모습과 같았을까 궁금하다.

> D-1. 효소왕은 즉위년 9월 7일에 대현 살찬(薩湌)의 아들 부례랑(夫禮郎)을 국선(國仙)으로 삼았는데, 그 문객이 천 명이나 되었으며 그 가운데서도 안상과 더욱 친하였다(『삼국유사』 권3, 탑상 제4 백률사).
>
> D-2. 이듬해에 그는 무리를 거느리고 금란에 가서 놀다가 북명(北溟)의 경계(境界)에 이르러 적적(狄賊)에게 붙잡혔다. 문객들은 모두 어찌할 바를 모르고 돌아왔는데 홀로 안상만이 그를 뒤쫓아 갔으니 이때가 3월 11일이었다(『삼국유사』 권3, 탑상 제4 백률사).

위 D-1의 기록을 보면, 효소왕 즉위년에 부례랑을 국선으로 삼았으며, 그를 따르는 무리가 약 일천여 명이나 되었던 것으로 나타나 있다. 우선 이러한 사실만 보면 중고 시대에 활동하였던 화랑도와 별반 다르지 않음을 알 수 있다. 다시 말해서 한 명의 화랑과 승려 낭도 그리고 여러 명의 낭도가 부례랑 아래서 활동하였음을 짐작할 수 있다.

그러면 어떤 이유로 효소왕대에 화랑도가 부활하였을까 하는 것이다. 그 배경에 대해서 검토해 보기로 하자. 신문왕이 화랑도를 폐지하였던 만큼 그것이 부활하였다면 적어도 국가에서 관여한 것이 아닐까 하는 것이다. 이와 관련하여 효소왕대 화랑도의 부활은 효소왕의 어머니인 신목태후의 정치적인 의도와 관련이 있을 것으로 파악되고 있다.[12] 즉 신목태후는 그의 아들이 어린 나이에 즉위하였기 때문에 화랑도의 중요성을 인식하고 화랑도를 다시 양성하여 왕권을 강화할 수 있는 세력을 만들기 위한 목적에서 그렇게 하였을 것으로 판단되는 것이다.

이러한 해석이 가능하기 위해서는 화랑도 폐지 이후 가장 피해를 본 이들이 누구였을까 하는 것을 살펴보면 되지 않을까 한다. 왜냐하면 신목태후는 그들의 불만을 해소해 줄 필요가 있었을 것이고 또한 그러한 불만을 역으로 이용하여 효소왕의 왕권을 안정시키는 데 도움이 되도록 하였을 가능성이 크기 때문이다.

D-1의 기록을 다시 살펴보면, 부례랑을 국선으로 삼았다고 한다. 이는 부례랑을 국선으로 추대한 주체가 있었다고 하는 것이고 결국 그것은 신목태후가 그렇게 하였을 가능성이 크다는 사실이다.

---

12 조범환, 「神穆太后-新羅 中代 孝昭王代의 政治的 동향과 神穆太后의 攝政-」『西江人文論叢』 29, 2010, 22~23쪽.

신목태후는 김흠운의 딸로 신문왕의 후비가 되었는데, 김흠운은 화랑 문노의 문하에서 활동하였던 것으로 알려져 있다.[13] 따라서 그녀는 비록 화랑은 아니었으나 화랑도와 밀접한 관계에 있었던 아버지와 화랑도에 대하여 어느 정도는 알고 있었을 것으로 생각되는 것이다. 또한 화랑도의 역할이 어떠하였는가 하는 것도 잘 헤아리고 있었을 것이다.

그런데 신문왕이 즉위한 이후 김흠돌의 난을 기화로 화랑도를 폐지하자 화랑도를 통하여 출사의 기회를 노리던 사람들이나 혹은 화랑도와 밀접한 관계에 있었던 사람들이 그것에 대하여 불만을 가지고 있었음은 충분히 유추할 수 있다. 이러한 사실을 감지한 신목태후는 폐지되었던 화랑도를 부활하고 그것을 통하여 효소왕의 왕권을 강화하기 위하여 화랑도에 주목하게 되었던 것으로 여겨진다.

다만 화랑도의 화랑을 중고기와 같이 풍월주로 하지 않고 국선으로 명명한 것은 이유가 있을 것이다. 신라 중고기에도 국선이 있기는 하였으나 그들을 풍월주와 비교해 보면 그 지위가 낮았던 것으로 알려져 있다.[14] 그런데 신목태후가 화랑도를 부활시키면서 풍월주가 아닌 국선을 정점으로 하고 있다는 점이다. 이러한 사실에서 엿볼 수 있는 것은 신라 중고기 화랑도에서 풍월주가 지녔던 그러한 지위를 그대로 살려내게 되면 그에 대한 반발이 적지 않을 것을 염려한 나머지 국선을 대표자의 이름으로 내세운 것으로 보인다. 비록 그렇기는 하지만 국선의 지위를 높임으로써 화랑도의 새로운 모습을 기대하였던 것

13 『三國史記』 권47, 金欽運

14 李鍾旭, 앞의 논문, 1996, 637쪽 참조.

으로 짐작된다.[15]

풍월주 대신 국선의 지위를 높인 것은 풍월주로 대표되는 화랑도가 가졌던 성격 때문이 아닐까 싶다. 즉 풍월주를 중심으로 하는 화랑도는 폐지되기 전까지 전사적인 성격을 강하게 가지고 있었기 때문에 그러한 성격을 덜 지녔거나 그러한 것과 거리가 멀었던 국선을 정점으로 하는 화랑도를 새롭게 탄생시켰던 것으로 보인다. 이는 매우 주목할 만한 사실인데, 비록 화랑도의 부활을 가져오기는 하였으나, 전사적인 성격이 바로 나타나는 풍월주보다는 국선으로 이름을 내세우면서 그들에게 기대한 바가 컸다고 생각되는 것이다. 결국 신목태후가 화랑도를 새롭게 부활시킨 배경이 여기에 있다고 해도 과언이 아닐 것이다.

그러면 새롭게 부활한 화랑도는 신라 중고기에 활동하였던 화랑도와 같은 모습과 성격을 가지게 되었을까 하는 점이다. 폐지되었다가 부활된 만큼 어떤 변화가 있었을 것은 미루어 짐작하기 어렵지 않다. 이제 D-2의 기록을 살펴보기로 하자.

D-2의 기록에 따르면, 부례랑이 무리를 거느리고 금란에서 놀다가 적적(狄賊)에게 붙잡혀 끌려갔고, 그를 따르던 무리는 어찌할 바를

15 부례랑에 대한 이기동의 해석을 찾아볼 수 있는데, 그는 부례랑과 시대상의 변화를 서로 연결시켜 설명하고 있다. 즉 신라 중대의 화랑도는 이제 더 이상 무사도의 權化일 수가 없었으며, 화랑 집단 고유의 '놀이'적 기능만이 한층 더 작동 조장 되어 갔던 것으로 파악하였다(이기동, 「花郎像의 변천에 관한 覺書」『新羅文化』 5, 1988 : 앞의 책, 1997, 293쪽). 그렇지만 이때의 화랑도 집단이 '놀이'적 성격으로 변화되었다고 하는 것은 쉽사리 수긍할 수 없다. 부례랑의 경우에는 화랑도의 부활과 관련이 깊으므로 이러한 측면에서의 검토가 무엇보다 중요할 것이다.

모르고 돌아왔다고 한 것을 보면 화랑도에 변화가 있었음을 짐작할 수 있다. 다시 말해서 화랑도의 기상을 상실한 것 같은 모습을 보여 준다. 중고기 말에서 중대 초에 화랑도가 보여 주었던 마치 군대와 같은 성격은 사라지고 매우 유약한 모습으로 나타나고 있다. 이는 화랑도가 폐지되었다가 새로 부활한 것과 관련이 있을 것인데, 적어도 폐지되었던 기간에 무인적인 성격을 상실하게 되었음을 헤아릴 수 있다.

그런데 궁금한 것은 폐지된 지 11년 만에 부활하였기 때문에 그 기간이 그리 길지 않았을 것임에도 불구하고 어떻게 그와 같은 일이 생기게 되었을까 하는 것이다. 우선 지적할 수 있는 것은 바로 두품 신분의 소유자들이 국학으로 눈을 돌리게 되었다고 하는 사실일 것이다. 새로운 인재 선발 기구인 국학의 정비로 말미암아 두품 신분의 소유자들은 화랑도 대신 국학에 눈을 돌리고 그곳으로 들어가게 되었다고 볼 수 있다. 사정이 이렇게 되자 화랑도의 근간이 되었던 낭도들의 신분적인 변화도 일어나게 되었을 것이다. 즉 진골 귀족들의 경우 국학에 들어가지 않더라도 출사의 기회가 보장되어 있었으나 두품 신분의 경우에는 국학에서 공부하는 것이 출사하는 데 유리하였기 때문에 화랑도에 대한 관심이 적어지게 되었다고 짐작할 수 있다. 당시 국가에서 필요로 하던 인재는 학문적인 지식을 가진 사람들이었기 때문에 화랑도에서 활동하며 출사의 기회를 가지기보다는 국학을 주로 선택하게 되었다.

사정이 이렇게 되자 화랑도의 주축이 되었던 낭도들은 대체로 평민들이 주류를 이루게 되었던 것은 아닐까 싶다. 물론 국학에 들어가지 않고 화랑도에서 활동한 두품 신분의 소유자들도 있었겠지만 그들의 수는 그렇게 많지 않았을 것이다. 도리어 평민들의 경우 많은 수가 화랑도에 들어가 활동하게 되었고 그 결과 화랑도에도 질적인 변화가 일어나게 되었을 수 있다.

여기에 더하여 신라가 삼국을 통일한 이후 고구려나 백제에서 이주시킨 귀족들의 후예들이 신라의 수도인 경주에 들어와 살게 되었음을 주목할 수 있다.[16] 예컨대, 태종무열왕 7년에는 백제인 중 좌평 충상(忠常)과 상영(常永), 달솔 자간(自間)에게 일길찬의 관등을 주어 총관직을 맡겼다고 한다.[17] 이러한 사실로 미루어 볼 때 이들의 후예들은 당연히 신라 왕경에서 생활하였을 것이다. 고구려 출신으로 신라 왕경에 옮겨 산 사람들은 대체로 6두품에서부터 5두품이나 4두품에 해당하는 대우를 받았다고 한다.[18] 백제인의 경우에도 고구려인들과 비슷한 대우를 받았다고 할 경우 이들의 자제들이나 후손들이 신라 왕경에 살면서 화랑도에 대하여 알게 되었을 것이고 그들 중에서 화랑도의 일원이 되었을 가능성도 충분히 생각해 볼 수 있지 않다.

이러한 생각이 틀리지 않다면 부례랑의 낭도들 중에는 고구려나 백제의 유민들이나 후예들이 그 가운데서 활동하고 있었음을 충분히 예상해 볼 수 있다. 그런데 화랑도가 폐지되었다가 다시 생겨났기 때문에 이들은 그 이전의 화랑도에 대한 구체적인 실상을 몰랐을 가능성이 매우 크다. 비록 화랑도에 대하여 듣고 그 무리에 들어갔다고는 하지만 무예를 익히기보다는 다른 것에 열중하였다면 부례랑이 적

---

16 金壽泰, 「統一期 新羅의 高句麗遺民支配」『李基白先生古稀紀念韓國史學論叢(上)』, 1994 및 「新羅 文武王代의 對服屬民政策-百濟遺民에 대한 官等受與을 중심으로-」『新羅文化』 16, 1999 참조.

17 『三國史記』 권5, 太宗武烈王 7년 11월 22일

18 李鍾旭, 『新羅骨品制研究』, 一潮閣, 1999, 100쪽.

적에게 잡혀가는 것을 옆에서 보고 있을 수밖에 없었을 것이다. 신라 중대 화랑도의 변화는 이러한 측면에서도 충분히 설명이 가능하지 않을까 싶다.

더구나 신라 화랑도는 사회 통합의 기능을 담당하였으므로, 신라가 삼국을 통일한 이후 고구려나 백제 유민 가운데 수도에 들어와 생활하게 된 사람들에게 있어 화랑도가 하나의 창구 역할을 한 것으로 보아도 좋지 않을까 한다. 신목태후가 정치적인 의도에서 화랑도를 만들었지만, 시간이 지나면서 그것은 고구려나 백제 유민을 통합하는 기능까지 담당하게 되었던 것으로 생각해 볼 수 있다. 고구려나 백제 유민들이 신라의 수도인 경주에 들어와 살게 되었지만 보이지 않는 냉대와 질시가 있었을 것인데, 그러한 것을 보완할 수 있었던 것이 바로 화랑도의 활동이었다고 판단되는 것이다. 그들 유민의 자제들이 화랑도의 낭도로 활동하면서 신라 사회의 일원으로 자리 잡을 수 있게 되었고 그러한 것이 결국은 화랑도가 지속될 수 있는 기반을 마련하였다고 해도 과언이 아닐 것이다.

4. 국학의 강화와 화랑도

신라 중대에 부활한 화랑도에 변화가 있기는 하였지만 화랑도의 본래 모습을 유지하고 있는 기록을 찾아볼 수 있다. 다시 말해 중대에 새롭게 탄생한 화랑도에 변화의 바람이 불기는 하였으나 중고시기 화랑도의 원형이 지속되는 부분을 찾아볼 수 있다. 이와 관련하여 아래의 기록이 참고된다.

E. 그때 월명(月明) 스님이 밭둑을 걷다가 마침 남쪽 길을 가고 있었다. 왕은 사람을 시켜 그를 불러와 단을 열고 계문을 짓게 하였다. 월명이 (왕께) 아뢰기를, "신승(臣僧)은 그저 국선(國仙)의 무리에 속해 있어서 향가(鄕歌)만 알 뿐 성범(聲梵)에는 익숙하지 못합니다"라고 하였다. 왕이 말하기를, "이미 인연이 있는 스님으로 점지되었으니 비록 향가를 쓰더라도 좋소"라고 하였다(『삼국유사』권5, 감통 제7 월명사도솔가).

위의 기록을 보면 경덕왕과 월명사의 만남에 대한 것을 알 수 있다. 경덕왕이 월명사에게 계문을 짓기를 요청하였을 때 그가 한 대답이 주목된다. 그는 국선의 무리에 속해 있었기 때문에 향가에 능하나 성범은 익숙하지 못하다고 하였다. 이러한 기록은 적어도 세 가지 정도의 해석을 가능하게 해 준다. 첫째로 월명사가 화랑도의 낭도로 활동하였음을 알려주고 있다. 둘째로 화랑도의 낭도로 활동하는 동안 향가를 짓는 것도 배웠던 것 같다. 그것은 국선의 무리에 속해 있어서 향가만 안다고 하는 그의 말을 통해 엿볼 수 있다. 셋째로 중대 후반기인 경덕왕대에도 국선이 중심이 된 화랑도가 운용되고 있었음을 보여 준다. 그것은 국선의 무리에 속해 있었다고 한 것을 통해 알 수 있다.

이러한 해석을 통해서 보면 중대 말에도 국선이 중심이 된 화랑도가 활동하고 있었던 것을 알 수 있다. 그리고 화랑도에서 낭도들은 향가를 짓는 것을 배운 것으로 미루어 볼 때 외형상으로는 중고기의 화랑도와 별반 다를 바가 없었던 것 같기도 하다.

그러나 경덕왕대에 이르러서는 국학의 새로운 변화로 말미암아 화랑도에 더 많은 변화가 초래되었다고 판단된다. 경덕왕 6년에 제업

박사(諸業博士)와 조교가 두어졌다고 한 것이 바로 그것이다.[19] 국학에 제업박사나 조교를 두었다고 하는 것은 아마도 내성 소속 하의 박사나 조교를 국학으로 이전하여 교육을 담당케 하였던 것을 말하는 것이다.[20] 이는 경덕왕대 한화 정책을 추진하기 위한 목적에서 비롯된 것으로 볼 수 있는데 국학 조직의 체계가 더욱 조직화 되었다고 할 수 있다.

이러한 사실에서 보면 화랑도는 그 기능이 더욱 약해졌다고 할 수 있다. 비록 월명사의 경우를 통해 화랑도가 존속되고 있는 것은 알 수 있으나, 화랑도는 인재 선발의 기능을 상실한 것이 아닌가 한다. 경덕왕 6년 정월에 취하여진 조치는 국가에서 그만큼 국학에 관심을 보인 것이라고 할 수 있다. 이러한 사실을 염두에 두면 화랑도의 낭도가 되는 사람들은 거의 평민들이었을 가능성이 크다. 두품 신분의 젊은이들은 화랑도보다는 국학에 들어가 출사의 기회를 엿보았을 것인 데 비하여 출사의 기회가 주어지지 않았던 평민의 젊은이들만이 화랑도에 들어갔을 것으로 생각된다. 그리고 화랑과의 유대 관계를 통하여 신라 사회에서 살아가는 방법을 찾았던 것이 아닌가 한다. 물론 낭도들 가운데는 진골이나 두품 신분의 소유자도 있었을 것이지만 그 수는 신라 중고기의 그것과 비교해 보면 많지 않았을 것이다. 화랑도의 성격이 변화된 만큼 두품 신분의 소유자들은 화랑도에 들어가는 것을 더 이상 원하지 않게 되었고 또한 화랑도를 통한 출사도 더 이상 기대하지 않았던 것으로 생각된다.

---

19 『三國史記』 권9, 경덕왕 6년

20 홍기자, 앞의 논문, 1998, 134쪽.

5. 소결

신라 중대 이후 화랑도는 적잖은 변화를 겪게 되었다. 우선 진덕왕대에 인재 선발에 변화가 이루어졌으나 화랑도에 직접적인 영향은 미치지 못하였다. 신라가 삼국을 통일하기 위한 전쟁이 시작되었고 그러한 시작에서 화랑도는 무사로서의 모습으로 더욱 빛을 발하였다. 화랑 관창이 바로 이러한 시대에 영웅으로 탄생하였다.

그렇지만 전쟁이 끝나고 평화가 지속되면서 신문왕은 화랑도를 폐지하였고 국학의 정비를 통하여 인재 양성을 추구하였고 더 나아가 인재 선발까지 추구하였다. 신문왕의 이러한 조치는 화랑도를 통해서 인재를 수급하였던 방법을 바꾼 것으로 이는 신라 사회의 변화 과정에서 화랑도를 통한 인재 수급에 한계가 있었음을 알려주는 것이라고 할 수 있다. 그리고 이러한 조치의 이면에는 화랑도가 군사적인 세력으로 작용하는 것을 사전에 막고자 하는 의도에서 비롯된 것이라고 할 수 있다.

화랑도는 폐지된 지 약 11년 만에 새롭게 부활하였다. 신목태후의 의도로 새롭게 부활한 화랑도는 국선이 주축이 되어 활동하였으나 중고 시대에 활동하였던 그러한 모습은 찾아볼 수 없게 되었고 실제의 모습도 변화되었다. 그렇다고 해서 기왕의 연구에서처럼 화랑도가 놀이적 기능만을 가진 그러한 존재로 변한 것은 아니었다.

경덕왕대에 이르러 국학이 더욱 강화되면서 화랑도는 인재 선발의 기능에서 완전히 멀어지게 되었고 낭도의 주 구성층은 평민들이었다고 볼 수 있다. 더구나 고구려나 백제의 유민이나 그 후손들이 화랑도에서 활동하기도 하였다. 그러한 흐름 속에서 화랑도는 종래의 모습과는 거리가 멀어지게 되었고 특히 이 시기에 그 변화가 심하게 이루어졌다고 볼 수 있다.

신라 중대 화랑도는 자의와 타의에 의한 충격에 엄청난 변화를 겪게 되었고 그 과정에서 원래의 모습은 많이 사라지게 되었다. 그 외형만을 유지한 채 중대 화랑도는 국학의 영향력으로 말미암아 실제로 인재 양성과 선발의 기능이 약화되었다.

3장
하대 화랑도의 변질

1. 머리말

신라 중대 말과 하대에도 화랑도의 활동을 『삼국사기』의 기록에서 쉽사리 찾아볼 수 있다. 중대 말에는 월명사가 화랑도에서 활동했다고 하는 기록을 통해서 그것을 알 수 있으며, 하대에는 화랑인 명기(明基)와 안락(安樂)의 활동이 눈에 들어오고 효종랑(孝宗郎)과 낭도의 선행(善行)도 주목된다.[1] 그렇지만 중대 말부터 이미 변화를 보인 화랑도는 하대에 들어와서는 더욱 달라진 모습을 보여 주고 있다. 그 달라진 모습을 변화라고 하기보다는 변질이라고 해야 옳지 않을까 싶다.[2] 왜냐하면 화랑도가 신라 하대에 이르러서는 하나의 독립된 군사 조

1 효종랑과 낭도의 선행에 대해서 『삼국사기』에서는 효녀 지은조에서, 『삼국유사』에서는 빈녀양모조에서 찾아볼 수 있다.

2 최재석은 화랑도가 변질되었다는 주장에 대해서 화랑 정신은 변하지 않았다고 주장하였다(최재석, 「신라의 화랑과 화랑집단」 『민족문화논

직화해 가는 경향이 농후하게 드러나는 것과 무관하지 않기 때문이다.[3]

이러한 지적은 상당히 설득력이 있다고 할 수 있으며, 신라 하대의 화랑도를 이해하는 중요한 잣대를 제공한 것으로 볼 수 있다. 다만 이러한 설명이 성립되기 위해서는 구체적인 검토가 요구된다고 할 수 있는데, 이를 입증하는 연구는 그다지 많지 않은 형편이다.[4] 사정이 이러하므로 중대 말부터 시작된 화랑도의 변화를 올바로 알아내는 것이 무엇보다 중요하다고 할 것이다.

중대 말 경덕왕대에 국학이 더욱 강화되었는데 그러한 사정은 화랑도에 영향을 미쳤을 것으로 짐작된다. 그런데 이러한 사실을 지적한 연구는 거의 찾아볼 수 없는 실정이다. 그리고 신라 하대에 화랑도의 변질이 일어나게 된 배경에 대하여 국학의 발달이 그 유발 요인의 하나로 설명되고 있지만,[5] 원성왕대에 만들어진 독서삼품과(讀書三品

총』 8, 1987 :『한국고대사회사연구』, 일지사, 1987, 477쪽). 그러나 이와 같은 주장은 납득하기 어렵다. 이는 정신적인 변화와 더불어 화랑도 자체도 변질되었다고 보는 것이 옳기 때문이다.

3 신라 하대 화랑도의 변질에 대해서는 이미 李基白, 「新羅私兵考」『歷史學報』 9, 1957 ;『新羅政治社會史研究』, 一潮閣, 1974, 260쪽 및 노태돈, 「羅代의 門客」『韓國史研究』 21·22합집호, 1978 ;『한국고대사의 이론과 쟁점』, 집문당, 2009, 247쪽 그리고 李基東, 「新羅社會와 花郎徒」『新羅文化』 1, 1984 ;『新羅社會史研究』, 일조각, 1997, 285쪽에서 잘 언급되어 있다.

4 이기백, 위의 책, 1974의 글 및 노태돈, 위의 책, 2009에서 약간의 언급을 찾아볼 수 있고, 이기동, 위의 책, 1997에서 좀 더 자세한 설명을 얻을 수 있다. 하지만 몇몇 특정한 사료에 대한 나열 정도에 그쳤을 뿐 구체적인 검토가 이루어지지 않은 상태에서 논지를 진행하였기 때문에 좀 더 자세한 검토가 요구된다고 할 수 있다.

5 이기동, 위의 책, 1997, 298쪽 참조. 물론 국학의 발달로 화랑도의 변질을 설명하는 것은 타당하다고 생각된다. 다만 신라 하대만의 여러

科)가 화랑도에 어떤 영향을 미쳤는가 하는 것을 살피는 것이 더욱 중요할 것으로 생각된다. 왜냐하면 독서삼품과의 설치로 화랑도를 구성하는 낭도의 신분적인 변화가 새롭게 생겨났다고 생각되기 때문이다. 결국 신라 하대 원성왕대에 만들어진 독서삼품과는 신라 하대 화랑도를 이해하는 데 있어 매우 중요한 요소라 할 수 있다.[6] 물론 하나의 가설이기는 하지만 이에 대해서 자세하게 입증토록 할 예정이다.

이어서 살펴볼 문제는 신라 하대에 치열하게 전개되었던 왕위 쟁탈전과 화랑도를 연결하여 살펴볼 필요가 있다. 왕위 쟁탈전이 치열하게 전개될 당시 신라 사회는 공병보다는 각 개인이 가진 사병이 큰 역할을 하였다. 그런 가운데 화랑도가 이러한 소용돌이 속에 휘말렸다고 한다면 이는 분명히 신라 하대 화랑도에 새로운 변질이 생겨났다고 의심할 수 있다. 신라 하대 왕위 쟁탈전은 사회를 변화시키는 격랑의 물결과 같이 정치적으로 큰 변화를 불러일으키는 계기가 되었다. 이러한 정치적 변화의 격랑 가운데 화랑도가 참여한 것으로 보아 그들에게도 커다란 변화가 일어났음은 어렵지 않게 추측할 수 있다.

이러한 점을 염두에 두면 신라 중대 말부터 급격한 변화를 보이던 화랑도는 신라 하대의 정치적 상황 변화에 따라 변질된 모습을 보여 주고 있다. 특히 신라의 쇠락과 더불어 서로 유기적인 관계에 있었다고 볼 수도 있는데, 이러한 변질의 흐름을 좀 더 새로운 각도에서

사정을 고려하는 것이 무엇보다 필요할 것으로 생각된다.

6 화랑도의 변질과 관련하여 국학을 매우 중시하고 있는데 신라 하대에는 그것보다 독서삼품과 설치에 대하여 주목해야 할 것이다. 지금까지 이와 관련된 연구는 찾아볼 수 없는데 본 장에서는 이를 본격적으로 검토하고자 한다.

살펴보고자 한다. 이와 같은 검토가 이루어지면 신라 하대 화랑도의 상을 자리매김할 수 있는 해답을 찾을 수 있지 않을까 한다.

2. 독서삼품과의 설치와 화랑도

신라 중고기 화랑도에 소속된 낭도의 신분은 진골에서부터 평민에 이르기까지 다양하였다. 그러나 신라 중대 신문왕대의 국학의 정비와 더불어 두품 신분의 젊은이들이 그곳에서 공부하게 되자 낭도들의 신분에도 변화가 생겨나기 시작했다. 즉 신라 중대에는 두품 신분의 소유자들이 주로 국학에서 공부하게 되자 화랑도의 주 구성원인 낭도는 평민들이 주축이 되었던 것으로 생각된다. 물론 두품 신분을 가진 젊은이들 가운데서도 화랑도에 들어가 낭도로 활동하였을 가능성은 충분하다. 그렇지만 두품 신분은 화랑도에 들어가기보다는 국학에 들어갔다고 보는 것이 합리적인데 그것은 당시 국가에서 화랑도보다 국학 출신자를 선호하였기 때문이다. 국학에서 공부하여 유학적 지식을 갖춘 그러한 인재들을 국가에서 필요로 하였기 때문에 화랑도보다는 국학에 더 관심을 가졌을 것으로 보는 것이다. 따라서 두품 신분의 젊은 청년들은 출사를 위해서 화랑도보다는 국학에 들어가는 것을 더 선호하였을 것임에 틀림이 없다.

그러면 신라 하대에 이르러 원성왕에 의한 독서삼품과의 설치[7]는

7 원성왕이 독서삼품과를 설치한 목적에 대해서 고경석은 국학을 보다 객관적으로 운용하면서 동시에 능력에 따른 인재 선발의 기준을 제시한 것으로 보고 있다(고경석, 「신라 관인선발제도의 변화」 『역사와 현실』 23, 1997, 102쪽 및 홍기자, 「신라 하대 독서삼품과」 『신라문화제학

화랑도의 낭도 신분 구성에 어떤 변화를 주었을까 하는 것이다. 지금까지의 연구를 돌아보면 화랑도의 변화를 주로 국학과 연결하여 설명하였을 뿐 독서삼품과와 연결하여 설명하지는 않고 있다. 이에 두 가지의 문제 즉 독서삼품과와 화랑도 낭도의 신분 구성 관계를 검토해 보면 신라 하대 화랑도 내에서의 낭도의 신분 변화 등을 좀 더 자세하게 알아낼 수 있을 것으로 생각된다. 이를 위해 아래의 기록부터 먼저 검토해 보기로 하자.

> A. 처음으로 독서삼품과(讀書三品科)를 제정하여 벼슬길에 나아가게 하였다. 『춘추좌씨전(春秋左氏傳)』과 『예기(禮記)』 또는 『문선(文選)』을 읽어서 그 뜻에 능통하고 아울러 『논어(論語)』와 『효경(孝經)』에 밝은 사람을 상품(上品)으로 하고, 『곡례(曲禮)』·『논어』·『효경』을 읽은 사람을 중품(中品)으로 하였으며, 『곡례』와 『효경』을 읽은 사람을 하품(下品)으로 하였다. 만약 오경(五經)과 삼사(三史) 그리고 제자백가(諸子百家)의 글에 두루 능통한 사람은 등급을 뛰어넘어 이를 등용하였다. 전에는 단지 활쏘는 것으로 인물을 선발하였는데, 이때에 이르러 고쳤다(『삼국사기』 권10, 원성왕 4년 봄).

원성왕대에 만들어진 독서삼품과는 국학생뿐만 아니라 개인적으로 유학을 습득하였던 사람들에게도 광범위하게 적용되었던 것으로 보고 있다.[8] 이러한 해석이 매우 타당하다고 여겨지는데 그렇다고 한

술발표회논문집』 19, 1998, 122쪽에서 국학 출신의 인재를 선발하여 왕권을 지지하는 세력 기반으로 삼으려고 하였던 것으로 보고 있다. 한편 정호섭은 「新羅의 國學과 學生祿邑」『史叢』 58, 2004, 65쪽에서 독서삼품과가 국학의 졸업 시험은 아니었다고 하였다.

8 홍기자, 앞의 논문, 1998, 138쪽. 반면에 李基白, 『新羅思想史研究』, 一潮閣, 1996, 230쪽에서 국학 출신자들로 국한하고 있다. 필자는 홍

다면 국학에서 공부하고 난 다음 시험을 보아 합격을 하면 출사를 하게 되었을 것인데 그것은 여간 큰 고역이 아니었을 것이다. 더구나 시험을 보아 통과되었다고 하더라도 견당국학유학생들과는 학문적인 수준을 겨룰 수는 없는 상황이었다. 따라서 두품 신분의 국학 출신자들은 독서삼품과를 통과한 다음 중앙보다는 지방으로 나가게 되었을 것인데 그러한 자리를 차지하는 것도 만만치 않았을 것이다.[9] 왜냐하면 신라 하대에 이르러서는 진골 귀족 가운데서 6두품이나 5두품의 관직을 차지하고 있는 경우가 적잖게 보이고 있기 때문이다.[10] 이는 신라 하대 진골 귀족의 숫자가 늘어나면서 이러한 일이 생기게 되었는데 관직의 숫자가 더 늘어나지 않는 이상 두품 신분의 소유자들은 관직으로 출사하는 것이 매우 어렵게 되었음을 엿볼 수 있다.

이상과 같이 보아오면 신라 중대와 달리 신라 하대에는 두품 신분의 젊은이들이 국학에 들어가 공부한 다음 독서삼품과를 통과하여 관직으로 진출하기보다는 진골 귀족의 자제가 이끄는 화랑도에 들어가는 것이 출사하는 데 유리하다고 판단하였을 가능성이 크다. 그것은 국학과 독서삼품과를 거치는 것보다는 화랑도의 낭도로 활동하면서 화랑과 밀접한 인적 관계를 유지하고 그것을 통해 낮은 관직에라

기자의 견해에 따른다.

9 원성왕 5년(789)에 子玉을 양근현 소수로 임명하려 하자 집사사 毛肖가 "자옥이 문적으로 등용되지 않았으므로 分憂之職을 맡길 수 없다"고 반대하였는데, 당시 자옥은 견당국학유학생 출신이었기 때문이다. 그렇지만 그는 지방관으로 나갈 수 있었는데, 이러한 사실로 보면 견당국학유학생들은 국학 출신의 학생들보다 우위에 있었음을 알 수 있다.

10 李鍾旭, 『新羅骨品制硏究』, 一潮閣, 1999, 490쪽에서 신라 하대에는 왕족일 경우에도 5두품이 차지하는 관직에 나가는 경우가 있어 진골도 낮은 관직을 차지할 수밖에 없는 상황에 이르게 되었음을 알려주고 있다.

도 진출하고자 하는 의도가 있었다고 할 수 있다.

> B. 효종랑이 남산의 포석정에서 놀 때 문객(門客)들이 매우 급하게 달려왔는데, 유독 두 사람만이 늦었다. 효종랑이 그 까닭을 물으니, … 효종랑이 이 말을 듣고 눈물을 흘리며 곡식 1천 말을 보냈고 효종랑의 부모도 의복 1습을 보냈으며, 효종랑의 많은 무리들도 조(租) 1천 섬을 거두어 보냈다(『삼국유사』 권5, 효선9 빈녀양모).

위 B의 기록을 보면 효종랑은 화랑으로서 낭도들과 함께 포석정에서 모임을 하기로 약속하였다. 그런데 위의 기록에서 문객이 주목된다. 문객을 화랑도의 낭도라고 곧바로 대입할 수 있을까 하는 의문이 들지만, 이미 문객이 낭도와 같다고 하는 연구가 있으므로 크게 문제가 되지는 않는다.[11] 어쨌든 두 사람의 낭도는 약속 시간에 맞춰 도착하지 못하고 늦고 말았는데, 그렇게 된 이유를 들은 효종랑은 불쌍한 여인을 위하여 곡식을 보냈고 낭도들 또한 그렇게 하였다고 한다. 또한 효종랑의 부모도 가난한 여인을 위해 의복을 보낸 사실을 알려주고 있다.

그런데 위의 기록에서 무엇보다 주목되는 것은 효종랑의 많은 무리들이 조 1천 섬을 거두어 보냈다고 하는 점이다.[12] 비록 조(租)로 표현되어 있으나 이는 낭도들이 각각 곡식 한 섬씩을 내어 지은을 도운 것으로 볼 수 있다. 낭도들이 각각 곡식을 내어 지은을 도왔다고 한다면 그들은 어느 정도 경제적으로 여유가 있었을 것이다. B의 기록과 관련된 시기는 진성여왕대로 알려져 있는데, 잘 알려져 있듯이 당시 지방에서 세금이 제대로 걷히지 않아 국가의 재정이 매우 곤란한 상황이

11 노태돈, 앞의 책, 2009, 244~245쪽 참조.

12 『三國史記』 권48, 효녀 지은에서는 낭도 수천 명이 곡식 한 섬씩을 내어 도와 준 것으로 되어 있다.

었다.[13] 그런데 낭도들이 불쌍한 여인을 위하여 그러한 선행을 한 것으로 미루어 보면 이때의 낭도들을 15세에서 18세의 단순한 청소년들로 보기에는 무리가 따른다. 그보다는 18세 이상의 나이가 되지 않았을까 하는 생각을 해 볼 수 있다. 물론 낭도 가운데는 부모의 도움을 받는 이도 있었겠지만, 효종랑의 낭도들 모두가 부모의 도움으로 한 섬씩을 마련했다고는 생각되지 않기 때문이다.

그렇다면 낭도들이 각각 곡식을 내어 조 1천 섬을 모을 수 있었던 것은 적어도 그것이 가능하였기 때문일 것인데 어떻게 그러한 일이 가능하였을까 하는 점이다. 위에서도 언급한 것이지만, 당시 지방에서 조세를 제대로 거둘 수 있는 형편이 아니었기 때문에 낭도들의 경제적인 형편도 그다지 좋은 상황은 아니었을 것이다. 그런데도 그러한 일을 이루어 낼 수 있었다고 하는 점에서 그들을 단순히 청소년들로 보기가 어려운 것이다. 적어도 그들은 경제적으로 여유가 있는 집안의 자제들이었을 가능성이 크다.

경제적으로 여유가 있었다고 한다면 적어도 그들은 두품 신분의 소유자이거나 혹은 진골 귀족의 자제들이었을 것으로 보아도 무리가 없을 것이다. 평민들의 경우에는 아무래도 그러한 일을 하기에는 무리가 따랐을 것이기 때문이다. 그런데 두품 신분의 소유자들 경우에는 화랑도보다는 국학에 들어가 공부하는 것이 훨씬 유리하였음을 앞서 살펴보았다. 그런데도 그들이 국학이 아닌 화랑도에서 낭도로 활동하였다고 한다면 이는 공부가 싫거나 혹은 다른 이유로 화랑도에 들어가 화랑과 더불어 밀접한 관계에 있었을 가능성을 생각해 볼

---

13 『三國史記』 권11, 眞聖王 3년

수 있다.

> C. 무릇 학생은 관등이 대사 이하에서 관등이 없는 자에 이르기까지, 나이는 15세에서 30세까지인 자를 모두 입학시켰다. 9년을 기한으로 하되 만약 우둔하여 깨닫지 못하는 자는 퇴학시켰으며, 만약 재주와 기량이 이룰 만하나 미숙한 자는 비록 9년이 넘어도 재학을 허락하였다. 그리고 관등이 대나마·나마에 이른 후에 국학을 나가도록 하였다(『삼국사기』 권38, 잡지 제7 직관 상).

위의 기록에서 눈여겨 볼 점은 관등이 대사 이하에서 관등이 없는 자에 이르기까지 그리고 15세에서 30세까지 모두 국학에 입학시켰다고 한다. 이는 사회적 신분과 나이로 볼 때 적어도 화랑도의 낭도와 거의 비슷함을 알 수 있다. 그렇지만 실제로 국학에 들어가는 사람들 대부분은 6두품에서부터 4두품까지였다고 한다.[14] 물론 신라 하대에 이르러서는 6두품들 가운데서 적지 않은 수가 견당국학유학생으로 파견되었고,[15] 그렇지 못한 경우에는 국학에 들어가 공부하였을 가능성이 높다.

또한 위 C의 기록에서 무엇보다 주목되는 점은 국학에서의 공부 기한을 9년으로 정하고 있다는 사실이다. 만약 우둔하여 깨닫지 못하는 자는 퇴학시킨다고 하였는데, 이와 같은 일이 발생하였을 때 그들이 과연 어디로 갔을까 하는 것이다. 15세에 국학에 들어갔다고 가

14 국학에 입학할 수 있는 자격을 살핀 연구로는 정호섭, 앞의 논문, 2004, 52~53쪽 참조.

15 조범환, 「新羅 下代 遣唐國學留學生의 파견과 그 역사적 의미」 『서강인문논총』 25, 2009 : 『중세로 가는 길목 신라 하대사』, 새문사, 2018, 130~135쪽 참조.

정할 때 9년이 넘으면 대략 24세가 된다. 이때 평민의 경우에는 농사 짓는 일에 전념하였다고 볼 수 있지만 그렇지 않은 두품 신분의 경우에는 비록 늦은 나이기는 하지만 낭도로 나아가 활동하였을 가능성을 높여준다. 결국 국학에 들어갔으나 학업의 성취도가 기준보다 낮았다면 관직으로 진출하는 것이 어렵게 되고, 출사의 기회마저 막히게 되자 도리어 두품 신분 가운데는 국학 대신에 화랑도의 무리에 들어가 화랑과 밀접한 관계를 맺고 그것을 통하여 관직으로의 진출을 꾀하고자 한 것은 아니었을까 하는 것이다. 이러한 생각이 타당하다면 두품 신분 가운데는 국학에서 공부한 이후 독서삼품과의 시험을 통과하지 못하여 오랜 시간이 지나도 뜻을 이루지 못하게 되자 도리어 화랑도의 낭도로 활동하게 되는 경우가 있지 않았을까 하는 것이다. 출사의 방법을 화랑도라는 길을 통하여 새롭게 찾고자 한 것이라 할 수 있다.

결국 원성왕대에 만들어진 독서삼품과는 화랑도에 새로운 변화를 불러왔다. 중대와 달리 하대에 화랑도의 구성원인 낭도의 신분 구성은 진골과 두품 신분이 주류를 이루었고 더 나아가 일부 평민이나 천민도 가능하였을 것으로 생각된다. 이러한 사정은 신라 하대 화랑도의 신분 구성에 새로운 변화를 불러왔던 것이라고 할 수 있다. 여기에 더하여 신라 하대에 치열하게 전개된 왕위 쟁탈전도 화랑도의 변질을 가져오는 데 있어 큰 몫을 차지한 것으로 여겨지는데 이에 대해서는 절을 달리하여 살펴보고자 한다.

3. 왕위 쟁탈전과 화랑도

앞에서 독서삼품과의 설치로 말미암아 신라 하대 화랑도 내에서 낭도의 신분 변화가 발생하였음을 검토해 보았다. 그리고 그들이 화랑도에서 활동하면서 출사의 기회를 엿보았다고 하였는데 그러면 어떻게 그것이 가능하였을까 하는 것이다. 이를 알아내기 위하여 다음의 기록부터 살펴보기로 하자.

> D. 웅천주 도독 헌창이 그의 아버지 주원이 왕이 되지 못한 것을 이유로 반란을 일으켜 나라 이름을 장안(長安)이라 하고, 연호를 세워 경운(慶雲) 원년이라 하였다. … 마침내 장수 여덟 명을 뽑아 서울을 여덟 방면에서 지키게 한 다음 군사를 출동시켰는데, 일길찬 장웅(張雄)이 먼저 출발하고 잡찬 위공(衛恭)과 파진찬 제릉(悌凌)이 그 뒤를 이었으며 이찬 균정과 잡찬 웅원(雄元) 그리고 대아찬 우징(祐徵) 등이 3군을 이끌고 출정하였다. 각간 충공(忠恭)과 잡찬 윤응(允膺)은 문화관문(蚊火關門)을 지켰다. 명기(明基)와 안락(安樂) 두 화랑이 각각 종군할 것을 청하여, 명기는 낭도의 무리들과 함께 황산(黃山)으로 나가고 안락은 시미지진(施彌知鎭)으로 나갔다(『삼국사기』 권10, 헌덕왕 14년 3월).

위의 기록은 김헌창(金憲昌)이 반란을 일으켜 중앙의 왕실을 위협하자 헌덕왕이 그것을 제압하기 위하여 장수와 군대를 출동시킨 사실을 보여 주고 있다.[16] 그런데 재미있는 사실은 두 명의 화랑이 김헌

16 김헌창의 난에 대해서는 주보돈, 「新羅 下代 金憲昌의 亂과 그 性格」 『韓國古代史研究』 51, 2008 참조할 것.

창의 난을 진압하는 데 있어 참전하기를 청하였고 왕이 허락하자 낭도와 함께 황산과 시미지진으로 나아갔다고 한다.[17]

그렇다면 두 명의 화랑이 낭도를 이끌고 왕위 쟁탈전에 참여하게 된 이유는 어디에 있었을까 하는 것이다. 우선 그들이 왕위 쟁탈전을 위한 전투에 참여하였다는 사실로 미루어 보면 그들의 행동이 적으로부터 나라를 지키기 위한 것이 아니라 당시 헌덕왕을 지키기 위한 세력과 매우 밀접하게 연결되어 있었음을 알 수 있다. 또한 그러한 이유로 반란군을 진압하는 데 참여하였을 것이다. 이러한 해석에서 미루어 헤아릴 수 있는 것은 두 명의 화랑은 적어도 당시 헌덕왕을 지지하는 진골 귀족의 자제였을 것이라는 점이다. 김헌창의 반란군이 여러 지역의 호응을 받아 중앙에 반발하였기 때문에 그것을 지켜내지 못하면 진골 귀족들이 죽임을 당하는 결과까지 불러올 수 있는 상황이었기 때문에 헌덕왕과 그의 측근들은 사력을 다하여 김헌창의 반란군을 막아낸 것이라 할 수 있다. 이는 화랑도까지 동원하였다고 하는 사실에서도 충분히 알 수 있다.

그런데 중요한 사실은 신라 중고기나 중대의 경우에 화랑도가 국가를 지키기 위하여 참전하고자 할 경우에는 대체로 왕의 허락을 받아 출전하였다는 점이다. 그런데 헌덕왕대에는 국가를 지키기 위한 목적에서가 아니라 반란 세력을 진압하는 과정에서 화랑과 더불어 낭도까지 출정하였다고 하는데 이는 왕실에서 그들의 도움이 매우 절실하였기 때문이었을 것이다. 그렇지만 무엇보다 중요한 점은 화

17 황산과 시미지진의 위치에 대해서 주보돈은 왕경과 가까운 곳이라고 보고 있는데(주보돈, 위의 논문, 2008, 251쪽 참조), 이에 대해서는 정확하게 설명하기 어렵다.

랑이 낭도를 이끌고 출정하였다고 하는 것으로 이는 적어도 화랑도가 이제는 적으로부터 나라를 구하기보다는 자기들의 정치적 이득이나 목적을 위하여 그 무리가 운용되고 있다는 점일 것이다. 두 명의 화랑이 낭도를 이끌고 왕위 쟁탈전에 참여하였다고 하는 사실 자체가 바로 그러한 것을 말해 주는 것이라고 한 것이 결코 무리한 해석은 아닐 것이다. 적어도 정치적인 색채가 강하게 느껴짐을 부인할 수 없다.

이렇게 보아오면, 신라 하대의 화랑도는 이미 그 모습이나 형태가 변질되었음을 알 수 있다. 반란군을 진압하기 위하여 출정하였다고 하는 사실에서 충군 애국의 정신을 표방하고 있기는 하지만 실제로는 정치적인 이익을 위한 행동을 취하였다고 볼 수 있다. 비록 기록에는 나타나 있지 않으나 이들도 반란군과 싸웠을 가능성이 크다. 김헌창의 난을 제압하는 과정에서 군대가 여럿이 함께 웅천에 이르러 적과 크게 싸워, 죽이고 사로잡은 것을 이루 다 셀 수 없었다고 하는 점으로 볼 때 명기와 안락이 이끈 화랑도도 웅천까지 가서 전투에 참여하였을 가능성이 높다.

그러면 두 명의 화랑은 몇 명 정도의 낭도들과 더불어 출정하였을까 하는 것이다. 두 명의 화랑은 각각의 낭도들을 거느리고 있었을 것이고 그 수가 적지 않았을 것으로 예상된다. 좀 더 후대의 일이기는 하지만 헌안왕 때 김응렴(金膺廉)의 경우 낭도가 천여 명에 이르렀다고 하는 것으로 볼 때 적어도 명기와 안락이 거느린 낭도의 수도 그와 유사하지 않았을까 하는 생각에 미치게 된다. 당시 김헌창의 난을 진압하기 위해 출동하였던 장수들은 대체로 사병을 거느리고 있었다.[18] 그렇다고 한다면 두 명의 화랑이 거느린 낭도의 수도 많았을 것으로 예상되며, 적어도 이들은 무기를 들고 갑옷을 입은 채로 출정한 만큼 사병으로서도 손색이 없었을 것이다.[19]

김헌창의 난을 진압한 이후 국가에서 벼슬과 상을 차등있게 주었다는[20] 사실에서 미루어 보면 명기와 안락 그리고 그들을 따르던 낭도도 상을 받았을 것이다. 물론 그러한 것을 알려주는 구체적인 기록을 찾을 수는 없으나 당시 반란군 토벌과 관련하여 힘을 보탠 녹진에게 신라 왕실에서 대아찬의 관등을 주었으나 받지 않았다고 하는데,[21] 이는 그가 육두품이었기 때문에 진골이 받는 관등을 사양한 것으로 볼 수 있다. 이러한 사실로 미루어 볼 때 당시 김헌창의 난을 진압하는 데 있어 공을 세운 경우에는 신분을 초월하여 벼슬이 주어졌음을 헤아릴 수 있다. 그렇다고 한다면 명기와 안락을 따라 반란군 토벌에 나섰던 평민의 낭도에게도 그에 상응하는 조치가 취해졌으리라고 추측해 볼 수 있다.

그런데 여기서 눈여겨보아야 할 사실은 명기와 안락을 따라서 황산과 시미지진으로 나간 낭도들의 나이는 어떠하였을까 하는 것이다. 중고기 낭도의 나이가 15세에서 18세 전후였다고 한다면 이때 낭도의 나이는 더 많았을 것으로 파악된다. 그러한 생각을 하게 된 것은 이

---

18 李基白, 앞의 책, 1974, 256~260쪽.

19 박남수는 명기와 안락이 헌덕왕의 허락 하에 출정한 것으로 보아 그들이 사병화되었다고 속단하기는 어렵다고 하였다(박남수, 「신라 진성왕대 효종랑과 화랑도」『사학연구』 132, 2018, 281쪽).

20 『三國史記』 권10, 憲德王 14년 3월

21 『三國史記』 권45, 열전 제5 祿眞 참조.

들이 화랑을 따라 반란군 진압에 나선 것으로 볼 때 적어도 어린 나이의 낭도들이었다고는 생각되지 않기 때문이다. 아마도 두품 신분의 낭도들일 경우 정치적 출사를 위한 목적이 컸을 것이고 그렇지 않은 평민 신분이라고 하더라도 화랑들과 유기적인 관계를 통해서 경제적인 반대 급부를 얻어내고자 한 것이 아니었을까 하는 것이다. 이러한 해석이 타당하다면 당시 반란군 진압에 참여하였던 낭도들의 나이는 대략 18세 이상 되었을 가능성이 높다.

이러한 생각을 입증할 수 있는 것이 당시 관직을 제수하는 것과 관련된 것이다. 헌덕왕대에 김충공(金忠恭)이 인사 과정에서 매우 곤란한 상황에 있었음을 알려주는 기록이 있어 눈길을 끈다.

> E. 큰 인재는 높은 지위에 두고 작은 인재는 가벼운 소임을 준다면, 안으로 육관 온갖 관서, 밖으로 방백·연솔·군수·현령에 이르기까지 조정에는 빈 직위가 없고, 직위마다 부적당한 사람이 없을 것이며, 상하의 질서가 정해지고 어진 이와 어리석은 자가 구별될 것입니다. 그런 후에야 왕정이 이루어집니다. 그런데 지금은 그렇지 않습니다. 사사로움에 의하여 공심(公心)이 멸해지고, 사람을 위하여 관직을 택하며, 총애하면 바로 재목이 아니더라도 아주 높은 곳으로 보내려고 하고, 미워하면 유능하더라도 구렁에 빠뜨리려 합니다. 취하고 버림에 그 마음이 뒤섞이고 옳고 그름을 따짐에 그 뜻이 어지럽게 되면, 비단 나라의 일이 혼탁해질 뿐만 아니라 그 일을 하는 사람 역시 수고롭고 병들 것입니다(『삼국사기』 권45, 녹진).

녹진(祿眞)이 인사 문제로 고심하고 있던 충공에게 인재를 적재적소에 쓸 것을 말한 것인데, 이러한 기록으로 미루어 보면 당시 관직에 나가는 것에 있어 많은 비리가 있었음을 짐작하게 한다. 더군다나 현재『삼국사기』직관지를 검토하면 신라는 경, 외, 무관직을 합쳐 대략 6천여 명의 관리가 있었던 것으로 파악되고 있다.[22] 그런데 여기에는 겸직도 있고 해서 그 수는 직관지와 차이가 있었음을 알 수 있다. 국가가 수용할 수 있는 관리의 수가 이와 같았다고 한다면 매년 국학에서 공부하고 독서삼품과를 통해 배출되는 인원과 견당국학유학생 그리고 진골 귀족의 자제가 결국은 관직을 차지하기 위해 각축을 벌이지 않을 수 없었을 것이다.

물론 진골 귀족의 자제들이 좋은 관직을 차지하였겠지만 더러는 낮은 관직에 나간 경우도 예상해 볼 수 있다. 그렇게 되었을 경우 육두품은 오두품이 차지하는 관직으로 나가게 되고 오두품은 사두품이 차지하는 관직으로 나갈 수밖에 없었을 것이므로 관직이 부족한 상황에 이르게 되었을 것이다. 결국 이러한 사실에서 볼 때 당시 관직에 나가는 것에 있어 문제가 많았음을 헤아릴 수 있다. 사정이 이와 같이 되자 힘이 있는 권력자를 통하여 관직으로 출사하고자 하는 일이 많아지게 되었고 그러한 과정에서 자리 배분이 제대로 이루어질 수 없었던 것은 당연한 일이었다고 해도 과언은 아닐 것이다.

이렇게 보면 당시에 왕위 쟁탈전에 참여하거나 혹은 그러한 것과 유사한 일을 하여 공을 세웠을 경우 일반 평민에게도 출사의 기회를 주었던 것은 아니었을까 하는 추측도 해 볼 수 있다. 녹진이 김충공에게 한 말은 바로 그러한 것을 비꼰 것이 아닌가 하는 생각도 든다. 실제로 관직에 나가 일을 할 수 있는 사람은 그러하지 못하고 도리어

22 申瀅植,「三國史記 志의 分析」『三國史記研究』, 一潮閣, 1981, 331~334쪽.

관직에 나가 일을 할 수 없는 사람이 그곳에 나가게 되어 국가의 일이 제대로 이루어지지 않음을 의도적으로 말한 것으로 볼 수 있는 것이다.

비록 억측이기는 하지만, 화랑을 따라 왕위 쟁탈전에 출정하였던 일반 평민 낭도의 경우 이와 같지 않았을까 하는 것이다. 다시 말해서 그들은 화랑을 철저하게 따랐고 그에 대하여 화랑은 낭도들이 출사하는 데 있어 도움을 주었던 것으로 판단되는 것이다. 때에 따라서는 그것이 과분할 정도였다고 짐작되기도 하는데, 이는 녹진이 김충공에게 한 말에서 비추어 볼 때 충분히 그러하였을 가능성이 있다. 따라서 신라 하대 화랑도 내에서 화랑과 낭도와의 관계가 주종의 관계로 바뀌었음을 보여 주는 단적인 예가 아닌가 한다.

명기와 안락이 헌덕왕대의 왕위 쟁탈전과 관련하여 활동하였다면 경문왕대에는 네 명의 화랑이 함께 모여 향가를 짓고 곡을 붙여 국왕에게 전하였다고 한다.[23] 그것은 화랑도가 더더욱 정치적인 활동과 밀접하게 연결되고자 하는 노력을 보여 주고 있었음을 헤아리게 한다. 이는 곧 화랑도가 이제는 국왕과 더욱 밀접한 관계에 이르게 되었음을 보여 주는 것이다. 화랑도가 이러한 의도를 구체적으로 드러내게 된 것은 화랑 출신의 인물이 왕이 되었던 것과 밀접한 관련이 있다고 할 수 있을 것이다.[24] 화랑 출신의 인물이 왕위에 오르게 되자 화랑도는 더욱 정치적인 지향성을 가지고자 하였을 것이고 그것을 기반으로 하여 더 많은 정치적인 목적을 추구하였다고 할 수 있다.

---

23 『三國遺事』 권2, 기이2, 四十八景文大王

24 조범환, 「新羅末 花郎勢力과 王位繼承」 『史學硏究』 57, 1999 참조.

기왕의 연구에서도 언급되었지만, 치열한 왕위 쟁탈전이 전개되는 상황에서 화랑과 낭도는 주종 관계를 형성하게 되었다. 이러한 주종 관계에서 보면 낭도는 무엇보다 화랑을 잘 만나는 것이 중요하였을 것이다. 중고 시대에 각각의 특색을 보인 화랑과 달리 신라 하대의 화랑은 정치적 권력과 매우 밀착되어 있었기 때문에 낭도로서는 누가 오래 살아남아 권력을 차지할 것인가 하는 것에 관심을 가지고 화랑을 선택하였을 것이다. 그리고 그러한 상황에서 낭도들은 오로지 주군을 위해 목숨을 바쳐야 했을 것이다.

> F. (김)양이 훤백을 둘러 말하기를 "개는 제각기 주인 아닌 사람에게 짖는다. 네가 그 주인을 위하여 나를 쏘았으니 의사(義士)다. 내가 따지지 않겠으니, 너는 안심하고 두려워하지 말라!"고 하였다(『삼국사기』 권44, 김양).

위의 기록을 보면 김양(金陽)이 왕위 쟁탈전을 치르는 과정에서 배훤백(裵萱伯)이 쏜 화살에 맞았으나 그를 용서하여 주며 한 말이다. 그 주인[金明]을 위하여 나를 쏘았다고 하는 김양의 말에서 볼 때 이때의 사람들은 주군을 위하여 목숨을 바치는 것을 당연하게 생각하고 있었음을 엿볼 수 있다.[25] 이러한 사실에서 미루어 보아 화랑도의 화랑과 낭도의 관계도 이와 같지 않았을까 하는 생각에 미치게 된다. 이미 보아온 바와 같이 명기나 안락이 낭도와 함께 종군하게 된 것도 이러한 당시의 사정을 염두에 두면 쉽사리 이해가 가능할 것이다. 결국 신라 하대 화랑도는 그 성격이 변질되었으며, 정치적인 출사를 위

25 노태돈, 앞의 책, 2009, 252쪽.

한 목적에서 그 조직이 운영되었다고 결론을 내릴 수 있을 것이다. 이로써 중고기의 화랑도와는 전혀 다른 모습을 가진 화랑도가 신라 하대에 활동하였음을 알 수 있게 되었다.

4. 화랑도와 국왕 배출

앞에서 신라 하대 왕위 쟁탈전에 참여한 화랑도에 대해서 살펴보았다. 그들은 시대적인 변화와 더불어 사병적인 성격으로 변질되었으며, 스스로 정권의 하수인으로 전락하였다. 그러한 가운데 화랑도에서 왕이 배출되었다. 이는 화랑도의 변질이 가져온 새로운 모습이라 할 수 있다.

G-1. 왕의 휘는 응렴이다. 18세에 국선(國仙)이 되었다. 나이 20세가 되자 헌안대왕이 낭을 불러 대궐의 궁전에서 잔치를 베풀고 묻기를 … 이윽고 석달이 지나자 왕은 병이 위독하여 여러 신하를 불러 말하기를, "짐은 남손(男孫)이 없으니 죽은 후의 일은 마땅히 장녀의 남편인 응렴이 이을 것이다"고 하였다. 이튿날 왕이 돌아가고 낭이 유조를 받들어 즉위하였다(『삼국유사』 권2, 기이2, 사십팔경문대왕).

G-2. 왕이 임해전에서 여러 신하를 모아 잔치를 베풀었는데, 왕족 응렴(膺廉)이 15세의 나이로 그 자리에 참석하였다. 왕이 그의 마음을 알아보려고 갑자기 물었다. … 왕이 듣고서 잠자코 있다가 왕비에게 귀엣말로 말하기를 "내가 많은 사람을 보아왔으나 응렴 같은 사람은 없었다" 하고는 딸을 그의 아내로 삼게 할 마음을 가지게 되어 응렴을 돌아보고 말하였다. … 이에 왕은 맏딸을 (응렴에게) 시집보냈다(『삼국사기』 권11, 헌안왕 4년 가을 9월).

위의 두 기록은 서로 같은 내용을 전해 주고 있다.[26] 즉 화랑인 응렴이 헌안왕의 눈에 들어 사위가 되었을 뿐만 아니라 헌안왕 사후 사위로서 왕위를 계승하였음을 알 수 있다. G-1의 기록에서 응렴을 국선(國仙)이라고 한 것으로 보아 G-2의 기록에서는 비록 보이지는 않으나 응렴이 화랑으로 활동하였다고 하는 사실을 짐작하기 어렵지 않다.

그런데 여기서 주목할 점은 그가 헌안왕이 주최한 연회에 참석하였다는 사실이다. G-1에서는 화랑의 대표자로 참석한 것처럼 되어 있으나, G-2에서는 왕족의 신분으로 참석한 것으로 되어 있다. 경문왕의 즉위년 기록을 보면 '희강왕의 아들 이찬 계명(啓明)의 아들'이라고 되어 있어[27] 그가 희강왕의 손자임을 알 수 있다. 그리고 국선이라고 한 것에서 그가 화랑의 대표자임을 알 수 있다. 이렇게 볼 때 헌안왕이 주최하는 연회에 신하들과 함께 화랑 응렴이 참석할 수 있었던 것은 두 가지 이유가 함께 작용하였기 때문일 것이다.[28] 그렇다고 하더라도 전자의 이유가 좀 더 작용한 것이라고 보고 싶다. 왜냐하면 응렴 이외에도 왕족이 많았을 것인데 굳이 그를 불렀다고 하는 것은 국선을 지냈기 때문으로 보는 것이 합당할 것이기 때문이다.

26 김응렴이 헌안왕과 만났을 때의 나이가 두 기록에서 서로 다르게 나타나 있어 문제가 될 수 있다. 그러나 여기서는 그러한 기록에 대해서는 논증하지 않고 화랑 출신이라는 문제에 대해서만 논의할 것이다.

27 『三國史記』 권11, 경문왕 즉위년

28 김창겸, 「신라 경문왕에 대한 연구의 현황과 제안」 『석문이기동교수정년기념논총 한국고대사연구의 현단계』, 주류성, 2009 : 『신라 하대 국왕과 정치사』, 온샘, 2018, 351쪽에서 응렴이 연회에 참석한 것은 당시 화랑의 대표 자격이었던 것에서 비롯된 것으로 파악하였다.

응렴은 연회에 참석하여 헌안왕의 질문에 대답하였고, 이후 헌안왕의 맏딸과 혼인하였다. 그리고 그는 헌안왕 사후 왕위를 계승하였다(G-1과 2의 기록). 왕의 사위로서 왕위를 계승하였다고 하는 점에서 볼 때 당시 정치 세력의 역학 관계에서 승기를 잡았기에 가능했다고 할 수 있을 것이다.[29] 그렇지만 김응렴이 왕위를 계승하는 과정이 쉽지는 않았다. 최치원이 찬술한 「숭복사비」에는 '비록 축려지원(逐鹿之原)은 없었으나 집오지원(集烏之原)은 있었다'라고 기술된 점에서 왕위 계승에 따른 정치 세력의 대립이 있었음을 짐작케 한다.

이와 같은 상황에서 그가 왕의 사위로서 왕위를 계승할 수 있었던 정치적 배경 가운데 하나는 바로 화랑 세력의 지원이 있었기 때문일 것이다. 이는 그가 화랑 출신이라고 하는 사실에서 유추가 가능하다. 신라 하대의 화랑도가 사병 세력화하였다는 사실을 염두에 두면 응렴이 이와 같은 군사적 기반을 이용하여 왕위를 계승할 수 있었을 것이라는 점이다.[30] 결국 김응렴은 그가 거느렸던 화랑도를 군사적인 기반으로 활용한 다음 그것을 바탕으로 하여 헌안왕을 이어 왕위에 오를 수 있었던 것이라 할 수 있다.

이와 같은 해석이 가능하다면 신라 하대 특히 경문왕대에 이르러서는 화랑도가 거의 사병 집단으로 변질되었음을 말해 주는 것으로 이해해도 좋지 않을까 싶다. 경문왕이 화랑 출신으로 왕위를 이었던 만큼 그는 계속해서 화랑도와 밀접한 관계를 유지하였을 것이다. 이

29 최병헌, 「신라 하대사회의 동요」『한국사』 3, 국사편찬위원회, 1978, 492쪽.

30 이기백, 앞의 책, 1974, 260쪽 및 전기웅, 「신라 하대의 화랑세력」『신라문화』 10·11합집, 1994 : 『新羅의 멸망과 景文王家』, 혜안, 2010, 34쪽.

는 다음과 같은 기록을 통해서도 충분히 입증된다.

H. 국선 요원랑(邀元郎)·예흔랑(譽昕郎)·계원(桂元)·숙종랑(叔宗郎) 등이 금란(金蘭)을 유람할 때, 암암리에 임금을 도와 나라를 다스릴 뜻이 있어서 노래 세 수를 짓고, 심필(心弼) 사지를 시켜 침권을 주어 대구화상의 처소에 보내 세 가지 노래를 짓게 하였다. 첫곡의 이름은 현금포곡이요, 둘째는 대도곡이요, 셋째는 문군곡이었다. 대궐에 들어가 왕에게 아뢰니 왕은 대단히 기뻐하여 칭찬하고 상을 주었다. 노래는 알 수 없다(『삼국유사』 권2, 기이2, 사십팔경문대왕).

위의 기록을 보면 경문왕대에 네 명의 화랑이 금란 지역에 집합하여 임금을 지지할 것을 결의하고 있다. 임금을 위해 나라를 다스리려는 뜻이 있었다고 하는 것으로 볼 때 이들이 경문왕과 일정한 관계에 있었거나 혹은 그러한 관계를 염두에 두고 활동하였던 무리라고 해석해도 될 것이다. 네 명의 화랑이라고 하였으므로 자신을 따르는 낭도가 있었을 것이고 그것은 하나의 정치적인 세력으로 성장할 수 있는 기반이 되었다고 할 수 있다.[31]

H의 기록에 따르면, 경문왕은 이들이 올린 글(곡)을 보고 상을 주었다고 하는데 그 속에 담긴 내용이 경문왕이 지향하는 바와 일치하였기 때문으로 생각해 볼 수 있다. 물론 구체적인 내용은 알 수 없으나 당시 경문왕은 왕권을 강화하고 더 나아가 그의 후손들이 계속해서 왕위를 계승할 수 있도록 경문왕가를 확립하고자 하는 데 노력

31 전기웅은 위의 책, 2010, 36쪽에서 "금란에서 회동은 경문왕의 지지를 결의하고 화랑 세력의 결속을 다짐하는 화랑 무리의 대집회였다고 하겠다"라고 하였다.

하였을 것이다. 이러한 경문왕의 노력에 대해서 그들이 뜻을 전하여 동조한 것으로 생각되는데 결국은 화랑 세력이 정국 운영에 있어 일정한 역할을 하고자 하였음을 엿볼 수 있는 것이다.

이와 같이 설명하고 보면, 신라 하대에는 화랑도가 정치 세력과 밀접한 관계를 유지하였음을 알 수 있다. 더 나아가 화랑도 출신인 응렴이 왕이 되었기 때문에 화랑도의 정치적 영향력이 더 커질 수밖에 없었을 것이다. 진성여왕이 화랑 효종을 헌강왕의 딸과 혼인시켰던 것도 화랑도 세력과 불가분의 관계가 있었음을 말해 준다.[32] 그리고 화랑이었던 효종이 왕이 되기 위한 노력을 하였다는 점에서도 그러한 사실을 엿볼 수 있다.[33] 이러한 점에서 볼 때 신라 하대 화랑도는 본래적인 성격과는 다른 모습으로 변질되었을 뿐만 아니라 왕위를 계승하는 것까지 하였다는 점에서 새로운 시각으로 볼 필요가 있다고 할 수 있다.

5. 소결

신라 하대에는 화랑도에 많은 변화가 생겨났다. 그것은 화랑도가 과거와 같이 순수한 이익적 목적을 가진 집단이 아니라 정치적 목적을 지닌 집단으로 변질되었기 때문이다. 특히 국학이 더욱 발전하고 독서삼품과마저 생겨나면서 신라 화랑도는 더 많은 변화를 겪을 수

32 조범환, 「신라말 박씨왕의 등장과 그 정치적 성격」『역사학보』 129, 1991 : 앞의 책, 2018, 52~53쪽.

33 조범환, 「신라말 화랑세력과 왕위계승」『사학연구』 57, 1999 및 박남수, 「신라 진성왕대 효종랑과 화랑도」『사학연구』 132, 2018 등을 참조할 것.

밖에 없었다. 국학이 생겨난 이후 두품 신분 이하의 출신들이 낭도의 주류를 이루었으나 신라 하대에 이르게 되면 국학에 들어갔으나 독서삼품과를 통과하지 못한 두품 신분의 소유자들이 도리어 화랑도를 선택하였고 그것을 통하여 출사의 기회를 얻고자 하였다. 진골 신분 가운데서도 적잖은 수가 낮은 관직을 가지게 됨에 따라 두품 신분의 소유자들은 결국 국학보다는 화랑도를 통한 출사의 기회가 더 효과적이라는 것을 알고 있었다. 육두품의 경우 중국 유학을 택하기도 하였지만 적잖은 두품 신분의 소유자들이 화랑도를 선택하였을 가능성을 생각해 볼 수 있다.

이러한 변화에서 엿볼 수 있는 것은 하대 화랑도가 중고기와는 전혀 다른 모습으로 변질되었다는 것이고, 이미 적잖은 변화를 겪어 왔던 만큼 새로운 모습으로 다시 태어난 것이다. 신라 하대에 이르러 화랑도는 스스로 변화가 아닌 변질을 재촉하였는데, 그것은 신라 하대에 치열하게 전개되었던 왕위 쟁탈전과 결코 무관할 수 없었기 때문이다.

신라 하대에 치열하게 전개되었던 왕위 쟁탈전에 화랑과 낭도들이 직접 자원하여 종군하게 되었고 그 결과 화랑은 자기 휘하의 낭도를 출사시킬 기회를 만들 수 있게 되었다. 이것은 뒤집어 보면 국학을 통한 출사가 아니라 화랑도의 낭도로 활동하면서 출사의 기회를 엿보고 있던 낭도에게는 좋은 기회가 되기도 하였을 것이다. 학문적 지식도 중요하지만 자기가 모시던 화랑이 높은 지위에 올랐을 때 출사의 기회가 더 빨리 다가왔을 것이기 때문이다. 또한 화랑과 연결된 당시의 정치 세력이 그러한 일을 유도하였다고 해도 과언이 아닐 것이다.

화랑에서 국왕이 탄생할 수 있었던 것도 이와 무관하지 않을 것이다. 김응렴이 화랑으로 활동하였던 것이 헌안왕을 이어 왕위를 계승할 수 있었던 하나의 조건으로 작용하였음에 틀림이 없다. 결국 화랑도에서 국왕을 배출하게 된 것은 역사적 변화의 과정에서 그들이 추구하고자 한 이상이었다고 해도 무리한 이해는 아닐 것이다.

2부
화랑도의 구성과 조직

1장

원화와 낭도

1. 머리말

화랑도의 구성과 조직에 대해 알기 위해서는 원화의 조직과 구성에 대해서 먼저 살펴보지 않을 수 없다. 왜냐하면 원화의 조직과 구성이 화랑도에 일정한 영향을 미쳤을 것임에는 틀림이 없기 때문이다. 『삼국사기』의 기록에 따르면 원화로 남모와 준정을 선발한 다음 무리 삼백여 명을 모았다고 한다. 이는 원화와 그를 따르는 무리가 하나의 조직으로 구성되었음을 말해 준다. 비록 원화가 오래 지속되지는 못하였으나 조직으로 구성되었다고 하는 점에서 주목할 수 있다.

그런데 이와 같은 원화의 조직이나 구성에 관해서는 자세한 연구가 거의 없는 실정이다.[1] 사료가 워낙 부족하기 때문이기도 하려니와

1 원화에 대해서는 고현아, 「신라 원화제 시행의 배경과 성격」『역사와 현실』 67, 2008을 참고할 것.

화랑도와 비교해 보았을 때 관심이 덜하였기 때문일 것이다. 짐작된다. 이에 본 장에서는 원화의 운용이 어떻게 이루어졌는가 하는 것을 살펴보고자 한다.

이를 위해 먼저 원화와 낭도의 신분에 대해서 살펴볼 것이다. 원화는 미모의 여성이라고 되어 있는데, 그러한 것보다는 그들이 어떤 신분이었는가 하는 것을 밝히는 것이 선행되어야 할 것이다. 단지 미녀 두 사람을 선발하였다고만 되어 있으므로, 어떤 신분의 여성이 원화가 되었을까 하는 것을 밝혀 보고자 한다. 기록에 따르면 원화를 따르는 낭도가 거의 삼백여 명이나 되었다고 하였는데, 낭도들의 신분도 검토해 보아야 할 것이다. 화랑도에 속한 낭도들의 신분은 이미 밝혀져 있으나, 원화 아래에 있었던 낭도들에 대해서는 거의 설명을 찾아볼 수 없다.

다음으로 원화와 낭도의 역할에 대한 검토이다. 현재 원화의 역할에 대해서는 여러 가지 견해가 있는데[2], 그들의 역할이 무엇인지 다시 살펴보아야 할 것이다. 더 나아가 원화 아래에 있던 낭도들의 역할도 궁금하다. 그들이 화랑도의 무리에 있던 것과 같은 역할을 하였을까 하는 것인데, 이에 대한 검토도 요구된다.

이와 같은 검토를 통해 신라 화랑도 이전에 있었던 원화에 대한 이해에 조금이라도 보탬이 되었으면 하는 바람이다. 그리고 이와 같은 이해를 통해 화랑도에 관한 이해의 폭을 넓히는 데도 도움이 되었으면 한다.

---

2 고현아, 앞의 논문, 2008, 102~103쪽에서 기존의 연구 성과를 잘 정리하고 있어 참고할 수 있다.

2. 원화와 낭도의 신분

이미 앞에서 지소태후에 의하여 원화가 탄생하였고, 그것이 인재 선발의 기능까지 담당하였음을 살펴보았다. 그러면 원화는 어떤 신분의 소유자였을까 하는 것에 관해서 알아보기로 하자. 기록에 따르면, 미모의 여성이라고 하는 외모만을 서술하고 있어 그 구체적인 신분에 대한 설명은 찾아볼 수 없을 뿐만 아니라 이를 검토한 연구도 거의 찾아볼 수 없다. 이에 원화의 신분을 알아내게 되면 자연스레 원화 집단의 운영 원리도 함께 살펴볼 수 있을 것으로 생각된다.

원화가 폐지된 이후 화랑도가 생겨나면서 낭도를 이끌게 된 화랑은 신분이 진골이었다. 이러한 사실에서 미루어 볼 때 적어도 진골 신분이거나 혹은 그 이상이 아니었을까 하는 생각에 미치게 된다.

A-1. 봄에 처음으로 원화를 받들었다. 일찍이 임금과 신하들이 인물을 알아볼 방법이 없어 걱정하다가, 무리들이 함께 모여 놀게 하고 그 행동을 살펴본 다음에 발탁해 쓰고자 하여 마침내 미녀 두 사람 즉 남모와 준정을 뽑고 무리 300여 명을 모았다. 두 여인이 아름다움을 다투어 서로 질투하여, 준정이 남모를 자기 집에 유인하여 억지로 술을 권하여 취하게 되자 끌고가 강물에 던져 죽였다. 준정이 사형에 처해지자 무리가 화목을 잃고 흩어지고 말았다(『삼국사기』 권4, 진흥왕 37년).

A-2. 또한 (왕은) 천성이 풍미하고 신선을 매우 숭상하여 인가의 낭자 중에서 아름답고 예쁜 자를 택하여 받들어 원화로 삼았다. 이것은 무리를 모아서 인물을 뽑고 그들에게 효도와 우애, 그리고 충성과 신의를 가르치려 함이었으니, 또한 나라를 다스리는 대요이기도 하였다. 이에 남모랑과 교정랑의 두 원화를 뽑았는데, 모여든 무리가 3~4백 명이었다. 교정은 남

모를 질투하였다. (그래서) 술자리를 마련하여 남모에게 (술을) 많이 마시게 하고, 취하게 되자 몰래 북천으로 메고 가서 돌로 묻어서 죽였다. 그 무리가 남모가 간 곳을 알지 못해서 슬프게 울다가 헤어졌다. (그러나) 그 음모를 아는 사람이 있어서 노래를 지어 동네 아이들을 꾀어 거리에서 부르게 하였다. 남모의 무리가 노래를 듣고, 그 시체를 북천 중에서 찾아내고 곧 교정랑을 죽였다. 이에 대왕은 영을 내려 원화를 폐지시켰다(『삼국유사』 권3, 탑상 제4, 미륵선화 미시랑 진자사).

A-1과 A-2의 기록에서 미모의 여성을 선발하여 원화로 삼았다고 한다. 다만 A-2에서는 인가(人家)의 낭자 중에서 아름답고 예쁜 자를 선택하였다고 한 사실을 주목할 수 있다. 이에 인가에 대한 검토부터 하면 앞서 제시한 의문에 다가설 수 있지 않을까 싶다. 인가는 사람이 사는 집을 말하는 것으로 좀 더 유추해 보면 신라 왕경의 육부를 지칭하는 것으로 보아도 좋지 않을까 싶다. 왜냐하면 왕경의 육부는 성골 및 진골 귀족 그리고 평민에 이르기까지 그들이 생활하는 공간이었기 때문이다. 결국 인가는 왕경의 육부에 거주하는 모든 사람을 말하고, 그 가운데서 아름다운 여성을 선발하여 원화로 삼았음을 알 수 있다.

그러면 원화는 어떤 신분층에서 선발하였을까 하는 것이다. 위의 두 기록만을 통해서 볼 때 원화가 평민 가운데서 선발되었다고는 생각되지 않는다. 왜냐하면 위의 기록을 근거로 할 때 원화는 무리를 이끌면서 그 무리 가운데서 인재를 선발하고 천거하는 역할을 하였기 때문에[3] 신분이 낮았다고는 할 수 없다. 더구나 원화는 처음부터 왕

3 원화가 낭도들의 행동을 보아 국가에 필요한 인재를 천거하였다고 단

녀를 도와 제사를 주관하였던 만큼 그 신분이 왕녀에 버금가는 그러한 여인들이었다고 보아도 무리한 것은 아닐 것이다. 따라서 원화는 왕실에서 관심을 두고 선발하였을 것이고, 이러한 사실을 수긍하면 평민보다는 훨씬 높은 신분의 소유자라고 해야 옳지 않을까 싶다.

앞서 보았듯이 원화는 지소태후가 제사를 주관할 때 이를 보좌하던 여성들이었으므로[4] 왕비 곁에 있었던 두 사람은 신분이 높았다고 보는 것이 순리이지 않을까 싶다. 왕녀의 측근이었기 때문에 그러한 위치에 있게 되었던 것이라고 볼 수 있는 것이다. 또한 원화가 두 명의 여성으로 무리를 이끄는 대표자가 되었던 만큼 여성의 신성성을 드러낼 필요가 있었을 것이고, 그렇다면 결국 원화는 진골 신분 이상의 신분을 가진 여인들이었다고 보아도 좋지 않을까 싶다. 따라서 원화는 당시 왕실과도 밀접한 관계에 있으면서 최상의 신분을 소유한 여성이었다고 보아도 무리한 이해는 아닐 것이다.

그렇다면 이제 원화 아래에 있던 낭도들의 신분에 대해서 살펴보기로 하자. A-1에서는 남모와 준정을 원화로 삼은 다음 무리 삼백여 명을 모았다고 한다. 그러나 A-2에서는 두 원화를 뽑았는데, 모여든 무리가 삼백 내지 사백여 명이었다고 한다. A-1의 기록은 신라 왕실에서 원화를 뽑은 다음 그 밑에 삼백여 명을 배속시킨 것으로 이해할 수 있다. 반면 A-2에서는 원화를 뽑자 삼백 내지 사백여 명의 낭도들이 자발적으로 원화 밑으로 모여든 것으로 이해할 수 있다. 이는

정할 수는 없지만, 적어도 그녀가 낭도의 무리를 이끌었던 만큼 사람들의 됨됨이에 대해서는 알고 있었다고 생각된다. 적어도 천거까지는 아니어도 추천할 수 있는 자격은 있었던 것이 아닐까 한다.

4 본 책의 제2부 제1장을 참고할 것.

원화 아래에 있는 낭도들이 어떻게 원화를 중심으로 모이게 되었는가 하는 것을 밝히는 것으로 매우 중요한 것이라 할 수 있다. 즉 A-1의 경우 원화를 중심으로 한 낭도의 모임은 약간의 강제성을 띠고 있는 반면, A-2의 경우는 낭도들의 자발적인 모임으로 보아도 무리가 없을 것이다.

여기서 원화를 중심으로 한 낭도의 모임이 강제적이고 의도적이었는가 혹은 자발적이었는가 하는 것을 문제로 삼는 이유는 결국 원화 아래에 모인 낭도의 신분을 밝히는 데 있어 그것이 매우 중요한 것이기 때문이다. 우선 A-1의 기록과 같이 보았을 때 낭도들은 대체로 육부 출신의 두품 신분의 소유자로 볼 수 있다. 물론 진골 귀족의 자제들도 있었을 가능성이 없는 것은 아니지만 아마도 진골 귀족의 자제보다는 두품 신분의 소유자들이 주가 되었을 것으로 생각된다. 이렇게 단정하는 근거는 원화가 적어도 인재를 선발하는 것과 관련성이 있기 때문이다. 즉 두품 신분의 소유자들이 원화 아래에서 활동하는 과정에서 그 행실을 파악할 수 있었고, 그 결과 국가에서 필요로 하는 인재를 골라낼 수 있었던 것으로 볼 수 있기 때문이다.

반면 A-2의 기록을 기반으로 하면, 원화 아래에 모인 낭도는 거의 두품 신분이나 그 이하의 신분으로 볼 수 있다. 왜냐하면 자발적으로 원화 아래에 모였기 때문에 그러하였을 가능성이 높다. 그렇지만 원화 아래 낭도를 둔 것은 국가의 의도적인 조치라고 보는 것이 보다 타당하다. 다만 진골 귀족의 자제들은 이미 출사가 보장되어 있었기 때문에 원화 아래에서는 활동하지 않았다고 보아도 무리가 없다. 반면 두품 신분의 경우 출사가 곧 원화와 관련되어 있었다고 한다면 그들은 매우 적극적으로 원화 아래에 들어가고자 하였을 것이다. 이렇게 보면 원화 아래 모인 낭도들은 국가의 의도 아래 모였다고 보는 것이 타당한 생각이라 할 수 있다.

이상과 같은 추론이 허락된다면 원화 아래 모인 낭도들의 신분은 거의 두품 신분이었다고 보아도 좋을 것이다. 그러므로 진골 귀족의 자제들은 그 무리에는 들어가지 않았을 것이다. 다만 의도적으로 몇 명 정도는 포함하였을 수 있으나 그 수가 많지는 않았을 것이다.

그런데 A-1의 기록에는 남모와 준정 아래 모인 낭도가 전부 삼백여 명이라고 하였으나, A-2의 기록에는 남모와 준정 아래 각각의 낭도가 있었음을 찾아볼 수 있다. 그것은 준정이 남모를 살해한 이후 남모의 무리가 그녀를 찾지 못해 슬프게 울다가 헤어졌다고 하는 것과 아울러 아이들의 노래를 들은 이후 남모의 무리가 그녀의 시신을 찾았다고 하는 것에서 볼 때 그러하다. 결국 이는 준정과 남모를 따르는 무리가 각각 있었다고 할 수 있으며 그 수는 대략 삼백여 명에 이르렀다고 할 수 있다.

그러면 남모를 따르는 무리와 준정을 따르는 무리가 각각 있었다고 할 경우 어떤 이유로 각각의 무리가 만들어지게 되었을까 하는 것이다. 남모와 준정은 매우 높은 신분을 가진 그리고 미모를 갖춘 여인들이었다. 그런데도 낭도들은 두 사람 가운데 한 사람을 선택하여 그 휘하에 들어간 것이다. 물론 이러한 것을 알려줄 만한 기록이 찾아지지 않기 때문에 구체적인 사정을 헤아리기는 어렵지만 적어도 남모와 준정의 서로 다른 성향 때문임에는 틀림이 없다고 보아도 좋을 것이다. 여기서 다른 성향이라고 한 것은 남모와 준정이 낭도들을 대하는 태도가 달랐기 때문이 아닐까 하는 것이다. 비록 억측이기는 하나 준정의 경우 낭도들을 대하는 태도가 남모와 달리 개방적이고 포용성이 있었던 것은 아니었을까 하는 생각이 든다. 반면 그렇지 못한 남모의 경우에는 낭도들의 수가 준정에 비하여 적었던 것으로 보이기도 한다. 그러한 과정에서 남모가 국가의 허락도 받지 않고 개인적으로 낭도를 더 많이 모으려 하였고 그 결과 준정의 낭도들이 남모의 낭도로 들어가게 되자 준정이 그것에 대한 불만으로 남모를 살해하지 않았을까 하는 추측을 할 수 있다. 준정이 남모를 질투하였다고 하는 것은 이와 같은 일과 어떤 관련이 있지 않을까 싶은 것이다.

3. 원화와 낭도의 역할

앞서 보았듯이 원화는 두 명이었다. 남모와 준정이 바로 그들이다. 그렇다면 왜 두 명의 여성만을 원화로 하였을까 하는 의문이 든다. 한 명이나 혹은 여러 명의 원화를 둘 수 있었음에도 왜 하필 두 명의 원화만 두었을까 하는 의문이 든다. 사실 여러 명의 화랑이 동시에 있었음을 통해 볼 때 매우 궁금한 사항 가운데 하나이다. 이와 관련하여 기왕의 연구를 돌아보았을 때 이에 대하여 구체적으로 언급한 것은 쉽사리 찾아지지 않는다. 다만 신라 시대 가배(嘉俳)의 풍습과 그것이 서로 연결되어 있었을 가능성을 언급한 것이 보인다. 즉 가배는 육부를 반씩 나누어 두 편을 만들어 왕녀 두 사람에게 각각 부내의 여자들을 거느리고 음력 7월 16일부터 8월 15일까지 매일 아침 일찍부터 밤 10시 무렵까지 길쌈을 하고, 8월 15일에 이르러 그 결과가 많고 적음을 살핀 다음 진 편에서 술과 음식을 마련하여 이긴 편에게 사례하면서 노래와 춤과 온갖 유희를 베푸는 행사이다.[5] 두 명의 왕녀가 행사를 주도한 것에 착목하여 원화도 한 명이 아닌 두 명을 두었다고 설명하고 있다.[6]

그런데 원화를 이미 밝혀진 것처럼 지소태후가 제사를 주관하였을 때 보필하였던 여제관이라고 한다면 앞선 이해는 문제가 있다. 즉 두 명의 원화를 둔 것이 서로의 경쟁을 이끌어내는 효과를 보기 위한 것으로 파악하는 것은 설득력이 떨어진다. 도리어 두 명의 원화를 두게 된 것을 다른 측면에서 검토해 보아야 할 것이다.

> B. 신라 종묘의 제도를 살펴보건대, 제2대 남해왕 3년 봄에 처음으로 시조 혁거세의 묘를 세워 네 철에 제사지내고, 친누이 동생 아로(阿老)로써 제사를 주관하게 하였다(『삼국사기』 권31, 잡지1, 제사).

위의 기록을 보면, 남해왕 때 여동생인 아로에게 제사를 주관하게 하였다고 한다. 이는 아로가 여사제가 되었음을 알려주는 것이다. 이에 대하여 아로는 왕실 주관의 정기적인 제사를 담당하는 종교적 직능을 가진 여사제의 시초라는 견해가 있다.[7] 이렇게 보면 남해왕 때부터 여사제가 있었고 그녀는 왕실의 주관 하에 정기적인 제사를 담당하였을 가능성이 높다. 그런데 법흥왕대에 이르러 여러 가지 변화의 과정에서 딸인 지소 혼자서 이러한 일을 주관하기가 어렵게 되자 그녀를 보조하는 역할을 하는 사람들이 필요하였을 것이다. 이에 한

---

5 『三國史記』 권1, 유리이사금 9년

6 박남수, 「新羅 眞興王代 政治社會와 花郎徒 制定」 『史學硏究』 92, 2008 : 『신라 화백제도와 화랑도』, 주류성, 2013, 388쪽.

7 나희라, 「新羅初期 王의 性格과 祭祀」 『韓國史論』 23, 1990, 80~90쪽.

사람이 아닌 두 사람의 원화를 두었다고 생각되며 만약의 사태에 대비한 것이라고 해야 할 것이다.

그러면 이들의 역할이 보조 제관으로서만 머물러 있었을까 하는 것이다. 원화의 역할을 좀 더 살펴볼 필요가 있다. 이와 관련하여 A-1에서 '유취군유(類聚群遊)'라고 한 것과, A-2에서 '취도선사(聚徒選士)'라고 한 것을 주목할 수 있다. A-1에서 '무리들이 함께 모여 놀게 하고'라 하였는데 이는 원화를 중심으로 사람들이 모였음을 알려준다. 여기서 '함께 모여 놀게 하였다'라고 한 것은 단순한 놀음이 아니라 어떤 목적으로 그렇게 한 것이 아닌가 한다. 즉 그것은 A-2의 기록에서 보이는 것과 같이 무리를 모아 인물을 뽑았다고 한 것을 통해 알 수 있다. 원화를 중심으로 모인 낭도들을 통해서 국가에서 필요로 하는 인재를 선발하고자 하였으므로 원화의 역할이 중요하였음을 헤아려 볼 수 있는 것이다. 다시 말해 원화는 낭도들 가운데서 재능이 있는 자를 왕실에 추천하는 일을 하였을 것으로 짐작된다.

그러면 어떻게 하여 원화는 국가가 필요로 하는 인물을 추천할 수 있었을까 하는 것인데, 이는 A-2의 기록을 통해 잘 알 수 있다. 즉 '무리에게 효도와 우애, 그리고 충성과 신의를 가르치려 함이었으니(教之以孝悌忠信)'라고 한 데서 그것을 추측할 수 있다. 원화 아래에 무리가 자발적으로 모여들게 한 다음 사회 생활의 기본적인 도리를 알게 하고 국가에 충성할 수 있는 소양을 익히게 한 다음 그것을 바탕으로 인물을 선발하였던 것 같다.

이제는 원화 아래에 모인 낭도들이 구체적으로 어떤 일을 하였는가 하는 것에 관하여 알아보기로 하자. A-1의 기록을 통해서 알 수 있듯이, 조정에 필요한 인물을 선발하기 위한 목적이 컸다고 할 수 있다. 즉 인물을 알아볼 방법이 없어 함께 모여 생활하게 한 다음 필요한 인물을 발탁하고자 하였다고 한다. 또한 A-2의 기록에는 인물을 뽑은 다음 그들에게 효도와 우애 그리고 충성과 신의를 가르치려 하였다고 되어 있다.

이러한 점으로 볼 때 원화 아래 모였던 낭도들은 전투를 위한 검술이나 혹은 그와 유사한 것을 배웠다고 단정할 수는 없다. 원화가 제관인 만큼 제의와 관련된 일을 하였을 것으로 생각해 볼 수도 있을 것이지만, 삼백여 명에 달하는 낭도들이 전부 그러한 일을 하였다고는 생각되지 않는다. 아마도 그들은 제의와 관련된 일을 배우고 제의와 관련된 행사가 있으면 그것을 수행하였을 것이다. 그리고 A-2의 기록에서 볼 수 있듯이 효도와 우애를 배우고 충성과 신의를 배우게 하였다고 하는 것으로 볼 때 단체 생활을 통해 골품제 사회에서 생활하는 것을 자연스럽게 익히게 하였던 것으로 생각해 볼 수 있다.

그런데 A-1과 A-2의 기록에서 보면, 준정이 남모를 살해한 이후 '무리들은 화목을 잃고 흩어지고 말았다'고 한다. 이러한 구절을 통해서 보면, 원화 아래에 있던 낭도는 후일 화랑도의 무리(낭도)와는 사뭇 달랐음을 헤아려 볼 수 있다. 다시 말해서 그들은 원화가 없어진 이후 결속 관계가 와해되었음을 알려준다. 이는 그들의 모임 자체가 결속력이 굳지 않았던 것과 무관하지 않을 것이다. 원화를 선택하여 그 아래에 들어가기는 하였지만 그것만으로는 그들의 정치 및 사회적인 욕구를 충족시키지 못하였던 것과 관련이 있다고 여겨지는 것이다.

결국 남모와 준정의 대립과 암투는 원화 자체가 폐지되는 결과를 불러왔다. 그리고 그 휘하의 낭도들은 따르던 원화라는 구심점이 없어지자 자연스럽게 흩어질 수밖에 없었다. 국가에서도 인재 선발이라는 기능을 상실한 이와 같은 집단을 더 이상 존속시키기는 어려웠을 것이다. 이는 원화의 한계성을 보여 주는 것으로 이해할 수 있다.

4. 소결

원화는 육부의 여성 가운데서 진골 신분을 가진 사람이 선택되었다. 특히 지소태후와 관련된 제의를 주관하였기 때문에 신분이 낮을 수가 없었다. 반면에 원화 휘하 낭도의 신분은 두품 신분이 주류를 이루었다. 왜냐하면 그들은 원화의 추천을 받아 출사하는 것이 제일 중요한 목표였기 때문이었다.

다음으로 원화가 두 명이었던 이유는 만약의 사태를 대비한 것이라 할 수 있다. 제의를 주관함에 있어 갑자기 발생할 수 있는 불상사를 막기 위한 것이었다. 그리고 원화 아래 모인 낭도는 사회 생활의 방법에 숙달하기 위해 적잖은 시간을 보냈다고 볼 수 있다. 물론 제의와 관련된 일도 배웠을 것이고 그 나머지는 일상 생활과 관련된 일 혹은 왕실에서 봉사하는 일을 담당하는 것을 배웠을 가능성이 크다. 하지만 남모와 준정의 대립과 암투로 말미암아 원화는 오래 지속되지는 못하였으나 후일 화랑도를 출산하는 데 있어 산파 역할을 하였다고 할 수 있다.

2장

화랑과 낭도

1. 머리말

신라의 화랑도가 화랑과 낭도로 이루어진 집단임은 잘 알려져 있다. 한 명의 화랑 아래 수백 명에서 무려 일천여 명에 이르는 낭도로 구성되었다고 한다. 따라서 화랑도의 주축을 낭도라고 해도 다툴 일이 아니다.

이러한 사실을 염두에 두고 기왕의 연구 성과를 돌아보면, 아이러니하게도 화랑도에서 다수를 차지한 낭도에 관한 연구가 그다지 많지 않음을 알 수 있다. 화랑도 집단에 관한 연구가 제일 많고 다음으로 화랑을 직접적으로 다룬 연구가 그 뒤를 잇고 있다는 점이다.[1] 사정이 여기에까지 이르게 된 데에는 여러 가지 이유가 있을 것이다.

1 화랑이나 화랑도에 대한 연구 성과는 崔光植·河廷龍, 「新羅 花郎 關係 論著 目錄」『화랑문화의 신연구』, 문덕사, 1996을 참조할 것.

기록의 부족도 하나의 원인이라 생각되나 무엇보다 낭도에 관한 관심이 화랑과 비교하여 볼 때 상대적으로 적었기 때문이 아닐까 싶다. 사실 낭도는 화랑이나 화랑도를 이해하는 데 있어 매우 중요한 위치를 점하고 있음에도 불구하고 화랑이나 화랑도에 관한 연구에서 보조적인 위치로 밀려나 있었다. 낭도를 주제로 한 연구가 거의 없다는 것이 바로 이러한 점을 입증한다. 결국 신라의 낭도는 화랑이나 화랑도 연구와 비교해 보았을 때 상대적으로 관심이 덜하였다고 볼 수 있다.

비록 사정이 이와 같다고는 하지만 낭도에 관하여 언급한 연구를 찾아보지 않을 수 없다. 왜냐하면 화랑이나 화랑도를 연구하는 과정에서 낭도에 대하여 언급한 것을 찾아볼 수 있기 때문이다.[2] 그 가운

2 낭도에 관한 연구가 많지 않다고 하더라도 지금까지 화랑도 및 화랑을 연구하는 과정에서 조금씩 언급된 것을 찾아 적어 보면 다음과 같다. 우선 낭도는 화랑도의 명단인 黃卷에 올라 있는데 대체로 15세에 隸名(또는 編名)하고, 18세 무렵에는 讓名하는 것으로 알려져 있다. 그리고 낭도의 신분적인 범위를 왕경의 진골에서부터 평민까지로 파악하고 있는데, 최근에는 地方民 중에서도 경제적으로 여력이 있는 자들이 왕경으로 올라가 낭도로 활동하였을 가능성도 제시되고 있다. 또한 낭도가 되려면 어떠한 조건을 갖추어야 하는지에 대한 것과 그러한 조건에는 어떤 것들이 있나 하는 것도 밝혀졌다. 나아가 낭도들은 스스로 자원하여 화랑도의 일원이 되었을 가능성과 아울러 그들 스스로가 화랑을 선발하는 것으로 밝혀졌다. 이러한 연구 성과와 관련하여 李基東, 「新羅 花郎徒의 社會學的 考察」『新羅骨品制社會와 花郎徒』, 一潮閣, 1984 의 논문과 李鍾旭, 「三國遺事 竹旨郎條에 대한 一考察」『韓國傳統文化硏究』 2, 1986 및 「신라 화랑도의 편성과 조직·변천」『화랑문화의 재조명』 10, 1989과 「신라 중고시대의 화랑도」『省谷論叢』 27-4, 1996 등을 참고할 수 있다. 또한 朱甫暾, 「新羅 花郎徒 硏究의 現況과 課題」『啓明史學』 8, 1997도 기왕의 연구 성과들을 정리하면서 낭도에 대한 여러 해석을 종합하고 있어 낭도와 화랑을 이해하

데서도 주목해야 할 부분이 바로 화랑과 낭도의 관계이다. 수백에서 천여 명에 이르는 낭도들이 화랑을 중심으로 모여들었다고 하며,[3] 화랑이 낭도를 모집하기보다는 낭도가 특정한 화랑을 선택하여 그 휘하에 들어간 것으로 파악한 연구가 있어 주목된다.[4]

는 데 도움이 된다. 그리고 여기서 낭도와 관련하여 언급한 논문을 전부 소개하지 않았는데, 논지를 전개하는 과정에서 필요에 따라 언급할 예정이다.

3 盧泰敦의 경우 "화랑도는 화랑을 중심으로 동년배의 청소년들이 자의적으로 모여들어 일정한 의례나 서약을 거쳐 상호 결합하여 집단을 형성한 것"이라고 하였다(盧泰敦, 「羅代의 門客」『韓國史研究』 21·22합집, 1978 :『한국고대사의 이론과 쟁점』, 집문당, 2009, 246쪽). 그의 이와 같은 견해는 한국 학계에서 화랑도를 바라보는 일반적인 관점이라 할 수 있다.

4 李鍾旭은 "낭도들은 어느 화랑을 택하는가는 거의 자유로웠던 것은 아니었나 한다. (그리고) 낭도의 선택이 더 큰 의미가 있는 것은 아니었을까"라고 하였다(李鍾旭, 앞의 논문, 1989, 258쪽). 그리고 그는 또 다른 논문에서 "낭도들은 자원에 의하여 화랑도의 일원이 되었다고 여겨진다"라고 하였다(李鍾旭, 앞의 논문, 1996, 630쪽). 그의 이러한 견해는 사뭇 새로운 것이라 하지 않을 수 없다. 사실 그 동안 화랑도 조직 자체에 대하여 성원 자신들의 誓約에 의해 자발적으로 이루어진 결사체로 파악한 만큼 애매한 부분이 적지 않았다. 즉 낭도들이 화랑을 선택하고 그 휘하로 들어간 것인지 아니면 화랑이 주도적으로 낭도들을 모은 것인지 그 실체가 명확하지 않았다. 그런데 최근 박남수는 진평왕 때에 이르러서는 화랑을 선임하고 나서 낭도들을 결성하였던 것으로 파악하고 있다(朴南守, 「신라 중고기 花郎의 出身 家系와 花郎徒 운영의 변화」『韓國古代史研究』 51, 2008, 137쪽 참조). 그의 견해에 따른다고 할지라도 의문이 드는 것은 선임된 화랑 아래 낭도들이 어떻게 모였는가 하는 것이다. 낭도들을 결성하였다고 하는데 국가에서 낭도들도 뽑아 선임한 화랑 아래 배속시켰다는 것인지 아니면 선임한 화랑 아래 낭도들이 모여들기를 기다렸다는 것인지 도무지 알 수가 없다. 다만 그의 견해는 화랑도가 半官半民的 단체라는 기왕의 연구 성과와 맥을 같이하고 있음을 말해 준다.

이러한 연구 성과를 인정할 때 무엇보다 궁금한 것은 낭도들이 어떠한 선택 기준과 목적을 가지고 화랑이나 화랑도를 선택하였을까 하는 것이다.[5] 더구나 낭도들의 신분이 진골에서 평민에 이르기까지 매우 다양하였음을 염두에 두면 더욱 그렇다. 다음으로 낭도가 특정한 화랑을 선택한 이후 그 화랑과는 어떠한 관계를 유지하였을까 하는 점이다. 물론 이에 관해서도 언급된 연구들이 있기는 하지만 여러 신분층인 낭도와 진골 신분인 화랑과의 관계에 대해서는 새롭게 검토해 볼 부분이 많다.

이에 본 장에서는 이러한 의문을 해결하기 위하여 크게 두 가지 문제를 밝혀 보고자 한다. 먼저 다양한 신분층의 낭도들이 특정한 화랑 아래 어떻게 모이게 되었을까 하는 것을 살펴볼 것이다. 이를 위하여 각기 신분이 다른 낭도의 모습을 찾아 분석해 보기로 하겠다. 다음으로 특정한 화랑 아래 들어간 낭도들은 화랑과 서로 어떤 관계를 유지하였을까 하는 것을 더듬어 찾아보고자 한다. 여기서는 낭도와 화랑과의 관계를 다양한 각도에서 살펴볼 것이다.

---

5 이상과 같은 견해와 달리 반대의 경우도 떠올릴 수 있다. 즉 현재까지 이루어진 화랑도 연구를 살펴보면 중고기에 다수의 화랑도가 동시에 존재한 것이 인정되고 있는데(李基東, 앞의 책, 1984, 334쪽 참조), 왕경의 젊은이들 대부분이 낭도로 활동하였다고 가정하였을 경우, 화랑이 바라는 만큼의 낭도를 확보하였을까 하는 의문이 바로 그것이다. 물론 화랑도마다 일정한 수의 정원이 정해져 있었다고 단정할 수는 없지만 화랑에 따라서는 소수의 낭도만을 데리고 있는 경우도 배제할 수 없기 때문이다. 이러한 가정이 성립된다면 화랑 가운데는 낭도들을 모집하기 위하여 여러 가지 노력을 하였을 가능성도 헤아려 볼 수 있다. 물론 이와 관련된 기록을 찾아볼 수 없으므로 단정할 수는 없지만 그럴 가능성 만큼은 열어두어도 좋을 것이다. 이에 대해서는 본 장에서 다시 언급하기로 하겠다.

물론 이상의 검토만으로 화랑과 낭도와의 관계를 모두 밝힐 수는 없으나 둘 사이의 관계에 대하여 제일 궁금한 부분이라 생각되어 먼저 살펴보는 것이다. 차후 화랑과 낭도와의 관계를 여러 각도에서 기회를 두고 천착해 볼 예정이다. 다만 여기서 먼저 밝혀둘 것은 화랑도의 전형을 신라 중고기에서 찾을 수 있으므로[6] 이 시대에 한정하여 논지를 전개할 것이다.

2. 낭도의 화랑 선택과 목적

화랑이 많은 수의 낭도를 거느리고 있었음은 너무나 잘 알려져 있다. 낭도의 수가 수백에서 천여 명에 이르렀다고 하는 기록이 그것을 입증한다.[7] 그리고 동시기에 몇 개의 화랑 집단이 존재하였던 것도 알려져 낭도의 수가 적지 않았음은 누구나 헤아릴 수 있을 것이다.[8] 그런데 같은 시기에 이와 같은 집단이 여럿 존재한 것은 화랑을 중심

---

6 李基東, 「花郞像의 변천에 관한 覺書」『신라문화』 5, 1988 : 『新羅社會史研究』, 一潮閣, 1997, 291쪽에서 신라 역사상 화랑도의 활동이 가장 왕성했던 시기는 진흥왕 때의 화랑 제정으로부터 신라가 삼국 통일의 대업을 달성할 때까지의 약 1백년 기간이라고 할 수 있다고 하였다. 공감하는 바이나 다만 화랑 제정부터 신라가 삼국 통일의 대업을 이루는 기간에도 화랑도는 지속적으로 발전해 간 것이 아닌가 하는 생각을 하게 된다.

7 사다함의 낭도는 무려 일천 명이나 되었다고 하며(『三國史記』 권44, 열전 제4 사다함), 부례랑도 千徒를 거느린 것으로 나타나 있다(『三國遺事』 권3, 塔像 栢栗寺).

8 李基東, 앞의 책, 1984, 333~335쪽 참조.

으로 낭도들이 모였기 때문이라고 한다.[9] 이러한 견해를 수용할 때 무엇보다 다음과 같은 의문이 떠오른다. 즉 낭도들은 어떤 기준을 가지고 화랑을 선택하였을까 하는 것이다.

이러한 의문을 해소해 줄 수 있는 기록은 쉽사리 찾아볼 수 없으나 화랑도에 관한 연구를 살펴보는 과정에서 해결의 실마리가 보이기도 한다. 우선 이기동(李基東)은 "집단의 수령인 화랑의 기질이라든가 혹은 구성원의 출신 성분 비율의 차이에 따라 매 집단마다 다소간의 특징적인 차이를 노출했을 개연성이 크다"라고 하였다.[10] 다음으로 주보돈(朱甫暾)은 "화랑의 역량(力量)이나 지향(志向)하는 바의 성격이 서로 달랐다"라고 보았다.[11] 두 연구자의 공통적인 의견은 화랑에 따라 각각의 특색이 있었음을 지적하고 있다. 그렇다면 각각의 특색을 가진 화랑은 그 무리를 이끌고 통솔하는 데 있어서도 각각 지향하는 바가 서로 달랐음을 헤아릴 수 있을 것이다. 이러한 생각은 화랑이었던 김유신을 통해서도 충분히 알 수 있다. 김유신의 화랑을 '용화향도(龍華香徒)'라고 하였는데 이것은 그를 중심으로 한 그들만의 특색이 있었음을 명확하게 보여 준다.[12]

9 李鍾旭, 앞의 논문, 1996 참조.

10 李基東, 「新羅 花郞徒 연구의 現段階」『李基白先生古稀紀念韓國史學論叢』, 일조각, 1994 : 앞의 책, 1997, 240쪽.

11 朱甫暾, 앞의 논문, 1997, 108쪽 및 110쪽.

12 김태식, 「김유신의 入山修道와 그의 龍華香徒」『한국고대사탐구』 13, 2013, 127쪽에서 기존의 연구에서 언급한 용화향도에 대해서 잘 정리해 두고 있다. 또한 주보돈, 「김유신의 정치 지향」『김춘추와 그의 사람들』, 지식산업사, 2018, 292쪽에서 "김유신이 설정한 용화세계는 모순으로 가득 찬 현실에 대한 개혁을 통하여 실현 가능하도록 설계된 세계가 아니었을까. 그런 의미에서 김유신의 용화향도는 강한 실천성을

이상과 같은 해석을 염두에 두면 같은 시기에 여러 명의 화랑이 존재하였다고 하더라도 그들 모두의 지위가 동등하지 않았음도 더불어 유추해 낼 수 있다. 다시 말하면 화랑에 따라 그 지위가 달랐음을 충분히 짐작할 수 있다. 예컨대, 화랑에서 국선으로 위치가 바뀌었다고 할 때 그러할 가능성이 높다.[13] 따라서 화랑마다 독특한 특징을 가지고 있었으며, 화랑 내에서도 그 지위가 서로 달랐고 그것이 당시의 여러 사람들에게 잘 알려져 있었다고 해도 지나친 말이 아닐 것이다.[14]

사정이 이와 같았으므로 낭도가 되고자 하는 젊은이는 그 당대의 여러 명의 화랑이나 화랑도에 대하여 자세하게 알았다고 해도 별무리가 없을 것이다. 즉 낭도가 되고자 하는 사람은 특정한 화랑이나 화랑도가 어떠한 특징을 가지고 있으며 추구하는 지향점이 어떤 것인가 하는 것을 파악한 다음 그 휘하로 들어갔을 것이다. 또한 낭도 자신도 추구하고자 하는 의도나 목적이 있었을 것인데, 결국 화랑과 낭도가 서로 뜻하는 바가 부합되었을 때 만나게 되었다고 해도 무리한

담보한 結社體였던 셈이다. 그 점에서 다른 화랑도와는 지향점이 뚜렷이 달랐다고 풀이된다"라고 하였다.

13 金庾信은 15세에 화랑이 되고, 18세에 國仙이 되었다고 한다. 이러한 기록을 볼 때 화랑 내에서도 지위의 변화가 있음을 알 수 있다. 물론 화랑과 국선의 용어에 대하여 여러 연구자마다 견해가 다르므로 논란의 여지가 있지만(朱甫暾, 앞의 논문, 1997, 118~125쪽), 화랑 내에서 차이가 있었음은 당연하다고 할 것이다.

14 박남수는 "先系를 알 수 있는 화랑들은 모두 진골 귀족 가운데서도 신라 최고의 의사결정기구였던 화백회의 구성원의 자제이거나 그와 관련된 가문의 출신이었다"라고 하였다(朴南守, 앞의 논문, 2008, 129~133쪽). 화랑의 출신 성분이 그렇다고는 하지만 그들이 낭도를 거느리고 활동하는 가운데 다른 화랑들과 구별되는 특색이 있었음은 당연하다.

해석만은 아닐 듯싶다.

그런데 낭도들의 신분층이 진골에서부터 평민에 이르기까지 다양하게 구성되었음은 학계의 통설로 되어 있다.[15] 이러한 사실을 염두에 두면 낭도가 되고자 하는 젊은이는 각자의 신분에 따라 화랑을 선택하는 기준도 달리하지 않았을까 싶다. 즉 낭도가 화랑을 선택하는 데 있어 각자의 신분이 결정적인 요인으로 작용했을 가능성이 크다는 점이다. 왜냐하면 신라 사회에서 신분은 모든 것을 결정하는 요소로 작용하였기 때문이다.[16] 그렇다면 먼저 진골 신분을 가진 미성년자는 어떤 기준을 가지고 화랑을 선택하였을까 하는 것부터 살펴보기로 하자. 진골 귀족의 자제로 화랑이 된 김흠운(金歆運)의 기록은 이러한

15 三品彰英은 진골 이하 4두품까지의 귀족 자제들이 낭도가 되었으며 평민 자제들은 낭도가 될 수 없다고 보았다(三品彰英, 「花郎の制定」『新羅花郎の研究』, 三省堂, 1974, 57~58쪽). 그에 비하여 李基白은 왕경 거주 귀족뿐 아니라 평민도 낭도가 되었다고 보았다(李基白, 「韓國의 傳統社會와 兵制」『韓國史學의 方向』, 일조각, 1978, 194~201쪽). 李基東도 李基白의 견해를 따르고 있으며(李基東, 앞의 책, 1984, 337쪽), 李鍾旭도 그러한 견해에 동의하고 있다(李鍾旭, 앞의 논문, 1989, 255쪽). 이렇게 볼 때 낭도의 신분 구성은 진골에서부터 평민에까지 이르렀다고 해도 좋을 것이다.

16 낭도가 화랑을 선택하는 데 있어 신분뿐만 아니라 여러 가지 요소가 작용했을 것임은 틀림이 없다. 최재석은 "화랑의 자격과 명성에 따라 낭도의 수가 달라진 것으로 생각한다"라고 하였다(최재석, 「신라의 화랑과 화랑집단」『한국고대사회사연구』, 일지사, 1987, 457쪽). 그렇지만 지연이나 혈연도 과연 작용하였을까 하는 것에는 의문이 든다. 예컨대, 김유신의 낭도였던 백석은 고구려인으로 밝혀졌는데, 이는 낭도가 다양한 지역에서 모여들었다는 것을 보여 준다. 이러한 사실로 미루어 볼 때 낭도들이 지연에 얽매여 있지 않았음을 알 수 있다. 그렇다면 혈연적인 측면도 그다지 문제가 되지 않았음을 헤아릴 수 있지 않을까 싶다. 더구나 기왕의 연구에서 화랑도가 혈연주의를 초월하고 있다고 한 언급을 주목하지 않을 수 없기 때문이다.

의문을 해결하는 데 하나의 실마리를 제공해 준다.

> A. 김흠운(金歆運)은 나밀왕(奈密王)의 8세손이다. 아버지는 잡찬 달복(達福)이다. 흠운이 어려서 화랑 문노(文努)의 아래에서 놀았는데 당시의 무리들이 아무개는 전사하여 이름을 지금까지 남겼다고 말하자 흠운이 슬퍼하여 눈물을 흘리며 격동하여 그와 같이 되려고 하니 동문의 승려 전밀(轉密)이 말하기를 "이 사람이 전쟁에 나가면 반드시 돌아오지 않을 것이다" 하였다. 영휘 6년 태종대왕이 백제가 고구려와 더불어 변방을 막자 이를 치고자 하여 군대를 출동할 때에 흠운을 낭당(郎幢) 대감으로 삼았다. 이에 그는 집안에서 자지 않고 비바람을 맞으며, 병졸과 더불어 고락을 함께 하였다. 백제 땅 양산(陽山) 아래서 군영을 설치하고 조천성(助川城)을 공격하고자 하였는데 백제인들이 밤을 틈타서 민첩하게 달려와 새벽녘에 성루를 따라 들어오니 우리 군사가 놀라 엎어지고 자빠져 진정시킬 수가 없었다. … 흠운이 말하기를 "대장부가 이미 몸을 나라에 바치겠다고 하였으면 사람이 알아주고 모르고는 한 가지이다. 어찌 감히 이름을 구하랴?" 하고는 꿋꿋하게 서서 움직이지 않았다. 따르던 자들이 말고삐를 잡고 돌아가기를 권하였으나 흠운이 칼을 뽑아 휘두르며 적과 싸워 몇 사람을 죽이고 그도 죽었다. … 보기 당주 보용나(寶用那)가 흠운이 죽었다는 말을 듣고 말하였다. "그는 귀한 신분에 영화로운 자리에 있어 사람들이 아끼는 바인데도 오히려 절조를 지켜 죽었으니 하물며 나 보용나는 살아 있더라도 별 이익이 되지 않고 죽어도 별 손해가 되지 않는 존재이다."(『삼국사기』 권47, 김흠운).

위의 A 기록을 보면, 김흠운은 나물왕의 후손으로 잡찬 달복의 아들이다. 진골 신분으로 낭도가 되었음을 금방 알아차릴 수 있다. 그는 문노의 문하에서 낭도로 활동하다가 영휘 6년(655)에 낭당 대감이 되어 전장에서 명예롭게 죽었다. 전쟁에 나갔을 때 낭당 대감이 된 것으로 보아 그는 이미 화랑도에서 양명하였을 가능성이 크다.[17] 그런데 주목되는 것은 그가 문노의 낭도로 있으면서 명예롭게 죽는 것을 매우 자랑으로 여겼다는 점이다.[18] 그리고 실제 전투에서 죽음을 두려워하지 않고 명예롭게 죽었다. 이러한 사실을 김흠운의 개인적인 성향 혹은 기질로 해석할 수도 있지만, 낭도로 활동하면서 그와 같은 마음가짐을 가지고 있었다는 것은 문노의 화랑도가 명예와 무사(武事) 등을 중시하였음을 알려주는 것[19]으로 해석해도 무리가 없지 않을까 싶다.[20]

이렇게 볼 때 김흠운이 문노 휘하의 낭도로 들어가게 된 것도 문노 일파가 추구하는 이상과 김흠운의 바라는 바가 일치하였기 때문

---

17 李鍾旭, 앞의 논문, 1996, 634쪽.

18 李基東은 이러한 사실에 대하여 "삼국통일 직전의 화랑도의 교육방법이나 혹은 당시 敵國에 대한 敵愾心을 鼓吹하는 운동이 전개되었던 것을 시사 받을 수 있거니와"라고 하였다(李基東, 앞의 책, 1984, 344쪽).

19 李基東은 "화랑 집단 상호간의 대립 내지 암투의 가능성을 배제할 수 없다"라고 하면서 필사본『화랑세기』에 나오는 薛原派와 文弩派의 대립에 대한 것을 언급하였다(李基東, 앞의 책, 1997, 241쪽). 즉 문노의 무리들은 武事를 좋아하고 俠氣가 많았는데 당시 사람들이 호국선이라 불렀다고 한데 비하여 설원파는 향가를 잘 부르고 淸遊를 좋아하여 나라 사람들이 雲上人이라 불렀다고 한 것을 제시하였다. 물론 그는 필사본『화랑세기』의 이러한 구분에 대하여 그것을 믿을 수 없다고 하였지만, 화랑도 상호간의 대립이라는 측면을 드러내기 위해서 필사본『화랑세기』를 이용한 만큼 김흠운이 문노 아래서 활동한 것을 이해하는 데 적잖은 도움이 된다.

20 물론 김흠운이 문노의 무리로 활동하는 가운데 그러한 생각을 키우게 되었다고 할 수도 있을 것이다. 그러나 김흠운이 문노 휘하로 들어가고자 하였을 때부터 그러한 생각을 하고 있었다고 보는 것이 타당하지 않을까 싶다. 왜냐하면 문노 일파의 특징을 알고 난 다음 그를 선택하였기 때문에 선후 관계를 보아도 이것은 충분히 짐작이 가능하다.

일 것이다. 사실 진골 신분을 가진 젊은이들은 정치적인 출사가 거의 보장되어 있었기 때문에 그것을 추구하기 위한 노력에 매진하지 않아도 되었다. 물론 정치적으로 출사하여 더 높은 관직으로 나아가기 위한 노력이 없었다고 단정지을 수는 없다. 다만 그렇다고 하더라도 진골 출신의 젊은이가 화랑이나 화랑도를 선택하는 기준이 정치적인 출사에 있기보다는 추구하는 이상이 서로 부합하는가 하는 것과 더 직접적인 관련이 있다고 보이는 것이다. 문노의 일파가 명예와 무사로서 이름이 난 화랑도임을 알게 된 김흠운은 그의 문하에 소속되기를 바랐다고 볼 수 있다.

당시 화랑도 가운데 문노의 일파와 달리 향가(鄕歌)나 청류를 중시하는 무리, 유교적(儒教的)인 것을 숭상하는 집단, 전통적(傳統的)인 것을 추구하는 집단 등 여러 부류가 있었을 가능성이 높다.[21] 이러한 여러 부류의 화랑도 가운데 어느 한 집단을 선택하는 것은 진골 귀족 자제 본인의 결정에 달렸다고 할 수 있다. 결국 진골 신분을 가진 젊은이들이 낭도가 되고자 하였을 때 그들이 정한 기준은 개인적인 취향이나 혹은 추구하는 이상(理想)과 불가분의 관계가 있었다고 해도 그다지 큰 무리가 없을 것이다.

그렇다면 두품 신분의 젊은이가 화랑을 선택할 때 진골 출신의 젊은이와 마찬가지로 이상을 추구하였을까 하는 의문이 든다. 이는 검군(劍君)의 예를 통해 알아보기로 하자.

---

21 모든 화랑도의 무리가 이러한 모든 것을 추구했다고는 생각되지 않는다. 화랑도마다 독특한 특징이 있었다고 보는 것이 옳지 않을까 생각된다. 앞서 지적하였듯이 김유신이 이끄는 화랑도를 '용화향도'라고 한 것을 보면 충분히 짐작할 수 있을 것이다.

B. 검군(劍君)은 구문(仇文) 대사(大舍)의 아들로 사량궁(沙梁宮) 사인(舍人)으로 있었다. 건복 44년(627) 정해 8월에 서리가 내려 모든 곡식을 죽였으므로 다음해 봄과 여름에 큰 기근이 들어 백성들이 자식을 팔아 먹었다. 이때에 궁중의 여러 사인이 함께 모의하여 창예창의 곡식을 모두 훔쳤는데 검군은 홀로 받지 않았다. 모든 사인이 말하기를 "여러 사람이 모두 받는데 그대만 이를 마다하니 어떤 이유인가? 만약 적어서 그렇다면 다시 더 주겠다" 하였다. 검군은 웃으면서 말하기를 "나는 근랑의 (낭)도로 편명하고 풍월지정에서 수행하니 진실로 의로운 것이 아니면 천금의 이익이라도 마음을 움직이지 않는다"고 하였다. 이때에 대일 이찬의 아들이 화랑이 되어 근랑(近郎)이라 불렀기에 이같이 말한 것이다. (검군)이 (궁에서) 나가 근랑의 문에 이르렀는데, 사인들이 비밀히 의논하기를, "이 사람을 죽이지 않으면 반드시 말이 샐 것이라" 하고 드디어 불러오게 하였다. 검군은 (그들이) 자기의 살해(殺害)를 도모하는 것을 알고, 근랑을 작별하며 말하기를 "금일 이후로는 다시 서로 만나지 못하겠소이다" 하니, 낭이 (그 이유를) 물었으나 검군이 말하지 아니하였다. 그러다가 재삼 물으므로 그제야 대략 그 사유를 말하였다. 낭이 말하기를 "어찌하여 관사에 말하지 않는가" 하였다. 검군이 "자기가 죽을 것을 두려워하여 여러 사람으로 죄를 짓게 하는 것은 인정상 차마 할 수 없는 일입니다" 하였다. "그러면 어찌 도망가지 않는가" 하니, 가로되 "저편이 잘못이요 나는 정직한데 도망하는 것은 장부가 아닙니다"하고 드디어 갔다. 여러 사인이 술을 내어 사죄하면서 비밀히 약을 섞어 먹였다. 검군이 알면서도 억지로 먹고 그만 죽었다. 군자의 말에 검군은 죽지 않을 데 죽었으니 가히 태산을 홍모보다도 더 가벼이 여긴 것이라 할 만하다(『삼국사기』 권48, 검군).

B의 기록을 보면, 검군은 사량궁 사인으로 구문 대사의 아들이라고 한다. 이런 사실은 그가 두품 신분이었음을 알려준다. 또한 그는 근랑의 낭도로 편명하고 있었을 뿐만 아니라 사량궁의 업무 가운

데서도 창고와 관련된 일을 맡은 말단 관리이기도 했다. 그런데 그가 근랑의 문도이면서 동시에 사량궁의 사인이었다는 점을 무엇보다 주목할 수 있다. 그가 사량궁의 사인으로서 근랑의 문도로 편입된 것인지, 낭도로서 사량궁의 사인이 된 것인지는 선불리 판단하기 어렵다. 다만 기왕의 연구는 그가 근랑의 낭도로서 사량궁 사인이 되었는데, 근랑의 천거가 있었던 것으로 알려져 있다.[22]

이러한 견해에 따르면 두품 신분은 관직으로 나아감에 있어 화랑의 추천이 매우 중요하였음을 엿볼 수 있다. 돌려 말하면 화랑의 역량 가운데 하나가 문도들이 관직으로 나갈 수 있도록 천거하거나 자리를 마련해 주는 것이라고 할 수 있겠다.[23] 이렇게 보면 화랑은 자기 휘하의 낭도들 가운데 두품 신분을 가진 이들이 관직으로 나갈 수 있도록 적잖은 관심과 노력을 기울인 것으로 짐작된다. 휘하의 낭도들이 관직에 많이 나가 있을 때 화랑의 이름도 더불어 알려지게 되었을 것이다. 따라서 두품 신분에 대한 배려가 큰 화랑일수록 두품 신분의 젊은이가 많이 모였고 그렇지 못한 화랑 밑에는 낭도의 수가 많지 않았다고 보아도 크게 무리한 해석이 아닐 것이다.

사실 화랑도가 인재 선발과 밀접한 관련이 있음은 누구나 잘 알고 있다. '무리를 모아 놓고 함께 노닐게 함으로써 그 행동과 마음씨를 본 뒤에 등용하려고 하였다'는 화랑 제도의 목적은 육두품에서

22 田美姬,「新羅 眞平王代 家臣集團의 官僚化와 그 限界」『國史館論叢』 48, 1993, 204쪽.

23 비록 신라 하대의 사실이기는 하지만 문객의 충성에 대한 반대 급부로 주인은 그들의 생계에 대한 보장과 함께 나아가 그들의 관계(官界)로의 진출 등의 출세를 밀어 주었다(盧泰敦, 앞의 논문, 1978, 13쪽).

사두품까지의 신분도 해당하는 것이었다. 따라서 두품 신분을 가진 낭도가 화랑과 가까이 지내면서 화랑의 천거를 받아 관직으로 출사할 기회를 얻을 수 있다면 낭도 스스로는 좋은 일이 되었을 것이다. 바꿔 말하면 낭도의 경우에는 천거를 잘하거나 혹은 좋은 관직으로 나가게 해 줄 수 있는 화랑을 선택하는 것이 무엇보다 중요하였다. 결국 검군의 예에서 볼 수 있듯이 두품 신분의 낭도가 화랑을 선택하는 것은 출사와 밀접한 관련이 있었다고 파악된다. 검군이 근랑의 문도가 되었던 것도 이러한 사정과 관련이 있다고 해도 무리가 없을 것이다.

그렇다면 평민의 경우 어떠한 기준으로 화랑을 선택하였을까 하는 의문이 든다. 평민들의 경우에는 관직으로 나갈 수 있는 길이 원칙적으로 막혀 있었기 때문에 진골이나 두품 신분과는 다른 목적을 가지고 화랑을 선택하였을 가능성이 크다. 다음의 기록은 평민이 화랑을 선택하는 것과 관련하여 시사하는 바가 크다.

> C. 당시 사다함은 나이가 15~6세였는데, 종군하기를 청하였다. 왕은 나이가 아직 어리다 하여 허락하지 아니하였으나 여러 번 진심으로 청하고 뜻이 확고하였으므로 드디어 명하여 귀당(貴幢) 비장(裨將)으로 삼았는데, 그 낭도 중에서 따르는 자 또한 많았다(『삼국사기』 권44, 사다함).

C의 기록은 사다함이 왕에게 종군을 허락받자 그를 따르던 낭도들 가운데 적잖은 수가 전쟁에 참전하였음을 보여 준다. 그의 낭도들 가운데 종군하기를 원했던 자들이 구체적으로 어떤 신분의 소유자들이었는지 알 수는 없다. 다만 그들 가운데 평민 신분의 낭도가 한 명도 없었다고 단정할 수는 없다. 그렇다면 평민 신분을 가진 낭도들

도 죽음까지 불사하면서 전장에 나가기를 원했다고 할 수 있는데, 굳이 그들이 전장에 나가길 원했던 것은 나라를 위해 목숨을 바치기 위한 애국심의 발로였을까? 비록 억측이기는 하지만, 그들이 화랑과 더불어 전쟁터로 출정한 것은 그곳에서 고락을 함께 함으로써 화랑과 더 긴밀한 인간 관계를 형성하고 그것을 통하여 평생 동안 관계를 지속하고자 하는 목적이 숨어 있었다고 보면 어떨까 싶다.[24] 이렇게 보면 평민들이 화랑도에 들어가 활동한 이유는 진골 및 두품 신분의 낭도들과 교유함으로써 인간 관계의 범위를 넓히고자 한 것으로 파악할 수 있다. 그리고 그러한 긴밀한 인간 관계를 통하여 후일 출세의 기회를 얻고자 하는 의도가 아니었을까 하는 짐작을 할 뿐이다.[25] 사실 낭도들의 수가 천여 명에 이르렀다고 할 때 그들의 대다수는 평민들이었음을 부정할 수 없다. 따라서 그들이 추구하는 것이 이와 크게 다르지는 않았을 것이다.

---

24 물론 그 밖에도 여러 가지 이유가 있을 것으로 짐작되는데, 평민이라는 신분적인 문제가 있었기 때문에 그러한 측면을 쉽사리 도외시할 수는 없을 것이다.

25 金庾信과 裂起와의 관계를 보면 이러한 점을 어느 정도 헤아릴 수 있다. 열기의 경우 기록에는 '史失族姓'이라고 되어 있어 유력 귀족 집안 출신은 아니었음을 짐작할 수 있으나 김유신의 낭도로 활동하였을 가능성이 있다고 한다(盧泰敦, 앞의 책, 1978, 262쪽). 그런데 그가 김유신을 도와 큰 일을 수행한 이후 김유신이 죽자 그의 아들인 삼광을 찾아가 郡守자리를 청하였다(『三國史記』 권47, 열기). 이러한 사실에서 볼 때 열기가 김유신의 낭도가 된 것은 후일의 일을 기약하기 위한 것과 밀접한 관련이 있다고 짐작된다. 일찍이 삼품창영도 "화랑과 낭도와의 관계는 단지 화랑시대로만 끝나지 않고, 예전 화랑이었던 자가 후에 조정의 요로에 서거나 때로는 전장에서 장군이 되었을 때도 청년시대의 교의는 계속되었다"라고 하였다(三品彰英, 앞의 책, 1943, 197~198쪽).

이렇게 볼 때 낭도들은 여러 신분층으로 구성되어 있었고 그들이 특정한 화랑 휘하에서 낭도로 활동하게 되는 것은 그들의 신분과 불가분의 관계가 있었음을 충분히 헤아릴 수 있다. 그런데 여기서 간과할 수 없는 문제는 낭도의 경우 본인의 뜻과 일치되는 화랑이 있다고 해서 그의 문하에 마음대로 들어갈 수 있었을까 하는 점이다. 다시 말해서 낭도만의 일방적인 결정으로 자기가 원하는 화랑 집단에 들어갈 수 있었을까 궁금해진다. 이와 관련하여 이종욱(李鍾旭)은 낭도가 될 수 있는 조건을 몇 가지 제시하였다. 우선 어느 정도 경제력이 있는 사람들이거나 검술과 같은 전투 능력이 있는 사람 또는 향가를 잘하는 사람들이 낭도가 될 수 있다고 하였다.[26] 이러한 해석을 염두에 두면 낭도도 일정한 조건을 갖추어야만 특정한 화랑 아래서 활동할 수 있었을 것으로 짐작된다. 화랑이나 그 집단이 요구하는 자격 조건이 있었다고 가정할 때 그것에 부합하지 않으면 그 화랑의 문하에 들어가고 싶어도 쉽사리 허락되지 않았을 것이다.[27] 따라서 상위 골품자들은 애초부터 조건을 갖추기 위하여 노력하였을 가능성도 없지 않다. 반면 평민들 경우에는 화랑이 제시한 조건을 구비하기 위하여 노력하였을까 하는 의문이 드는 것도 사실이다.[28] 다만 화랑 휘하의 낭

26 李鍾旭, 앞의 논문, 1996, 630쪽.

27 물론 아무런 조건 없이 낭도들을 받아들인 화랑이 있다면 몰라도 대체로는 화랑이 제시하는 조건이 있었다고 짐작된다. 물론 이와 관련된 기록이 없어 구체적인 것은 알 수 없으나 가능성이 전혀 없는 것은 아니라고 판단된다.

28 어떤 기대 효과가 있는 신분층에 속하는 자만이 저절로 참여하게 되었을 것이라는 朱甫暾의 지적은 시사하는 바가 크다(朱甫暾, 앞의 논문, 1997, 112쪽).

도들 수가 많이 부족할 경우 제시하였던 조건들을 완화하거나 철회하였을 가능성도 예상할 수 있다. 따라서 평민 신분의 경우에는 낭도가 될 수 있는 조건 자체를 화랑이 아예 제시하지 않았을 가능성도 조심스럽게 추측해 볼 수 있다.

이제 특정한 화랑의 낭도가 되고자 하였을 때 어느 때고 마음대로 그의 문하로 들어갈 수 있었을까 하는 점에 대하여 눈을 돌려 보기로 하자. 다시 말하면 낭도의 충원 시기가 정해져 있었는가 하는 의문이 든다. 물론 이를 알려줄 만한 기록이 보이지 않으므로 무어라고 단정해서 말할 수는 없으나, 적어도 정기적으로 시간을 정해 놓고 충원했다고 생각되며, 비정기적인 충원도 있었을 것이다. 예컨대, 호세랑의 경우 '양명황권(讓名黃卷)' 했다고 하는데 이는 화랑으로서의 수련 기간인 3년을 '성업(成業)·필업(畢業)' 한 것으로 이해하고 있다.[29] 이러한 사실로 미루어 볼 때 화랑이나 낭도가 황권에서 양명을 하였다면 그를 이어 새로운 충원이 있었을 것이고 그러한 충원은 정기적으로 이루어졌다고 보는 것이 옳지 않을까 싶다. 비정기적인 충원의 경우를 살펴보면, 혜숙의 경우에서 짐작이 가능하다. 그는 그가 모시던 화랑이 양명을 하자 그도 양명을 하였다. 이때 그가 양명한 것은 일정한 기간을 채운 것으로 판단하기보다는 조기에 황권에서 이름을 지운 것으로 볼 수 있다. 사정이 이러할 경우 비정기적인 충원도 이루어졌다고 짐작된다. 또한 화랑 아래 있는 낭도들의 수가 일정하지 않은 것으로 보아 부정기적으로 낭도를 충원했음을 생각해 볼 수도 있다.

29 李基東, 앞의 책, 1984, 340쪽 참조.

지금까지 낭도가 화랑을 선택한 이유와 목적 등에 대하여 살펴보았다. 또한 낭도의 충원 시기 등에 대해서도 검토해 보았다. 다만 여기서 짚고 넘어갈 문제는 화랑이 바라던 만큼의 낭도가 모이지 않을 경우에는 어떤 방법을 동원하였을까 하는 것이다. 낭도의 수가 바라는 만큼 모이지 않았다는 것은 화랑의 대외적인 능력이 부족하거나 혹은 경제적으로 다른 화랑에 비하여 현저하게 뒤졌을 경우도 상정할 수 있다. 그 이외에도 여러 가지 이유가 있었을 것으로 짐작되는데, 어떻든 휘하의 낭도 수가 부족할 경우 화랑은 낭도를 모집하기 위하여 노력하였음에 틀림이 없다.

그런데 앞서 보았듯이, 이름난 화랑 아래 낭도들이 많이 모여들었기 때문에 이미 특정한 화랑 아래 속한 낭도를 자기 휘하로 모으는 일은 쉽지 않았을 것이다. 낭도의 경우에도 이름난 화랑 아래에서 활동하는 것이 여러모로 유리하였을 것이다. 사정이 이에 이르자 화랑 가운데서는 지방민이나 천민 신분을 가진 사람을 낭도로 삼았던 것이 아닌가 하는 생각도 든다. 기존의 연구에서는 낭도가 심지어는 천민, 노비에게까지도 개방되었다는 견해를 제기하였는데,[30] 화랑도를 유지하기 위해서 신분이 낮은 젊은이들을 낭도로 모집하는 것도 충분히 헤아려 볼 수 있다. 물론 그 수가 얼마나 되었으며 그러한 일이 얼마나 자주 있었는가 하는 것은 좀 더 두고 볼 문제이다.

이상에서 살핀 것을 정리하면 다음과 같다. 왕경의 젊은이가 특정한 화랑의 낭도가 되고자 하였을 때 신분이 화랑 선택에 있어 결정

30 崔光植, 「新羅의 花郎에 대한 新考察」『한국의 사회와 역사』, 1991, 471쪽. 이러한 견해를 수용하면 낭도의 신분도 재고해야 할 필요가 있다.

적인 조건으로 작용하였음을 알아냈다. 그리고 화랑은 그들이 원하는 인재를 골라 수용하였다. 따라서 낭도의 경우 그가 원하던 화랑 아래 들어가게 되면 매우 강한 자부심을 느끼게 되었음은 당연하다고 할 것이다. 그렇다면 이제 낭도와 화랑은 화랑도 속에서 어떤 관계를 유지하였을까 하는 것과 그것을 통해 얻어질 수 있는 화랑도의 성격에 대하여 절을 달리하여 검토해 보기로 하자.

3. 낭도의 역할을 통해 본 화랑도 운용

화랑을 선택하여 그 무리에 들어간 낭도들은 황권에 이름을 올리고 화랑도의 일원으로 활동하였다. 화랑도 집단마다 명부가 작성되어 있었을 가능성이 높은데,[31] 명부에 이름을 올린 이후 그들은 낭도로서의 의무를 지켰다. 낭도인 득오(得烏)가 풍류황권에 예명하고 매일 출근하였다는 기록을 통해서 충분히 짐작할 수 있다.[32] 대체로 낭도들은 자기 집에서 출퇴근하면서 일정한 장소에 모여 수련하였다고 생각된다. 수련이라고 하였으나 이는 체력을 다지는 일이거나 혹은 창술이나 검술 등을 익히는 일도 하였을 것이다. 더 나아가 승려 낭도에게

31 李鍾旭, 앞의 논문, 1996, 626쪽. 그는 화랑도의 명부에 대하여 두 가지 가능성을 제시하고 있다. 첫째로 여러 화랑도 집단이 있었기 때문에 각기 명부를 작성하였을 가능성과 둘째로 하나의 명부에 모든 이름을 기재하였을 가능성을 들고 있다. 여기서는 첫 번째의 가능성이 훨씬 높다고 생각된다. 그 이유는 화랑도 무리가 각기 특색이 있어 구별되었기 때문에 하나의 명부에 모든 이름을 올렸다고는 생각되지 않기 때문이다.

32 『三國遺事』 권2, 孝昭王代 竹旨郎

정신적인 교육도 받았을 것이다. 이러한 측면에서 보면 낭도의 수련에는 신분의 고하가 없었을 것이다.

그렇지만 화랑도 내에서 신분에 따른 낭도의 역할이 있었을 것으로 생각된다. 낭도들이라고 해서 모두 같은 역할을 하였다고 생각되지 않기 때문이다. 진골 신분의 낭도와 평민 출신 낭도의 역할이 같지 않았음은 당연할 것이다. 그렇다면 진골 신분의 낭도들이 어떤 역할을 하였을까 하는 것에 대하여 살펴보기로 하자.

> D. 사다함은 진골 출신으로 나밀왕의 7대손이고, 아버지는 급찬 구리지(仇梨知)이다. 본래 고귀한 가문의 후예로서, 풍채가 미끈하게 빼어났으며, 뜻과 기개가 곧았다. 당시 사람들이 (그를) 화랑으로 받들기를 청하였으므로 부득이 맡았다. 그 무리가 1천 명에 다다랐으나, 모두의 환심을 얻었다(『삼국사기』 권44, 사다함).

사다함은 진골 신분으로 낭도가 되어 활동하던 중 자기가 모시던 화랑이 양명하게 되자 그 무리에서 새로운 화랑으로 선출되었다.[33] 당시 사람들이라고 한 것은 그와 함께 활동하던 낭도를 의미한다.[34] 왜

---

33 李基東은 "화랑은 귀족 가운데서도 美貌의 남성이 선발되었다. 그리고 화랑을 이러한 要件을 갖춘 사람 중에서 衆望에 의해 추대되었던 것 같다. 그것은 斯多含의 경우 '時人請奉爲花郎 不得已爲之'(『三國史記』 卷44 斯多含傳)라 한 것을 보아 이 사실을 짐작할 수 있다"라고 하였다(李基東, 앞의 책, 1984, 336쪽).

34 李鍾旭은 '時人'을 낭도로 보고 있다(李鍾旭, 앞의 논문, 1989, 253쪽). 그리고 朴南守도 앞의 책, 2013, 408쪽에서 '時人'은 '사다함의 무리' 곧 낭도를 가리키는 것으로 이해하였다. 그러나 鄭雲龍은 일반인들로 보았다(鄭雲龍, 앞의 논문, 1996, 135쪽). 여기서는 '시인'을 사다함의 무리로 파악하는 것이 온당할 것으로 생각된다.

냐하면 천여 명의 무리에게서 모두 환심을 얻었다고 한 것으로 볼 때 더욱 그것을 입증한다. 사다함이 낭도로 활동하면서 낭도들의 환심을 얻었다고 한 것은 그의 신분이 중요한 요소로 작용하였겠으나, 보다 중요한 점은 진골 신분의 낭도뿐만 아니라 평민 출신 낭도들의 지지가 있었기 때문에 가능하였다. 사실 천여 명이나 되는 무리가 함께 생활하면서 서로 가깝게 지낸다는 것은 결코 쉬운 일이 아니다. 그럼에도 천여 명의 무리가 그를 지지하였다는 것은 사다함이 낭도로 있으면서 여러 신분의 낭도들과 친밀한 관계를 유지하는 가운데 각각의 신분에 관한 관심과 배려가 있었음을 암시한다.

이렇게 보면 낭도들 가운데 진골 신분을 가진 낭도의 역할이 매우 중요하였음을 주목할 수 있다. 우선 진골 신분을 가진 낭도들은 화랑과 매우 밀접한 관계를 유지하였음에 틀림이 없다. 그것은 서로가 진골이라는 신분적인 동질감도 작용하였으므로 뜻이나 추구하는 이상이 서로 맞았기 때문일 것이다. 그런 만큼 진골 출신의 낭도들은 화랑의 뜻을 받들어 그 무리를 이끌어 가는 역할을 한 것으로 볼 수 있다. 진골 신분의 낭도들은 그 아래 두품 신분이나 평민 신분의 낭도들을 편제하여 통솔하고 화랑의 뜻을 받들어 수련에 임했다고 생각된다. 천여 명이나 되는 무리를 어떤 편제 없이 통솔한다는 것은 상상하기 어렵다. 또한 그들은 두품 신분이나 평민 출신 낭도의 뜻이나 바라는 것을 화랑에게 전하는 역할도 하였을 것이다. 자기 휘하에 편제된 무리들에 대해서는 더욱 잘 파악하고 있었을 것이다. 더 나아가 전투에 참전하였을 경우 화랑의 뜻을 전하고 승리를 독려한 것이 아니었나 한다. 결국 진골 신분의 낭도들은 화랑과 두품 신분 및 평민 출신의 낭도들을 이어주는 매개체 역할을 하였다고 결론지어도 무리가 없을 것이다.

그런데 진골 신분의 낭도들이 두품 신분이나 평민 출신의 낭도들을 화랑과 연결하였다고 해서 그러한 관계가 오랫동안 지속되었는가 하는 것에 대해서는 의문이 든다. 두품 신분이나 평민 출신의 낭도들 가운데는 본인의 의지와는 관계없이 낭도 생활을 유지하기 힘든 경우를 찾아볼 수 있기 때문이다.

E. 죽만랑의 낭도 중에 득오〈또는 곡〉 급간이 있었다. 풍류황권에 이름을 올려놓고 날마다 출근하였다. 열흘 동안 보이지 않기에 낭이 그의 어머니를 불러 아들이 있는 곳을 물었다. 어머니가 말하기를 "당전인 모량의 익선 아간이 내 아들을 부산성의 창직으로 뽑아갔는데, 빨리 가느라고 낭에게 말씀드릴 겨를도 없었습니다"라고 하였다. 낭이 말하기를 "당신 아들이 만약 사사로운 일로 그곳에 갔다면 찾아볼 필요가 없지만 이제 공사로 갔다니 마땅히 가서 대접해야겠소"라고 하고, 이에 설병 한 합과 술 한 병을 가지고 좌인 〈우리말에 개질지라고 하니 노복을 말한다〉을 거느리고 갔다. 낭의 무리 1백 37명도 위의를 갖추고 따라갔다. 부산성에 이르러 문지기에게 득오실이 어디에 있느냐고 물었다. 문지기는 답하기를 "지금 익선의 밭에서 예에 따라 부역하고 있습니다"라고 하였다. 낭은 밭으로 찾아가 가지고 간 술과 떡을 대접하였다. 익선에게 휴가를 얻어 같이 돌아가도록 청하였으나 익선이 굳게 거부하여 허락하지 않았다. 그때 사리 간진(侃珍)이 추화군(推火郡) 능절(能節)의 조 30석을 거두어 성 안으로 수송하고 있었는데, 낭이 선비를 소중히 여기는 풍모를 아름답게 보고, 익선의 어리석은 고집과 융통성 없음을 비루하게 여겨, 가지고 가던 30석을 익선에게 주고 요청하였다. 그래도 허락하지 아니하므로 또 진절 사지의 말안장을 주니 그제야 허락하였다. 조정의 화주(花主)가 이를 듣고 사자를 보내 익선을 잡아다가 그 더러움을 씻기려고 하니 익선이 도망하여 숨었

> 으므로 그 맏아들을 잡아갔다. … 대왕이 이를 듣고 칙령을 내려 모량리 사람으로서 벼슬을 하는 자는 모두 쫓아내어 다시는 관서에 관계하지 못하게 하고 승복을 입지 못하게 했으며, 만약 승려가 된 자라도 종고를 단 큰 절에 들어가지 못하게 하였다(『삼국유사』 권2, 기이2 효소왕대 죽지랑).

위의 E 기록은 효소왕대의 일로 되어 있으나 현재 진평왕대에 있었던 사실로 보는 것에 많은 연구자가 동의하고 있다.[35] 그러므로 중고기 낭도와 화랑과의 관계를 살피는 데 있어 매우 중요한 기록임에 틀림이 없다. 죽지랑의 무리에 속해 있던 낭도 득오가 며칠 동안 출근을 하지 않자 궁금한 죽지랑은 그의 집으로 찾아갔다. 득오의 어머니는 그의 아들이 익선 아간의 명령으로 부산성의 창직으로 가게 되었다는 말을 전해 주었다. 어머니에게서 소식을 들은 죽지랑은 낭도 137인과 노복을 거느리고 낭도인 득오를 찾아갔다. 그리고 익선에게 득오의 휴가를 요청하였으나 쉽사리 허락받지 못하자 뇌물을 주고서야 겨우 그의 휴가를 얻어낼 수 있었다. 이러한 사실에서 볼 때 득오가 죽지랑의 낭도에 편명되어 있다고 하더라도 자기 소속 부의 동원에 응해야 하는 의무가 있었음을 알려준다. 또한 그러한 일에 대하여 화랑이 간여하지 못하였음을 볼 수 있다. 다만 죽지랑이 득오를 위해 할 수 있었던 일은 익선에게 득오의 휴가를 요청하는 것 정도였으며 그것이 불가능하자 뇌물을 이용하였다.

---

35 李鍾旭, 앞의 논문, 1986, 206~210쪽. 그러나 金台植은 진평왕대의 사실을 적은 것이기보다는 효소왕대로 파악하는 것이 옳다는 견해를 발표하였다(金台植, 「三國遺事 竹旨郎條 탈구축을 통한 新羅 花郎과 그 花主」『忠北史學』 21, 2008, 46쪽).

그런데 E의 기록 가운데 "낭이 가로되 아들이 만일 사사(私事)로 갔다면 찾아볼 필요가 없지만"이라고 한 말이 주목된다. 즉 '사사로 갔다면'이라는 말은 득오가 익선에게 부산성 창직을 요구하여 승낙을 받고 그곳으로 갔다면 화랑으로서도 그것에 대하여 더 이상 관여할 수 없음을 보여 주는 것으로 해석된다. 다시 말하면 득오가 죽지랑의 낭도로 편명되어 있더라도 특정한 목적이 있어 다른 곳으로 가거나 혹은 다른 사람 밑으로 들어갔을 경우 화랑은 그러한 행동에 대하여 받아들일 수밖에 없었을 것이라는 점이다.

이상과 같은 사실로 볼 때 특정한 화랑 아래 있다가 그 화랑과 뜻이 맞지 않거나 혹은 새로운 화랑이 선출되는 경우 다른 화랑 아래로 들어갈 수도 있음을 유추해 낼 수 있다. 이러한 경우에 낭도는 그가 속하였던 화랑도에서 이름을 지우게 되었을 것인데 양명이라고 한 것이 바로 그것이다. 이는 낭도가 화랑과는 달리 양명하는 이유가 여럿 있었음을 암시한다. 화랑을 선택하여 그 무리에 들어갔다고 하더라도 특별한 일이나 혹은 자기가 바랐던 바가 충족되지 못하면 그 무리에서 떠날 수 있었음을 헤아릴 수 있다. 이러한 사실은 결국 한 무리의 화랑도 내에서도 화랑과 낭도 사이의 친소 관계가 있었음을 엿보게 한다. 이는 화랑과 낭도가 늘 긴밀한 관계만을 유지한 것이 아니라는 것을 알려준다.[36] 그러니까 화랑과 낭도 사이에도 서로 가까운 관계를 유지하기도 하였으나 그렇지 않은 경우도 있었을 것이라고 유추해 볼 수 있다. 따라서 화랑과 낭도와의 관계를 매우 결속력 있는 그리고 지속적인 것으로만 볼 필요는 없다.

36 李鍾旭, 앞의 논문, 1989, 257쪽.

한편 특정한 화랑 아래 낭도가 천여 명이었다고 할 때 모든 낭도가 함께 움직이고 생활하였을까 하는 점이다. E의 기록에서 볼 수 있듯이 죽지랑이 득오를 보러 갈 때 같이 간 낭도의 수는 137인이었다. 더구나 득오는 죽지랑의 낭도로 지내면서 익선의 부름으로 창직으로 나갔다. 또한 검군의 경우 근랑의 문도이면서 사량궁 사인으로 지냈다(B 기록 참조). 이러한 사실로 미루어 볼 때 특정한 화랑 아래 천여 명의 낭도가 있었다고 하더라도 실제 평소에 모여 수련 활동에 참석하는 낭도의 수는 일백여 명에서 이백여 명 정도로 짐작된다. 사다함이나 부례랑·효종랑 등이 천여 명의 낭도를 거느렸다고 하지만 평소에 수련을 하기 위해 모인 낭도들의 수는 그렇게 많지 않았다고 해도 무리가 없을 것이다. 이러한 사실은 다음의 기록을 통해서도 입증된다.

> F. 천수 삼년 임진 9월 7일에 효소왕이 대현 살찬의 아들 부례랑(夫禮郎)을 국선(國仙)으로 삼으니 주리(珠履)를 신은 무리가 천 명이었는데 그중에도 안상(安常)이란 사람과 더 친하였다. 천수 4년 계사 3월에 (그가) 무리를 이끌고 금란(金蘭)에 출유(出遊)하여 북명(北溟) 방면에 이르렀다가, 적적(狄賊)에게 잡혀갔다. 문객(門客)이 모두 어찌할 바를 모르고 돌아왔으나 안상만은 홀로 쫓아갔으니 이때는 3월 11일 이었다. … 안상 법사를 대통으로 삼았다(『삼국유사』 권3, 탑상 제4 백률사).

부례랑은 사찬 대현(大玄)의 아들로 대략 천여 명이나 되는 낭도를 거느린 것으로 되어 있다. 그런데 그가 무리를 거느리고 금란에 여행을 갔다가 북명에 이르러 적적에게 잡혀가니 그의 문객들이 어찌할 바를 모르고 돌아왔다고 한다. 이는 부례랑의 낭도들이 그를 구할 수 없는 상황에 직면하였음을 보여 준다. 비록 효소왕대의 기록이기는 하지만 낭도의 출유와 관련하여 시사하는 바가 적지 않다. F의 기록 그대로 천여 명이 움직였다면 과연 부례랑이 잡혀갔을까 하는 의문이 든다. 낭도들이 군사적인 훈련을 받았음을 감안하면 부례랑을 구출하기 위한 적절한 행동을 취하였을 것이다. 그럼에도 낭도들이 어찌할 바를 몰랐다고 한 것을 보면 이는 천여 명의 무리가 함께 움직이지 않았음을 보여 주는 것으로 해석된다. 다시 말해서 천여 명이 함께 금란으로 여행을 떠난 것이 아니라 적은 수가 여행을 한 것으로 짐작된다.

이상의 사실과 관련하여 생각해 볼 점은 화랑도 집단의 구성과 관련된 것이다. 이기동의 견해에 따르면 각개의 화랑도 집단은 화랑 한 명과 승려 낭도 한 명, 그리고 화랑을 따르는 많은 수의 낭도들로 구성되었다고 한다.[37] 그렇지만 이종욱은 수백에서 천여 명이나 되는 낭도를 한 사람이 거느린 것은 아니라고 보아 개별 화랑 밑에 일정한 조직 체계가 갖추어진 것으로 파악하고, 그러한 조직 체계는 현대의 군대 조직과 비교할 수 있다고 하였다.[38] 전자보다는 후자의 견해가 더 타당하다고 여겨지는데, 많은 수의 낭도가 있었던 것으로 미루어 볼 때 화랑도 내의 무리 편성은 어떤 형태로든 갖추어져 있었을 것으로 보이기 때문이다.[39] 그리고 경우에 따라서는 낭도 전체가 움직이지 않았음도 알 수 있다. 중요한 사실은 화랑도 조직 내에서 신분이 높은 낭도가 높은 자리를 차지하고 신분이 낮은 경우에는 거기에 걸맞

37 李基東, 앞의 책, 1984, 334쪽.

38 李鍾旭, 앞의 논문, 1996, 625쪽.

39 기왕의 연구에서는 이러한 구분에 대하여 부정하고 있으나(이기동, 앞의 책, 1997, 241쪽), 조직의 편성은 충분히 가능성이 있다고 믿어진다.

는 직책을 가지고 활동한 것으로 짐작된다. 다만 낭도들 가운데서 나이가 많은 사람이 있다고 해도 신분적인 것이 결국 직책을 결정한 것으로 파악된다. 물론 승려 낭도의 경우에는 예외가 인정되었다고 생각된다.

4. 낭도의 화랑도에 대한 인식

신라의 화랑과 낭도는 그들이 속한 화랑도에 대하여 어떻게 생각하고 있었을까 하는 것에 대하여 살펴보기로 하자. 이러한 의문을 제기하는 이유는 당대 화랑이나 낭도로 활동하면서 그들 스스로 자기들이 속한 무리에 대하여 어떻게 생각하고 있었고, 그러한 생각이 어떻게 표출되었는지 궁금해지기 때문이다. 다시 말해서 자기들의 정체성에 대하여 어떻게 생각하고 행동하였을까 하는 것을 살펴보고자 하는 것이다.

G. 그때 국선 구참공(瞿昆公)이 일찍이 그가 살던 들에 가서 사냥했다. 어느 날 혜숙이 길가에 나가 말고삐를 잡고 청했다. "소승도 모시고 따라가렵니다. 괜찮겠습니까?" 공은 이를 허락했다. 이에 이리저리 뛰고 달리며 옷을 벗어 던지고 서로 앞을 다투니 공이 기뻐했다. 앉아 쉬고 나서, 고기를 굽고 삶아 서로 먹기를 권하니 혜숙도 또한 같이 먹으며 조금도 꺼리는 기색이 없었다. 이윽고 혜숙이 공의 앞에 나아가 말했다. "맛있는 고기가 여기 있는데 좀 더 드리려고 합니다만 어떻습니까?" 공은 말했다. "좋다." 혜숙은 사람을 물리치고 제 다리의 살을 베어 소반에 담아 올리니 옷에 붉은 피가 줄줄 흘렀다. 공은 깜짝 놀라며 말했다. "어째서 이러느냐?" 혜숙이 말하기를 "처음에 제가 생각하기로는 공은 어진 사람인지라 능히 자기를 미루어 동물

에까지 미치리라 하여 따라왔습니다. 그러나 지금 공의 좋아하는 것을 미루어 보건대, 오직 죽이는 것만을 몹시 즐기어 짐승을 죽임으로써 자기만 살찌울 뿐이니 이것이 어찌 인인군자(仁人君子)가 할 일이겠습니까? 저희들의 무리는 아닙니다." 마침내 옷을 떨치고 가버렸다. 공은 크게 부끄러워 그가 먹은 것을 보니, 쟁반 안에 고기 살점이 그대로 있었다(『삼국유사』 권4, 의해 제5 이혜동진).

위의 기록에서 주목되는 것은 승려 혜숙이 구참공에게 하였던 말이다. G의 기록을 살펴보면 혜숙이 구참공에게 "우리들의 무리가 아닙니다[非吾徒也]"라고 한 것이 눈에 들어온다. 이러한 기록에서 미루어 볼 때 하나의 화랑도 무리는 서로 동류 의식이 있었음을 알 수 있다. 우리들의 무리라고 하는 것에서 보아 당시 여럿이 존재하였던 다른 화랑도의 무리와는 구별을 지을 수 있는 특징을 가지고 있다고 하는 것을 드러내고 있다. 이는 앞서 보았듯이 각각의 화랑도는 그들만이 추구하는 특징적인 것을 가지고 있었고 그것이 다른 무리와 구별 짓는 하나의 잣대가 되었음을 알 수 있다.

비록 혜숙은 이미 화랑도에서 물러나 적선촌에 은거하고 있었으나 옛날 자신이 속하였던 무리가 그곳에 사냥을 오자 함께 하였다. 그런데 옛날 혜숙이 화랑도에서 추구하였던 이상과 현재 구참공이 화랑이 되어 낭도를 이끌면서 하는 행위에 간극이 있게 되자 그것에 대하여 같은 무리가 아니라고 한 것이다. 즉 같은 무리가 아니라고 하는 것은 혜숙이 낭도로 있으면서 추구하던 이상과는 거리가 있게 되었다고 하는 것을 드러낸 것이고 그것을 구참공이 깨닫고 다시금 예전의 모습으로 돌아갔음을 알 수 있다.

이와 같은 해석이 타당하다면 화랑과 낭도는 그들 스스로가 자신들의 무리에 대하여 매우 자신감 내지 자존감이 있었다고 생각되는데, 이와 관련하여 다음의 기록이 우리의 관심을 끈다.

> H. 검군은 구문 대사의 아들로 사량궁 사인으로 있었다. 건복 44년(627) 정해 8월에 서리가 내려 모든 곡식을 죽였으므로 다음 해 봄과 여름에 큰 기근이 들어 백성들이 자식을 팔아 먹었다. 이때에 궁중의 여러 사인이 함께 모의하여 창예창의 곡식을 모두 훔쳤는데 검군은 홀로 받지 않았다. 모든 사인이 말하기를 "여러 사람이 모두 받는데 그대만 이를 마다하니 어떤 이유인가? 만약 적어서 그렇다면 다시 더 주겠다" 하였다. 검군은 웃으면서 말하기를 "나는 근랑의 (낭)도로 편명하고 풍월지정에서 수행하니 진실로 의로운 것이 아니면 천금의 이익이라도 마음을 움직이지 않는다"고 하였다(『삼국사기』 권48, 검군).

위의 기록을 보면 근랑의 낭도인 검군이 불의를 행하지 않고 결국 죽고 말았는데 그가 한 말을 주목할 수 있다. 그는 우선 근랑의 낭도로 편명하고 풍월 지정에서 수행한다고 하였는데 이는 검군이 근랑에 대한 깊은 경애의 마음을 가지고 있었음을 알 수 있다. 그는 앞서 보았듯이 스스로 근랑의 문하에 들어가 낭도로 활동하였을 것인데 그러한 상황에서 불의를 저지르지 않겠다고 하는 마음가짐을 가지고 있었음을 알 수 있다. 이는 그가 속한 풍월도에 더러운 이름을 남기지 않겠다고 하는 결연한 의지를 보인다는 점이다. 비록 두품 신분의 낭도로 활동은 하지만 낭도로서의 자부심만은 대단했다고 할 수 있다.

하나의 화랑도에서 화랑이나 낭도들이 이렇게 자존심을 지킬 수 있었던 것은 화랑도에 대한 그들의 태도와 관련지어 볼 수 있을 것이다. 낭도는 그들 스스로가 선택한 만큼 자기가 속한 무리에 대한 자존감이 매우 강하였다고 할 수 있다. 만약 국가에서 어떤 화랑을 정해주고 그 휘하에 속하게 하였다고 한다면 이와 같이는 하지 않았으리라고 생각되는 것이다.

신라의 화랑도는 자존감뿐만 아니라 엘리트 의식도 가지고 있었다. 바로 조천성 전투에서 사망한 김흠운이 대표적인 예일 것이다.

> I. 김흠운은 나밀왕의 8세손이다. 아버지는 잡찬 달복이다. 흠운이 어려서 화랑 문노의 아래에서 놀았는데 당시의 무리들이 아무개는 전사하여 이름을 지금까지 남겼다고 말하자 흠운이 슬퍼하여 눈물을 흘리며 격동하여 그와 같이 되려고 하니 동문의 승려 전밀이 말하기를 "이 사람이 전쟁에 나가면 반드시 돌아오지 않을 것이다" 하였다. … 흠운이 말하기를 "대장부가 이미 몸을 나라에 바치겠다고 하였으면 사람이 알아주고 모르고는 한 가지이다. 어찌 감히 이름을 구하랴?" 하고는 꿋꿋하게 서서 움직이지 않았다. 따르던 자들이 말고삐를 잡고 돌아가기를 권하였으나 흠운이 칼을 뽑아 휘두르며 적과 싸워 몇 사람을 죽이고 그도 죽었다. … 보기 당주 보용나가 흠운이 죽었다는 말을 듣고 말하였다. "그는 귀한 신분에 영화로운 자리에 있어 사람들이 아끼는 바인데도 오히려 절조를 지켜 죽었으니 하물며 나 보용나는 살아 있더라도 별 이익이 되지 않고 죽어도 별 손해가 되지 않는 존재이다."(『삼국사기』 권47, 김흠운).

김흠운은 문노의 이름을 딴 화랑도의 무리에서 활동하였는데 중요한 점은 그가 문노의 문하에서 활동하면서 전쟁에 나가서 누가 죽었다고 하는 말을 들으면 매우 격동하였고 그러한 것을 따르려고 하였다는 점이다. 승려 전밀이 이러한 사정을 보고 하였던 말을 주목할 수 있는데 결국 후일 김흠운은 화랑도에서 물러나 조천성 전투에서 장렬하게 전사하였다. 왕족의 신분이었던 그는 화랑도에서 공부한 것을 스스로 실천하는 모습을 보였고 신분적인 측면에서도 죽음을 두려워하지 않았다. 다시 말해서 화랑도에 대한 엘리트 의식이 있었음이 분명하다고 할 수 있을 것이다.

결국 당시 화랑도의 무리들은 스스로가 그 무리에 속해 있다는 것에 대하여 자존감과 자긍심 그리고 엘리트 의식을 가지고 있었음을 알 수 있다. 그리고 스스로 화랑도에 속해 있다고 하는 동류 의식이 컸던 것을 짐작할 수 있다. 당시 화랑도의 무리에 들어오지 않았거나 혹은 들어가지 못한 이들과는 사뭇 달랐던 점이라고 하겠다.

5. 중고기 화랑도의 특징과 성격

그러면 이제까지 검토한 것을 통하여 신라 화랑도의 전형을 보여준다고 생각되는 중고기 화랑도의 성격과 그것이 가지는 의미에 대해서 살펴보기로 하자. 이미 앞선 연구에서 신라 화랑도의 성격과 조직에 대하여 많은 언급이 있었으므로 여기서는 기왕의 연구 성과를 검토하면서 새로운 설명을 하도록 하겠다.

화랑도의 성격과 관련하여 주목해서 검토해 보아야 할 점은 낭도와 화랑을 동일한 연령 집단으로 이해하고 있는데,[40] 과연 그러한 해석이 타당할까 하는 의문이다. 물론 이러한 의문을 본 장에서 처음으로 제기한 것은 아니다.[41] 기왕의 연구에서도 화랑과 낭도가 동일한 연령 집단이 아니었을 가능성을 지적한 연구가 있는데, 이 연구에서는 화랑도 집단에 분명한 연령제한이 있지 않았을 가능성이 오히려 크

40 李基東, 앞의 책, 1984, 313~326쪽.

41 金京秀, 「新羅社會의 年齡體系와 花郎制度」『韓國文化人類學』17, 1985, 65쪽 참조.

다고 보았다.[42] 이종욱(李鍾旭)도 화랑도들은 국학(國學)의 학생들이 30세에 출학을 한 것과 같이 30세까지 낭당에 소속하여 활동하였을 가능성이 있다고 하였다.[43] 이러한 지적은 앞서 보았던 B의 기록을 통해서도 짐작할 수 있다. 진지왕 때에 검군이 낭도로 있으면서 관서에서 일을 하였다는 것은 그의 나이가 적어도 20세가 넘었다는 것을 암시한다.[44] 또한 부례랑이 걱정이 되어 뒤를 쫓아간 안상을 대통으로 삼았다고 하는데,[45] 대통은 일국의 비구를 통할하는 승관으로 불교계에서는 그 위치가 매우 높았다. 그렇다면 안상도 당연히 나이가 많았을 것이다.[46] 따라서 화랑보다 낭도의 나이가 더 많았음이 충분히 입증된다고 하겠다.

그렇다면 낭도들 가운데 어느 신분층의 낭도가 화랑보다 나이가 더 많았을까 하는 것이다. 앞서 보았듯이 진골 신분의 낭도보다 두품 신분이나 승려 낭도의 경우가 그러하였음을 알 수 있었다. 그리고 평

---

42 李純根, 「新羅 貴族勢力과 결합한 武人勢力」『聖心女子大學論文集』 23, 1991, 62쪽. 그는 "지금까지의 여러 연구는 화랑의 연령에는 주목하면서도 낭도 전체의 연령을 무의식적으로 화랑에 준하는 것으로 동일시해 왔으며 이는 화랑도가 연령 급단의 미성년 집회라는 논리로 연결되어 온 것이다. 그러나 분명한 연령 제한이 보이지 않고 반대로 나이의 차이가 있는 낭도와의 교류 가능성이 있다는 것은 화랑도가 미성년자의 교육을 위한 연령 급단이 아닐 가능성을 시사하는 것이다"고 하였다.

43 李鍾旭, 앞의 논문, 1996, 635쪽.

44 李基東은 진골 귀족의 初仕時 연령을 20세 전후인 것으로 파악하였는데(李基東, 앞의 책, 1984, 341쪽), 이러한 지적은 두품 신분도 해당된다고 할 수 있을 것이다.

45 『三國遺事』 권3, 栢栗寺

46 金煐泰, 앞의 논문, 1970, 264쪽.

민 신분의 낭도도 화랑보다 나이가 많았을 가능성이 크다. 이종욱이 지적한 바와 같이 평민 낭도들이 30세까지 낭당에 소속하여 활동하기 때문이다. 이렇게 볼 때 화랑도를 하나의 연령 집단으로 보는 것에 대해서는 숙고하지 않을 수 없다. 낭도의 나이를 화랑의 나이와 비교해 보았을 때 대체로는 낭도가 더 많았다. 결국 지금까지 화랑과 낭도의 연령을 서로 비슷한 것으로 파악하였는데 이제는 수정해야 할 단계에 이르렀음을 알 수 있다.

이렇게 보아오면 화랑과 낭도와의 관계가 친구나 동년배 관계가 아니었음을 알아낼 수 있다. 더 나아가 그들의 관계가 카리스마적 관계[47]도 아니었음을 헤아릴 수 있다. 그렇기 때문에 신라 중고기 화랑과 낭도의 성원권을 국가에서 자동적으로 부여한 것이 아님도 알 수 있게 되었다. 그 성원권이 자동적으로 주어지는 것이 아니라는 것은 자원(自願)하여 가지게 되었다는 것을 말해 준다. 따라서 낭도와 화랑이 모여 만든 화랑도는 신분이 다른 신라의 젊은이들이 만든 공동체이거나 같은 목적을 공유하는 이해 집단의 특성[48]을 가지고 있었다고 볼 수 있다. 이는 중고시대 화랑도의 성격을 이해하는 데 있어 중요한 관점이라고 하지 않을 수 없다.

중고시대 화랑도의 성격을 이와 같이 설명할 수 있다면 화랑도의 사회적인 기능까지 설명할 수 있지 않을까 싶다. 화랑도의 사회적인

47 朴承吉, 「新羅花郎徒의 敎政團體的 性格과 그 社會學的 意義」『韓國傳統文化硏究』 2, 1985, 26쪽 및 崔光植, 앞의 논문, 1994, 471~472쪽. 반면 李基東은 "화랑도의 수령인 화랑은 카리스마적인 지도자와는 거리가 먼 존재였다"고 하였다(李基東, 앞의 책, 1984, 361쪽).

48 李鍾旭, 앞의 논문, 1996, 613쪽.

기능을 설명하기 위해서는 신라 사회가 골품제 사회라고 하는 측면을 간과할 수 없을 것이다. 법흥왕이 율령을 반포할 때 국가 형성기에 형성·발전하여 온 신분제를 토대로 성골·진골의 신분과 6두품에서 1두품에 이르는 두품 신분을 나누어 골품제를 편성하였다고 한다.[49] 이러한 편제가 이루어진 이후 각 신분 사이에 갈등이 생겨났을 것인데, 화랑도라는 조직 자체가 왕경 6부 안의 거의 모든 사회 계층을 연결·망라한 포괄적인 집단이었으므로 엄격한 신분제 사회에서 발생하기 마련인 신분간의 갈등·알력을 완화·조절하는 기능을 수행하였다고 한다.[50] 즉 화랑 집단이 신라 골품제 사회의 완충제 역할을 하였다고 하는 것이다.

그렇지만 이와 달리 확고한 신분 질서를 확립하기 위한 장치의 하나로서 화랑제가 편제되었다고 보는 견해도 있다. 즉 골품제 사회에 대한 사회화 과정으로서 왕경인 자제들에게 해당 신분의 성원으로서의 권리와 의무를 숙달시키는 것이었다고 하는 것이다.[51] 즉 골품 질서에 승복하도록 훈련을 받게 되었고 사회·정치적 진출 이후에는 골품제에 따른 신분적 갈등을 하나의 숙명으로 받아들이게 되었다고 하는 것이다.

이상의 두 가지 견해 가운데 전자의 견해가 대체로 수용되는 실정이나[52] 후자의 견해도 충분히 수긍할 수 있다는 생각이 든다. 왜냐

49 이종욱, 『新羅骨品制研究』, 일조각, 1999, 107쪽.

50 이기동, 앞의 책, 1997, 279쪽.

51 이종욱, 「新羅 花郞徒 編成과 組織·變遷」『花郞文化의 再照明』 10, 1989, 249쪽.

52 그것은 각종 교과서나 특히 중고등학교 국사 교과서에 화랑도의 사회

하면 골품제 사회에서 생겨날 수 있는 여러 가지 문제를 화랑도라는 단체 생활을 통해 익히게 되고 그러한 생활이 결국 사회에 나가서도 하나의 숙명처럼 받아들이게 되었던 것으로 볼 수 있는 것이다.

다만 문제로 지적될 수 있는 것은 후자의 견해는 국가의 주도하에 화랑도가 운영되었다고 하는 관점이 전제되어 있음을 떨쳐버릴 수 없다. 물론 화랑도와 국가와의 관계에 대해서는 다시 다루어야 할 문제이기는 하지만 적어도 화랑도를 통한 사회화 과정이라고 하였을 때는 국가의 강제성이 어느 정도 개입된 것처럼 보이기도 하는 것이다. 그러므로 화랑도의 사회적 성격에 대해서 다시금 돌아볼 필요가 있지 않을까 싶다.

이와 관련하여 기왕의 연구 가운데는 화랑도가 운용되기 위해서는 진골 귀족의 부모나 친족의 힘에 상당히 의존하였을 가능성을 시사하고 있다.[53] 이러한 사정을 염두에 두면 화랑도는 귀족 세력의 사병 역할을 하였을 가능성이 농후하다고 하는 것이다.[54] 그러나 이러한 견해는 중고기의 화랑도를 잘못 이해한 것에서 비롯된 것이라고 할 수 있다. 앞에서도 보았듯이 화랑도가 진골 귀족들의 지원 아래에서 움직인 것이 아니라 거의 자발적으로 운용되고 있었으며 그러한 조직이 결국 추구하는 바는 이익 단체의 성격이 주를 이루고 있었다고 하

적 성격과 관련하여 서술되어 있다.

53 李純根, 「新羅 貴族勢力과 結合한 武人勢力」『聖心女子大學論文集』 23, 1991, 69쪽.

54 李純根, 위의 논문, 1991, 68쪽. 박순교, 앞의 논문, 2003, 41쪽에서도 화랑도는 귀족들의 유력한 사병 집단이면서 아울러 귀족의 자제들 사이에 유력한 입신 출세의 수단으로 여겨지고 있었다고 보고 있다.

는 점일 것이다.

화랑도의 구성이나 운용은 골품제와 매우 밀접하게 연결되어 있었음을 부정할 수 없다. 다만 화랑도가 거의 자율적으로 구성되고 운용되었던 만큼 각 신분의 사회화 과정이 그 속에서 쉽사리 이루어졌을 것이라고 하는 점이다. 이는 화랑도가 골품제 사회의 통합 기능의 역할을 한 것으로 보아도 좋지 않을까 한다. 여러 화랑도가 함께 공존하였으며 각각 표방하는 바가 달랐음은 앞서 살펴보았다. 따라서 각각의 화랑도는 서로 경쟁하였고 또 서로 부족한 부분을 보완하기도 하였을 것이다. 이러한 것은 결국 골품제라고 하는 테두리 내에서 갈등이 일어날 수 있는 부분을 통합하는 역할을 한 것이나 다름이 없다고 할 수 있을 것이다.

6. 소결

중고시대 낭도와 화랑에 대하여 살펴본 것을 정리하면, 먼저 낭도들은 신분에 따라 화랑을 선택하는 기준이 달랐다. 진골 신분의 경우에는 명예나 무사(武事) 등 화랑이 추구하는 이상을 좇는 경우가 많았고, 두품 신분이나 평민의 경우 앞으로의 출세나 지향하는 바를 충족시켜 줄 수 있는 화랑을 선택하였다. 물론 화랑의 경우에는 낭도가 되고자 찾아오는 이들을 아무런 조건 없이 받아들인 것은 아니었다. 화랑이 정한 어느 정도의 기준에 합당하였을 때 그 휘하로 받아주었다고 생각된다. 따라서 낭도와 화랑의 만남은 쉽지 않았으나 그러한 만남은 낭도의 경우 매우 자부심을 가질 수 있었다.

낭도와 화랑은 매우 밀접한 관계를 유지하면서도 때로는 그렇지 않을 때도 있었다. 예컨대, 화랑도 무리에서 화랑이 양명을 해서 새로운 화랑을 선발하였을 때 그 휘하의 낭도들 가운데는 계속해서 낭도로 활동하지 않고 전임 화랑을 따라 양명하는 경우를 볼 수 있기 때문이다. 또한 많은 수의 무리를 거느린 화랑의 경우 모든 낭도와 가깝게 지낼 수는 없었다. 때문에 진골 신분을 가진 낭도의 역할이 매우 컸는데, 그들은 낭도와 화랑을 연결시키는 매개체 역할을 하였다.

낭도들의 나이는 화랑의 나이와 같을 수도 있었지만 그렇지 않은 경우가 더 많았던 것을 알 수 있었다. 특히 낭도들 가운데서 미관 말직으로 자리하고 있는 경우에는 더욱 그러하였다. 이러한 사실로 미루어 볼 때 화랑과 낭도와의 관계가 친구나 동년배 관계가 아니었음을 알 수 있다. 더 나아가 그들의 관계가 카리스마적 관계도 아니었음을 헤아릴 수 있다.

신라의 화랑과 낭도의 성원권은 자동적으로 주어지는 것이 아니었다. 성원권이 자동적으로 주어지는 것이 아니라는 것은 자원(自願)에 의해 가지게 되는 것을 의미한다. 그러므로 낭도와 화랑이 모여 만든 화랑도는 신라의 젊은이들이 만든 공동체로서 같은 목적을 공유하는 이해 집단의 특성을 강하게 지니고 있었음이 다시금 입증된다고 하겠다. 그렇다고 해서 중고기의 화랑도를 반관 반민적인 단체가 아니라고 단정하는 것은 아니다. 그러한 성격을 어느 정도 지니고 있었음은 여러 기록을 통해 엿볼 수 있기 때문이다.

3장
화랑도와 승려

1. 머리말

신라 화랑도와 승려는 불가분의 관계가 있었다고 알려져 있다. '승려 낭도(僧侶郎徒)'라고 명명된 연구를 통해서도 어느 정도 짐작이 가능할 것이다.[1] 화랑도에 속한 승려는 낭도들을 대상으로 여러 가지 교육과 더 나아가 인재의 선발까지 담당하였다고 알려져 있다. 그리고 이러한 설명은 거의 학계의 통설로 자리 잡고 있다.

---

1 金煐泰, 「僧侶郎徒考-花郎道와 佛教와의 관계 一考察-」『佛教學報』 7, 1970이 주목된다. 물론 김영태가 처음으로 이들의 존재를 주목한 것은 아니고 일제 시기에 일본인 연구자인 三品彰英이 먼저 주목하였다(三品彰英 著, 李元浩 역, 『신라화랑의연구』, 집문당, 1995, 224쪽). 그렇지만 '僧侶郎徒'라고 이름을 붙인 것은 김영태가 처음이다. 한편 주보돈은 승려가 일반 낭도들과 달랐기 때문에 '승려 낭도'라고 하는 표현은 부적절하다고 하였다(주보돈, 「新羅 花郎徒 研究의 現況과 課題」『啓明史學』 8, 1997, 108~109쪽).

그런데 이러한 통설이 성립되기 위해서는 화랑도에 승려가 한 명 이상 꼭 있었다고 하는 것이 전제되어야만 한다. 하지만 기록을 자세히 살펴보면 승려가 곧 낭도였던 사례도 보이지만, 월명사의 경우처럼 낭도를 거친 후에 승려가 되었다고 하여 기왕의 통설에 대한 새로운 이해를 촉구한 연구도 있다.[2] 다시 말해서 지금까지 승려 낭도로 인정하였던 인물이 실제로는 그렇지 않았을 가능성이 크다고 하는 점이다. 따라서 지금까지 승려 낭도로 당연하게 여겼고 그러한 기록을 의심 없이 수용하였던 사실에 대하여 새로운 의문이 도출되었고 더 나아가 그와 관련된 사료에 대한 재검토까지 필요하게 되었다. 즉 화랑도와 관련된 기록에 승려가 보인다고 해서 그 인물을 곧 승려 낭도로 판단하는 것은 무리가 따른다고 하는 지적이다.[3] 이렇게 보면, 화랑도와 관련된 기록들 가운데서 승려와 관련이 있는 그것들에 대한 기본적인 검토부터 다시 요구된다고 할 수 있다. 더 나아가 승려들을 화랑도의 구성원이라고 할 때 과연 그들을 어떠한 존재로 자리 매김해야 할 것인가 하는 것에 대해서도 다시금 생각해 보아야 할 시점에 이르렀다고 생각된다.[4]

이에 본 장에서는 화랑도와 관련된 기록 가운데 승려와 관련된

2 김정숙, 「신라 화랑의 생활사 연구」『화랑문화의 신연구』 1995, 472쪽에서 月明師를 예로 들고 있다.

3 주보돈, 앞의 논문, 1997, 108쪽.

4 이일규, 「신라국가의 촌락사회 조직화와 승려의 역할–천전리서석 을묘명의 '道人'과 '衆士'–」『신라문화』 65, 2024, 301쪽에서 "법흥왕대에 신라는 승려에게 지방 촌락의 청장년 집단을 조직, 관리하고 또 그들을 계도하는 역할을 맡겼음을 알 수 있다"라고 하였다. 그렇지만 이와 같은 설명은 승려가 국가의 통제 하에 있다는 것을 전제로 하는 것이라 쉬이 따르기 힘들다.

기록을 다시 검토해 볼 것이다. 과연 그들이 화랑도의 구성원으로 활동하였는지 아니면 낭도로 활동하다가 이후 승려가 되었는데, 그것을 마치 승려 낭도로 활동한 것처럼 기록한 것인지를 가려내야 할 것이다. 이러한 검토를 바탕으로 화랑도에 승려가 존재한 것이 사실이라면 왜 그들이 화랑도의 구성원이 되었을까 하는 것에 대해서도 적잖은 생각을 해야 할 것이다. 승려의 자발적인 참여였는지 아니면 국가의 의도적인 노력 때문에 그렇게 된 것인지 또는 다른 이유가 있었는지 등에 대해서도 살펴보아야 할 것이다. 그리고 마지막으로는 신라 중대 말부터 시작하여 신라의 멸망까지의 시기에는 화랑도 내에서 거의 승려가 보이지 않는 이유가 무엇일까 하는 것이다.[5] 이는 신라 중대부터 시작된 화랑도의 변화상과 그 맥을 같이 하고 있다고 짐작되는데, 이에 대해서도 더듬어 보고자 한다. 물론 이상에서 제시한 몇 가지 의문점에 대하여 이미 간단하게 언급된 글도 찾아지고 있기는 하지만 전체적인 검토가 없었기 때문에 좀 더 세밀한 연구가 필요하다고 판단된다.

적은 기록을 바탕으로 논지를 전개하다 보니 무리한 추측이 적잖게 있을 것이다. 그렇지만 지금까지 알아 온 화랑도와 승려와의 관계에 대한 인식을 바꾸는 기회가 되었으면 한다.

---

5 이러한 견해는 지금까지의 연구와는 사뭇 다른 새로운 견해로 본고에서 자세하게 검토할 예정이다.

2. 화랑도 관련 기록에 보이는 승려

승려가 화랑도 조직에서 낭도로 활동하였던 것에 대한 기록에 대하여 의문이 제기된 만큼 이들 기록에 대한 재검토가 무엇보다 필요하다고 할 것이다. 이와 관련하여 『삼국사기』와 『삼국유사』의 두 사서에서 화랑도와 승려와의 관계를 알려주는 기록을 찾아 시대순으로 적어보면 다음과 같다.

A-1. 진지왕대에 흥륜사(興輪寺)에는 진자(眞慈)라는 승려가 있었다. (그는) 항상 당주(堂主) 미륵상(彌勒像) 앞에 나아가 서원을 발하여 말하기를, "원컨대 우리 대성(大聖)께서는 화랑으로 화하시어 세상에 출현하셔서 제가 항상 거룩하신 모습을 가까이 뵙고 받들어 시중들 수 있도록 하시옵소서"라고 하였다. … 한 달 정도 후에 진지왕이 그 소식을 듣고 진자를 불러 그 연유를 묻고 말하기를, "낭이 스스로 서울 사람이라고 했다면, 성인은 거짓말을 하지 않는데, 왜 성안을 찾아보지 않았소?"라고 하였다. 진자는 왕의 뜻을 받들어 무리를 모아 두루 마을을 다니면서 찾았다. 한 소년이 있었는데, 화장을 곱게 하고 용모가 수려하였으며 영묘사(靈妙寺) 동북쪽 길가 나무 밑에서 이리저리 돌아다니면서 놀고 있었다. 진자는 그를 보자 놀라 말하기를, "이분이 미륵선화다"고 하였다. 이에 다가가서 묻기를, "낭의 집은 어디에 있으며, 성은 무엇인지 듣고 싶습니다"라고 하였다. 낭이 대답하기를, "내 이름은 미시(未尸)입니다. 어릴 때 부모님이 다 돌아가셔서 성은 무엇인지 알지 못합니다"고 하였다. 이에 그를 가마에 태우고 들어가서 왕에게 뵈었더니, 왕은 그를 존경하고 사랑하여 받들어 국선으로 삼았다. 그의 자제들에 대한 화목과 예의와 풍교(風敎)는 보통과는 달랐다. (그의) 풍류가 세상에 빛난 지 거의 7년이나 되더니 문득 간 곳이 없었다(『삼국유사』권3, 탑상4,

미륵선화 미시랑 진자사).

A-2. 석 혜숙은 (화랑) 호세랑의 무리에 파묻혀 지냈는데, 호세랑이 이미 화랑의 명부〔黃券〕에서 이름을 면하게 되자 스님도 적선촌(赤善村)〈지금의 안강현에 적곡촌이 있다〉에 숨어 지낸 지가 20여 년이 되었다(『삼국유사』 권4, 의해 제5 이혜동진).

A-3. 김흠운은 나밀왕의 8세손이다. 아버지는 잡찬 달복이다. 흠운이 어려서 화랑 문노의 문에서 놀았는데 당시의 무리들이 아무개는 전사하여 이름을 지금까지 남겼다고 말하자 흠운이 슬퍼하여 눈물을 흘리며 격동하여 그와 같이 되려고 하니 동문의 승려 전밀이 말하기를 "이 사람이 만약 전쟁에 나가면 반드시 돌아오지 않을 것이다" 하였다(『삼국사기』권47, 김흠운).

A-4. 천수 3년 임진 9월 7일에 효소왕은 대현 살찬의 아들 부례랑을 받들어 국선을 삼았다. 낭도가 천 명이었는데, 안상과 친하였다(『삼국유사』 권3, 탑상4, 백률사).

A-5. 그때 월명 스님이 밭둑을 걷다가 마침 남쪽 길을 가고 있었다. 왕은 사람을 시켜 그를 불러와 단을 열고 계문을 짓게 하였다. 월명이 (왕께) 아뢰기를, "신승은 그저 국선의 무리에 속해 있었기에 향가만 알 뿐 성범에는 익숙하지 못합니다"고 하였다. 왕이 말하기를, "이미 인연이 있는 중으로 점지되었으니 비록 향가를 쓰더라도 좋소" 라고 하였다(『삼국유사』권5, 감통 제7 월명사도솔가).

A-6. 왕의 이름은 응렴(膺廉)이고 나이 18세에 국선이 되었다. … 낭의 무리 중의 우두머리인 범교사(範教師)라는 자가 이 소리를 듣고 (낭의) 집에 와서 낭에게 묻기를 … 범교사가 말하기를, "낭께서 만약 아우에게 장가를 가시면 나는 반드시 낭의 면전에서 죽을 것이고, 그 언니에게 장가를 가시면 반드시 세 가지 좋은 일이 있을 것이니 경계하십시오" 라고 하였다(『삼국유사』권2, 기이2 사십팔경문대왕).

이상의 A군의 기록들은 화랑도와 승려와의 관계를 보여 주는 직접적인 자료로 잘 알려져 있다. 그러면 A-1의 기록부터 차례로 검토해 보기로 하자. 진자는 황룡사의 승려로 훌륭한 화랑이 출현하기를 빌었고 결국에는 미시랑을 만나 그를 화랑으로 받들었다고 한다. 이러한 기록에 주목하여 기왕의 연구에서는 진자가 '회도중(會徒衆)' 한 사실을 다음과 같이 설명하고 있다. 즉 주인(곧 國仙)을 잃고 흩어져 있던 도중(徒衆)을 불러 모았던 것으로 파악한 것이다.[6] 그렇다고 한다면 여기서 말하는 도중은 낭도의 무리를 의미하며 진자도 그 무리 가운데 한 명이었을 가능성을 엿볼 수 있다.

그런데 위의 기록에 대하여 진자가 미시랑을 만난 이후 과연 승려의 신분을 계속해서 유지하였을까 하는 의문이 제기되었다.[7] 즉 진자가 미시랑을 화랑으로 삼은 다음 환속(還俗)하여 그를 모셨을 가능성을 배제하기 어렵기 때문이다. 그렇지만 위의 기록만으로 이러한 의문을 해결하기란 결코 쉬운 일이 아니다. 다만 위의 기록을 통해서 알 수 있는 것은 진자가 미시랑을 화랑으로 모신 다음 환속하였을 가능성이 그리 크지 않다고 하는 점이다. 왜냐하면 위의 기록만으로 헤아려 볼 때 진자는 미시랑이 화랑에서 물러날 때까지 승려의 신분으로 그를 모신 것으로 헤아려지기 때문이다. 이러한 생각을 하게 된 데에는 A-2의 혜숙에 대한 기록 때문이다.

혜숙은 호세랑을 주축으로 하는 화랑도 무리에서 지내다가 낭이

6 金煐泰, 앞의 논문, 1970, 260쪽.

7 김정숙은 "眞慈의 경우 그는 未尸郎이 나타나기를 기다리는 승려였는데, 그가 미시랑을 화랑으로 섬기게 되었을 때도 승려였는지는 의문이다"라고 하였다(김정숙, 앞의 논문, 1995, 472쪽).

양명을 하자 그도 물러나 적선촌에서 지냈다고 한다. A–2의 기록을 좀 더 쉽게 풀어보자면, 혜숙은 승려의 신분으로 호세랑이 이끄는 화랑도의 무리에서 지내다가 호세랑이 화랑에서 양명하자 혜숙도 그 무리에서 물러났다. 그런데 이 기록에 대해서 의문을 제기한 연구자는 혜숙이 호세랑 아래에서 낭도로서 활동하고 있었을 때는 승려가 아니었으나 그곳에서 물러난 다음 승려가 되었을 가능성을 제시하고 있다.[8] 그러나 이러한 이해는 옳지 않다고 판단된다. 적어도 문장상으로 볼 때 혜숙이 승려로서 적선촌에 은거한 것은 화랑도의 무리에서 떠난 이후라는 사실에는 변함이 없기 때문이다. 결국 호세랑 아래에 있었던 기간이 문제일 것인데, 만약 그가 호세랑의 낭도였다고 한다면 호세랑과 같이 양명을 할 수 있었을까 하는 것에 대한 대답이 선행되어야 할 것이다.

현재 화랑도에 관한 연구 성과를 살펴보았을 때 화랑이 양명하였다고 해서 낭도도 같이 양명하는 경우는 쉽사리 찾아지지 않는다. 그렇다고 한다면 혜숙은 호세랑의 일반 평민 낭도이기보다는 적어도 승려의 신분으로서 호세랑 아래에서 활동하였다고 판단하는 것이 옳지 않을까 싶다. 결국 혜숙의 경우 승려로서 화랑도의 무리에서 활동하다가 호세랑이 양명하자 그도 그 무리에서 물러났다. 이러한 사실은 승려 낭도가 화랑이 특별히 모셔온 인물이었기 때문에 화랑의 양명

8 김정숙은 "惠宿의 기록에서 화랑 집단에서는 일정한 기간이 지나 빠져나오고 나서, 자신은 20년 동안 은거했다고 한다. 이때도 스님의 신분이었을까? 아니면 승려 낭도로 있다가 居士가 되었는가?"라고 하여 의문을 제기하고 있다(김정숙, 위의 논문, 1995, 472쪽).

과 더불어 승려도 같이 양명하였을 가능성이 매우 크다.[9]

이렇게 보면 화랑도 내에 승려가 존재하였던 것은 사실로 받아들여야 하지 않을까 싶다. 이와 관련하여 A–3의 기록을 다시 눈여겨보자. 승려 전밀은 김흠운과 같이 문노의 문에서 활동하였다. 문노의 문[文努之門]이라고는 하지만 그것이 곧 문노의 문하라는 의미는 아니다.[10] 즉 문노의 화랑도에서 활동하였다고 하는 것이 아니라 이미 죽은 문노를 추종하며 그의 뜻을 따르는 화랑도의 무리로 볼 수 있다.[11] 다시 말해서 문노는 이미 죽었으나 그의 뜻을 따르는 무리가 있었고 그들 스스로가 문노의 뜻을 따르는 무리라고 표방한 것이다. 그리고 보다 중요한 사실은 '동문의 승려'라는 표현을 통하여 볼 때 두 사람이 문노의 문에서 같이 활동하였음을 알 수 있다. 여기서 동문이라고 한 것은 문노의 뜻을 추종하는 사람들 전부를 가리키는 것으로 보아도 좋을 것이다. 원문에도 '화랑문노지문(花郎文努之門)'이라고 하였으므로 화랑도의 구성원 가운데 승려가 있었음을 더욱 확연하게 파악할 수 있다.[12]

---

9 이에 대해서는 자세하게 후술할 예정이다.

10 이종욱, 『화랑』, 휴머니스트, 2003, 192쪽.

11 이종욱, 위의 책, 2003, 192쪽. 그리고 김흠운이 문노의 문에 들어갔을 때는 이미 문노는 죽은 이후였다.

12 그런데 주보돈은 "문노의 낭도 출신이었던 전밀이 후일 승려가 된 데서 同門이란 표현이 사용된 것으로 여겨진다. 이들은 승려가 된 후 다시 화랑도에 배속되어 그 교육을 담당하는 경우도 있었을 것이다. 아마도 화랑도와 관련되는 몇몇 승려들의 경우 낭도처럼 보이기도 하는 것은 그와 같은 혼동 때문이 아니었을까 싶다"라고 하였다(주보돈, 앞의 논문, 1997, 111쪽의 주 74) 참조). 그렇지만 이러한 해석에는 논리적인 모순이 숨어 있다. 즉 만약 전밀이 승려가 아닌 낭도였다고 할 때

A-4의 기록은 효소왕 때의 일로 화랑인 부례랑이 금란에 출유하였다가 적적에게 잡혀가는 일이 발생하자 안상만이 홀로 그를 뒤쫓아 갔다고 한다. 안상이 부례랑을 뒤쫒은 이유는 그가 부례랑과 매우 친하였기 때문이라고 한다. 여기서 두 사람의 친소 관계를 따지기 이전에 과연 안상이 부례랑을 모시는 동안 승려의 신분이었을까 하는 것이다. 기왕의 연구에 따르면 그들이 돌아온 다음 국왕이 상을 베풀 때 안상을 대통으로 삼았다고 한 것에서 그가 승려였음을 알 수 있다고 한다.[13] 그렇지만 이러한 견해와 달리 안상은 부례랑과 함께 돌아온 뒤 나중에 스님이 되었다고 생각할 수도 있다는 것이다.[14] 이 기록에서 무엇보다 중요하게 여겨야 할 것은 안상이 임금으로부터 받은 상일 것이다. 효소왕이 그를 대통으로 삼았다고 하는데, 이는 일국의 비구를 통할하는 승관으로 매우 높은 위치였다. 이러한 사실로 미루어 볼 때 승려가 아닌 세속인을 대통에 임명한다고 하는 것은 쉽사리 납득할 수가 없다. 적어도 안상이 승려였기 때문에 효소왕은 그를 대통에 임명할 수 있었을 것이다. 결국 이 기록에서도 안상이 승려로서 부례랑의 휘하에 있었다고 볼 수 있다.

지금까지 A-1·A-2·A-3·A-4의 기록을 통하여 보았을 때 화랑

분명 문노의 문하에도 승려가 있었음에 틀림이 없다고 보아야 한다. 왜냐하면 낭도로 활동하던 인물이 후일 승려가 되어 특정한 화랑도에 배속되었다고 하면 그도 특정한 화랑의 문하에 있게 된 것이고 그렇게 되면 적어도 화랑인 누구의 동문이라고 알려졌을 것이기 때문이다. 따라서 문노의 동문이라고 하였을 때 적어도 전밀은 승려의 신분으로 활동하였음을 알 수 있다. 그리고 만약 그의 지적대로라면 적어도 '동문이었던' 정도로 기록하지 않았을까 싶다.

13 金煐泰, 앞의 논문, 1970, 261쪽.

14 김정숙, 앞의 논문, 1995, 472~473쪽.

도의 무리에 승려가 속해 있었음을 분명히 알 수 있다. 이러한 점으로 볼 때 앞서 제기되었던 의문 즉 화랑도 내에 승려가 낭도로 활동하였는가 하는 의문은 대략 해결되었으리라 생각된다. 그렇지만 다음에 거론되는 기록들은 앞서 살펴본 그것들과 달리 승려가 화랑도 무리에서 활동하지 않았을 가능성을 보여 주고 있다.

우선 A-5의 기록은 향가를 잘하는 승려로 알려진 월명사에 대한 것이다. 지금까지 그를 승려 낭도로 파악하였는데, 그 근거는 "신승(臣僧)은 그저 국선(國仙)의 무리에 속해 있었기에 향가(鄕歌)만 알 뿐 성범(聲梵)에는 익숙하지 못합니다〔臣僧但屬於國仙之徒 只解鄕歌 不閑聲梵〕"라고 한 것 때문이다. 국선의 무리에 속해 있어서라고 한 것과 성범을 잘하지 못한다는 것을 통해 그를 승려 낭도라고 판단하게 된 것이다.[15] 그렇지만 이 문장에서 '속(屬)'에 대한 해석을 어떻게 하느냐에 따라 월명의 승려 낭도 여부를 새롭게 판단해 볼 수 있다고 한다. 즉 월명사가 경덕왕을 만났을 때 그는 당시에 화랑도에 속해 있었던 것이 아니라 예전에 화랑도에 속해 있었던 것으로 볼 수는 없겠는가 하는 것이다.[16] 또한 성범에 능하지 못하다고 왕에게 아뢴 것도 결국은 이제 갓 화랑의 무리에서 벗어나 승려가 되었기 때문으로 보는 것이다.

이상과 같은 해석이 결코 무리한 것이 아니라는 것은 다음과 같은 설명을 통해서도 입증될 수 있다. 잘 알려진 것과 같이 월명은 사

15 三品彰英은 "월명사는 중으로 범경조차 제대로 못하였으나, 오직 화랑의 무리로서 향가를 잘 했으니"라고 하였는데, 이는 월명사가 승려의 신분으로 화랑도의 무리에 있었던 것으로 해석하고 있다(三品彰英 저, 이원호 역, 『신라 화랑의 연구』, 집문당, 1995, 84쪽).

16 김정숙, 위의 논문, 1995, 472쪽.

천왕사에 살면서 피리를 잘 불었고 달이 그로 인해 걸음을 멈추었기 때문에 유명해졌다고 한다. 특히 그가 사천왕사에 주석했다고 한 것으로 볼 때 그는 이미 이름난 승려였음에 틀림이 없을 것이다. 신라 중대의 사천왕사는 성전사원의 하나로 왕실에서 직접 관리를 하는 그러한 곳이었다.[17] 따라서 그가 그곳에 머물 수 있었다고 하는 것은 불교계에서 상당한 위치에 있었음을 알려준다. 이러한 사실로 미루어 보면 그는 당시 왕실에도 잘 알려져 있었음에 틀림이 없다고 해야 할 것이다.

그런데 하늘에 나타난 변괴를 해결하기 위한 경덕왕과의 첫 만남에서 왕이 그를 잘 알아보지 못한 것으로 보아 그는 필시 화랑의 무리에서 벗어난 지 얼마 되지 않아 승려가 되었음을 헤아릴 수 있다.[18] 결국 그는 국선의 무리에 속해 있었을 때 배운 것이 향가였고, 그것에 있어서는 익숙하였다. 그렇지만 승려가 된 지 얼마 되지 않았기 때문에 성범을 제대로 익히지는 못하였던 것으로 해석해도 무리한 것이 아니라고 생각된다.

---

17 蔡尙植, 「新羅統一期의 成典寺院의 구조와 기능」, 『釜山史學』 8, 1984, 99쪽에는 성전사원의 설치가 국가적인 차원에서 불교계를 재편하려는 의도가 그 배경을 이루고 있다고 한다. 또한 李泳鎬, 「新羅 成典寺院의 成立」『新羅文化祭學術發表會論文集』 14, 1993, 274~283쪽에서는 불교 통제의 중추적 기능을 담당한 것으로 파악하고 있다.

18 정운용은 "승려 낭도가 화랑집단에서 유일한 성인으로서 국선을 보좌하는 존재였다면, 국왕이 자기가 임명한 국선의 보좌격인 승려 낭도 월명사를 알아보지 못했다는 것도 이해가 되지 않는 부분이다"라고 하였다(정운용, 「新羅 花郎制 成立의 政治史的 意義」『화랑문화의 신연구』, 1995, 142쪽). 그의 이러한 지적을 통해서도 알 수 있듯이 월명사는 경덕왕을 만났을 때 승려가 된 지 얼마 되지 않은 시점이었음을 더욱 입증한다고 할 수 있다.

이상과 같은 해석이 타당하다면, 월명사와 화랑도와 관련된 기록은 그가 승려 낭도와는 거리가 있음을 알려준다. 따라서 이제까지 월명사를 승려 낭도로 이해하게 한 중요한 근거는 자리를 잃게 되었다고 할 수 있다. 비록 그렇다고 해서 신라 중대 말에 이르러 화랑도의 무리에 승려가 없었다고 단정할 수는 없다. 월명사가 승려가 되기 이전에 화랑도에 있으면서 향가를 배운 것으로 보아 그것을 가르쳐 준 사람이 있었고 향가를 가르쳐 준 사람이 승려였을 가능성이 크다. 하지만 경덕왕대에는 이미 화랑도가 만들어진 지 오랜 시간이 흘렀고, 그 사이에 그것의 변화가 있었기 때문에 과연 승려가 그들의 무리에 속해 있었는지에 대해서는 구체적으로 알 수 없는 실정이다. 그렇지만 적어도 경덕왕대에는 화랑도 내에서 승려의 위상이나 혹은 그들의 존재에 대한 어떠한 변화를 감지할 수는 있을 것으로 생각되는 것이다. 이러한 생각을 가능케 하는 것은 다음의 A-6의 기록이다.

A-6의 기록은 잘 알려진 바와 같이 화랑인 응렴과 범교사와의 관계에 대한 것으로 응렴이 이끄는 화랑도의 무리에서 활동한 승려가 바로 범교사일 것으로 이해하였다. 이는 『삼국사기』에서 그가 흥륜사의 승려라고 하는 기록 때문에 더욱 그러한 생각에 이르게 되었다. 또한 '도지상수(徒之上首)'라고 한 기록을 통해서도 승려 낭도일 가능성이 제기되었다.[19] 그렇지만 여기에 대해서 '상수'라고 하는 것만으로 과연

19 김창겸도 범교사를 "응렴이 이끄는 화랑도에 소속하여 낭도들을 통솔하는 우두머리, 승려 낭도로서 참모의 역할을 한 것이라 하겠다"고 하였다(김창겸, 「신라 경문왕에 대한 연구의 현황과 제안」『한국고대사 연구의 현단계』, 주류성출판사, 2009, 845쪽). 그도 기왕의 견해를 그대로 수용하고 있음을 알 수 있다.

그를 승려 낭도로 볼 수 있을까 하는 의문을 제기하기도 한다.[20] 그렇지만 상수라고 했을 때 문자 그대로 무리의 대표[21]일 수도 있어 낭도 가운데 제일 으뜸인 사람을 가리킨다고 볼 수 있다.

그러면 이 문제를 해결하기 위해서는 『삼국유사』와 『삼국사기』의 기록을 다시 살펴볼 필요가 있다. 이미 『삼국유사』의 기록(A-6)은 제시하였으므로 『삼국사기』의 기록을 살펴보기로 하자.

> B. 왕이 임해전에서 여러 신하를 모아 잔치를 베풀었는데, 왕족 응렴이 15세의 나이로 그 자리에 참석하였다. … 왕이 듣고서 잠자코 있다가 왕비에게 귀엣말로 말하기를 "내가 많은 사람을 보아왔으나 응렴 같은 사람은 없었다"하고는 딸을 그의 아내로 삼게 할 마음을 가지게 되어 응렴을 돌아보고 말하였다. … 그러나 여전히 주저하여 결정하지 못하였다. 그래서 흥륜사 승려에게 물으니 승려가 말하였다. "언니에게 장가들면 유익한 것이 세 가지 있고, 동생에게 장가들면 반대로 손해되는 것이 세 가지 있습니다"(『삼국사기』 권11, 헌안왕 4년 9월).

위의 기록을 보면 헌안왕이 김응렴을 사위로 삼고자 하였고 두 딸 가운데 한 명을 선택하라고 하자 그것이 쉽지 않아 흥륜사 승려에게 물었다고 한다. 이에 흥륜사의 승려는 왕의 둘째 딸보다는 첫째 딸과 혼인해야만 세 가지 좋은 일이 있을 것임을 알려주었다. 반대로 둘째 딸에게 장가 갈 경우에는 손해되는 일이 세 가지가 있을 것이라고

20 김정숙, 앞의 논문, 1995, 473쪽.

21 단국대학교 동양학연구소, 『漢韓大辭典』 1권, 1999, 273쪽. 물론 사원의 수좌라는 의미가 없는 것도 아니다. 하지만 여기서는 낭도 가운데서 제일 높은 위치에 있는 사람으로 보는 것이 타당할 것이다.

하였다.

이렇게 보면 두 사서에서 응렴의 혼인에 대한 것이 공통으로 드러나 있다. 다만 응렴이 헌안왕의 딸 가운데 누구와 혼인할 것인지에 대해서 전자의 기록(A-6의 기록)에서는 범교사가 화랑인 응렴에게 거의 강압적으로 헌안왕의 첫째 딸에게 장가를 들라고 한 것으로 되어 있으나, 후자의 기록(B의 기록)에서는 김응렴이 흥륜사의 승려에게 자문을 구하였던 것으로 나타나 있다. 전자의 기록(A-6)을 그대로 따르면 범교사는 당연히 낭도들 가운데서 제일 으뜸가는 위치에 있었다고 볼 수 있으며, 또한 범교사라고 이름한 것으로 보아 승려일 가능성이 높다. 그렇지만 후자의 B의 기록을 보면, 김응렴은 혼인에 관한 결정이 쉽지 않아 흥륜사 승려에게 자문을 구했다고 한다. 결국 두 사서는 각기 계통을 달리하는 사료를 이용한 것으로 볼 수 있는데, 적어도 후자의 기록이 좀 더 합리적으로 생각되며 전자의 기록에는 설화적인 내용이 더 많이 첨가된 것으로 생각된다.[22]

또한 상수인 범교사가 승려였다고 한다면 과연 김응렴에게 '면전에서 죽을 것이다'라고 하는 위협적인 언사를 사용하였을까 하는 의

22 Vladimir Tikhnov, 「景文王의 儒·佛·仙 融和政策」『아시아문화』 12, 1996에서 두 기록에 대하여 자세하게 비교 검토하고 있다. 그의 견해는 김부식이 불교에의 지나친 의존을 경계했기 때문에 응렴의 고사에 관한 원자료를 상당히 수정·삭제 한 것으로 보고 있다(Vladimir Tikhnov, 같은 논문, 1996, 51쪽). 그렇지만 이러한 이해는 잘못된 것이라고 하지 않을 수 없다. 왜냐하면 경문왕과 관련된 『삼국유사』의 기록을 그대로 믿고 따를 수 있는 부분보다는 설화적인 부분이 더 많기 때문이다. 즉 경문왕의 귀가 당나귀 귀처럼 갑자기 커졌다고 하는 것이나 잠을 잘 때는 뱀이 항상 곁에 있어야 한다고 하는 기사가 바로 그러한 것을 알려준다. 따라서 『삼국사기』의 기록이 좀 더 합리적이라고 하지 않을 수 없다.

문이 든다. 승려 신분으로서 그러한 말을 하였다고는 도저히 생각되지 않기 때문이다. 이렇게 볼 때 A-6의 기록에 보이는 상수를 승려로 단정짓는 것은 수긍할 수 없다.

이러한 논증이 타당하다면, 응렴이 화랑이 되어 무리를 이끌었을 때는 승려가 그 무리와 함께 활동했다고 생각되지 않는다.[23] 경덕왕대에도 그러하였듯이 이때에 이르러서는 화랑도 내에서 승려의 활동은 거의 찾아보기 어렵다. 결국 이러한 사실은 신라 중대 말부터 화랑도의 무리에서 승려가 더 이상 활동하지 않았음을 보여 준다. 이와 같은 일이 일어나게 된 배경에 대해서는 본 장 4절에서 좀 더 자세하게 다루기로 하겠다.

지금까지 승려 낭도에 대하여 기왕의 견해와는 다른 새로운 의견을 제시하였는데, 이제 왜 그러한 일이 일어나게 되었을까 하는 문제에 대해서는 다음 장에서 살펴보기로 하겠다. 다만 사료 A-1·A-2·A-3·A-4의 기록에서 보면 화랑도가 만들어진 다음 일정한 시간이 흐른 뒤에 그 무리에서 승려가 구성원으로 활동하였으며 그러한 화랑도의 모습은 대략 신라 중대 중반까지 유지되었을 것으로 보는 것에는 기왕의 연구와 다를 바가 없다고 하겠다.

23 전기웅의 경우 신라 하대에 이르러서는 화랑도의 활동이 더욱 구체적으로 나타나며 낭도인 범교사의 역할이 매우 컸음을 지적하고 있다(전기웅, 「新羅下代의 花郎勢力」『新羅文化』 10·11합집, 1994). 사실 필자도 「新羅 中古期 郎徒와 花郎」『韓國古代史硏究』 52, 2008, 419쪽에서 범교사를 화랑 응렴 아래에 있던 승려 낭도로 보았다. 그러나 여기서는 기왕의 견해를 수정하고자 한다.

3. 화랑과 승려 낭도

앞 장에서 화랑도가 생겨난 이후 승려도 그 무리에 한 명의 구성원이었다고 하는 사실에 대해서 다시금 입증하였다. 물론 신라 중대말 이후에는 그 무리에 속해 있지 않았을 가능성도 지적하였지만 여기서는 신라 중고기를 중심으로 하여 논지를 진행하고자 한다. 그러면 언제부터 그리고 어떠한 연유로 승려가 화랑도의 무리에서 활동하게 되었을까 하는 것부터 살펴보기로 하자.

현재까지의 연구를 살펴보면, 화랑도가 창설된 같은 해(544)에 출가하여 승려가 되는 것을 허용하였고, 양자가 같은 해에 행해졌다는 것은 승려들을 화랑도 조직에 배속하려 한 것과 밀접한 관련이 있다고 하는 것이다.[24] 물론 그러하였을 가능성도 없지는 않지만 적어도 화랑도가 만들어진 시점이 달라진다고 하면 이러한 논리는 성립할 수 없게 된다. 더구나 화랑도를 반관 반민적 존재로 파악하고 있기 때문에 이러한 주장도 나오게 된 것이다. 그렇지만 화랑도가 만들어진 시점이 진흥왕 5년이 아니라고 하면 이러한 주장은 언제든지 무너질 수밖에 없다.

화랑도가 만들어진 시점이 언제인지에 대해서 현재 대체로 진흥

24 주보돈은 화랑도의 제정 목적을 국가가 필요로 하는 교육과 인재 선발이라고 하는 점에 착목하여 승려들이 그 교육의 내용을 결정하고 나아가 인재의 천거까지 담당했다고 하였다(朱甫暾, 앞의 논문, 1997, 109쪽). 그의 이러한 견해는 국가가 승려를 매개로 하여 화랑도에 대한 일정한 의도를 관철시켜 나갔다고 하는 이해가 전제되어 있다. 더욱이 이러한 논의는 그가 화랑도를 半官半民的 단체로 규정하는 바탕이 되기도 하였다.

왕 초반기로 이해하려는 경향이 강한데, 그것은 어린 나이에 왕위에 오른 진흥왕을 대신하여 지소태후가 섭정을 하면서 화랑도를 제정하였다고 하는 것이다. 이러한 견해를 그대로 수용할 경우에 적어도 화랑도는 진흥왕이 즉위한 직후 바로 만들어진 것으로 보아도 좋을 것이다. 즉 진흥왕은 법흥왕을 이어 540년에 즉위하였는데 이 해에 지소태후가 화랑도를 만든 것으로 짐작해도 무리한 지적은 아니라고 생각된다.[25]

이제 화랑도가 만들어진 시점을 밝혔으므로 화랑도가 설치된 이후 곧바로 승려가 구성원으로 참여하게 되었을까 하는 것이다. 그렇지만 이것도 속단할 수는 없다. 왜냐하면 그와 관련된 사실을 알려주는 기록이 보이지 않을 뿐만 아니라, 진흥왕 5년(544)에 승려가 되기 위한 출가를 허용하는 조치가 있었기 때문에 적어도 일정한 시간이 흐른 뒤에 승려가 화랑도의 구성원으로 참여하게 되었을 것으로 생각되기 때문이다. 따라서 544년 이전에는 화랑도의 무리에서 승려를 찾아볼 수는 없다고 생각된다. 더구나 화랑도의 무리가 일시에 여럿 존재하였다고 하는데, 모든 화랑도의 무리에 승려도 낭도가 되어 화랑도의 구성원으로 활동하였을까 하는 것도 의문이 든다. 하지만 진지왕대에는 그러한 기록이 보이고 있으므로 적어도 진지왕을 전후한 시기에 화랑도의 무리들 속에서 승려들이 비로소 활동하였을 것으로 보

25 최근 이기동은 화랑도를 진흥왕의 모(母)인 지소태후에 의해 제정된 것으로 보았다(李基東, 「新羅 花郎徒 연구의 現段階」『李基白先生古稀紀念韓國史學論叢』, 일조각, 1994 : 『新羅社會史研究』, 일조각, 1997, 236쪽). 그의 이러한 견해는 필사본『花郎世紀』에서도 찾아볼 수 있는데, 이는 화랑도의 탄생과 관련하여 깊은 관심을 가져볼 문제라고 생각된다.

아도 좋지 않을까 한다.[26] 그렇다면 어떠한 이유나 계기로 승려가 화랑도에 속하게 되었을까 하는 것에 대해서 알아보자.

이를 해결하기 위해 화랑과 승려와의 관계를 제일 먼저 알려주고 있는 미시랑과 승려 진자의 기록부터 검토해 보자. A-1의 기록을 보면, 흥륜사의 승려인 진자는 훌륭한 화랑이 나타나게 해 달라고 미륵전에 나아가 간절하게 기도한 다음 화랑을 찾아다녔음을 알 수 있다. 특히 그는 진지왕의 도움을 받아 미시랑을 만날 수 있었고 또한 미시랑을 국선으로 만들었다. 이러한 사실로 미루어 볼 때 적어도 진지왕대 무렵에는 승려가 화랑도의 일원이 되었음을 알 수 있다. 이는 앞에서도 살펴보았듯이 진자는 승려로서 미시랑을 만났다.

이와 같이 보아오면, 화랑도의 무리에 승려가 활동하게 된 것은 진지왕대부터 시작된 것으로 보아야 옳지 않을까 하는 것이다. 물론 그렇다고 단정할 수는 없다. 비록 진자와 미시랑에 대한 기록이 처음으로 보이지만 화랑도가 만들어진 진흥왕대에도 화랑도의 무리에 승려가 있었을 가능성을 배제할 수는 없다. 그렇지만 기록이 부족한 관계로 A-1의 기록을 다시 검토해 보기로 하자.

A-1의 기록에서 무엇보다 주목되는 점이 승려로서 화랑을 절실하게 찾았다고 하는 사실이다. 이는 승려와 화랑도와의 관계를 설명하는 중요한 단초가 된다고 할 수 있다. 즉 지금까지 알려진 것과는

26 화랑도 내에 승려들이 언제부터 활동하였을까 하는 것에 대하여 그것을 알려주는 기록이 없다. 다만 기왕의 연구에서는 법흥왕대에 불교가 공인되고 이후 진흥왕대에 승려가 되는 것을 허락한 사실을 들어 진흥왕대부터 화랑도에 승려가 활동하였을 것으로 보고 있지만, 적어도 진지왕의 즉위를 전후한 시기로 보는 것이 보다 온당하리라 생각된다.

달리 승려가 화랑이나 화랑도에 대하여 매우 깊이 관심을 두었을 가능성이 높다고 하는 점이다. 진자가 화랑을 찾기 위하여 매우 노력하였다고 하는 것은 결국 화랑도에 대한 승려의 관심이 높았음을 보여주는 것으로 해석해도 좋을 것이다. 앞서도 언급하였듯이 화랑도가 만들어지자 곧바로 승려가 화랑도의 구성원이 된 것이 아니라 일정한 시간이 흐른 뒤에 그러한 일이 일어나게 되었으며, 그것도 화랑의 요구보다는 도리어 승려가 화랑을 찾았으며 화랑도의 일원이 되었다고 하는 점일 것이다.

그러면 이제 진자는 무엇 때문에 훌륭한 화랑을 만나고자 하였으며 미시랑이 나타나자 그를 모신 이유가 무엇일까 하는 점을 알아보자. 이를 통해 승려와 화랑도와의 관계에 대해서 좀 더 잘 헤아릴 수 있을 것이다. 진자가 활동하던 시기는 화랑도가 만들어진 이후 대략 40여 년의 시간이 흐른 이후였다. 그러한 가운데 승려들 가운데서는 화랑도에 관심을 두게 되었다고 생각된다. 승려가 화랑도에 관심을 보인 것은 여러 가지 이유가 있을 것이지만 제일 먼저 생각해 볼 수 있는 것은 무리가 모인 곳에 들어가 불교의 교리와 의미를 알리기 위한 노력을 한 것이 아닐까 한다. 법흥왕에 의해 불교가 공인되고 진흥왕대에는 승려가 되는 것이 허락되었지만 불교 그 자체가 민간에까지 널리 퍼지지는 않았을 것이다. 당시 왕실에서 불교를 적극적으로 수용하였으나 민간에서는 불교에 관하여 잘 알지 못하거나 혹은 관심이 많지 않았을 것으로 파악된다.[27] 또한 신라의 경우 불교를 공인하는

27 이기백은 불교 수용 초기에 피지배층 출신의 승려들이 없는 것을 보아도 알 수 있다고 하였다(李基白, 「三國時代 佛教 受容과 그 社會的 意義」『歷史學報』 6, 1954 : 『新羅思想史研究』, 一潮閣, 1986, 31쪽).

과정에서 진통을 겪었기 때문에 민간에서는 아직도 재래의 신앙을 그대로 신봉하려는 의지가 있었을 것이다. 당시 이러한 사정을 잘 알고 있던 승려들은 불교를 일반 민들에게 널리 알리는 것이 무엇보다 중요하였을 것이다. 그런 가운데 무리를 지어 활동하던 화랑도를 주목하고 그 구성원이 되어 그 속에서 부처의 말씀을 전하고자 한 것으로 파악되는 것이다.[28]

포교 활동은 말로써 되는 것이 아니라 특정한 모임에서 함께 행동하는 가운데 자연스럽게 되는 것이라고 할 수 있다. 여기에까지 생각이 미치게 된 승려 진자는 의도적으로 화랑도에 접근하게 되었다고 판단되는 것이다. 그런데 생각 밖으로 그것이 쉽지 않았던 것 같다. 왜냐하면 진자가 미륵전에 나아가 화랑으로 출현해 달라고 간절하게 기도한 것을 보면 당시 화랑도의 정신적 성향도 불교와는 거리가 멀었기 때문이 아닐까 생각되는 것이다.[29] 또한 그가 미륵상 앞에 나아가 기도하면서 자신이 항상 가까이 모셔서 모든 것을 보살펴 받들겠다고 한 것으로 보아도 화랑도에 불교를 전하는 것이 쉽지 않았음을 알 수

---

28 정운용은 "새로이 신라 사회의 주도적 사상으로 대두되는 불교가 현세이익적 무교 사상을 갖는 일반인들의 감정을 고려하여 『彌勒下生經』에 의한 미륵사상의 관념적 형태로 화랑의 의미에 변화를 주고자 하고 있음을 보여 준다. 이는 화랑 집단 안에 승려 낭도가 존재하며 일정한 역할을 수행하는 것과 일맥상통한 일인 것이다"라고 하였다(정운용, 앞의 논문, 1995, 141쪽).

29 현재 화랑도를 도교 교단으로 이해하는 연구자도 있다(金台植, 「方士로서의 김유신-도교교단으로서의 화랑 탐구를 겸하여-」『新羅史學報』 11, 2007 참조). 그의 이와 같은 견해는 화랑도와 연결되었던 도교를 이해하는 데 있어 새로운 단초를 마련했다는 점에서 의의를 둘 수 있다.

있다. 더 나아가 그가 미시랑을 만나는 과정 또한 고통스럽기도 하였는데, 진자가 왕의 뜻을 받들어 무리를 모아 두루 마을을 찾아다녔다고 한다. 그런데 진자와 함께 한 무리는 국선을 잃고 흩어져 있는 낭도의 무리[30]가 아니라 진자와 뜻이 같은 사람들로 보는 것이 옳을 것이다. 진자의 간절한 기도와 노력으로 진지왕의 도움을 받아 미시랑을 화랑으로 모시게 된 것은 결국 그가 추구하는 바가 성공했다고 하는 것이고 결국 화랑도에 들어가 하나의 구성원으로서 활동하는 것이 가능하게 된 것으로 보아도 좋지 않을까 싶다.

이렇게 보면 진자가 화랑도의 일원이 되기까지는 여러 가지 어려운 일이 많았음을 알 수 있다. 그러한 어려움을 이겨낸 그는 화랑도를 통해 미륵신앙을 전할 수 있게 되었다고 짐작된다. 물론 화랑도의 무리가 승려와 함께 활동하는 것에 대하여 어떠한 생각이나 태도를 보이고 있었는지 잘 알 수는 없으나, 적어도 승려가 같은 구성원으로 활동하는 것에 대해서는 크게 반발하지 않았던 것으로 보인다. A-1의 기록에서, 미시랑이 그의 자제들에 대한 화목과 예의와 풍교(風敎)가 보통과는 달랐다고 한 것을 통해 화랑도의 무리 내에서 진자의 역할이 컸고 나아가 진자의 뜻이 서서히 퍼져나간 것으로 볼 수 있다. 결국 이러한 사실을 통해 승려 스스로가 먼저 화랑도의 무리 속으로 들어갔음을 헤아릴 수 있게 되었다.

그러면 이제 진지왕대 이후에도 계속해서 승려가 화랑도의 무리에 들어가고자 노력하였을까 하는 점이다. 이에 대해서는 다음과 같은 기록이 해결의 실마리를 제공하고 있다고 볼 수 있다.

30 金煐泰, 앞의 논문, 1970, 260쪽.

C. 귀산(貴山)은 사량부 사람이다. 아버지는 아간 무은(武殷)이다. 귀산이 어렸을 적에 같은 부의 사람 추항(箒項)과 친구가 되었다. 두 사람이 서로 말하였다. "우리들이 학문이 먼저 있고 덕이 높은 사람과 더불어 놀기로 기약하였으니, 먼저 마음을 바르게 하고 몸을 수양하지 않으면 아마 치욕을 자초할지 모르겠다. 어찌 어진 이에게 나아가서 도를 묻지 않을 수 있겠는가?" 이때 원광법사(圓光法師)가 수나라에 들어가 유학하고 돌아와서 가실사에 있었는데, 그때 사람들이 높이 예우하였다. 귀산 등이 그 문에 나아가 옷자락을 걷어잡고 말하기를 "저희들 세속 선비는 몽매하여 아는 바가 없사오니 원컨대 한 말씀을 주셔서 종신토록 지킬 교훈을 삼도록 하여 주시기 바랍니다"라고 하였다. 법사가 말하였다. "불교의 계율에는 보살계가 있는데 그 종목이 열 가지이다(『삼국사기』 권45, 귀산).

위의 기록은 귀산과 추항이 수나라에서 귀국한 원광법사를 찾아가 종신토록 지켜야 할 계를 묻고 있는 유명한 장면이다. 두 사람이 화랑이나 혹은 낭도였다고 하는 것은 보이지 않는다. 그렇지만 당시 청년들의 대표적인 소속 단체가 화랑도였다고 할 때 두 사람도 화랑도와 떼어서 설명하기는 어려울 것 같다. 그렇다면 적어도 진평왕대에 이르러서는 화랑이나 화랑도의 무리가 원광과 같은 특정한 스님을 찾아가 그들 무리의 구성원으로 참여하기를 바랐다고 해석해도 무리한 것은 아니라고 생각된다. 특히 원광의 경우 중국의 수나라가 천하를 통일하자 그곳의 서울로 가서 지냈으며 중국에서의 명성이 신라에 전해졌다.[31] 그는 새로운 세상에서 공부하며 배운 다음 귀국하였기 때

31 李基白, 「圓光과 그의 思想」『文化批評』 3, 1969 : 『新羅思想史硏究』, 一潮閣, 1986, 110쪽.

문에 당시 누구보다도 선진적인 지식인이었다고 할 수 있다.

이렇게 보면 진평왕대에 이르러서는 진지왕대와 달리 화랑이 이름난 승려들을 찾아가서 그를 모셔온 것으로 보아도 무리가 없을 것이다. 그것은 진평왕대에 이르러서는 화랑도의 무리가 여럿 존재하였던 사실과도 무관하지 않다. 또한 여러 화랑도의 무리가 존재하였었던 만큼 그 나름대로의 특징을 드러낼 필요가 있었기 때문이었다. 이는 화랑이 어떤 승려를 모시느냐에 따라 자기가 운용하는 화랑도 무리의 특징이 부각될 수 있었기 때문으로 보아진다. 더 나아가 그것은 곧 그 화랑도의 번성과도 관계가 된다고 볼 수 있다. 왜냐하면 화랑도 단체가 여럿 있는 가운데서 자기가 운용하는 화랑도의 특징을 드러내기 위해서는 당대의 이름난 승려를 모시는 것이 무엇보다 중요하였을 것이기 때문이다. 특히 향가를 잘 짓거나 혹은 한문에 대한 해박한 능력을 지녔다거나 또는 뛰어난 의술을 가진 그런 승려가 무엇보다 필요하였을 것이다. 이러한 능력이 있는 승려를 모시는 것이 화랑의 필수적인 조건이었을 것이고 그것은 그 화랑도의 특징을 드러내는 하나의 방법이 되기도 하였을 것이다.

여러 화랑도와 경쟁을 하는 과정이었다고 본다면 더욱 그럴 가능성이 높다고 하겠다. 결국 화랑도가 만들어진 이후 처음에는 승려가 화랑도를 찾아갔지만 진평왕대에 이르러서는 화랑이 특정한 승려를 모시는 것으로 바뀌었음을 알 수 있다. 이는 화랑도의 숫자가 많아진 것에서도 연유하는 것이지만 특정한 승려를 화랑도의 구성원으로 삼았을 때 파생되는 여러 가지 효과도 고려한 것으로 볼 수 있다.

이상과 같은 논증이 타당하다면, 적어도 진평왕대에는 화랑도의 무리에서 활동하던 승려가 일반 낭도와 동일한 위치에 있지 않았음도 충분히 헤아릴 수 있다. 이미 앞선 연구에서 승려가 이미 성년이라고 밝혀져 있음을 염두에 두면 더욱 그러하다. 다만 승려 낭도라고 하는 표현에는 승려도 일반 낭도와 다를 바가 없다고 하는 것이 전제되어 있는데, 이를 그대로 수용하기는 어렵다고 하는 점이다. 사실 낭도의 경우 진골부터 평민에 이르기까지 신분이 매우 다양하다. 또한 낭도의 나이도 15세 이상 20세 전후일 것으로 생각되고 있다. 따라서 화랑도 내에서 승려에 대한 대우는 일반 낭도에 대한 대우와 매우 달랐다고 보아도 좋을 것이다. 물론 하나의 화랑도 내에 승려가 한 명이 아닌 여러 명이 있었을 경우를 상정할 수 있는데, 이때에도 승려들의 사회적 위상이나 혹은 법랍(法臘)에 따른 대우가 달랐음은 충분히 예상된다. 또한 그들이 특별한 기술이나 능력이 있었다고 할 경우에는 더더욱 그러하다.

이상에서 살펴본 것을 정리하면, 화랑도가 만들어진 이후 얼마 지나지 않아 승려가 화랑도의 무리를 찾아가 그 무리에서 활동하였지만, 진평왕대에 이르게 되면 도리어 화랑이 유능한 승려를 모셔 온 것으로 파악된다. 그것은 여러 화랑도의 무리가 존재한 만큼 당시 위상이 높은 승려를 모심으로써 각 화랑도의 특색을 드러낼 필요가 있었기 때문이었다고 사료된다.

4. 화랑도의 변화와 승려 낭도 부재

신라 중고기 화랑도가 만들어진 이후 그 무리 속에서 승려가 있었음은 앞서 자세하게 살펴보았다. 그러면 승려 낭도들이 화랑도가 사라질 때까지 계속해서 존재하였을까 하는 것인데, 앞에서도 언급하였듯이 중대 말부터 화랑도 내에서 승려들의 활동이 거의 보이지 않는다. 이에 그 이유에 대해서 살펴보기로 하자.

이를 알아내기 위해서는 화랑도 내에서 승려의 역할이 무엇이었을까 하는 것을 먼저 짚고 넘어 가는 것이 필요하다. 일제 강점기 일본인 연구자인 삼품창영(三品彰英)은 화랑도 내에서 승려의 역할을 "화랑의 주가(呪歌)를 짓고, 집회가 신앙하는 부처를 받들고, 때로는 교훈과 지도를 하는 일도 있었을 것이다"라고 간단하게 언급하였다.[32] 이후 국내 학계에서는 삼품창영의 이러한 지적을 염두에 두고 국선을 시봉하고 보좌하였을 뿐만 아니라 화랑도의 구성원인 승려는 모든 도중을 관찰하여 그들의 선악과 기량 같은 인물의 됨됨이를 유의하여 지켜보았다가 그들의 개성을 잘 발휘할 수 있도록 지도하였을 가능성을 언급하였다.[33] 물론 이것을 입증할 수 있는 구체적인 사료는 보이지 않으나, 화랑도 무리에서 승려의 나이가 화랑이나 낭도들에 비하여 많았다고 하는 점을 무엇보다 결정적인 이유로 꼽고 있다. 그리고 이러한 해석의 기저에는 적어도 국가에서 승려 낭도의 제도를 마련하였다는 것을 은연중에 암시하는 것도 포함되어 있다.

어떻든 신라 중고기에는 화랑도 내에서 승려의 역할이 적지 않았음을 눈여겨 볼 수 있다. 그러나 신라가 삼국을 통일한 이후 화랑도가 일시적으로 사라졌다가 효소왕대에 이르러 갑자기 부례랑과 관련된 기록이 보이고 있는데,[34] 이때에는 승려인 안상이 그 무리에 있었

32 三品彰英 저, 이원호 역, 앞의 책, 1995, 224쪽.

33 金煐泰, 앞의 논문, 1970, 266~267쪽.

34 『三國遺事』 권3, 塔像 4, 栢栗寺

음을 알 수 있다. 이렇게 보면 신라 중대에 들어서서도 부활된 화랑도 내에서 승려가 활동하고 있었음을 알 수 있다. 물론 안상의 경우도 신라 중고기의 승려들이 한 역할과 그다지 다르지 않았을 것으로 판단된다. 그렇지만 경덕왕대에 해당하는 A-5의 기록부터는 승려가 화랑도 내에서 보이지 않고 있다는 점이 주목된다. 물론 그러한 일이 경덕왕대부터 시작되었다고 단정할 수는 없지만 적어도 경덕왕 이전부터 그러한 일이 있었다고 생각된다.

이를 입증할 수 있는 것은 화랑도가 인재 선발의 기능에서 멀어졌다고 하는 사실일 것이다. 신문왕대에 국학의 정비로 말미암아 신라의 젊은이들이 화랑도의 무리에서 활동하기보다는 국학에서 공부하고 그것을 통하여 관리로 진출하고자 하였기 때문이다.[35] 이는 국학이 화랑도의 인재 선발 기능을 대행하면서 일어난 일로 판단된다. 이러한 사실은 승려가 화랑도 내에서 낭도들을 교육하는 그러한 위치에 더 이상 있지 못하게 되었음을 알려주는 것으로도 해석이 가능할 것이다. 이전에는 그들이 새로운 지식을 가진 지식층이었으나 통일 신라가 되면서 중국의 문물을 왕경인들이 더 빠르게 접하게 되었고 승려가 가지고 있던 지식인으로서의 역할은 줄어들었다고 생각되는 것이다.

최치원이 찬술한 숭복사 비문을 보면, 김응렴이 옥록(玉鹿)에서 이름을 날렸다고 하는데, 여기서 말하는 옥록이란 국학의 교수관을 가리키는 것으로 이해되고 있다.[36] 이러한 사실에서 미루어 볼 때 응

35 李基東, 「花郎像의 변천에 관한 覺書」『新羅文化』 5, 1988 : 『新羅社會史研究』, 일조각, 1997, 296쪽에서 국학의 발달로 말미암아 화랑도에 영향이 있었음을 지적하고 있다.

36 李基東, 앞의 책, 1997, 297쪽 참조.

렴은 유학에 대한 지식이 상당하였음을 알 수 있다. 따라서 그의 문도들에게도 그가 직접 교육을 담당하였을 가능성도 없지 않다. 이러한 사실은 결국 승려를 대체하는 지식인이 화랑도에 있었고 더 나아가 화랑이 그러한 역할을 하였다고 볼 수 있다. 화랑도 내에서 승려가 점차 발을 붙이지 못하게 된 이유도 바로 이와 어느 정도 관련이 있지 않을까 싶다. 승려의 존재를 불교라는 측면에서만 이해한다면 이러한 논지는 성립되기 어려울 수도 있지만 적어도 화랑도 내에서 그들의 존재 자체가 거의 필요 없어졌다고 하는 점이다.

그리고 다음과 같은 기록도 화랑도 내에서 승려가 더 이상 필요하지 않았음을 보여 주는 직접적인 자료가 될 것이다.

> D. 웅천주 도독 김헌창은 그 아버지 (김)주원이 왕이 되지 못한 이유로 반란을 일으켜 나라 이름을 장안이라 하고, 연호를 세워 경운 원년이라 했다. … 드디어 장수 여덟 명을 선정하여 서울의 팔방을 지키게 한 후에 군사를 출동시켰는데, 일길찬 장웅은 먼저 떠나고 잡찬 위공과 파진찬 제릉이 뒤따랐으며, 이찬 균정, 잡찬 웅원, 대아찬 우징 등은 삼군을 관장하여 가서 쳤고, 각간 충공과 잡찬 윤응은 문화관문을 지켰다. 명기와 안락 두 화랑은 각각 종군할 것을 청하여 명기는 무리들과 함께 황산으로 나가고 안락은 시미지진으로 나갔다(『삼국사기』 권10, 헌덕왕 14년 3월).

위의 기록을 보면 김헌창이 반란을 일으켜 혼란이 커지자 이를 진압하기 위해 중앙에서 군대를 동원한 사실을 보여 주고 있다. 그런데 재미있는 사실은 화랑인 명기와 안락이 종군하기를 청하였다고 하는 점이다. 이에 왕이 허락하자 그들은 무리를 이끌고 황산과 시미지진으로 향하였다고 한다. 무리들이라고 한 것으로 볼 때 그들 휘하의 낭도들임에는 틀림이 없을 것이다. 이는 중고 시대와 달리 화랑도의 성격이 많이 변질되었음을 보여 주는 것이다. 특히 이 시대의 화랑도는 중고 시대의 화랑도와는 달리 귀족들의 사병 소유와 밀접한 관련이 있었음이 드러나고 있다. 즉 이 시대의 귀족들 대다수가 사병을 소유하고 있었는데 화랑도가 이들의 군사적 기반이 되었다고 하는 사실이다. 그것은 효종랑의 기록을 통해서도 더욱 구체적으로 알 수 있다.[37]

이러한 사실에서 미루어 볼 때 신라 하대에 승려들이 화랑도 내에서 활동하였을까 하는 것에 대해서는 의문이 들지 않을 수 없다. 국가를 위해 희생하는 그러한 화랑도가 아니라 자파의 목적이나 이익을 위한 단체로 변질된 만큼 승려들도 그러한 단체에 들어가고자 하지 않았을 것으로 생각되기 때문이다.

5. 승려 낭도의 목적과 활동

화랑도와 승려와의 관계는 중고기에 아주 밀접하였고 신라 중대 말에 이르러서부터는 둘 사이의 관계가 멀어지게 되었음을 위에서 살펴보았다. 이는 시간적인 변화와 더불어 화랑도에도 변화가 일어나게 되었고 그러한 변화 과정에서 승려들도 더 이상 화랑도의 무리와 함께 생활하지 않았음을 보여 주는 것으로 이해할 수 있다. 비록 사정이 그와 같았다고 하더라도 신라 중고기 화랑도의 활동이 절정에 이

37 曺凡煥, 「新羅末 花郎勢力과 王位繼承-(金)孝宗과 金傅의 활동을 중심으로-」『史學硏究』 57, 1999, 30~32쪽 참조.

르렀을 때 승려의 역할이 무엇이며 그들이 그 무리에서 어떤 기능을 하였을까 하는 것에 대해서는 좀 더 짚어볼 필요가 있다. 앞서 언급한 것과 같이 진지왕대에 승려가 그토록 화랑을 모시고자 한 이유가 있었을 것이기 때문이다.

이를 알아내기 위해서는 앞선 연구를 돌아볼 필요가 있다. 그에 따르면, 화랑도의 제정 목적을 국가가 필요로 하는 교육과 인재 선발이라고 하는 점에 착목하여 승려들이 그 교육의 내용을 결정하고[38] 나아가 인재의 천거까지 담당하였다고 파악하고 있다.[39] 이와 같은 견해는 국가가 승려를 매개로 하여 화랑도에 대한 일정한 의도를 관철하였다고 하는 이해가 전제되어 있다. 더욱이 이러한 논의는 화랑도를 반관 반민적 단체로 규정지은 것에서 비롯되었음을 눈여겨보지 않을 수 없다.

그러나 화랑도가 반관반민적인 단체만의 성격을 가진 조직체가 아닌 이상 이상과 같은 해석이 과연 타당할까 하는 것이다. 화랑도가 국가의 조직 아래에 있다고 하는 것과 관련하여 직접적으로 거론되는 것이 바로 조정 화주이다.[40] 그런데 비록 화주가 있어 화랑도와 관련된 문제를 다루고 있기는 하지만 그 자리는 국가의 특정한 기구에 소

38 이를테면 향가를 지어 가락을 교육하기도 하고 문자 교육, 불교의 경전, 병법이나 전술, 그리고 의식을 주관하며, 그밖에 새로운 선진적인 정보를 제공하기도 하는 등의 중요한 역할을 담당한 것으로 파악한다(朱甫暾, 앞의 논문, 1997, 108~109쪽). 그러나 승려가 병법이나 전술까지 교육하였을까 하는 것에 대해서는 의심이 든다.

39 朱甫暾, 위의 논문, 1997, 109쪽.

40 주보돈, 위의 논문, 1997, 110쪽.

속된 그러한 자리가 아니었음이 이미 밝혀져 있다.[41] 따라서 화랑도는 이종욱의 지적과 같이 애해 집단의 특성[42]을 가지고 있었던 만큼 국가의 개입이 거의 없었다고 보아도 좋을 것이다.[43] 이러한 점을 염두에 둘 때 화랑도와 승려와의 관계에 대해서 다시금 생각해 볼 필요가 요구된다.

앞서도 보았듯이 화랑도가 만들어진 처음에는 그 무리에서 승려를 찾아볼 수 없었다. 그러다가 승려 스스로 화랑도의 일원이 되었고 그 목적은 불교를 알리기 위한 것이었다. 그런 가운데 점차 화랑도 집단이 늘어나고 각각의 집단마다 특징적인 차이를 노출하면서 당대의 유명한 승려들을 모셔 오게 되었다고 짐작된다. 이러한 설명이 타당하다고 하면 이제 승려들이 화랑도의 구성원이 된 이후에 어떤 일을 하였을까 하는 것을 살펴보기로 하자.

이와 관련된 의문을 해결하기 위해서는 우선 다음과 같은 점을 염두에 둘 필요가 있다. 즉 승려 가운데는 일반민에서부터 진골 신분에 이르기까지 매우 다양한 출신들이 있었다고 하는 점이다. 지금까지는 승려의 출신 신분은 거의 고려하지 않고 그들이 불경을 읽고 해

---

41 김태식, 「『三國遺事』 竹旨郎條 탈구축을 통한 新羅 花郎과 그 花主」 『忠北史學』 21, 2008, 69~70쪽 참조.

42 李鍾旭, 「新羅 中古時代의 花郎徒」 『省谷論叢』 27-4, 1996, 613쪽.

43 김충렬은 화랑도는 국가적 운동이면서도 사조직으로서 종적·횡적 연계가 없이 자율적으로 운영되었으며 화랑도가 국가적 운동의 주역이었음에도 국가가 이를 직접 통할·장악하여 조직하고 규제하지 않고 어디까지나 사사로이 자율적으로 운영되도록 방임했다는 데 묘가 있다고 보았다(金忠烈, 「花郎五戒의 思想背景考」 『亞細亞研究』 14-4, 1971, 208~209쪽 참조). 다만, 특수한 경우에는 국가의 개입이 어느 정도 있었다고 해야 할 것이다.

독할 수 있는 지식인이라고 하는 점에서 낭도의 교육을 담당하였을 것으로 파악하였다. 물론 낮은 신분이라고 하더라도 출가하여 불경을 익히게 되면 문자를 아는 지식인이라고 할 수 있겠지만 그렇다고 해서 그들 모두가 화랑도의 교육을 담당했다고 보는 것은 문제가 있다. 그렇다면 일단 여기서 해결하고 넘어가야 할 점은 화랑도의 구성원이 되는 승려는 과연 어떠한 신분의 소유자였을까 하는 점이다. 출가했다고 해서 신라 사회에서 모두 존경을 받을 수 있는 것은 아니었으므로 신분의 문제를 돌려놓고는 설명이 곤란하다.

이러한 생각을 하게 되면 화랑도에 속한 승려들은 적어도 두품 신분을 소유한 사람들이었다고 믿어진다. 그것은 적어도 그들이 화랑도 내에서 문자 교육을 담당하였다고 할 경우 어린 시절부터 익힌 한자가 어느 정도는 익숙하였고 거기에 더하여 불경을 공부하였기 때문에 낭도들을 상대로 한 문자 교육이 쉽게 이루어졌을 것이라고 하는 점이다. 물론 문자 교육에만 그친 것이 아니라 그들이 알고 있는 새로운 사실이나 선진 정보들을 전해 주었을 가능성도 높다. 승려들이라고 해서 모두가 선진 정보를 가지고 있던 것은 아니었을 것이다. 때문에 원광이나 자장의 경우를 눈여겨보지 않으면 안 될 것이다. 비록 그들이 화랑도의 구성원이 되었다고 하는 기록은 보이지 않으나, 그들의 경우에는 중국 유학을 통해 매우 선진적인 정보를 가지고 있었다.

잘 알려진 바와 같이 두 사람은 중국에 유학하고 귀국을 하자 왕실에서 깊은 관심을 표명하였다. 원광은 진평왕을 위해 걸사표(乞師表)를 작성하였고 자장의 경우 선덕왕을 위해 황룡사구층목탑의 창건을 주도하였다. 어떻든 이들의 경우 신분이 진골이었으며 그들이 신라 사회에서 차지하는 위치가 매우 높았다. 귀산과 추항이 원광을 찾아가 가르침을 받고자 한 것도 이와 무관치 않았을 것이다. 비록 중고기에 중국에 유학한 승려들이 많지 않았으나, 그들 가운데 신라로 돌아와 활동한 승려도 있었음을 염두에 두면, 화랑들은 이러한 승려들을 구성원으로 모신 것이 아닌가 한다.

이상에서 보면 화랑도의 무리 내에서 승려를 필요로 한 이유를 어느 정도는 헤아릴 수 있을 것이다. 승려들은 불교적인 지식뿐만 아니라 중국 유학을 통하여 배운 의학 지식 등 새로운 지식을 가지고 있었다. 또한 신라를 떠나보지 못했던 일반 민들에게 새로운 세계의 존재를 알리는 중요한 역할을 하였고 기층 민중들이 되는 낭도에게 새로운 세상에 대한 것을 알려준 것이라고 할 수 있다.

그러면 이제 승려 측에서 볼 때 화랑도에 관심을 보인 이유도 함께 헤아려 보아야 하지 않을까 싶다. 지금까지는 오로지 한 측면에서만 승려 낭도의 문제를 다루었는데 이제는 또 다른 입장에서 승려 낭도에 대하여 살펴보지 않을 수 없다.

법흥왕이 불교를 공인하고 진흥왕이 승려의 출가를 허용한 것은 불교를 널리 알리고자 한 이유도 있었을 것이지만 그것을 통한 왕권의 강화를 위해서라고 보아도 무리가 없다. 특히 진흥왕이 스스로를 전륜성왕이라 하고 그의 두 아들의 이름을 금륜과 사륜으로 정한 것으로 보아도 그러하다. 그런데 법흥왕이 불교를 공인하고 진흥왕이 출가를 허용했다고 해서 불교가 일반 민중들과 곧바로 가까워진 것은 아니었다. 신라 사람들이 불교에 심취하게 된 것은 적어도 신라 중대 이후이고 원효를 통해 불교가 널리 전파되었음은 잘 알려진 사실이다. 이렇게 볼 때 신라 중고기에 승려들이 화랑도에 들어가서 한 역할 가운데 하나가 불교를 일반 민들에게 널리 알리기 위한 것이었다고 보아진다. 앞서 살핀 바와 같이, 승려들 가운데는 젊은이의 무리인 화랑도에 관심을 가지고 그 무리와 함께 지내면서 자연스럽게 포교 활동을 하였을 것이라는 점이다. 즉 화랑도가 처음 만들어졌을 때 그들은 대체로 도교와 연결되어 있었고 젊은이들도 그러한 도교적인 의식에서 크게 벗어나 있지 않았다고 생각할 수 있다.

이러한 상황에서 승려들이 직접 젊은이들의 단체인 화랑도 속에 들어가게 되자 낭도들 사이에서 도교보다는 점차 불교에 관심을 가지게 되었을 것이다. 즉 승려들이 불교의 새로운 사상으로 그들에게 다가갔다고 하는 점이다. 그렇지만 승려들의 노력이 하루 아침에 결과를 드러낸 것은 아니었다.

> E. 그때 국선 구참공이 일찍이 그 적선촌 들에 가서 사냥을 했다. 어느 날 혜숙이 길가에 나가 말고삐를 잡고 청했다. "소승도 모시고 따라가렵니다. 괜찮겠습니까?" 공은 이를 허락했다. 이에 이리저리 뛰고 달리며 옷을 벗어 던지고 서로 앞을 다투니 공이 기뻐했다. 앉아 쉬고 나서, 고기를 굽고 삶아 서로 먹기를 권하니 혜숙도 또한 같이 먹으며 조금도 꺼리는 기색이 없었다. 이윽고 혜숙이 공의 앞에 나아가 말했다. "맛있는 고기가 여기 있는데 좀 더 드리려고 합니다만 어떻습니까?" 공은 말했다. "좋다." 혜숙은 사람을 물리치고 제 다리의 살을 베어 소반에 담아 올리니 옷에 붉은 피가 줄줄 흘렀다. 공은 깜짝 놀라며 말했다. "어째서 이러느냐?" 혜숙이 말하기를 "처음에 제가 생각하기로는 공은 어진 사람인지라 능히 자기를 미루어 동물에까지 미치리라 하여 따라왔습니다. 그러나 지금 공의 좋아하는 것을 미루어 보건대, 오직 죽이는 것만을 몹시 즐기어 짐승을 죽임으로써 자기만 살찌울 뿐이니 이것이 어찌 인인군자가 할 일이겠습니까? 저희들의 무리는 아닙니다." 마침내 옷을 떨치고 가버렸다. 공은 크게 부끄러워 그가 먹은 것을 보니, 쟁반

안에 고기 살점이 그대로 있었다(『삼국유사』 권4, 의해 제5 이혜동진).

위의 기록은 승려 혜숙이 화랑도에서 물러난 이후 적선촌에 은거하고 있었을 때 구참공이 낭도를 이끌고 사냥하러 그곳에 이르자 그 무리에 들어가 같이 사냥하고 고기를 구워 구참공에게 대접하였다고 하는 것이다. 이러한 사실에서 미루어 보아 이미 둘은 서로 알고 있는 사이였다고 파악된다. 아마도 혜숙이 화랑도의 무리에서 활동할 때 구참공도 같이 있었던 것으로 짐작된다. 그런데 구참공이 화랑이 되어 낭도를 이끌고 사냥에 열중하자 혜숙은 살생에 대한 깨우침을 주고자 직접 행동을 한 것으로 볼 수 있다. 즉 불교에서 말하는 살생에 대해서 몸소 직접적으로 가르쳐 준 것으로 판단된다. 이는 승려 혜숙이 승려 낭도로 활동하면서 불교의 교리를 화랑과 낭도에게 전해주었다고 하였더라도 그것이 쉽게 낭도 무리에게는 퍼지지 않았다고 하는 것을 역으로 보여 주는 것이다.

이렇게 보면 승려들이 화랑도의 일원인 낭도가 되어 여러 사람들과 가까이 지내게 되었고 그 결과 자연스러운 불교 전파가 이루어졌다고 해야 할 것이다. 그 결과 불교가 점점 더 민간인들 사이에 퍼져 나가게 되었을 것이다. 따라서 화랑도는 자연스럽게 불교와 친숙하게 되었을 것임은 어렵지 않게 유추할 수 있다.

당대 신지식인이라고 할 수 있는 승려와 화랑도와의 관계는 이렇게 지속되었다. 때에 따라서는 승려가 낭도들을 왕실에 추천하였을 수도 있겠지만 그것은 승려 낭도로서의 역할의 한 부분에 지나지 않는다고 해야 할 것이다. 무엇보다 중요한 점은 화랑과 낭도를 한곳에 모으는 구심점 역할을 한 것으로 생각되며 화랑도가 하나의 이익 단체적인 성격을 지닌 만큼 그러한 성격을 잘 알고 있는 승려가 화랑도를 새로운 사회에 새로운 모습으로 나갈 수 있는 가교 역할을 한 것으로 이해해도 좋지 않을까 싶다.

6. 소결

지금까지 검토한 것을 정리하면 다음과 같다. 잘 알려진 바와 같이 신라 화랑도와 승려는 불가분의 관계에 있었다. 즉 화랑도 내에서 승려의 역할은 지식을 전수하고 인재를 선발하였다고 하는 것이 바로 그것이다. 본고는 이러한 연구 업적에 대하여 과연 그렇게만 해석할 수 있을까 하는 것에 의문을 가지고 화랑도와 승려와의 관계를 다시 살펴보았다. 그 결과 몇 가지 새로운 해석을 도출하였다.

우선 화랑도와 관련된 승려들의 기록을 다시 검토한 결과 기왕의 견해와는 다른 새로운 해석이 가능하였다. 먼저 화랑도가 만들어진 이후 승려가 자발적으로 화랑도에 속하였는데 그 이유는 불교와 그 신앙을 널리 퍼뜨리기 위한 노력에서 비롯된 것이었다. 젊은이들에게 불교의 교리를 직접 가르치기보다는 그들과 함께 생활함으로써 불교에 관하여 관심을 가지도록 유도하였고, 그것이 결국 신라 사회에 불교를 널리 퍼뜨릴 수 있는 바탕으로 작용하였다고 할 수 있다. 승려들이 낭도들과 함께 지내면서 그들로 하여금 자연스럽게 불교에 대하여 접할 기회를 제공하였던 것이다. 이는 승려들이 화랑도에 대하여 주목한 아주 중요한 의도였다고 보아진다.

그렇지만 중고기 말부터는 도리어 화랑들이 당시 명망 높은 승려들을 모셔와 낭도들 교육에 힘을 쏟았다. 특히 승려들 가운데서 중국에 유학하였거나 혹은 학문적 지식이 높은 이들을 초빙하였는데 이는 그 무리를 이끄는 화랑이 다른 무리의 화랑들과 차별화하기 위한 노력에서 비롯되었다고 할 수 있다. 이러한 전통은 신문왕대에 화랑도가 폐지되기 이전까지 꾸준히 지속되었다.

효소왕대에 화랑도가 새롭게 부활하면서 외형적으로는 화랑도의 옛 모습을 그대로 유지하였고 승려들도 당연히 화랑도 내에서 활동하였다. 그렇지만 중대 말부터 화랑도에서 승려들이 점차 보이지 않게 되었다. 그렇게 된 데에는 더 이상 승려의 존재가 필요하지 않았던 것과 깊은 관련이 있다고 할 수 있다. 우선 지식의 전수와 관련하여 승려들의 도움이 필요하지 않았다. 바로 국학의 발달이 그러한 결과를 불러왔다. 또한 신라 하대에 이르러서는 치열한 왕위 쟁탈전에 화랑도가 참여하게 되면서 승려들이 그러한 조직 속에서 함께 활동하는 것을 꺼려하였기 때문으로 볼 수 있다.

3부
화랑도의 제모습

1장

화랑도와 수련

1. 머리말

화랑도는 청년 단체로서 모임을 통해 결속을 강화하고 해당 신분의 성원으로서의 권리와 의무를 숙달시키는 과정이었다고 알려져 있다. 여기서 말하는 모임은 단순한 모임이 아니라 『삼국사기』 진흥왕 37년의 기록에 나타나 있는 것처럼, 도의로 서로 연마하고 혹은 노래와 음악으로 서로 즐겼는데, 산과 물을 찾아 노닐고 즐기니 멀리 이르지 않은 곳이 없었다고 한 것을 말한다. 이는 한마디로 단체 생활을 통하여 수련하였음을 알려준다. 따라서 이와 같은 내용은 화랑도 집단의 수련 내용의 특색을 잘 보여 주는 것으로 이해해도 좋을 것이다.[1]

1 화랑도의 수련 내용에 관하여 정작 『삼국사기』에서는 관련 서술이 빈약한 편이나, 『삼국유사』에서는 많은 내용을 전한다. 이와 관련하여 김상현, 「고려시대 화랑 인식」 『화랑문화의 재조명』, 신라문화선양회, 1989, 225쪽에서 "『삼국사기』의 화랑 인식과 서술은 이 점을 지나쳐

이러한 기록을 염두에 둔 적지 않은 연구자는 화랑도의 수련에 관하여 관심을 기울였다.[2] 그 결과 화랑도에 몸을 담았던 기간 동안 신라의 젊은이들은 충과 신 등의 덕목을 목표로 하여 수련, 연마하며 여기에 노래를 즐기고 산천에 관한 이해를 하였음이 밝혀졌다. 화랑도가 추구하는 공통된 이상이 바로 이러한 것이었다고 해도 과언이 아닐 것이다.[3]

그런데 화랑도와 관련된 기록을 살펴보면, 화랑도 단체의 수련만 있었던 것이 아니고 화랑 개인의 수련도 중요하였다. 예컨대, 김유신이 중악의 석굴에 들어가 홀로 수련한 기록을 찾아볼 수 있기 때문이다. 그러므로 화랑도 집단이 수련한 내용을 살펴보는 것도 중요하지만, 화랑 개인의 수련에 대한 것도 소홀하게 다룰 수 없다고 판단된다. 이는 화랑도 단체의 수련에 비하여 화랑 개인의 수련에 관한 연구가 그다지 많지 않다는 사실에서 알 수 있다.

다음으로 화랑도의 수련 내용에 관하여 기존의 연구 성과도 있으나 다시금 살펴보려는 이유는 다음과 같다. 지금까지 역사학 분야에

버렸거나 고의적으로 도외시한 한계를 가지고 있겠다고 하겠다"라고 하였다.

2 화랑도의 수련에 관한 많은 연구 성과를 일일이 거론하기는 힘들다. 다만 역사학계에서 이와 관련하여 주목한 연구를 적어 보면 다음과 같다. 이기동, 「신라 화랑도의 사회학적 고찰」『신라골품제사회와 화랑도』, 일조각, 1984 ; 이종욱, 「신라 중고시대의 화랑도」『성곡논총』 27-4, 1996 ; 이문기, 「≪삼국사기≫·≪삼국유사≫에서 본 신라 화랑도의 여행」『동방한문학』 58, 2014 등을 참고할 수 있다.

3 이문기, 앞의 논문, 2014, 9~15쪽에서 "화랑도는 단순한 놀이나 유람만이 아니라 군사훈련과 의례의 거행, 군사전략 및 교통로 확보와 운영, 민심 수람 등의 의미를 갖는 주요한 수련의 일환이었음을 확인할 수 있다"라고 하였다.

서 화랑도 단체의 수련에 관해서는 개설적이고 추상적인 설명에만 머물러 있다. 사실 신라 사회의 성장과 발전 그리고 변화 과정에서 화랑도의 수련 방법이나 방식도 변하였을 것인데 이에 대한 검토는 부족한 상황이다. 또한 전쟁이나 체육 관련해서 수련을 설명하고 있어[4] 수련의 본질적인 내용이 무엇인지를 알아내는 것이 무엇보다 중요하지 않을까 싶다.

이에 여기에서는 먼저 화랑 개인의 수련 방법과 그 의미에 대해서 살펴보고자 한다. 특히 김유신의 수련 방식을 통해 그가 추구하고자 한 것이 무엇이었는가 하는 것을 알아내도록 할 것이다. 다음으로 화랑도의 단체 수련 방법에 대해서 살펴볼 것이다. 도의로 연마한 것과 음악으로 즐긴 것 그리고 산천을 찾아다닌 것 등을 구체적으로 분석해 볼 예정이다. 단순한 놀이가 아니라 그것에서 추구하고자 한 것이 궁극적으로 무엇이었는가 하는 것을 탐구해 보고자 한다.

이와 같은 검토를 통해 화랑도의 수련에 대한 이해에 좀 더 다가갈 수 있었으면 하는 바람이다. 그리고 이를 통해 화랑도의 풍류 정신을 이해하는 데 도움이 되었으면 한다.

4 이진수, 『신라화랑의 체육사상 연구』, 보경문화사, 1990이 대표적이라 할 수 있다.

2. 개인적 수련

화랑은 낭도와 함께 하는 단체 수련뿐만 아니라 개인적으로도 수련을 하였다. 개인적인 수련을 한 이유를 알아내기 위해서는 다음과 같은 기록을 살펴보지 않을 수 없다.

A-1. 공은 15세에 화랑이 되었는데, 당시 사람들이 기꺼이 따랐으니 (그 무리를) 용화향도(龍華香徒)라고 불렀다. 진평왕 건복 28년 신미(611)에 공은 나이 17세로, 고구려·백제·말갈이 국경을 침범하는 것을 보고 의분에 넘쳐 침략한 적을 평정할 뜻을 품고 홀로 중악(中嶽) 석굴에 들어가 재계하고 하늘에 (다음과 같이) 고하여 맹세하였다. "적국이 무도하여 승냥이와 범처럼 우리 강역을 어지럽게 하여 거의 평안한 해가 없습니다. 저는 한낱 미미한 신하로서 재주와 힘은 헤아리지 않고 화란(禍亂)을 없애고자 하오니, 하늘께서는 굽어살피시어 저에게 수단을 빌려 주십시요!" 머문 지 나흘이 되는 날에 문득 거친 털옷을 입은 한 노인이 나타나 말하였다. "이곳은 독충과 맹수가 많아 무서운 곳인데, 귀하게 생긴 소년이 여기에 와서 혼자 있음은 무엇 때문인가?" 유신이 대답하였다. "어른께서는 어디서 오셨습니까? 존함을 알려주실 수 없습니까?" 노인이 말하였다. "나는 일정하게 머무르는 곳이 없고 인연 따라 가고 머물며, 이름은 난승(難勝)이다." 공이 이 말을 듣고 보통 사람이 아닌 것을 알았다. (그에게) 두 번 절하고 앞에 나아가 말하였다. "저는 신라 사람입니다. 나라의 원수를 보니, 마음이 아프고 근심이 되어 여기 와서 만나는 바가 있기를 바라고 있습니다. 엎드려 비오니 어른께서는 저의 정성을 애달피 여기시어 방술(方術)을 가르쳐 주십시오!" 노인은 묵묵히 말이 없었다. 공이 눈물을 흘리며 간청하기를 그치지 않고 예닐곱 번 하니 그제야 노인은 "그대는 어린 나이에 삼국을 병합할 마음을 가졌으니 또한 장한 일이 아닌

가?" 하고, 이에 비법을 가르쳐 주면서 말하였다. "삼가 함부로 전하지 말라! 만일 의롭지 못한 일에 쓴다면 도리어 재앙을 받을 것이다." 말을 마치고 작별하는데 2리쯤 갔을 때 쫓아가 바라보니 보이지 않고, 오직 산 위에 빛이 보일 뿐인데 오색 빛처럼 찬란하였다(『삼국사기』 권41, 김유신 상).

A-2. 건복 29년(612)에 이웃 나라 적병이 점차 닥쳐오자, 공은 장한 마음을 더욱 불러일으켜 혼자서 보검을 가지고 열박산(咽薄山) 깊은 골짜기로 들어갔다. 향을 피우며 하늘에 고하여 빌기를 중앙에서 맹세한 것처럼 하고, 이어서 "천관(天官)께서는 빛을 드리워 보검에 신령을 내려 주소서!"라고 기도하였다. 3일째 되는 밤에 허성(虛星)과 각성(角星)의 두 별이 빛을 내며 내려오더니 칼이 마치 흔들리는 것과 같았다(『삼국사기』 권41, 김유신 상).

위 A-1의 기록을 보면, 김유신이 화랑으로 활동하면서 17세 되던 해에는 혼자 중악 석굴에 들어가 수련하던 중에 난승을 만나 비법을 전해 받았음을 알 수 있다. 그가 들어간 중악 석굴은 현재 경주의 단석산으로 추정되고 있다.[5]

그리고 A-2의 기록에서는 김유신이 18세 되던 해에 열박산에 들어가 향을 피운 다음 천관에게 가지고 있는 칼에 신령을 내려 달라고 기도하였다고 한다. 그 결과 칼이 흔들리는 신비로운 일이 일어났음을 알려준다. 그렇지만 이러한 기록은 윤색되었을 가능성이 크다고 한다.[6] 또한 검에 허성과 각성의 빛이 내렸다는 표현은 중국적인 관념

5 김상기, 「화랑과 미륵신앙에 대하여」 『이홍직기념 한국사학논총』, 1969, 8~11쪽 참조.

6 정구복, 「김유신(595~673)의 정신세계」 『청계사학』 16·17합집, 2002, 598쪽.

의 표현으로 보아도 좋을 것이다.[7]

이렇게 볼 때 화랑 김유신의 개인적인 수련에 대한 기록이 신비화되어 있음을 엿볼 수 있다. 그렇다고 하더라도 A-1과 A-2의 기록에서 관심을 두어야 할 부분은 왜 이와 같은 개인적인 수련을 하였는가 하는 점일 것이다. 또한 개인적인 수련을 통해 무엇을 얻고자 하였는가 하는 점이다.

이와 관련하여 김유신이 입산 수도하게 된 사상적 기반에 대해서는 성읍 국가 이래 무속적인 산신 사상의 영향으로 이해하기도 하고,[8] 도교와 밀접한 관련이 있다는 연구도 제출되었다.[9] 가능성이 없다고는 할 수 없으나 후자의 경우 신라에 도교 사상이 언제 수용되었는가 하는 것에 대하여 세밀한 검토가 요구되므로 이에 대해서는 좀 더 검토할 필요가 있다.[10] 다만 여기서 관심을 두고 살펴볼 점은 김유신 스스로 개인적인 수련을 하고자 했던 이유가 무엇이었을까 하는 것이다. 이는 아무래도 앞서 제시한 기록을 다시 검토하는 것으로부터 시작하는 것이 좋을 듯하다.

A-1의 기록을 보면, 화랑 김유신은 17세에 적국이 신라 국경을 공격하는 데에 의분을 품어 그들을 물리칠 뜻을 품은 다음 중악의 석굴에 들어갔다고 한다. 적국의 신라 침공에 대하여 격분하였다면 그는 사다함의 예에서 볼 수 있듯이 왕에게 청하여 종군하는 것이 하

7 정구복, 위의 논문, 2002, 598쪽.

8 이기동, 앞의 책, 1984, 306~308쪽.

9 김태식, 「김유신의 入山修道와 그의 龍華香徒」『한국고대사탐구』 13, 2013, 113~123쪽.

10 정구복, 앞의 논문, 2002, 603쪽.

나의 방법이었을 것이다. 그러나 그는 사다함이 종군하였던 방식을 따르지 않고 도리어 중악의 석굴로 들어갔다고 하는데 이는 생각이 다른 곳에 있었음을 말해 주는 것이라 할 수 있다. 당장 전투에 참전하기보다는 실력을 키우는 것이 무엇보다 중요하다는 사실을 알았기 때문이 아닐까 싶다. 그리고 그러한 실력을 바탕으로 하여 후일을 도모하고자 한 것으로 짐작해 볼 수 있다.

사실 그가 중악의 석굴에 머문 시간이 얼마나 되었는지 알 수는 없으나 도인을 만나 비술을 전해 받은 것으로 볼 때 그다지 긴 시간은 아니었을 것이다. 그가 석굴에서 만난 도인에 대해 여러 가지 견해가 있으나 김유신의 수련을 신비화한 것으로 생각할 때 도인은 검술에 뛰어난 능력을 소유한 사람이었음을 헤아려 볼 수 있다. 그러니까 화랑 김유신은 개인적으로 뛰어난 능력이 있는 사람을 찾아가 그 기술을 전해 받은 것으로 생각되는 것이다. 화랑도 활동을 하면서 무리를 이끄는 가운데 홀로 수련하는 것은 무리를 방치할 수도 있는 것이기 때문에 쉽지 않은 일이었을 것이다. 그러므로 그는 단기간의 개인적인 수련을 할 수밖에 없었을 것이고, 그러한 수련을 위해서 유능한 검술가를 초빙하여 깊은 산속에서 수련한 것으로 볼 수 있다.

A-2의 기록에서는 열박산에 들어가 천관에게 고하였다고 한다. 이러한 사실도 화랑의 개인적 수련 기간이 그리 길지 않았음을 말해 준다. 하늘에서 두 별이 빛을 내면서 내려오니 칼이 마치 흔들리는 것과 같았다고 한 것은 그 전 해에 중악에서 수련한 검술 내용이 이때에 이르러서 더욱 향상되었다고 하는 것을 말해 주는 것이라 할 수 있다. 그러니까 대략 2년 동안의 개인적인 수련을 통해 화랑 김유신의 검술 실력이 점차 향상되었음을 의미하는 것이고, 그러한 것을 바탕

으로 하여 휘하의 낭도에게 검술을 지도할 수 있는 능력을 갖추게 되었다고 할 수 있다.

이상과 같이 보면, 화랑은 낭도와 함께 수련하였을 뿐만 아니라 개인적으로도 수련을 통해 실력을 키우고자 하였다. 화랑 김유신의 경우에는 검술을 익히기 위해서 중악의 석굴에서 실력자로부터 배웠을 뿐만 아니라 다음 해에는 그러한 실력의 향상에 대한 능력을 검증받았다고 볼 수 있다. 아무래도 화랑으로 활동하기 위해서는 휘하의 낭도보다는 여러 가지 면에서 실력이 뛰어나야 함을 말해 주는 것으로 이해할 수 있다. 예컨대, 김인문의 경우를 보면, 어려서 유가의 책을 많이 읽었고, 겸하여 장자, 노자, 불교 등에 대한 책을 많이 읽었다고 한다. 또한 예서와 활쏘기·말타기·향악(鄕樂) 등을 잘하였다고 한다.[11] 비록 김인문이 화랑이었다는 기록을 찾을 수는 없으나 활쏘기나 말타기 등을 잘하였다는 것으로 보아 그가 여러 가지 면에서 실력을 갖추고 있었음을 알 수 있다.

이와 같은 사실에서 볼 때 화랑 김유신의 개인적인 수련은 검술 실력을 키우기 위한 것이었고, 그것을 위해 대략 2년 동안 힘든 수련을 하였음을 엿볼 수 있다. 이와 같은 화랑 김유신의 개인적인 수련이 기록에 남겨졌을 때는 신비함을 더해 포장되었을 것이다. 아무래도 그의 후손인 김장청(金長淸)이 그와 같은 내용을 윤색하여 적어 놓았을 것이고, 『삼국사기』를 편찬하는 과정에서 『김유신행록』을 그대로 수용한 결과로 이해할 수 있다.

11 『삼국사기』 권44, 김인문 및 노용필, 「金仁問의 道敎思想의 受容과 그 特徵」 『歷史學硏究』 89, 2023, 126쪽.

3. 단체 수련

앞서 화랑 개인의 수련에 대해서 살펴보았다. 이제는 화랑도의 수련에 대해서 검토해 보기로 하자. 이와 관련하여 다음의 기록이 주목된다.

> B. 미모의 남자를 뽑아 분장을 시켜 이름을 화랑이라 하고 받들게 하니 그 무리가 구름떼처럼 모여들었다. 도의로써 서로 갈고 닦았으며, 혹은 노래로써 서로 즐기고, 산수를 유람하며 즐기어 멀리까지 가지 않은 곳이 없었다. 이로 인하여 사람의 그릇됨과 바름을 알아 선택하여 조정에 천거하였다(『삼국사기』 권47, 김흠운전의 사론).

위의 기록은 화랑도의 무리가 수련한 내용에 대하여 알려주고 있다. 도의로써 서로 갈고 닦았다〔或相磨以道義〕고 하는 것과 노래로써 서로 즐겼다〔或相悅以歌樂〕고 하는 것 그리고 산수를 유람하며 멀리까지 갔으며 이르지 않은 곳이 없었다〔遊娛山水 無遠不至〕고 하였다. 이러한 것은 화랑도 집단의 수련이 대체로 세 가지 방향에서 이루어졌음을 말해 준다.

그런데 이와 같은 화랑도 단체의 수련은 추상적인 느낌을 주고 있다. 그래서 기존의 연구에 따르면, 김부식은 화랑도의 활동과 수련 내용을 유교적 교육 관념에 따라 위의 B 기록과 같이 기술하였다고 한다.[12] 이와 같은 견해에 따르면 고려 시대 김부식의 화랑도 수련에 대

12 박남수, 「신라 중고기 화랑도 교육과 출사」 『역사교육』 108, 2008 ; 『신라 화백제도와 화랑도』, 주류성, 2013, 429~438쪽.

한 인식을 유교적인 관점에서 정리한 것이라 할 수 있다.

비록 그렇다고 하더라도 『삼국사기』의 이와 같은 기록을 다시금 살펴보지 않을 수 없다. 김부식의 인식을 그대로 정리한 것이라고 하는 견해를 그대로 수용하는 것은 문제가 있기 때문이다. 그러므로 지금부터 화랑도와 관련한 세 가지 수련에 대해서 다시 살펴보기로 하자. 먼저 도의로써 서로 갈고 닦았다고 하는 것인데, 이를 어떻게 설명할 것인가 하는 것이다.[13] 이와 관련하여 다음의 기록을 주목할 수 있다.

> C. 여러 해 뒤에 왕은 또 나라를 흥하게 하려면 반드시 풍월도를 먼저 해야 한다고 생각하여, 다시 명령을 내려 좋은 가문 출신의 남자로서 덕행이 있는 자를 뽑아 (명칭을) 고쳐서 화랑이라고 하였다. 처음 설원랑(薛原郞)을 받들어 국선으로 삼았는데, 이것이 화랑 국선의 시초이다. 이 때문에 명주(溟州)에 비를 세웠다. 이로부터 사람들로 하여금 악을 고쳐 선행을 하게 하고, 윗사람을 공경하고 아랫사람에게 온순하게 하니, 오상(五常), 육예(六藝), 삼사(三師), 육정(六正)이 왕의 시대에 널리 행해졌다

13 화랑도의 도의 사상은 본래 우리의 고유 도덕에서 기원한 것으로서, 그 무사도적인 정신은 시대 정신의 자극을 받은 것이고, 원광의 세속오계에 보이는 충효 사상은 유교 사상에서 말미암은 것으로 보기도 한다(이병도, 「삼국시대의 유학」『한국유학사』, 아세아문화사, 1987, 38~39쪽). 또한 원광의 세속 오계를 화랑의 도의와 관련된 것으로 여겨 불교에서의 정법행화사상으로부터 유래한 것으로 풀이하거나(김영태, 「신라 불교수용의 국가적 이념」『한국불교사상사』, 1975 : 『신라불교연구』, 민족문화사, 1987, 32쪽), 유불 사상의 혼합으로 파악함으로써 왕즉불의 사상을 바탕으로 유교의 왕도 사상을 적당하게 차용한 것으로 이해하기도 한다(김철준, 「한국고대정치의 성격과 중세정치 사상의 성립과정」『동방학지』 10, 1969 : 『한국고대사회연구』, 지식산업사, 1975, 302쪽).

(『삼국유사』 권3, 탑상 4 미륵선화 미시랑 진자사).

위의 기록에 따르면, 화랑도가 수련을 통해 구현된 내용이 오상과 육예 그리고 삼사와 육정으로 나타나게 되었음을 말해 주고 있다. 그러니까 B의 기록에서 보았던 화랑도의 수련 내용 가운데 도의로써 서로 갈고 닦았다고 하는 것은 C의 기록에서 보이는 것과 별반 다르지 않음을 알 수 있다. 즉 오상은 유교의 기본적인 윤리로서 인간이 항상 실천해야 하는 5가지 바른 행을 말하는 것으로 인·의·예·지·신을 말한다.[14] 이렇게 볼 때 도의로 서로 갈고 닦았다고 하는 것은 이상과 같은 유교의 기본적인 도리를 익히는 것으로 짐작된다.

이는 원광 법사에 의해 제정된 세속 오계와도 불가분의 관계가 있다고 할 수 있다. 화랑도의 사회 윤리 덕목이었다고 해도 좋을 것이다. 무리가 모여 있는 관계로 이와 같은 교육이 이루어졌고 단체 활동을 통하여 유교의 기본적인 소양을 함양할 기회가 되었을 것이다.

이어서 육예를 관심 있게 보지 않을 수 없다. 이는 고대 중국의 교육 과목으로 예·악·사(射)·어(御)·서(書)·수(數)를 말한다. 이는 화랑도가 익혀야 할 기본적인 사항이었다고 할 수 있다. 특히 교육 과목이라 한 것으로 볼 때 낭도 가운데서도 두품 신분에 해당하는 사람들이 익혀야 할 기본적인 소양이었음에 틀림이 없다고 할 수 있다.

그리고 삼사는 제왕을 보좌하는 최고의 관직 이름으로 태사·태

14 오상은 오륜 중의 부의(父義)·모자(母慈)·형우(兄友)·제공(弟恭)·자효(子孝)를 말하기도 한다.

부·태보를 말한다. 이는 화랑도에서 양명한 화랑이 출사하여 이와 같은 관직을 가지고 국왕을 보좌하였다고 하는 것을 의미하는 것으로 볼 수 있다. 그러니까 화랑도의 수련을 통하여 능력을 키우고 그것을 바탕으로 출사하여 국왕을 보좌하는 일을 한 것을 의미한다고 할 때 화랑도의 수련이 중요하였음을 역설하고 있다.

마지막으로 육정은 인신으로서 지켜야 할 여섯 가지의 올바른 도리 또는 그것을 갖춘 여섯 가지의 정신(正臣)을 말한다. 그래서 성신(聖臣)·양신(良臣)·충신(忠臣)·지신(智臣)·정신(貞臣)·직신(直臣) 등을 가리킨다. 이러한 것도 유교적인 도리를 말하는 것으로 볼 수 있으며, 곧 화랑도의 수련이 도덕의 함양과 그것을 바탕으로 하여 후일 국가에 봉사할 수 있는 기반을 마련하는 것과 밀접한 관련이 있음을 드러내고 있다.

이와 같은 내용으로 볼 때 화랑도는 수련 과정에서 이상과 같은 덕목을 익혔을 것으로 생각해 볼 수 있다. 그리고 그렇게 익힌 덕목을 스스로 실천에 옮겼는데 다음과 같은 사례를 들 수 있다.

> D. 검군은 구문 대사의 아들로 사량궁 사인으로 있었다. 건복 44년(627) 정해 8월에 서리가 내려 모든 곡식을 죽였으므로 다음해 봄과 여름에 큰 기근이 들어 백성들이 자식을 팔아먹었다. 이때에 궁중의 여러 사인이 함께 모의하여 창예창의 곡식을 모두 훔쳤는데 검군은 홀로 받지 않았다. 모든 사인이 말하기를 "여러 사람이 모두 받는데 그대만 이를 마다하니 어떤 이유인가? 만약 적어서 그렇다면 다시 더 주겠다" 하였다. 검군은 웃으면서 말하기를 "나는 근랑의 (낭)도로 편명하고 풍월지정에서 수행하니 진실로 의로운 것이 아니면 천금의 이익이라도 마음을 움직이지 않는다"고 하였다. 이때에 대일 이찬의 아들이 화

랑이 되어 근랑이라 불렀기에 이같이 말한 것이다. (검군)이 (궁에서) 나가 근랑의 문에 이르렀는데, 사인들이 비밀히 의논하기를, "이 사람을 죽이지 않으면 반드시 말이 샐 것이라" 하고 드디어 불러오게 하였다. 검군은 (그들이) 자기의 살해를 도모하는 것을 알고, 근랑을 작별하며 말하기를 "금일 이후로는 다시 서로 만나지 못하겠소이다" 하니, 낭이 (그 이유를) 물었으나 검군이 말하지 아니하였다. 그러다가 재삼 물으므로 그제야 대략 그 사유를 말하였다. 낭이 말하기를 "어찌하여 관사에 말하지 않는가" 하였다. 검군이 "자기가 죽을 것을 두려워하여 여러 사람으로 죄를 짓게 하는 것은 인정상 차마 할 수 없는 일입니다" 하였다. "그러면 어찌 도망가지 않는가" 하니, 가로되 "저편이 잘못이요 나는 정직한데 도망하는 것은 장부가 아닙니다" 하고 드디어 갔다. 여러 사인이 술을 내어 사죄하면서 비밀히 약을 섞어 먹였다. 검군이 알면서도 억지로 먹고 그만 죽었다. 군자의 말에 검군은 죽지 않을 데 죽었으니 가히 태산을 홍모보다도 더 가벼이 여긴 것이라 할 만하다(『삼국사기』 권48, 검군).

위의 기록을 보면, 근랑의 낭도인 검군은 사량궁의 사인으로 복무하면서 동료 사인들이 창예창의 곡식을 훔치는 일에 가담하지 않았다. 그렇다고 이러한 일을 하는 동료들을 관청에 고발하여 처벌받게 하지도 못하였다. 즉 동료들이 처벌받을 수밖에 없는 일을 차마 알리지 못하는 불인지심(不忍之心)을 보여 주고 있다. 결국 검군은 그들의 회유에 굴하지 않고 스스로 죽음을 택하였다. 이는 그가 죽음을 예견하면서도 자신이 옳다는 장부로서의 기개를 드러낸 것이다. 그가 이와 같은 행동을 하게 된 것은 근랑의 낭도로 이름을 올리고 수행하였던 사실에 기인한 것이다. 이는 곧 검군이 화랑도 활동을 하면서 수련한 내용을 스스로 내면화하여 그것을 실천에 옮겼음을 알려주는 것이다.

이러한 내용으로 미루어 볼 때 화랑도의 수련 내용 중에 가장 중요한 것이라고 할 수 있는 도덕적 내면화는 사적인 가치보다 공동체의 이익을 우선하는 것으로 드러나게 되었다고 할 수 있다. 수련 과정에서 도의로써 서로 갈고 닦았다고 하는 것은 결국 신라 공동체를 위한 것이라고 하는 것을 스스로 체득하도록 하는 것이었고, 그것이 결국은 신라 사회를 이끌어 가는 중요한 정신적인 기반이었다고 할 수 있다.

다음으로 살펴볼 것은 가악으로 서로 즐겼다고 하는 점이다.[15] 일반 청소년에게 화랑의 가악으로는 '도령가(徒領歌)'나 '사내기물악(思內奇物樂)' 등이 알려져 있었다고 한다.[16] 화랑도는 행군하거나 혹은 힘든 일을 하였을 때 피곤함을 잊기 위하여 노래를 부른 것으로 볼 수 있는데, 신라 고유의 노래로 볼 수 있다.[17] 따라서 유교적 성격의 가악과는 차이가 있었을 것이다. 또한 김흠운전에 보이는 내용 가운데 그가 무훈담을 듣고 슬퍼하여 눈물을 흘리며 격동하여 그와 같이 되려고 하였다는 일화가 주목된다. 이는 당시 화랑도에서 교훈적인 이야기를 가악적인 형태로 전수하여 카타르시스를 느끼게 하였던 사례를

15 화랑과 관계 깊은 향가가 그 사상적 내용에 있어 화랑으로서의 인격 형성이 무격적(巫覡的)이라 논하기도 한다(이기동, 앞의 책, 1984, 315~319쪽). 이종욱은 화랑도가 즐긴 내용 가운데 향가도 포함되었을 것으로 보고 있으며 대표적인 것으로 모죽지랑가를 들었다(이종욱, 앞의 논문, 1996, 634쪽).

16 『삼국사기』 권32, 잡지1 新羅樂 三竹

17 이문기, 앞의 논문, 2014, 7쪽에서 "원유(遠遊)에서의 고단함과 지루함을 이겨내고 각종 군사훈련의 고통을 잊게 하는 일종의 군가(軍歌)의 역할을 하였을 것이다"라고 하였다.

보여 주는 것으로 이해할 수 있다.[18]

또한 경문왕대의 국선인 요원랑·예흔랑·계원·숙종랑 등이 금란에서 유람할 때 나라를 다스리는 충정을 가곡 세 수로 만들어 임금에게 올렸더니 왕은 사지 심필을 시켜 대구 화상에게 보내어 현금포금, 대도곡, 문군곡 등을 짓게 하였다고 한다.[19] 이와 같은 사실도 화랑도가 노래에 매우 익숙하였으며 심지어 노랫말까지 지어서 그들의 뜻을 왕에게 전달하였음을 알려준다.

사실 화랑도는 각각의 고유한 특성이 있었음을 앞서 밝혔는데, 그에 따라 각 화랑도에서 부르는 고유한 향가 혹은 노래가 따로 있었을 것으로 생각된다. 즉 그들 화랑도를 대표하는 향가가 따로 있었기 때문에 그것을 즐겨 불렀고 다른 화랑도와 구별되는 모습을 보였다고 할 수 있다. 자기들만이 가진 향가를 부르면서 스스로 다른 화랑도와 구별하기 위한 목적도 있었다고 할 수 있다.

이제 산수를 찾아 즐겼고 가보지 않은 곳이 없었다고 하는 것에 대해서 살펴보기로 하자. 이것도 화랑도의 수련 가운데 하나였다. 그렇다면 이와 같이 한 이유가 무엇일까 하는 것이다.[20]

---

18 이기동, 앞의 책, 1984, 344~345쪽.

19 『삼국유사』 권2, 기이2 사십팔경문대왕

20 유오산수에 대해서는 國土巡禮·聖山觀參·靈嶽修驗의 관점에서 생각하거나(최남선, 「금강예찬」, 1927 : 『육당최남선전집』 6, 1973, 249쪽), 주술적·종교적 행위를 포괄하는 戰士로서의 단련을 위한 것으로 풀이하기도 한다(삼품창영, 『신라화랑의 연구』, 1943 : 이원호 역, 『신라화랑의 연구』, 집문당, 1995, 128~138쪽). 이기동도 삼품창영과 같이 이해하고 있다(이기동, 앞의 책, 1984, 347쪽). 이종욱은 "화랑도에 지방민이 포함되었다면 화랑도는 당연히 지방에 대한 유오를 하였을 것으로 짐작이 간다" 라고 하였다(이종욱, 앞의 논문, 1996, 634쪽).

화랑도의 유오지(遊娛地)로 왕경 근처의 남산을 비롯하여 금강산이나 지리산 등을 들 수 있다. 또한 울주 천전리 서석 가운데 화랑의 이름이 들어간 명문으로 볼 때 이곳도 화랑의 유오지였음을 알 수 있다.[21] 또한 최근에도 화랑도가 특정한 지역에 다녀갔음을 알려주는 암각 명문이 발견되어 그곳에서 화랑의 이름을 찾아볼 수 있다.[22]

이와 같은 사실에서 볼 때 화랑도가 유람을 통하여 가보지 않은 곳이 없었다고 하는 여러 지적이 있었고 충분히 공감할 수 있는 내용이다. 다만 군사적인 관점에만 치중한 측면도 없지 않아 화랑도 고유의 유오를 다시금 생각해 보지 않을 수 없다.

화랑도가 지방을 유오한 궁극적인 목적은 여러 가지로 생각해 볼 수 있으나 제일 먼저 들 수 있는 것은 유오를 통한 기초 체력을 기르는 일이었을 것이다. 또한 이를 통해 정신력을 기르는 것도 포함되었다고 할 수 있다. 그런데 이와 같은 유오가 중고기에는 군사적인 측면과 깊은 관련이 있었다고 할 수 있지만, 삼국을 통일한 이후 안정기에 접어 들어서는 다른 의미가 있었을 것이다. 그것은 확대된 영토를 둘러보는 것이라 할 수 있는데 아무래도 후일 화랑도에서 양명한 이후 관리로서 활동할 때 정보를 얻기 위한 것으로 볼 수 있다. 이와 같은 정보는 지방 사회를 이해하는 데 큰 도움이 되었을 것이고, 지방 사회의 동향이나 움직임을 알아내는 데도 도움이 되었음에 틀림이 없다.

---

21 이기동, 앞의 책, 1984, 346쪽.

22 이도학, 「제천 점말동굴 화랑 각자에 대한 고찰」『충북문화재연구』 2, 2009 : 『신라·가라사 연구』, 주류성, 2017 ; 이문기, 앞의 논문, 2014 ; 이영호, 「울진 성류굴 암각 명문의 검토」『목간과 문자』 16, 2016 ; 김재홍, 「신라 각석 명문에 보이는 화랑과 서약」『신라사학보』 45, 2019 등을 참고할 수 있다.

신라 하대에 이르러서는 화랑도의 유오가 중대와 마찬가지로 지방의 동향을 이해하는 데 큰 도움이 되고 있음을 다음과 같은 기록에서 충분히 엿볼 수 있다.

> E. 왕의 이름은 응렴이고 나이 18세에 국선이 되었다. 나이 20세가 되자 헌안대왕이 낭을 불러 대궐의 궁전에서 잔치를 베풀고 묻기를, "낭은 국선이 되어 사방을 두루 돌아다니다가 무슨 이상한 일을 본 일이 있는가?"고 하니, 낭이 대답하기를, "신은 행실이 아름다운 사람 셋을 보았습니다."라고 하였다. 왕이 말하기를, "그 이야기를 들려주게"라고 하니, 낭이 말하기를, "남의 윗자리에 있을 만한 사람이면서 겸손하여 남의 밑에 있는 사람이 그 하나이고, 큰 부자이면서 검소하게 옷 입는 사람이 그 둘이며, 본래 귀하고 세력이 있으면서 위세를 보이지 않는 사람이 그 셋입니다"고 하였다(『삼국유사』 권2, 기이2 사십팔경문대왕).

위의 기록은 『삼국사기』 헌안왕 4년 9월 기록에서도 찾아볼 수 있다. 응렴은 화랑으로 활동하면서 지방을 다녀왔는데, 그가 지방을 다니면서 보고 느낀 점을 왕에게 말한 것이다. 여기서 아름다운 행실을 가진 사람 셋을 보았다고 하는데 이는 당시 지방 사회의 모습을 전해 준 것으로 이해할 수 있다. 즉 지방 호족의 실정을 말해 주는 것으로 보이고, 지방 호족의 영향력 증가에 대한 중앙 귀족의 우려 표시로 이해되고 있다.[23]

이와 같이 이해하면, 신라 하대 화랑이 무리를 이끌고 유오한 것은 지방 사회를 살펴보기 위한 것이었다고 해도 과언이 아닐 것이다. 그러니까 화랑의 유오를 한 시대의 관점에서만 직시하게 되면 그것은 잘

---

23 이기백, 「상대등고」 『신라정치사회사연구』, 일조각, 1974, 126쪽.

못 이해한 것이라 할 수 있다. 시기에 따른 변화상도 읽어내야 하는 것이 무엇보다 중요하다. 따라서 화랑이 유오하면서 여러 가지 경험을 한 것은 큰 틀에서 볼 때 출사 후 지방을 다스리는 데 도움을 얻기 위한 것으로 볼 수 있지만, 시기를 구분해서 살펴보면 각 시기마다 유오의 특징을 발견할 수 있다는 점에서 주목하지 않을 수 없다.

4. 소결

화랑도의 젊은이들은 그들의 모임에서 일정한 수련을 거쳐 성장하였다. 그들이 수련을 통하여 얻고자 하였던 것은 여러 가지가 있었다. 그것을 얻기 위하여 화랑도는 도의를 서로 닦고, 가악을 서로 즐기며 산천을 여행하여 멀리까지 가보지 않은 곳이 없었다고 한다. 이와 같은 수련을 통해 화랑도가 결국은 인재를 키우고 선발하는 데 큰 역할을 하였음에 틀림이 없다고 할 수 있다.

화랑도에서 화랑 개인의 수련을 찾아볼 수 있다. 김유신은 화랑이 되어 무려 두 차례나 개인적인 수련을 하였다. 그는 중악의 동굴에서 수련하며 난승에게서 검술을 전해 받았다. 이는 개인적인 수련을 통하여 훌륭한 무인으로 성장할 수 있는 계기가 되었다. 그리고 다음 해에는 그러한 수련을 좀 더 갈고 닦기 위하여 열박산에서 수련하였고 훨씬 더 훌륭한 검술을 익혔다. 이는 화랑 개인이 낭도보다 더 뛰어난 실력이 있어야 함을 말해 주는 것이라 할 수 있다.

화랑도 무리는 도의를 연마하였는데 이는 세속 오계의 사상을 몸에 익히는 노력이었다고 할 수 있다. 그리고 유학의 기본적인 지식을 습득하고 그것을 구현할 수 있도록 노력하였는데 이는 양명 후 출사하여 관리로서 살아가는 데 도움이 될 수 있는 지식을 습득한 것이나 다름이 없다. 그리고 가락을 서로 좋아하였다고 하는 것은 화랑도 각자의 고유한 노래를 만들어 부르면서 일체감을 형성하기 위한 노력을 한 것이라 짐작된다. 마지막으로 산수를 유오하며 가보지 않은 곳이 없었다고 하였는데, 이는 각 시기를 구분해서 살펴볼 필요가 있다.

화랑도의 유오는 중고기의 경우에 군사적인 훈련의 의미가 컸을 것이다. 또한 교통로 개척의 첨병으로서 활동하였을 가능성도 있다. 그러나 중대에 들어와서는 지방 사회를 이해하려는 목적이 있었고, 하대에는 지방 사회가 중앙에 대하여 어떤 시각을 가지고 있는가를 살펴보는 중요한 역할을 하였다. 이는 신라 왕조가 화랑도의 활동을 통해 지방사회의 모습을 간접적으로 알아내는 데 있어 그들의 유오를 활용하였다고 볼 수 있다.

2장

화랑도와 전쟁

1. 머리말

화랑도와 전쟁은 불가분의 관계가 있었다. 그들이 전장에서 활동하였던 사실을 기록에서 찾아볼 수 있는데 화랑 사다함이나 관창 등의 예에서 그와 같은 사실을 확인할 수 있다. 사다함은 진흥왕대에 대가야전에 참전하여 공을 세웠고, 관창은 태종무열왕대에 백제 공략을 위한 황산벌 전투에 참전하였다가 17세의 젊은 나이에 목숨을 잃었다.

이와 같은 사실을 두고 기존의 개설서에서는 『삼국사기』의 기록을 이용하여 나라를 위해서라면 목숨도 아끼지 않은 여러 화랑과 낭도의 전기를 전하고 있으며, 화랑도를 군사 조직으로 활용하여 마침내 삼국 통일의 위업을 달성한 것처럼 설명하고 있다.[1] 김대문의 『화

1 이기백, 『한국사신론』(신수판), 일조각, 1999, 72쪽에서 "(화랑도의) 중요한 것은 군사적 기능이었다. 그들은 평상시에 무술을 연마하였다가 위급한 때에는 국가를 위한 전투에 참가하였던 것이다"라고 하였다.

랑세기』에 나오는 '현좌충신이 여기서 솟아 나오고, 낭장과 용졸이 이로 말미암아 생겼다'는 평을 인용하여 이와 같이 이해한 것이다. 아마도 대다수의 연구자 혹은 일반인들이 이와 같은 해석에 매우 익숙해 있음에 틀림이 없다. 특히 사다함이나 관창 등 두 화랑이 전장에 나갔다는 것을 일반화시킬 경우 화랑도가 전쟁에 참여하였다고 말해도 크게 무리한 해석은 아닐 것이다. 또한 이러한 사실을 기반으로 하여 화랑도를 무사단 혹은 전사 집단으로 이해하기도 한다.

이러한 점에 주목하여 화랑도가 전쟁에 참여한 것과 그것이 가지는 의미에 관하여 적잖은 연구 성과들이 도출되었다.[2] 특정한 화랑에 대한 분석이 있는가 하면,[3] 7세기 순국 인물에 대한 분석 가운데 화랑도에 관한 연구도 찾아볼 수 있다.[4] 이러한 연구 성과는 화랑도와 전쟁을 이해하는 데 있어 큰 도움을 주고 있음에 틀림이 없다.

그런데 남겨진 기록을 자세하게 살펴보면, 전쟁이 일어났을 때 화랑도 전체가 참여하였다기보다는 특정한 화랑이 국왕의 허락을 받거나 혹은 아버지와 함께 전쟁에 참여한 경우임을 알 수 있다. 사다함이 전자의 예라고 하면 후자의 경우는 바로 관창이라 할 수 있다. 따라서 전쟁이 일어났다고 해서 화랑도가 무조건 전쟁에 참여한 것이 아니라고 하는 사실을 헤아려 볼 수 있다.

---

2 홍순창, 「화랑과 신라의 정치사회-군사적 역할을 중심으로-」 『화랑문화의 신연구』, 문덕사, 1996 및 이종욱, 「신라 화랑도의 활동」 『서강인문논총』 16, 2002 등을 참고할 것.

3 권덕영, 「화랑 관창의 추억」 『新羅史學報』 24, 2012 ; 『한국의 역사 만들기』, 새문사, 2015.

4 강종훈, 「7세기 통일전쟁기 순국 인물 분석-『三國史記』 列傳 7에 실린 新羅 인물들을 중심으로-」 『신라문화제학술발표회논문집』 25, 2004.

실제 사정이 이와 같으므로 화랑도와 전쟁에 대해서 다시금 검토할 필요가 있다. 이에 본 장에서는 첫째로 화랑이나 낭도로서 전쟁에 참여하여 전공을 세우거나 목숨을 잃은 이들에 대하여 살펴볼 것이다. 그들이 전장에 나가 싸운 것으로 말미암아 화랑도를 전사단의 성격을 가진 것으로 해석하고 있는데, 이에 대한 검토가 필요하다. 둘째로 화랑이나 혹은 화랑도에서 활동하다가 양명한 다음 군인으로 전쟁에 나간 인물들에 대하여 알아볼 것이다. 이들은 화랑도 출신으로 전쟁에 참여하였기 때문에 마치 전쟁에 나간 화랑도를 연상시키지만 실제로는 그렇지 않은 경우이다. 그럼에도 기존의 연구에서는 화랑도와 연결하여 설명하는 경우가 대다수이기 때문이다.

이와 같은 검토를 하게 되면 신라 화랑도와 전쟁에 대한 이해에 있어 좀 더 쉽게 다가갈 수 있을 것으로 예상된다. 더 나아가 화랑도와 전쟁을 이해하는 데 조그마한 밑거름이 될 것으로 생각된다.

2. 전쟁터에 나간 화랑도

진흥왕대 및 진평왕대는 삼국 간에 영토 확장을 위한 치열한 전쟁의 시기였다. 이와 같은 상황에서 화랑도의 역할을 주목할 수 있는데, 그들이 전쟁에 참여한 사실을 기록에서 찾아볼 수 있기 때문이다.[5]

먼저 화랑 사다함이 주목된다. 그는 진흥왕대의 화랑으로 대가야전에 참전한 인물로 알려져 있다. 무엇보다 주목되는 점은 화랑도

5 이와 같은 사실과 관련하여 화랑도를 청소년 무사 집단으로 파악하는 경우가 있는데 이는 무리한 이해라고 할 수 있다.

가 만들어진 이후 화랑으로서는 처음으로 전쟁에 참전한 사실을 말해 준다. 그러면 사다함이 전쟁에 참전하게 된 배경부터 살펴보기로 하자.

A-1. 가야가 반란을 일으켰으므로 왕이 이사부에게 명하여 토벌케 하였는데, 사다함(斯多含)이 부장이 되었다. 사다함은 5천 명의 기병을 이끌고 앞서 달려가 전단문(栴檀門)에 들어가 흰 깃발을 세우니 성안의 사람들이 두려워 어찌할 바를 몰랐다. 이사부가 군사를 이끌고 거기에 다다르자 일시에 모두 항복하였다. 전공을 논함에 있어 사다함이 으뜸이었으므로, 왕이 좋은 토지와 포로 200명을 상으로 주었으나 사다함이 세 번이나 사양하였다. 왕이 굳이 주므로 이에 받아 포로는 풀어 양인(良人)이 되게 하고 토지는 군사들에게 나누어 주니, 나라 사람들이 이를 아름답게 여겼다(『삼국사기』 권4, 진흥왕 23년 9월).

A-2. 사다함은 진골 출신으로 나밀왕의 7대손이고, 아버지는 급찬 구리지이다. 본래 고귀한 가문의 후예로서 풍채가 미끈하게 빼어났으며, 뜻과 기개가 곧았다. 당시 사람들이 (그를) 화랑으로 받들기를 청하였으므로 부득이 맡았다. 그 무리가 1천 명에 다다랐으나, 모두의 환심을 얻었다. 진흥왕이 이찬 이사부(異斯夫)에게 명하여 가라국을 습격하게 하였다. 당시 사다함은 나이가 15~16세였는데, 종군하기를 청하였다. 왕은 나이가 아직 어리다 하여 허락하지 아니하였으나 여러 번 진심으로 청하고 뜻이 확고하였으므로 드디어 명하여 귀당비장으로 삼았는데, 그 낭도 중에서 따르는 자 또한 많았다. 그 나라 경계에 이르자 원수(元帥)에게 청하여 그 휘하 군사들을 거느리고 먼저 전단량(旃檀梁)으로 들어갔다. 그 나라 사람들이 뜻밖에 군사가 쳐들어옴을 보고 놀라 막지 못하였으므로, 대군이 승세를 타서 그 나라를 멸하였다. 군사가 돌아오자 왕은 공을 책정하여 가라 사람 300명을 주었다. 이를 받아서

다 놓아 주고 한 사람도 남겨 놓지 않았다. 또 전지를 하사하였으나 군이 사양하였다. 왕이 강권하므로 알천의 쓸모없는 땅만을 주도록 청할 따름이었다. 사다함이 전에 무관랑(武官郞)과 더불어 사우(死友)가 되기를 약속하였는데, 무관이 병으로 죽자 심히 슬프게 울다가 7일 만에 그 또한 죽으니, 그때 나이 17세였다(『삼국사기』 권44, 사다함).

위 A군의 기록을 보면 사다함이 화랑으로서 전쟁에 참여하여 큰 공을 세웠음을 알 수 있다. 다만 A-1의 기록보다는 A-2의 기록이 조금 더 상세할 뿐만 아니라 화랑으로 전쟁에 참여한 것에 대하여 좀 더 잘 알 수 있다. A-2의 기록에 따르면 그는 대략 15세의 나이로 화랑이 되어 일천여 명의 낭도를 거느렸음을 알 수 있다. 그리고 진흥왕에게 가야와의 전쟁에 종군하기를 청하여 허락을 받은 다음 이사부 휘하에서 귀당비장의 직함으로 참전하였음을 알 수 있다.

그런데 여기서 눈여겨 볼 점은 화랑도가 생겨난 이후 그때까지 화랑도가 전쟁에 투입되지 않았다고 하는 사실이다. 사다함이 왕을 찾아가 종군하기를 청하였음에도 어리다는 이유로 허락을 받지 못하였으나 여러 번 청하였기에 왕의 허락을 받은 것이었다. 이는 화랑도가 처음부터 전쟁과는 관련이 없는 조직체였음을 말해 준다.[6]

또한 사다함이 전쟁터로 출정하자 낭도 중에서 따르는 자가 많았

6 이강래는 "화랑도가 본질에 있어 일상적으로 군사적 기능이 기대되는 조직은 아니었음을 의미한다. 본래 군사적으로 출발한 조직이었다면, 그들의 전투 참여가 '請從軍'의 형식이 될 수도 없으려니와, 그 행위가 특기되고, 나아가 전투에서 전사할 경우 다른 전사자들에 비하여 각별히 추념될 까닭도 없는 것이다"라고 하였다(이강래, 『삼국사기 형성론』, 신서원, 2007, 518쪽). 그는 화랑도가 무사단이나 전사 집단이 아니었음을 명확하게 제시한 것이다.

다고 하는 것으로 볼 때 낭도 가운데서 자발적인 참여가 있었음을 알 수 있다. 그러니까 전쟁에 나가지 않은 낭도도 있었음을 헤아려 볼 수 있다. 사다함의 낭도로서 몇 명이나 참전하였는지 알 수는 없으나, A-1의 기록을 보면 오천의 기병을 이끌었다고 한 것으로 보아 많은 수의 낭도가 전쟁터로 나갔음을 말해 준다. 물론 그렇다고 해서 오천의 기병 모두가 낭도였다고 할 수는 없다. 아마도 일부가 포함되었을 가능성이 크다.

이와 같은 점에서 볼 때 화랑도가 생겨난 이후 정복 전쟁의 과정에서 화랑도가 전쟁에서 일정한 역할을 한 것을 알 수 있다. 다만 그것이 국가가 주도하거나 왕의 의도 아래 이루어진 것이 아니라 화랑도가 자발적으로 참전하였다고 하는 점이다. 이렇게 볼 때 화랑도를 마치 전사 집단으로 이해하는 것에는 문제가 있다고 할 수 있다.

그런데 진평왕대에 이르러서는 화랑도가 제도적으로 종군할 수 있는 길이 보장되었고, 또한 전일의 청소년 결사체의 성격에서 벗어나 예비 전사단의 성격으로 탈바꿈한 것으로 파악한 연구가 있다.[7] 이와 같은 이해는 그동안 화랑도가 만들어진 이후 진흥왕대에는 명망군(名望軍)에 참여하였으나 진평왕대에는 소모병의 형태로 편제된 것에서 비롯되고 있다. 결국 진평왕대에 이르러 화랑도는 국가가 요구하는 전사단으로 모습을 갖춘 것으로 파악한 것이다.

그렇지만 진평왕대에도 진흥왕대와 마찬가지로 화랑도는 국가의

7 박남수, 『신라 화백제도와 화랑도』, 주류성, 2013, 413~423쪽. 또한 그는 진평왕대 낭당의 설치를 중시하여 화랑도가 이곳에 배속되어 참전한 것으로 설명하고 있다. 그렇지만 이와 같은 해석은 무리한 것이라 하지 않을 수 없다.

강제력으로 전쟁에 참여하지는 않았던 것으로 볼 수 있다. 기존의 연구에서 밝힌 것처럼 진평왕대는 화랑도가 징집되어 부대에 편성되거나 혹은 천거를 통하여 참전하였던 것으로 파악하는 것은 문제가 있음을 알 수 있다. 다만 이기백이 지적한 것처럼 삼국이 서로 패권을 다투고 있는 상황에서 국가의 단결을 위해 공동체적 관계를 용인하였다[8]라고 하는 점은 주목할 수 있다.

사실 진평왕은 재위 기간 중에 낭당을 설치하였다.[9] 낭당에 대해서는 이미 여러 가지 견해가 있는데 화랑과 낭도를 중심으로 운용되었던 일종의 특수 군제이자 명망군의 형식으로 운용되었다고 한다.[10] 또 다른 견해로는 진평왕대에 낭당을 설치함으로써 잦은 전쟁으로 인한 병력을 보충하고자 화랑도 출신들을 불러 모아 부대를 편성하고 동원하는 시스템을 갖춘 것으로 보고 있다.[11]

그렇지만 실제로 화랑도와 관련한 낭당의 운영은 보이지 않는다. 때문에 진평왕대에 낭당이 설치되었다고 해서 곧바로 그것을 화랑도와 연결시키거나 혹은 화랑도가 전쟁에 참전하였다고 하는 것처럼 설명하는 것은 무리가 있다. 진평왕 이후 중대가 시작되기 전까지 전쟁에서 낭당을 동원했다고 하는 기록이 보이지 않는 것으로 보아 화랑도와 관련시켜 이해하는 것은 잘못된 것이라 할 수 있다.

---

8 이기백, 「신라사병고」 『역사학보』 9, 1957 : 『신라정치사회사』, 일조각, 1974, 270쪽.

9 진평왕 47년(625)에 처음으로 낭당을 설치하였다(『삼국사기』 권40 직관 하 무관).

10 이경섭, 「신라 삼천당의 성격과 추이」 『탐라문화』 59, 2018, 117쪽.

11 박남수, 앞의 책, 2013, 418쪽.

삼국 통일 전쟁기에도 화랑도가 활동한 기록을 찾아볼 수 있다. 화랑 관창의 기록은 화랑이 통일 전쟁에 직접 참여하였음을 보여 주는 중요한 사료이다. 장황하지만 인용해 보기로 하자.

> B. 관창은 신라 장군 품일의 아들로 모습이 우아하였으며, 어린 나이에 화랑이 되어 사람들과 잘 사귀었다. 16세 때 말을 타고 활쏘기에 능숙하였다. 대감인 어느 사람이 태종대왕에게 그를 천거하여 당나라 현경 5년 경신에 왕이 군대를 내어 당나라 장군과 더불어 백제를 칠 때 관창을 부장으로 삼았다. 황산벌에 이르러 양쪽의 군대가 서로 대치하자 아버지 품일이 말하기를 "너는 비록 어린 나이지만 뜻과 기개가 있으니 오늘이 바로 공명을 세워 부귀를 취할 수 있는 때이니 어찌 용기가 없을 손가?" 하였다. … 관창이 말하기를 "아까 내가 적진 가운데 들어가서 장수의 목을 베지 못하고 그 깃발을 꺾지 못한 것이 깊이 한스러운 바이다. 다시 들어가면 반드시 성공할 수 있다" 하고 손으로 우물물을 움켜 마시고는 다시 적진에 돌진하여 민첩하게 싸우니 계백이 잡아서 머리를 베어 말 안장에 매어 보냈다. 품일이 그 머리를 손으로 붙들고 소매로 피를 닦으며 말하기를 "우리 아이의 얼굴과 눈이 살아 있는 것 같다. 능히 왕실의 일에 죽었으니〔能死於王事〕 후회가 없다" 하였다. … 대왕이 급찬의 위계를 주고 예로서 장례를 지내 주었고 그 집에 당나라 비단 30필, 20승포 30필과 곡식 100섬을 내려 주었다(『삼국사기』 권47, 관창).

B의 기록에 따르면 관창이 황산벌 전투에 참전하게 된 계기는 어느 대감의 추천에 의한 것이었고, 태종무열왕의 허락 하에 이루어진 일이었다. 이는 그가 자원하여 전쟁터에 나가지 않았다는 사실을 말해 준다. 이렇게 볼 때 그는 사다함의 참전과 유사한 면도 있고 그렇지 않은 부분도 있다. 즉 사다함은 자원하였으나 관창은 추천에 의한

것이었다는 점에서 다르다. 다만 왕의 허락 하에 출정하였다고 하는 점에서는 같다고 볼 수 있다.

또한 관창이 부친인 품일과 함께 황산벌 전투에 참전한 것으로 보아 이미 진평왕대부터 시작되었던 부자 참전의 형식이 이제는 일상적인 것이 되었음을 알 수 있다. 왜냐하면 이 전투에는 김흠순과 그 아들인 반굴도 함께 참전하였기 때문이다. 이러한 점에서 미루어 볼 때 급박한 전시 상황 하에서는 나이 어린 화랑이나 낭도가 참전할 수 있는 길을 열어주었다고 할 수 있다. 당의 군사력을 이용하여 백제를 상대로 치르는 커다란 전쟁이었기 때문에 필요에 따라 화랑도를 전쟁터로 보내야 했고, 부족한 군대 혹은 군인을 화랑도를 통하여 보충할 수 있었던 것으로 헤아려진다.

그런데 B의 기록에서 주목되는 부분이 있다. 관창의 아버지인 품일이 아들에게 공명을 취하여 부귀를 얻게 될 기회라고 하면서 아들을 전쟁터로 밀어내고 있다는 점이다. 이는 국가를 위하기 이전에 개인적인 명예와 공명을 얻고자 하는 목적이 컸음을 엿볼 수 있다. 아무래도 사다함에 대한 기억을 가지고 있기 때문에 이와 같은 생각을 하게 되었던 것으로 볼 수 있다. 그리고 아들이 죽자 품일은 죽은 아들의 얼굴을 어루만지면서 왕사(王事) 즉 왕실의 일로 죽었다고 하였는데 이는 국가를 위해 목숨을 바친 것으로 이해해도 좋을 것이다.

물론 당시 황산벌 전투에 함께 참전하였던 반굴도 목숨을 잃었는데, 그의 아버지 김흠순은 신하로서의 충성과 아들로서의 효를 강조하였다.[12] 관창과 반굴이 전장에서 목숨을 버린 것으로 보아 당시 출

12 서영교, 「백제멸망전쟁과 김흠순」『영남학』 74, 2020, 169쪽.

정하였던 진골 귀족들이 이 전쟁을 얼마나 중요하게 여겼는가 하는 것을 알 수 있다. 다만 반굴의 경우 화랑으로 보기보다는 화랑도 출신으로 보는 것이 타당할 것이고 이미 화랑도에서는 양명하여 군관직을 가지고 있었던 것으로 헤아려진다.[13]

관창이 죽었다는 소식을 들은 왕은 그를 위해 급찬의 관등을 내려 주었고 예로써 장례를 지내 주었으며, 그 집에 당나라 비단 30필, 20승포 30필과 곡식 100섬을 내려 주었다고 한다. 왕이 이와 같이 조치한 것은 어쩌면 당연한 일이었다고 할 수 있다. 어린 나이에 전쟁터에 나가 목숨을 잃었던 것에 대한 커다란 보상이라 할 수 있을 것이다.[14]

더 나아가 이와 같은 조치는 전쟁터에서 어린 나이로 목숨을 바친 것에 대한 보상일 수도 있지만, 이와 같은 죽음 뒤에는 보상이 뒤따른다는 것을 드러낸 것이나 다름이 없다. 이렇게 보면 진평왕대부터 시작된 아버지와 아들의 전쟁 참여는 화랑도에도 영향을 주었고 관창이 아버지 품일과 함께 전장에 나가는 일은 당연한 것처럼 되었다.

화랑 관창의 이와 같은 전쟁 참전과 죽음은 화랑도가 마치 전사 집단 혹은 무사 집단으로서의 역할을 하였던 것처럼 이해될 수 있지만, 그것은 모든 화랑도에 해당되는 것은 아니라고 하는 점이다. 앞서도 언급하였듯이 삼국 통일 전쟁 기간에 화랑도가 전쟁에 나가 싸운 것은 그다지 많지 않고, 관창은 하나의 특별한 예라고 할 수 있다. 관

13 권덕영, 앞의 책, 2015, 212쪽에서 반굴을 화랑 출신으로 추측하고 있다. 이렇게 볼 때 이미 반굴은 화랑도에서 양명하였음을 알 수 있고, 심지어 그는 이미 아들을 둔 상태에서 전쟁에 참여하였으므로 더더욱 화랑이라고는 믿기지 않는다.

14 반굴의 죽음에 대한 포상은 보이지 않는다. 이는 그가 마땅히 해야 할 일을 하다 죽었기 때문으로 볼 수 있다.

창의 사실을 가지고 화랑도가 전쟁이 일어나면 곧바로 전장으로 달려갔다고 일반화시키는 것은 문제가 있다고 본다.

3. 화랑도에서 양명한 이후 전쟁에 참여

화랑도 출신으로 전쟁터에 나간 인물을 열거하라면 김유신 형제를 제일 먼저 손꼽을 수 있다. 김유신이 화랑으로 활동하였을 때 전쟁터에 나갔다고 하는 기록은 찾을 수 없다. 그렇지만 그는 15세에 화랑이 되어 고구려와 백제의 침략에 의분을 느끼고 두 나라를 평정할 뜻을 품고 중악 석굴과 열박산에 들어가 수련하였다고 한다. 이후 그는 출사하여 고구려 낭비성 공격에 참전하였고, 황산벌 전투에서도 큰 공을 세웠다.

그의 동생인 김흠순도 화랑 출신으로 알려져 있으며 형인 김유신과 함께 황산벌 전투에 참여하였다. 이와 같은 사실에서 볼 때 화랑도 출신으로 전쟁에 참여한 인물들은 꽤 많다고 할 수 있다.

그런데 연구자들에 따라 다르기는 하지만 화랑이나 혹은 낭도로 전투에 참여한 인물로 귀산과 추항을 예로 들기도 한다. 그렇다면 과연 이러한 이해가 옳은 것일까 하는 것에 대해서 다시금 검토해 보기로 하자. 이와 관련하여 아래의 기록부터 살펴보기로 하자.

> C-1. 백제가 아막성(阿莫城)을 공격해 왔으므로 왕이 장수와 사졸로 하여금 맞서 싸우게 하여 크게 쳐부수었으나 귀산(貴山)과 추항(箒項)이 전사하였다(『삼국사기』 권4, 진평왕 24년 가을 8월).
>
> C-2. 귀산은 사량부 사람이다. 아버지는 아간 무은이다. 귀산이 어렸을 적에 같은 부의 사람 추항과 친구가 되었다. 두 사람

이 서로 말하였다. "우리들이 학문이 먼저 있고 덕이 높은 사람과 더불어 놀기로 기약하였으니, 먼저 마음을 바르게 하고 몸을 수양하지 않으면 아마 치욕을 자초할지 모르겠다. 어찌 어진이에게 나아가서 도를 묻지 않을 수 있겠는가?" 이때 원광법사가 수에 들어가 유학하고 돌아와서 가실사에 있었는데, 그때 사람들이 높이 예우하였다. 귀산 등이 그 문에 나아가 옷자락을 걷어잡고 말하기를 "저희들 세속 선비는 몽매하여 아는 바가 없사오니 원컨대 한 말씀을 주셔서 종신토록 지킬 교훈을 삼도록 하여 주시기 바랍니다"라고 하였다. … 진평왕 건복 19년 임술 8월에 백제가 크게 군사를 일으켜 아막성을 포위하니, 왕이 장군 파진간 건품, 무리굴, 이리벌, 급간 무은, 비리야 등으로 하여금 군사를 거느리고 막게 하였는데, 귀산과 추항도 함께 소감직으로 전선에 나갔다. … 적의 넘어진 시체가 들판에 가득하여 한 필의 말, 한 채의 수레도 돌아간 것이 없었다. 귀산 등도 온몸에 칼을 맞아 돌아오는 길에 죽었다. 왕이 여러 신하들과 함께 아나의 들판에서 맞이하여 시체 앞에 나가 통곡하고 예를 갖춰 장례를 치르게 하고, 귀산에게는 관등 나마를, 추항에게는 대사를 추증하였다(『삼국사기』 권45, 귀산).

위의 기록을 보면, 진평왕 24년인 602년에 귀산과 추항이 아막성 전투에서 사망하였다고 한다. 원광 법사로부터 세속 오계에 대한 것을 받은 이후 채 2년도 지나지 않아 죽었기 때문에 그와 같은 생각을 한 것으로 짐작된다. 원광 법사가 진평왕 22년인 600년에 귀국하여[15] 가실사에 머물고 있었을 때 귀산과 추항이 찾아갔던 것이다. 그리고 두 사람이 602년에 죽은 것으로 볼 때 이들이 마치 화랑도의 일원으로서 참전한 것처럼 느껴진다.

15 『삼국사기』 권4, 진평왕 22년

그러나 두 사람은 화랑이나 낭도로서 참전한 것 같지는 않다. 왜냐하면 B-2의 기록에서 볼 수 있듯이 그들이 소감직으로 참전하였다고 하기 때문이다. 두 사람이 화랑이나 낭도였는지 확인하기는 어려우나 소감직으로 전선에 나갔다고 한 것으로 볼 때 이미 화랑도에서 양명한 이후였을 것이다. 소감직은 대감 아래의 무관직이므로 군대에서 일정한 직위였다고 할 수 있다. 따라서 두 사람은 화랑이나 낭도로서 아막성 전투에 참전한 것이 아니라 화랑도에서 벗어나 있었고 군관으로 참전하였다고 볼 수 있다.

여기서 주목할 만한 사실은 C-2의 기록에서 볼 수 있듯이 귀산이 아버지 무은과 함께 참여한 것이다. 아버지와 아들이 나란히 한 전투에 참여하였다고 하는 것으로 볼 때 적어도 집안의 명예를 염두에 둔 행위였다고 해도 좋지 않을까 싶다. 그리고 낭도가 부친과 함께 전쟁에 참전한 이와 같은 전통은 이후 계속해서 이어졌다. 어쨌든 귀산과 추항은 화랑이나 낭도로서 아막성 전투에 참전한 것이 아니라 화랑도에서 양명한 이후 군관직을 가진 채 참여한 것임을 분명히 알 수 있다.

다음으로 김흠운을 화랑도에 몸담고 있는 상황에서 전쟁터에서 용감하게 싸우다 죽은 것으로 이해하는 경우가 많은데, 이에 대해서 자세하게 살펴보기로 하자. 그는 기존의 연구에서 화랑도와 전쟁을 얘기할 때 빠지지 않고 등장한다. 이렇듯 김흠운을 낭도로서 전쟁에 출정한 것처럼 이해하게 된 것은 김부식의 사론에서 말미암은 것이었다고 할 수 있다. 김흠운 열전에 이은 김부식의 사론에서는 김대문의 말을 인용하였는데, "삼대의 화랑이 무려 200여 명이었는데 훌륭한 이름과 아름다운 일은 모두 전기와 같다. 흠운 같은 자는 또한 낭도로서〔若歆運者 亦郎徒也〕 능히 왕사(王事)에 목숨을 바쳤으니, 그 이름을 욕되게 하지 않은 자라고 할 수 있다"라고 하였다.[16]

이와 같은 기록을 통해서 많은 연구자가 김흠운을 화랑도의 일원으로 인식하였고 더 나아가 낭당의 대감으로 참전한 것으로 미루어 마치 화랑도가 전쟁에 참여한 것처럼 이해한 것이다. 그러면 그가 화랑도의 일원으로서 출정하였는지에 관해서 검토해 보기로 하자.

> D. 김흠운은 나밀왕의 8세손이다. 아버지는 잡찬 달복이다. 흠운이 어려서 화랑 문노의 문에서 놀았는데 당시의 무리들이 아무개는 전사하여 이름을 지금까지 남겼다고 말하자 흠운이 슬퍼하여 눈물을 흘리며 격동하여 그와 같이 되려고 하니 동문의 승려 전밀이 말하기를 "이 사람이 만약 전쟁에 나가면 반드시 돌아오지 않을 것이다" 하였다. 영휘 6년 태종 대왕이 백제가 고구려와 더불어 변방을 막자 이를 치고자 하여 군사를 출동할 때 흠운을 낭당 대감으로 삼았다. 이에 그는 집 안에서 자지 않고 비바람을 맞으며, 병졸과 더불어 고락을 함께 하였다. 백제 땅 양산 아래에 군영을 설치하여 조천성을 공격하고자 하였는데 백제인들이 밤을 틈타서 민첩하게 달려와 새벽녘에 성루를 따라 들어오니 우리 군사가 놀라 엎어지고 넘어져 진정시킬 수가 없었다. 적들이 혼란을 틈타서 급하게 공격하니 나는 화살이 비오듯 하였다. … 따르던 자들이 말고삐를 잡고 돌아가기를 권하였으나 흠운이 칼을 뽑아 휘두르며 적과 싸워 몇 사람을 죽이고 그도 죽었다. 이에 대감 예파(穢破)와 소감 적득(狄得)이 서로 더불어 함께 전사하였다(『삼국사기』권47, 김흠운).

위의 D의 기록을 보면 태종무열왕 2년인 655년에 벌어진 조천성 전투에서 김흠운이 낭당 대감이 되어 출정하였다가 전사하였다고 한

16 『삼국사기』 권47, 열전7 김흠운

다. 여기서 관심을 가질 점은 김흠운이 낭당 대감이 되어 출정하였다는 사실일 것이다. 흠운이 출정하였을 때 대감 2인, 소감 1인, 감사지 1인, 보기당주 1인의 군관 조직을 갖추었다.[17] 이와 같은 군관 조직을 갖춘 것으로 볼 때 낭당 대감으로 출정한 김흠운은 낭도의 신분으로 출정한 것이 아니라 이미 화랑도를 떠나 벼슬을 가진 상황에서 이와 같은 전투를 치루었던 것으로 볼 수 있다.[18] 그리고 그가 대감으로서 활동하였다고 하는 사실에서 볼 때 상급 지휘관이었음도 알 수 있다. 대감이 장군직 아래에 두었던 무관직이고 나마로부터 아찬의 관등을 가진 자가 임명되었음을 볼 때 낭도로서 이와 같은 지휘관이 되었다고 하는 것은 쉽사리 이해하기 힘든 것이다.

더욱이 김흠운이 출정하였을 당시의 나이도 알 수 있다면 그가 화랑도의 일원으로서 출정한 것이 아니었음을 확인할 수 있을 것이다. D의 기록에서 그의 나이를 추정할 수 있는 근거를 찾기는 힘드나, 문노의 문하라고 한 것으로 볼 때 화랑 문노를 받드는 화랑도의 낭도였다고 생각할 수 있다.[19] 문노가 화랑으로 활동하던 시기는 훨씬 이전이므로 그를 가지고서는 시기를 파악하는 것이 어렵기 때문에 김흠운이 나물왕의 8세손이라고 한 것을 주목하는 것이 도리어 필요할 것이다. 나물왕이 356년에 즉위하였고 김흠운이 그의 8세손이라고 하였을 때 대략 240년이 경과한 것으로 볼 수 있기 때문이

17 이문기, 『신라병제사연구』, 일조각, 1997, 204쪽.

18 이종욱은 "김흠운은 655년 전투에 참여할 때 낭당 대감이었던 사실로 미루어 어쩌면 화랑도에서 양명을 한 후에 전쟁에 나간 것일 가능성이 있다" 라고 하였다(이종욱, 앞의 논문, 1996, 634쪽).

19 제2부 제3장의 화랑도와 승려를 참고할 것.

다. 그렇다면 그는 대략 진평왕대의 중반기나 후반기에 활동하던 화랑이었음을 알 수 있다.

이와 같은 판단이 틀리지 않는다면 김흠운은 진평왕대의 중후반기에 화랑 문노를 받드는 화랑도에서 활동하던 낭도였음을 알 수 있다. 그렇다고 한다면 태종무열왕대에 김흠운의 나이는 거의 30세 이상이 되었을 것이다. 따라서 김흠운은 화랑도의 일원으로서가 아니라 군관직을 가지고서 전투에 참전하였음을 알 수 있다.

결국 진평왕대에 이르러 군사 조직 체계가 바뀌었다고 해서 낭도들이 국가의 명을 받아 전장으로 나간 것은 아니라고 하는 점이다. 이를 설명하기 위해 장황하게 사료를 인용하였는데 낭당이라고 해서 화랑도와 밀접한 관계에 있는 군관 조직으로 단정하는 것은 무리가 있음을 알 수 있다. 사실 진평왕대에 낭당이 만들어졌어도 실제 낭당이 활동하는 것은 태종무열왕 2년의 기록이 처음이다.[20] 따라서 진평왕대에 낭당이 만들어졌다고 하더라도 실제로 전투에 참전한 것은 훨씬 뒤의 일임을 알 수 있는 것이다. 그의 나이로 보아도 그렇고 실제 군사 조직의 서열에서 볼 때도 그는 이미 화랑도에서 양명한 다음 군인으로 활동하였음을 엿볼 수 있다. 그러니까 화랑도 출신으로 이미 군관직을 가지고 전쟁에 참여한 것이라 할 수 있다.

한편 『삼국사기』 권47, 열전7에 보이는 인물들 가운데 몇 명을 화랑도와 연결시켜 설명하는 경우가 있다. 예컨대 해론(奚論)을 들 수 있다. 기존의 연구에서는 그를 화랑으로 파악하고 있는데[21] 그에 대

---

20 이문기, 앞의 책, 1997, 268쪽의 〈표 3-8〉의 '군사 활동을 전개한 중고기의 군사조직'을 참고할 것.

21 홍순창, 앞의 논문, 1996, 164쪽.

한 기록을 좀 더 찾아보면 그는 과거에 화랑이었던 인물임을 알 수 있다.

해론은 나이가 20세 무렵 아버지 공으로 대나마가 되었다고 한다. 그의 아버지 찬덕은 백제군의 침공으로 진평왕 32년(610)에 죽었는데 이에 대한 포상을 아들이 받았다. 해론은 진평왕 40년(618) 백제군과의 가잠성 전투에서 죽었다. 이러한 사실에서 볼 때 해론이 20세가 되었다고 하는 점과 금산 당주가 되었다고 하는 점으로 미루어 볼 때 그는 이미 화랑도에서 벗어나 있었음을 알 수 있다. 따라서 그를 화랑으로 보는 것은 문제가 있다. 좀 더 정확하게 말한다면 그가 상으로 받은 관등이 대나마인 것으로 미루어 볼 때 그는 진골이 아니라 5두품 정도의 신분이었다고 해도 좋을 것이다.

다음으로 황산벌 전투에서 사망한 반굴에 대하여 주목해 보기로 하자. 이와 관련하여 다음의 기록을 살펴보자.

> E. 김영윤(金令胤)은 사량 사람으로 급찬 반굴의 아들이다. 할아버지인 각간 흠춘〈또는 흠순이라고도 하였다〉은 진평왕 때 화랑이 되었는데, 어짐이 깊고 신뢰가 두터워 뭇 사람들의 마음을 얻었다. … 태종대왕 7년 경신(660)에 당나라 고종이 대장군 소정방에게 명하여 백제를 치게 하였을 때 흠춘이 왕명을 받들어 장군 유신 등과 함께 정예 군사 5만을 이끌고 나갔다. 가을 7월 황산벌에 이르러 백제 장군 계백을 만나 싸움이 불리해지자 흠춘이 아들 반굴을 불러 말하였다. "신하로서는 충성이 제일 중요하고 자식으로서는 효가 제일 중요하다. 위험을 보고 목숨을 바치면 충과 효가 모두 이루어진다." 반굴이 "예! 그렇게 하겠습니다." 하고는 적진에 들어가 힘껏 싸우다가 죽었다. 영윤은 대대로 고관을 지낸 집안에서 태어나 성장하였으므로 명예와 절개를 자부하였다. … 드디어 적진에 나가 싸우다가 죽었다. 왕이

> 이를 듣고 슬퍼하여 눈물을 흘리면서 말하기를 "그런 아버지가 없었으면 이런 자식이 있을 수 없다. 그 의로운 공이 가상하다." 하고는 벼슬과 상을 후하게 추증하였다(『삼국사기』 권47, 김영윤).

위의 기록을 보면, 반굴은 김흠춘의 아들이면서 김영윤이라는 아들이 있었음을 알 수 있다. 반굴의 아버지인 김흠춘이 진평왕대에 화랑이 되었다고 한 것으로 볼 때 아들인 반굴도 화랑도에서 활동하였을 가능성이 크다. 더구나 김흠춘은 김유신의 친동생이므로 반굴에게 있어 김유신은 백부가 된다. 이러한 점에서 미루어 볼 때 반굴은 화랑도와 불가분의 관계에 있었음을 추측할 수 있다.

그런데 반굴이 황산벌 전투에서 순국할 당시 어떤 직위나 직함을 가지고 있었는지는 알 수 없다. 그래서 그를 화랑으로 파악하기도 하나 이러한 견해는 수용하기 어렵다. E의 기록에서 볼 수 있듯이 그가 전장에서 목숨을 잃었을 때 이미 왕경에 아들인 김영윤을 두고 있었기 때문이다. 이렇게 볼 때 그는 화랑도에서 물러나 관직에 진출해 있었다고 단정해도 무리한 해석은 아니라고 할 수 있다. 그는 아버지 김흠춘과 함께 황산벌 전투에 참전하였는데, 어린 나이였다거나 혹은 왕의 허락을 받고 참전했다고 하는 기록이 없는 것으로 볼 때 화랑도에서 활동한 이후 일정한 군관직에 있었던 것이 아닌가 싶다. 따라서 반굴은 화랑이나 낭도로서가 아니라 일정한 관직을 가지고 있으면서 황산벌 전투에 아버지와 함께 참전할 것으로 볼 수 있다.

이제 반굴의 아들인 김영윤을 주목해 보기로 하자. 반굴이 황산벌 전투에서 사망하였기에 김영윤은 아버지 없이 성장했다고 할 수 있다. 그리고 김영윤이 화랑을 지냈는지는 알 수 없다. 다만 할아버지인 김흠춘이 화랑이었음을 염두에 두면, 그도 화랑도와 밀접한 관련이 있었을 것임은 어렵지 않게 짐작할 수 있다. 그는 신문왕대인 684년에 보덕국의 잔여 세력이 반란을 일으켰을 때 황금서당의 보기감으로 출정해 용감하게 싸우다가 죽었다.

다만 여기서 주목할 점은 그가 화랑으로 출정한 것은 아니었고 화랑도 출신이었을 가능성이 높다고 하는 점이다. 그의 아버지가 660년 황산벌 전투에서 사망하였는데 그가 그때 태어났다고 해도 그가 684년에 죽었으므로 이미 스무 살을 넘긴 나이였다. 대략 20대 중반의 나이였음을 감안하면 화랑도 출신으로 보는 것이 온당할 것이다. 김영윤이 전장에서 이와 같은 죽음을 선택한 것은 화랑도 가문이라는 것과 밀접한 관련이 있지 않을까 싶다. 그가 출정을 한 것도 이러한 집안의 전통과 무관하지 않았을 것이다.

또한 그가 전장에 나갔을 때 진격을 말리는 사람에게 "전쟁에 임하여 앞으로 나아감이 있을 뿐 물러남이 없는 것은 사졸의 떳떳한 분수이다"라 하였고, 명예와 절개를 지키기 위하여 적진에 나아가 싸우다 전사한 것으로 미루어 볼 때 화랑도에서 활동하였음을 충분히 유추해 볼 수 있다. 아무래도 화랑도에서 임전 무퇴의 정신을 수양하였기 때문이었을 것이다.

이와 같이 볼 때 기존에 알고 있던 것과 달리 화랑도에서 양명한 이후 군인으로 활동하다가 전쟁에 참여한 인물이 많았음을 알 수 있다. 화랑이나 낭도로서 출정하기보다는 화랑도에서 양명한 이후 출정하여 명예롭게 죽음을 맞이하여 이름을 남겼는데 이들을 모두 화랑이나 낭도로 기억하는 것은 잘못된 이해라 할 수 있다.

4. 소결

과거 군사 정권 시절에 사다함이나 관창 등이 전쟁에 참전한 사실을 적극 이용하여 애국심을 고취하는 방편으로 활용하기도 하였다.[22] 당시 그러한 교육을 받았던 사람들은 지금도 화랑도가 마치 전사 집단으로서 활동한 것처럼 생각하고 있으며 당연하게 여기고 있다. 그렇지만 앞서 보았듯이 화랑도가 만들어진 이후 곧바로 전쟁에 참여하였다고 단정하는 것은 무리가 있음을 알 수 있었다. 더구나 사다함이나 관창 등은 왕의 허락을 받고서야 전쟁터에 나갈 수 있었다. 이러한 점으로 볼 때 화랑도를 전쟁과 직접적으로 연결하여 이해하는 것은 잘못된 것임을 알 수 있다.

또한 7세기에 치열하게 진행되었던 삼국 통일의 전쟁에서 화랑이나 낭도가 참전하였던 것으로 설명한 기존의 연구는 문제가 많다고 하는 것도 알아보았다. 김흠운은 이미 화랑도에서 양명한 다음 조천성 전투에서 사망하였는데 그가 화랑도 출신이라고 하는 것에 방점을 두었기 때문에 마치 화랑으로 인식하게 된 것이다. 그리고 『삼국사기』 권47의 열전7에 보이는 인물들 모두가 나라를 위해 목숨을 바친 인물들로 나타나 있지만 실제 그들이 전부 화랑도와 관련된 것은 아니었다. 도리어 화랑도와는 무관한 인물이 더 많았다고 하는 점에서 주목할 수 있다.

---

22 박성현, 「박정희 정권의 '화랑도(花郎道)' 교육-내용의 연원과 관철의 방식-」『역사와 현실』 96, 2015가 참고된다.

3장

화랑도 양명과 사적 결속

1. 머리말

화랑도 집단에서 화랑과 낭도는 서로 밀접한 관계를 유지하였다. 물론 화랑과 개별 낭도 사이에 친소 관계가 있었을 것이지만 화랑도에서 양명한 다음 성인이 되어 사회 활동을 하는 중에도 두 사람은 불가분의 관계가 있었다. 성인이 된 화랑이 성인이 된 낭도에 관해서 어떻게 관심을 가졌는가에 따라 성인이 된 낭도의 출사뿐만 아니라 직책까지도 결정되었기 때문이다.[1] 화랑도 시절에 맺어진 두 사람의 관계는 성인이 되어서도 지속되었기 때문에 두품 신분으로서는 이와 같은 사적 결속이 매우 중요한 것이었다고 해도 과언이 아니다.

---

1 이종욱은 "현역 화랑도를 떠난 사람들 사이에 정치적·사회적·경제적인 면에서 서로 돕고 이끌어 주는 관계로 발전하지 않았을까 짐작해 본다"라고 하였다(이종욱, 「신라 화랑도의 조직과 변천」『화랑문화의 재조명』, 신라문화선양회, 10, 1989, 257쪽).

이와 같은 사실에 관하여 앞선 연구자들이 관심을 가지고 언급은 하였으나,[2] 성인이 된 화랑과 낭도의 사적 결속이 신라 전시기를 관통한 것인지 아니면 시기에 따른 변화가 있었는지 등에 관해서는 자세하게 살피지 못하였다. 또한 그와 같은 변화가 있었다면 그 이유가 무엇인지에 대해서도 구체적인 분석이 제대로 이루어지지 못하였다.

이에 본 장에서는 먼저 중고기 화랑도에서 양명한 성인 화랑과 낭도의 사적 결속에 대해서 검토해 보기로 하겠다. 두 사람 사이에 이와 같은 사적 결속이 유지될 수 있었던 이유가 무엇이며 그러한 사적 결속을 하게 된 이유에 대해서도 설명이 필요하다. 다음으로 통일 전쟁 이후 화랑도에서 양명한 사람들의 사적 결속이 중고기와는 어떻게 달라졌는가 하는 것에 관하여 살펴보려고 한다. 왜 이와 같은 변화가 일어났으며 변화의 원인을 어디에서 찾을 수 있을까 하는 것에 대해서 더듬어 볼 것이다. 마지막으로 신라 하대에는 두 사람의 사적 결속이 더 강화되었으며 실제적으로 국가나 국왕보다는 진골 귀족 개인에게 더 충성하는 관계로 바뀌었는데 그 이유가 어디에 있었는가 하는 것에 대해서 알아보기로 하겠다.

이상과 같은 검토가 이루어지면 화랑도에서 양명한 이후 성인이 된 화랑과 낭도의 사적 결속 관계에 대해서 좀 더 자세하게 알 수 있을 것으로 생각된다. 그리고 신라 왕경인 가운데 두품 신분이 화랑도

---

2 삼품창영, 『신라화랑의 연구』, 1943 : 이원호 역, 『신라화랑의 연구』, 1995, 166쪽 ; 김철준, 「삼국시대 예속과 유교사상」 『한국고대사회연구』, 지식산업사, 1975, 211쪽 ; 노태돈, 「나대의 문객」 『한국사연구』 21·22합집, 1978 : 『한국고대사의 이론과 쟁점』, 집문당, 2009, 261~267쪽 ; 주보돈, 「신라 화랑도 연구의 현황과 과제」 『계명사학』 8, 1997, 115쪽 등을 참고할 것.

에서 양명한 이후 무엇을 얻고자 하였는가에 관해서도 좀 더 잘 알 수 있게 되기를 기대한다.

2. 중고기 사적 결속의 실상

화랑과 낭도와의 관계는 화랑도에서 활동하던 시기에서만 끝난 것이 아니라 성인이 된 이후에도 지속되었다. 그렇다면 어떠한 이유로 그러한 사적 결속이 계속해서 유지되었는가 하는 것인데 다음의 기록을 통해서 알아보기로 하자.

> A. 처음에 득오곡이 (죽지)랑을 사모하여 노래를 지었으니 이렇다(『삼국유사』 권2, 기이2 효소왕대 죽지랑).

위의 기록은 효소왕대에 득오가 죽지랑을 위해 사모하는 노래 즉 '모죽지랑가'를 지었음을 알려준다. 득오가 효소왕대에 죽지랑을 위해 이와 같은 모랑가를 지은 것은 화랑도에서 낭도로 활동하던 젊은 시절에 죽지랑이 그를 아낀 것을 잊지 못하였기 때문이다. 따라서 득오가 모랑가를 지었을 때 죽지는 이미 많이 늙어 정치적으로 활동하기가 곤란하였거나 혹은 사망하였음을 추측할 수 있다.

죽지랑과 득오가 화랑도에서 함께 활동하던 시기는 진평왕대로 알려져 있다.[3] 이때의 일은 죽지랑과 득오 등으로 구성되었던 화랑도와 익선 사이에서 벌어진 것이다. 익선이 낭도 득오를 마음대로 데려

3 이종욱, 「삼국유사 죽지랑조에 대한 일고찰」『한국전통문화연구』 2, 1986, 206~210쪽.

가 노역을 부과하자 화랑인 죽지랑이 익선에게 득오의 휴가를 청하였으나 익선이 허락하지 않았다. 이에 뇌물을 주어 득오의 휴가를 얻어 내었다고 한다. 그런데 이와 같은 일이 조정에 알려지게 되자 익선은 도망하였고 대신 그의 아들이 죽음을 맞이하였다.

이 내용을 통해 엿볼 수 있는 사실은 화랑인 죽지랑이 휘하의 낭도에 대해서 무척이나 관심을 기울였다는 것을 알 수 있다. 이와 같은 화랑과 낭도 사이의 인간 관계는 두 사람이 화랑도에서 양명한 후에도 지속되었다는 점이다.

화랑에서 양명한 죽지는 진덕왕대에 집사부가 설치되었을 때 그 부서의 장인 중시에 임명되었다.[4] 또한 그는 통일 전쟁 과정에서 김유신 휘하에서 활동하였고, 문무왕 11년(671)에는 장군으로 출정하여 백제 가림성의 벼를 짓밟았으며, 당나라 군사와 싸워 큰 전공을 세웠다.[5] 이와 같은 죽지의 활동으로 미루어 볼 때 그는 김춘추와 김유신 세력과 밀접한 관계에 있었음을 헤아려 볼 수 있다.

득오가 죽지랑을 위한 노래를 지었을 때의 관등이 급찬인 것으로 미루어 볼 때 그는 6두품이었을 가능성이 크다.[6] 그렇다면 그가 낭도로 있으면서 익선에게 불려갔을 때는 급찬의 관등을 가지지는 못하였을 것이다.

이와 같은 사정을 염두에 두면 득오는 죽지 아래에서 출사하였을 것이다. 그리고 그는 효소왕대에 죽지를 위한 향가를 지었다고 생각

4 『삼국사기』 권5, 진덕왕 5년

5 『삼국사기』 권7, 문무왕 11년 여름 6월

6 이종욱, 앞의 논문, 1986, 210쪽.

된다.[7] 이는 두 사람의 사적 결속이 화랑도 시절부터 시작되어 죽지의 죽음 앞에서까지 계속되었음을 말해 준다고 할 수 있다.

화랑도에서 맺어진 두 사람 사이의 관계가 평생 동안 지속되었다고 볼 수 있는데 이렇게 된 데에는 화랑도가 중요한 시발점이 되었다고 할 수 있다. 그리고 무엇보다 중요한 점은 죽지가 선덕왕 및 진덕왕대를 거쳐 태종무열왕 시기에 왕성하게 활동하였으며, 문무왕 11년에는 이찬으로 장군이 되어 백제와 결합한 당군을 물리치는 데 큰 역할을 한 것으로 나타나 있다. 이와 같은 사실에서 볼 때 전쟁 시기에 활동하였던 두 사람의 사적 결속이 다른 시기보다 더 강하게 나타날 수밖에 없었을 것으로 생각된다. 다시 말해서 평상시보다 전쟁 시기에는 같은 화랑도에서 활동하였던 경험이 성인이 된 이후에 사적 결속을 더욱 강화하는 중요한 밑거름으로 작용하였다고 하는 점이다. 이는 다음과 같은 기록을 통해서도 충분히 입증이 가능할 것이다.

> B. 김유신이 말하기를 "당나라 군대의 식량 부족이 심할 터이니 마땅히 먼저 알려야겠다."라고 하고 보기감 열기(裂起)를 불러 말하였다. "내가 젊어서 그대와 놀 때 너의 뜻과 절의를 알았다. 지금 소(정방) 장군에게 소식을 전해야겠는데 적당한 사람을 찾기가 어렵다. 네가 가지 않겠는가?" 열기가 말하였다. "제가 비록 어리석으나 외람되이 중군직을 맡았고, 하물며 장군님이 시키신다면 비록 죽는 날도 살아 있는 때와 같다고 여기겠습니다." 드디어 힘센 군사 구근(仇近) 등 15명을 데리고 평양으로 가서 소장군을 만나 말하니 … 이에 답서를 보내니 열기가 다시

7 서정목, 『향가 모죽지랑가 연구』, 서강대학교 출판부, 2014, 319쪽에서 죽지 장군이 사후 초상 때의 장례 의식에서거나 소상 날을 맞아 추모하는 의식에서 낭도들의 대표로 선택된 득오가 지어 부른 것으로 보았다.

이틀이 걸려 되돌아 왔다. 유신이 그 용기를 가상히 여겨 급찬의 관등을 주었다. 군사가 서울에 돌아와 유신이 왕에게 고하기를 "열기·구근은 천하의 용사입니다. 신이 우선 급찬의 위계를 주었는데 그 공로에 비하면 미흡합니다. 바라건대 사찬의 위계를 가하여 주십시요!" 하니 왕이 말하기를 "사찬의 지위는 지나치지 않겠습니까?" 하였다. 유신이 두 번 절을 하고 말하기를 "벼슬을 공기(公器)로 공에 보답하여 주는 것이니 어찌 지나치다고 할 수 있겠습니까!" 하니 왕이 허락하였다(『삼국사기』 권42, 김유신 중).

위의 기록은 전쟁 중에 김유신 휘하의 열기가 목숨을 아끼지 않고 그의 명령을 수행한 것에 관한 것이다. 그리고 열기의 전공으로 말미암아 김유신이 문무왕에게 벼슬을 높여 줄 것을 요청한 사실도 말해 준다. 내용을 좀 더 살펴보면, 김유신이 문무왕의 명을 받아 소정방 군에게 식량을 전달하는 과정에서 두 사람이 나눈 대화의 내용이 주목되는데, 그는 화랑 시절에 낭도였던 열기와 더불어 생활하여서 일찍부터 알고 지내던 사이였음을 헤아려 볼 수 있다.[8] 그리고 이후에도 두 사람의 관계는 지속되어 같은 군진에서 활동하고 있었다. 열기가 김유신의 명령을 받은 이후 '외람되이 중군직을 맡았다' 라고 하여 현재 군대 내에서 그의 위치를 드러내고 있는데, 이는 김유신의 추천으로 그와 같은 직위에 올랐음을 추측케 한다.

열기와 구근이 김유신의 명령을 수행한 이후 급찬의 관등을 받았으며, 서울로 돌아온 이후 김유신의 추천으로 왕으로부터 사찬의 관

8 열기의 연령으로 보아 김유신의 낭도로 보기에는 석연치 않은 점도 있다(노태돈, 앞의 책, 2009, 261쪽).

등까지 받았다. 문무왕이 김유신에게 두 사람의 포상에 있어 사찬의 관등이 과하다고 한 것으로 미루어 볼 때 두 사람은 급찬의 관등이 적절하였을 수도 있다. 그러나 김유신이 왕에게 사찬의 관등을 내려줄 것을 요청하여 결국에는 왕의 허락을 받았는데, 이는 김유신과 그들과의 사적 결속을 잘 보여 주는 전형이라 할 수 있다. 특히 전쟁터에서는 이와 같은 사적 결속이 다른 시기보다 더 끈끈한 관계로 지속되고 발전되었음을 말해 준다고 할 수 있다.

김유신의 입장에서는 과거 젊은 시절부터 열기의 사람됨이 어떠하다는 것을 헤아렸을 것이고, 열기의 입장에서는 과거 모시던 화랑이 현재 어떤 위치에 있는 사람이라는 것을 잘 알고 있었기 때문이다. 더구나 열기는 현재 모시고 있는 상사에 대한 충성을 드러냄으로써 그것이 곧 국가를 위한다는 것과 아울러 그것이 자신에 대한 보상으로 이어지리라는 것을 너무나도 잘 알고 있었을 것이다. 결국 중고기에 탄생한 화랑도가 인재 선발이라는 측면에서 볼 때 실제로 그러한 역할을 하고 있음을 알 수 있다. 비록 그것이 사적 결속을 통해 구현되고 있기는 하지만 인재를 선발하여 국가에 충성하도록 하였다는 점에서는 의미가 있다고 하겠다.

3. 통일 후 사적 결속의 약화

중고 시기와 통일 전쟁 시기를 거치면서 이와 같이 발전한 화랑도 출신 성인의 사적 결속은 계속해서 사회적 관행으로 지속되었을까 궁금해진다. 이러한 의문을 해결하는 데 있어 다음과 같은 기록이 도움을 주고 있다.

C-1. 후에 (김)유신의 아들 삼광(三光)이 집정하였을 때 열기가 그에게 가서 군태수를 청하니 허락하지 않았다. 열기가 기원사(祇園寺)의 승려 순경(順璟)에게 말하기를 "나의 공이 큰데 군사를 청하여 허락받지 못하였으니, 삼광이 자기 아버지가 죽었다고 하여 나를 잊은 것이 아니겠는가?" 하였다. 순경이 삼광을 설득시켜 삼년산군(三年山郡) 태수를 주었다(『삼국사기』 권47, 열기).

C-2. 구근(仇近)은 원정(元貞)공을 따라 서원경(西原京)에 술성을 쌓았다. 원정공이 다른 사람의 말을 듣고 (구근이) 일을 게을리 한다 하여 곤장을 때렸다. 구근이 말하기를 "나는 일찍이 열기와 더불어 죽음을 헤아릴 수 없는 곳에 들어가 대각간(大角干)의 명령을 욕되게 하지 않았고, 대각간은 나를 무능하다고 하지 않고 국사(國士)로 대접하였는데 지금 뜬소문을 듣고 나를 벌주니 평생의 치욕이 이보다 더 큰 것이 없다." 하였다. 원정이 이 말을 듣고 평생 동안 부끄러워하고 후회하였다(『삼국사기』 권47, 구근).

위의 두 기록을 보면, 열기와 구근이 김유신 사후에는 사적 결속에 있어 문제가 발생하였음을 알 수 있다. C-1의 기록에서는 열기가 유신의 아들 삼광을 찾아가 군태수의 자리를 요청하였으나 거절당하였다고 한다. 그래서 열기는 기원사의 승려 순경을 찾아가 사정을 설명하였고, 순경이 삼광을 설득하여 삼년산군의 태수가 될 수 있었다.

이와 같은 사실에서 미루어 볼 때 몇 가지 점을 생각해 볼 수 있다. 첫째로는 열기가 모시던 김유신이 죽은 이후 그의 아들인 삼광까지 찾아간 것으로 볼 때 사적 결속이 아버지에게서 아들까지도 이어지고 있다는 점이다. 열기가 삼광을 찾아가 군태수 자리를 부탁하였던 것에서 알 수 있다. 다음으로 삼광은 김유신의 아들이므로 열기에 대해서 잘 알고 있었을 것이나 군태수 자리를 요구한 것에 대하여 거절한 것은 사적 결속이 열기와 김유신만의 관계 속에서 유효하다는 것을 의미하는 것으로 볼 수 있다. 삼광이 열기의 요청을 거절한 것은 여러 가지 이유가 있을 것이나 아무래도 아버지 김유신과 관계된 사적 결속이므로 본인과는 거리가 있음을 말하는 것으로 볼 수 있다. 그럼에도 순경을 통해 열기의 요청이 받아들여진 것은 승려 낭도의 역할을 짐작해 볼 수 있다. 순경이 승려 낭도였다고 하는 기록은 없으나 열기가 일부러 순경을 찾아가 그와 같은 부탁을 하게 된 것은 순경이 과거 삼광이 이끄는 화랑도의 승려 낭도가 아니었을까 하는 짐작을 할 수 있다. 셋째로는 열기가 군태수의 자리를 요구하였는데 삼광이 삼년산군에 자리를 마련해 준 것으로 볼 때 진골 귀족의 영향력이 컸다는 것을 알 수 있다.

C-2는 열기와 함께 김유신 휘하에서 활동하였던 구근이 후일 김유신의 셋째 아들인 원정 아래에서 성을 쌓는 일을 하던 중에 게으르다는 이유로 매를 맞았고, 그것에 대한 분함을 드러냈다. 구근이 김유신 휘하에서 활동할 때는 국사의 대접을 받았으나 그의 아들인 원정으로부터는 제대로 대접을 받지 못하였음을 알 수 있다. 이와 같은 사실은 김유신이 죽은 이후 그의 휘하에서 활동하던 사람들이 원정과의 사적 결속력에서는 친밀도가 느슨해졌음을 말해 주는 것으로 이해할 수 있다. 그럼에도 주목되는 점은 열기나 구근이 전부 김유신의 아들과 밀접한 관계 속에 있었다는 사실이다.

화랑도에서 시작된 관계가 성인이 된 이후에도 지속되었고, 두품 신분의 사람들은 심지어 모시던 사람이 죽은 뒤에도 그 아들까지 이어서 관계를 유지하고 있다는 점에서 주목할 만한 일이라고 할 수 있다. 다만 사적 결속이 화랑도에서 출발해 성인이 된 이후에도 지속되었으나 당사자 가운데 한 사람이 사망한 이후에는 그러한 결속 관계가 느슨해지는 모양을 보이고 있다. 특히 화랑 출신인 진골 귀족이 사망한 이후에는 더욱 그러하였음을 알 수 있다.

이러한 점이 신라 중대에 이르러 나타나고 있는데, 이에 대하여 중대 귀족이 문객 양성에 크게 주력하지 않았다는 일면을 보여 주는 것으로 이해하기도 하였다.[9] 그렇지만 이러한 해석에 관하여 쉽사리 동조하기는 힘들다. 이미 언급하였듯이 열기나 구근이 김유신의 아들을 찾아갔다고 하는 사실에서 그렇다. 이는 이미 한 세대가 바뀌었다는 점을 고려하지 않은 결과라 할 수 있다. 아무리 아버지와 밀접한 관계에 있었던 사람이라고 하더라도 아들로서는 그들에 대한 태도가 달라질 수밖에 없었을 것이다. 삼광이나 원정이 열기와 구근을 밀접하게 대하지 않게 된 것은 이미 두 사람이 구시대의 사람이라고 하는 점일 것이다. 삼광이나 원정은 화랑도 출신이었을 가능성이 높다. 그렇다고 한다면 그들에게는 이미 책임을 져야 할 사람들인 문객이 있었을 것이고 그들에게 더 관심을 기울일 필요가 있었을 것이다. 따라서 중대 귀족이 문객 양성에 주력하지 않은 것이 아니라 이와 같은 사정이 내재되어 있었음을 염두에 둘 필요가 있다.

다만 신라 중대에 국학의 정비와 아울러 화랑도에 변화가 일어났고, 효성왕대에 화랑도가 새로운 모습을 갖추게 되었다. 그러나 효성왕대에 새로이 활동을 시작한 화랑도는 중고기의 화랑도와는 다른 모습을 보여 주었다. 화랑과 낭도의 결속 관계가 그 이전만큼 긴밀하지 못하였다는 점에서 그렇다. 그들의 관계가 그러하였기 때문에 성인

9 노태돈, 앞의 책, 2009, 271쪽.

이 된 이후 출사에 있어서 진골 귀족이 전일의 낭도에 대해서 많은 관심을 두었을까 하는 생각을 해 보게 되는 것이다.

더구나 중대에는 국왕이 국학을 강화하고 그것을 통해 인재를 선발하자 두품 신분은 화랑도보다 국학에 더 관심을 두었다고 볼 수 있다. 이와 같은 상황은 화랑도가 지속되기는 하였으나 중고기나 중대 초기와 같은 사적 결속 관계가 계속해서 이어지지 못하고 변화하였음을 말해 준다. 다만 중대 말기 혜공왕대에 일어난 대공의 난을 비롯한 많은 반란은 사병 집단 없이는 불가능하였기 때문에 화랑도의 유제가 살아난 것이라고 볼 수 있다. 비록 그렇다고는 하더라도 사적 결속이 중고기나 중대 초와는 결코 같을 수는 없었을 것이다.

4. 하대 사적 결속의 강화

신라 하대에 와서는 화랑도 출신으로 성인이 된 이후의 사적 결속이 어떠하였을까 궁금하다. 중대에는 사적 결속이 느슨해졌다고 파악하였는데 하대에도 계속 그러하였을까 하는 것이다. 이와 관련하여 다음의 기록을 주목해 보자.

> D. 웅천주 도독 헌창이 그의 아버지 주원이 왕이 되지 못한 것을 이유로 반란을 일으켜 나라 이름을 장안(長安)이라 하고, 연호를 세워 경운(慶雲) 원년이라 하였다. … 명기(明基)와 안락(安樂) 두 화랑이 각각 종군할 것을 청하여, 명기는 낭도의 무리들과 함께 황산(黃山)으로 나가고, 안락은 시미지진(施彌知鎭)으로 나갔다. 이에 헌창이 장수를 보내 중요한 길목에 자리잡고 관군을 기다렸다. … 그런 다음 싸움의 공을 논하여 벼슬과 상을 차등있게 주었다(『삼국사기』 권10, 헌덕왕 14년 3월).

위의 기록을 보면, 김헌창의 난이 일어났을 때 화랑인 명기와 안락이 헌덕왕에게 종군하기를 청하였고, 허락을 받아 각각 황산과 시미지진으로 나갔다고 한다.[10] 두 화랑이 낭도를 이끌고 참전하였으므로 김헌창의 지지자들과 전투를 벌였을 가능성이 크다. 그리고 D의 기록에 따르면, 김헌창의 난을 정리한 다음에 논공 행상이 있었다고 하는데 명기와 안락도 왕으로부터 일정한 상을 받았다고 짐작된다. 더하여 두 화랑을 따랐던 낭도들에게도 일정한 반대 급부가 뒤따랐을 것임에는 틀림이 없을 것이다.

이후 명기와 안락은 화랑도에서 양명한 이후 관직으로 나아갔을 것이고, 두 사람을 따르던 낭도 가운데 성인이 된 이들은 일정한 직위에 배치되었을 것이다. 즉 성인이 된 낭도들 가운데 명기나 안락과 가까운 관계를 유지했던 두품 신분의 경우에는 추천을 받아 보다 나은 자리에 나아갔을 것으로 짐작된다.

김헌창의 난이 정리된 이후 논공 행상에서 군공을 세운 녹진에게 대아찬의 관등을 지급하려 한 사실을 주목할 수 있다.[11] 녹진이 사양하여 받지 않은 것으로 되어 있으나, 6두품인 그에게 진골 귀족이 받는 관등을 수여하려 한 것은 사적 결속과 밀접한 관련이 있다. 진골 귀족이 골품제라는 신분제에 심대한 타격을 주는 것이라는 점을 알면서도 이와 같은 조치를 하고자 한 것은 사적 결속과 밀접한 관련이

10 주보돈은 그들이 어린 나이였음을 고려하면 황산과 시미지진은 왕경에서 가까운 곳이었다고 하였다(주보돈, 「신라 하대 김헌창의 난과 그 성격」『한국고대사연구』 51, 2008 ; 『신라 왕경의 이해』, 주류성, 2020, 586쪽).

11 『삼국사기』 권45, 열전 녹진

있다고 해야 할 것이다.

헌덕왕 이후 흥덕왕이 왕위를 계승하였고, 흥덕왕 사후에는 치열한 왕위 쟁탈전이 시작되었으므로 그 과정에서 정치적인 출사를 한 인물들이 적지 않았을 것으로 짐작되는 것이다.

> E. (김)양이 (배)훤백을 둘러 말하기를 "개는 제각기 주인 아닌 사람에게 짖는다. 네가 그 주인을 위하여 나를 쏘았으니 의사(義士)다. 내가 따지지 않겠으니, 너는 안심하고 두려워하지 말라!" 고 하였다(『삼국사기』 권44, 김양).

위의 기록은 흥덕왕 사후 왕위 쟁탈전에서 벌어진 일로 김우징 편을 지지하던 김양이 반대편의 배훤백에게 화살을 맞았으나 그를 용서하는 내용이다. 주인을 위해 화살을 쏘았다고 한 것으로 볼 때 사병 세력을 떠올리지 않을 수 없다. 물론 김양이나 김우징이 화랑이었다고 단정할 수는 없으나 하대에 이르러서는 유력한 진골 귀족이 사병을 모았고 그것을 기반으로 하여 왕위 쟁탈전에 참여하였다.

이와 같은 사실에서 미루어 볼 때 배훤백의 경우 화랑도에서 활동하던 낭도로 볼 수 있지 않을까 싶다. 그리고 그 신분은 두품 신분이 아니라 그보다 아래 신분인 평민이 아니었을까 싶다. 당시 진골 귀족은 토지와 목장을 소유하고 있었으며 그것을 운영하기 위해 지장을 파견하기도 하였다. 그래서 낭도 출신으로 평민 신분을 가졌던 그들은 진골 귀족의 문객이 되어 사병 노릇을 하였다고 해도 무리한 해석은 아닐 것이다. 그 결과 그들의 결속은 중고기의 화랑과 낭도 출신처럼 성인이 된 이후 사적 결속 관계로 회귀하였다고 해도 무리한 이해는 아닐 것이다.

이렇게 볼 때 신라 하대에는 화랑도 자체가 사병 집단으로 변질되었기 때문에 성인이 된 그들은 이와 같은 관계를 이용하여 더욱더 사적 결속을 강화하였다고 짐작된다. 그리고 이와 같은 사적 결속이 더욱 강화된 배경에는 사회적인 혼란이나 정치적 혼란이 큰 역할을 하였다고 할 수 있다. 또한 화랑도에서 왕을 배출하였을 때는 이와 같은 사적 결속이 큰 영향력을 발휘하였을 것이다. 낭도 출신은 왕의 주위에서 군사적으로 중요한 요직에 나갔을 것이고 그것을 통해 왕권 강화 노력을 기울였을 가능성도 없지 않을 것이다.

더구나 하대에는 육두품 신분의 소유자가 견당국학유학생으로 선발되었고 그것을 기반으로 하여 좀 더 나은 관직에 오르고자 하였다. 반면 견당국학유학생이 되지 못한 오두품이나 사두품의 경우에는 국학에서 공부하기보다는 도리어 화랑도에서 활동하면서 화랑과 밀접한 관계를 가지고 이후 양명한 후에는 성인이 된 화랑을 통해 출사를 꾀하고자 하였을 것이다. 그렇지만 진골 귀족들이 늘어나 두품 신분이 차지하던 관직을 가져가게 됨에 따라 두품 신분은 관직에서 점차 소외되었을 것이고, 그들은 진골 귀족의 사병이 되거나 혹은 지장으로서 역할을 하게 된 것이 아닌가 싶다.

신라 하대에는 변질된 사적 결속이 발생하였고 그 강고함은 중고기나 통일 전쟁기보다 밀접하였을 가능성이 크다. 혼란기를 헤쳐 나가는 과정에서 성인이 되고 높은 관직에 오르기 위해 노력하였고 그 과정에서 전일 낭도였던 사람을 자기 휘하에 혹은 정치적으로 출사시켜 그 세력을 이용하고자 하였을 것이기 때문이다. 이와 같은 일이 다반사로 일어난 결과 다음과 같은 일이 일어나게 되었다고 보아진다.

F. 큰 인재는 높은 지위에 두고 작은 인재는 가벼운 소임을 준다면, 안으로 육관 온갖 관서, 밖으로 방백·연솔·군수·현령에 이르기까지 조정에는 빈 직위가 없고, 직위마다 부적당한 사람이 없을 것이며, 상하의 질서가 정해지고 어진 이와 어리석은 자가 구별될 것입니다. 그런 후에야 왕정이 이루어집니다. 그런데 지금은 그렇지 않습니다. 사사로움에 의하여 공심(公心)이 멸해지고, 사람을 위하여 관직을 택하며, 총애하면 바로 재목이 아니더라도 아주 높은 곳으로 보내려고 하고, 미워하면 유능하더라도 구렁에 빠뜨리려 합니다. 취하고 버림에 그 마음이 뒤섞이고 옳고 그름을 따짐에 그 뜻이 어지럽게 되면, 비단 나라 일이 혼탁해질 뿐만 아니라 그 일을 하는 사람 역시 수고롭고 병들 것입니다(『삼국사기』 권45, 녹진).

녹진이 충공에게 인재를 쓰는 방법에 대하여 건의한 것으로 능력에 따라 적재 적소에 사람을 쓰라고 하였다. 이와 같은 일이 일어나게 된 것은 실력보다는 귀족의 추천으로 사람을 씀에 따라 문제가 발생하였음을 말하고 있다. 제대로 된 실력을 갖춘 인재를 알아보고 선택할 것을 권유한 것인데 실상은 그렇지 못하고 있음을 말해 준다. 물론 녹진의 이와 같은 건의를 충공이 얼마나 수용하였는지 알 수는 없으나 여기서 말하고자 하는 것은 당시 인재를 발탁하는 과정에서 혼란이 컸다고 하는 점이다.

이와 같은 혼란이 일어나게 된 것은 다름이 아니라 바로 화랑도 출신의 성인들이 자파의 이익을 위하여 공보다는 사를 추구하게 되었고 결국에는 그러한 일로 국가 운영이 어렵게 되었음을 말해 주고 있다.[12] 사적 결속이 강고해짐에 따라 국가 운영에도 큰 문제가 발생하

12 노태돈, 앞의 책, 2009, 274쪽에서 "귀족의 문객은 자연히 점차 공적

고 있음을 알려주는 것이다.

5. 소결

화랑도에서 활동하던 화랑과 낭도는 성인이 된 이후에도 서로 밀접한 관계를 유지하였다. 물론 화랑도가 생겨난 이후부터 신라가 멸망할 때까지 그와 같은 사적 결속의 형태가 그대로 유지된 것은 아니었다. 중고기와 통일 신라 전쟁기에 사적 결속이 강하였다면 중대에는 그와 같은 결속 관계가 약간은 느슨해졌다. 하지만 신라 하대에는 화랑도가 사병적 성격을 가지게 되었고 그러한 단체로서 역할을 하다 보니 함께 활동하였던 화랑과 낭도는 후일 더 긴밀한 사적 관계를 가지게 되었다. 다만 이것은 변형된 사적 관계라고 해야 할 것이다.

신라 중대가 중고기나 하대와 달리 이와 같은 사적 결속이 느슨해지게 된 것은 아무래도 국학의 발달과 깊은 관련이 있다고 여겨진다. 더구나 사적 결속이라 하더라도 화랑과 낭도 당사자간의 문제이지 그것이 한 대를 건너가면 결속 관계가 흔들릴 수밖에 없었다. 바로 김유신의 아들과 김유신 휘하 낭도로 활동했던 인물들과의 사적 결속에서 잘 보여 주고 있다.

신라 하대에는 사적 결속이 화랑도 출신만의 문제가 아니라 광범위하게 만연하였다. 치열한 왕위 쟁탈전을 거치면서 사병의 양성이 노골화되었고 심지어 장보고까지 세력을 확대하게 되자 화랑도에서 활

질서 즉 왕과 조정보다 자신을 보호하는 귀족에게 더욱 충성하게 되었다"라고 하였다.

동하던 신분이 낮은 낭도들은 힘 있는 자를 찾아가게 되었다. 능력 있는 진골 귀족들은 본인이 소유한 전장을 통해 이와 같은 사람들을 끌어모았고 그것을 통해 자파의 세력을 확대하였다. 화랑도의 변질이 신라 하대의 사적 결속도 변질시켜 충성의 대상을 국가에서 개인으로 치환하였다.

4부
화랑도와 정치

1장

화랑도와 국가 권력

1. 머리말

화랑도는 국가와 어떠한 관계에 있었을까? 또한 화랑도와 국왕과는 어떠한 관계였을까? 『삼국사기』에서 보이는 바와 같이 화랑도가 인재 선발을 위한 목적으로 만들어졌다는 기록에 따르면, 국가의 의도를 관철하기 위하여 만들어진 집단일 수밖에 없다. 그러므로 화랑도는 국가 혹은 국왕과 불가분의 관계가 있었던 것 같은 인상을 지울 수 없다. 그렇지만 또 한편으로는 국가와는 거의 관계가 없는 순수한 민간 조직체처럼 보이기도 한다. 사정이 이러하므로 화랑도와 국가 권력과의 관계를 명확하게 설정하기는 어려운 상황이다.

그렇다면 화랑도와 국가와의 관계를 어떻게 설정할 것인가 하는 문제이다. 이에 관해서 기존의 연구를 살펴보면, 대체로 네 가지 정도로 정리할 수 있다. 첫째로 일본인 팔백곡효보(八百谷孝保)는 진흥왕에 의해 제정된 귀족 중심의 집단으로 보았다.[1] 둘째로 삼품창영(三品彰英)은 화랑도와 국가와의 관계에 대하여 그것이 민간적 조직체로서의 성격을 지니고 있다고 하였다.[2] 셋째로 화랑도를 '반관 반민적(半官半民的)인 단체'로 파악한 것이다.[3] 마지막으로 조정 화주(花主)가 존재한 사실을 통해 화랑도를 국가가 직접 조직하고 운영한 것으로 보는 견해이다.[4]

이상과 같은 대략 네 가지 견해 가운데 첫 번째와 네 번째의 견해가 국가 주도의 입장에서 서술한 것이라면, 두 번째의 견해는 화랑도의 입장에서 설명한 것이다. 다만 세 번째 견해는 객관적인 입장이라

---

1 八百谷孝保, 「新羅社會と淨土教」『史潮』 제7년 제4호, 1937, 157~158쪽 및 박남수, 「신라 진흥왕대 정치사회와 화랑도 제정」『사학연구』 92, 2008 : 『신라 화백제도와 화랑도』, 주류성, 2013.

2 三品彰英, 『新羅花郎の研究』, 三省堂, 1943, 223쪽. 그가 이와 같은 주장을 하였던 이유는 원시적 남자집회사가 활발했던 삼한시대로부터 진흥왕대까지 시간적으로 겨우 3백여 년밖에 되지 않았던 것에서 찾고 있다.

3 이기동, 『新羅 骨品制社會와 花郎徒』, 一潮閣, 1984, 332쪽 및 鄭璟喜, 「三國時代社會와 儒教」『韓國古代社會文化研究』, 일지사, 1990, 373쪽. 그리고 주보돈, 「新羅 花郎徒 研究의 現況과 課題」『啓明史學』 8, 1997, 105쪽 참조.

4 손인수, 『신라 화랑도의 공간』, 문음사, 1996, 103쪽에서 조정에서 여러 개의 화랑도 집단을 통솔할 중심기관 또는 중심인물이 필요하였던 듯한데 화주가 바로 그것이 아니었을까 추측하고 있다. 또한 김상현, 「新羅時代의 花郎 認識」『한국고대사연구』 71, 2013. 219쪽에서 "화랑도는 조정 화주를 통해 국가가 직접 조직하고 운영했을 것으로 생각된다"라고 하였다. 이종욱은 「신라 중고시대의 화랑도」『성곡논총』 27-4, 1996, 632쪽에서 화랑도가 禮部의 관할 하에 있었던 것으로 보았다. 이렇게 보면 국가의 통제 하에 있었던 것으로 볼 수 있으며 결국에는 국가에 의해 운영되었던 것으로 이해할 수 있다.

고 할 수 있으며, 현재 이 견해는 한국 고대사 학계에서 많은 연구자들이 지지하는 학설이라 할 수 있다. 화랑도를 반관 반민적인 단체라고 규정하였을 때 그것의 존재에 대하여 국가의 적극적인 개입이 있었던 것은 아니나 그렇다고 해서 완전히 방임적인 것도 아닌 관계였다고 하는 것이다.

그렇지만 화랑도를 반관 반민적인 단체라고 규정하는 것에 관해서는 쉽사리 동의하기 어려운 점이 있다. 화랑도의 운영에 있어 국가가 어느 정도를 관여하고 있다고 보아야 할지 의문이 들기 때문이다.[5] 기록에 보이는 바와 같이 조정 화주가 화랑도와 관련하여 일어난 일을 처리하는 것이라든가 혹은 화랑도가 수련을 위해 먼 곳으로 가는 과정에서 국왕이 간여한 것을 근거로 하여 반관 반민적인 단체라고 한다. 또한 화랑도에 승려 낭도가 존재한 사실을 근거로 하여 그들이 인재를 천거하였다고 주장하고, 그것을 기반으로 하여 반관 반민적인 단체로 설명하기 때문이다.[6]

그렇지만 이와 같은 기록 이외에는 화랑도에 대한 국가의 간여 사실이 그다지 명확하게 보이지 않고 있다는 점이다. 예컨대, 화랑도가 반관 반민적인 단체라고 정의하려면, 화랑도를 운용하기 위해 국가에

---

5 김상현, 같은 논문, 2013, 214쪽에서 "무엇을 근거로 화랑도의 운영이 민간의 자율에 맡겨졌다고 할 수 있을지, 그리고 국가는 화랑도의 운영에 얼마나 어떻게 개입하고 있었는지에 대해서 보다 구체적으로 검토하지 않은 상태에서의 주장은 그 어느 것도 쉽게 동의하기 어렵다"라고 하였다.

6 본서에서 이미 승려 낭도에 관해서는 기존과는 다른 새로운 견해를 제시하였으므로 이것을 참고하면 화랑도를 시기와 관계없이 반관 반민적인 단체로 일률적으로 규정하는 것은 무리가 있다고 할 수 있다.

서 일부 경제적인 지원을 하였는가 하는 것을 살펴봐야 한다. 그렇지만 이와 같은 사실을 알려주는 기록은 어디에서도 찾을 수 없다. 이러한 점으로 미루어 볼 때 기존의 연구와 같이 화랑도를 반관 반민적인 단체로 규정하는 것에 선뜻 동의하기 어렵다. 물론 중고기 화랑도의 모습에서 이와 같은 설명이 어느 정도 타당할 수 있다고 하더라도 중대 이후부터는 이와 같은 설명을 수용할 수 없다. 왜냐하면 중고기와 달리 중대나 하대에는 화랑도에 여러 가지 변화와 변질이 보이고 있기 때문이다. 더구나 중고기 화랑도가 생겨난 이후부터 신라가 망할 때까지의 그들의 활동을 살펴보았을 때 일관되지 않기 때문이다.

그렇다면 화랑도와 국가는 어떠한 관계에 있었던 것일까 하는 것을 다시 검토해 보지 않을 수 없다. 이를 위해 먼저 화랑도와 국왕과의 관계에 대해서 살펴보기로 하자. 이에 관한 구체적인 연구는 찾아보기 어려운 실정이다.[7] 다만 국왕이 국가를 대표하는 존재이므로 국왕을 국가와 동일시하여 검토하였고, 그러한 과정에서 반관 반민적인 단체라는 결론을 추출하였다. 그렇지만 화랑도와 국왕과의 관계를 새롭게 정립한다면 화랑도의 특징을 다시금 재정립할 수 있을 것으로 생각된다. 다음으로 화랑도와 화주와의 관계에 대해서 살펴볼 것이다. 화주가 화랑도와 관련된 일에 간여하고 있는데 화주가 과연 누구였을까 하는 것과 아울러 화주가 간여하였다면 그것이 국가와 어떤 관계였을까 하는 것을 검토해 보는 것도 좋을 것이다. 이와 같은 검토를 하게 되면 화랑도와 국가의 관계를 밝히는 데 있어 일조하게 될 것

7 이기동은 화랑을 '護國의 權化'라고 표현하였는데 이는 현실의 왕권을 지지하는 것으로 파악한 것이다(이기동, 앞의 책, 1984, 75~84쪽).

임에는 틀림이 없을 것이다.

2. 화랑도와 국왕

신라 화랑도와 국왕과의 관계에 대하여 살펴보기로 하자.[8] 이를 위하여 둘 사이의 관계를 보여 주는 기록을 찾아 열거해 보면 다음과 같다.

A-1. 가야가 반란을 일으켰으므로 왕이 이사부(異斯夫)에게 명하여 토벌케 하였는데 사다함(斯多含)이 부장이 되었다. … 전공을 논함에 사다함이 으뜸이었으므로, 왕이 좋은 토지와 포로 200명을 상으로 주었으나 사다함이 세 번이나 사양하였다. 왕이 굳이 주므로 이에 받아 포로는 양인(良人)이 되게 하고 토지는 군사들에게 나누어 주니, 나라 사람들이 그것을 아름답게 여겼다(『삼국사기』 권4, 진흥왕 23년 9월).[9]

A-2. 여러 해 뒤에 왕은 또 나라를 흥하게 하려면 반드시 풍월도를 먼저 해야 한다고 생각하여 다시 명령을 내려 좋은 가문 출신의 남자로서 덕행이 있는 자를 뽑아 (명칭을) 고쳐서 화랑이라고 하였다. 처음 설원랑을 받들어 국선으로 삼았는데 이것이 화랑 국선의 시초이다(『삼국유사』 권3, 탑상4 미륵선화

8 화랑과 국왕과의 관계에 대해서는 김상현, 앞의 논문, 2013, 213~219쪽 참조.

9 『三國史記』 권44, 열전4에서 사다함에 대한 기록을 찾아볼 수 있다. 진흥왕이 이사부에게 명하여 가라국을 습격하게 하였다. 당시 사다함은 나이가 15~6세였는데, 종군하기를 청하였다. 왕은 나이가 아직 어리다하여 허락하지 아니하였으나 여러 번 진심으로 청하고 뜻이 확고하였으므로 드디어 명하여 귀당 비장으로 삼았는데, 그 낭도 중에서 따르는 자 또한 많았다.

미시랑 진자사).

A-3. 낭이 대답하기를 "내 이름은 미시입니다. 어릴 때 부모님이 다 돌아가셔서 성은 무엇인지 알지 못합니다"라고 하였다. 이에 그를 가마에 태우고 돌아가서 왕에게 뵈었더니, 왕은 그를 존경하고 사랑하여 받들어 국선으로 삼았다(위의 책, 같은 기록).

A-4. 제 5 거열랑·제 6 실처랑·제 7 보동랑 등 세 화랑의 무리가 풍악에 놀러 가려고 하는데, 혜성이 심대성(心大星)을 범하였으므로 낭도들은 이를 의아하게 여겨 그곳에 가는 것을 그만두려 하였다. 그때 융천 스님이 노래를 지어 불렀더니 별의 괴변이 곧 멸망하고 일본 군병이 제 나라로 돌아가 도리어 복된 경사가 되었다. 대왕은 기뻐하여 낭도들을 풍악에 보내 놀게 하였다(『삼국유사』 권5, 감통7, 융천사 혜성가 진평왕대).

A-5. 낭이 밭으로 찾아가 가지고 간 주병(酒餠)을 먹이고 익선(益宣)에게 휴가를 얻어 같이 돌아가도록 청하였으나 익선이 굳게 거부하여 허락치 아니하였다. 이때 사리 간진이 추화군 능절 조 30석을 거두어 성 안으로 수송하다가, 낭의 중사의 풍을 아름답게 여기고 익선의 어리석은 고집과 융통성 없음을 비루하게 여겨, 가지고 가던 30석을 익선에게 주고 요청하였으나 그래도 허락치 아니하므로, 또 진절 사지의 기마안구를 주니, 그제야 허락하였다. 조정의 화주가 이를 듣고 사자를 보내 익선을 잡아다가 그 더러움을 씻기려고 하니 익선이 도망하여 숨었으므로 그 맏아들을 잡아갔다. … 대왕이 이를 듣고 칙령을 내려 모량리 사람으로서 벼슬을 하는 자는 모두 쫓아내어 다시는 관서에 관계하지 못하게 하고 승복을 입지 못하게 했으며, 만약 승려가 된 자라도 종고를 단 큰 절에 들어가지 못하게 하였다(『삼국유사』 권2, 기이2, 효소왕대 죽지랑).

A-6. 대감인 어느 사람이 태종대왕에게 그를 천거하여 당나라 현경 5년 경신에 왕이 군대를 내어 당나라 장군과 더불어 백제를 칠 때 관창을 부장으로 삼았다. … 대왕이 급찬의 위계를 주고 예로써 장례를 지내 주었고 그 집에 당나라 비단 30필, 20승포 30필과 곡식 100섬을 내려 주었다(『삼국사기』 권47, 관창).

A-7. 천수 3년 임진 9월 7일에 효소왕은 대현 살찬의 아들 부례랑을 받들어 국선으로 삼았다. … 부례랑을 봉하여 대각간으로 삼고, 아버지 대현 아찬을 태대각간으로 삼고, 어머니 용보부인을 사량부 경정궁주로 삼고 (하략) (『삼국유사』 권3, 탑상4 백률사).

A-8. 웅천주 도독 헌창이 그의 아버지 주원(周元)이 왕이 되지 못한 것을 이유로 반란을 일으켜 나라 이름을 장안(長安)이라 하고, 연호를 세워 경운 원년이라 하였다. … 마침내 장수 여덟 명을 뽑아 서울을 여덟 방면에서 지키게 한 다음 군사를 출동시켰는데, 일길찬 장웅이 먼저 출발하고 잡찬 위공과 파진찬 제릉이 그 뒤를 이었으며 이찬 균정과 잡찬 웅원 그리고 대아찬 우징 등이 3군을 이끌고 출정하였다. 각간 충공과 잡찬 윤응은 문화관문을 지켰다. 명기와 안락 두 화랑이 각각 종군할 것을 청하여, 명기는 낭도의 무리들과 함께 황산으로 나가고 안락은 시미지진으로 나갔다(『삼국사기』 권10, 헌덕왕 14년 3월).

A-9. 왕이 임해전에서 여러 신하를 모아 잔치를 베풀었는데, 왕족 응렴이 15세의 나이로 그 자리에 참석하였다. 왕이 그의 마음을 알아보려고 물었다. … 이에 왕은 맏딸을 응렴에게 시집보냈다(『삼국사기』 권11, 헌안왕 4년 9월).

A-10. 국선 요원랑·예흔랑·계원·숙종랑 등이 금란을 유람할 때 암암리에 임금을 도와 나라를 다스릴 뜻이 있어 노래 세 수를 짓고 심필 사지를 시켜 침권을 주어 대구화상의 처

소에 보내 세 가지 노래를 짓게 하였다. 첫곡의 이름은 현금포곡이요 둘째는 대도곡이요, 셋째는 문군곡이었다. 들어가 왕에게 아뢰니 왕은 대단히 기뻐하여 칭찬하고 상을 주었다. 노래는 알 수 없다(『삼국유사』 권2, 기이2 사십팔경문대왕).

이상의 A군의 기록들은 화랑도가 창설된 이후 신라 말에 이르기까지 왕과 화랑 및 화랑도와의 관계를 보여 주고 있다. 특히 위 A군의 사료들은 화랑도가 반관 반민적인 단체라는 근거로 자주 제시되곤 하는 것이기도 하다.

그러면 이와 같은 기록을 통하여 화랑도와 국왕과의 관계를 어떻게 해석해야 올바른 이해에 이를 수 있을까 하는 것이다. 제시한 기록이 시간적인 순서로 열거되어 있으므로 화랑도와 국왕과의 관계가 시간적인 변화와 더불어 어떠한 차이가 있으며, 또한 어떠한 방향으로 변화하고 발전하였는가 하는 점을 발견한다면 새로운 이해에 이를 수 있다. 과연 둘 사이의 관계가 어떻게, 그리고 어떠한 방향으로 변화하였는가 하는 것을 검토해 보기로 하자.

A-1의 기록부터 살펴보면, 화랑인 사다함이 이사부의 부장이 되어 가야 정벌에 참여하여 전공을 세우니 왕이 포상하였다고 한다. 이미 잘 알려진 바와 같이 화랑이 전쟁에 참여할 수 있었던 것은 국왕의 허락이 있었기 때문에 가능한 것이었다.[10] 이러한 사실에서 보면 적어도 화랑도와 관련된 일 가운데서 전쟁 혹은 전투에 참여하는 것과 같은 중요한 일에는 국왕의 허락이 있어야만 가능하였음을 알 수

10 이종욱, 「新羅 中古時代 花郎徒」『省谷論叢』 27-4, 1996, 631쪽 참조.

있다. 이와 같은 사실에서만 본다면 화랑도가 전쟁에 참여하는 일에 있어서는 국왕이 관여하였다고 보아도 틀리지 않을 것이다.

여기서 관심을 가지고 살펴볼 점은 사다함이 전쟁터에 나가고자 하였을 때 왕의 허락을 받았다고 하는 사실이다. 이러한 점으로만 본다면 과연 화랑도를 국가에서 운용하는 모임으로 이해하는 것이 타당할까 하는 의심이 든다. 만약 국가에서 화랑도에 관하여 지원하고 관리하였다면 국왕의 허락을 얻을 필요도 없이 전쟁터로 나가는 것이 당연한 일이었을 것이기 때문이다. 결국 이 기록에서 알아낼 수 있는 사실은 화랑도에 관한 모든 일을 국왕이 직접 간여하였다고 단정해서 말할 수는 없다고 하는 점이다.

또한 A-1의 기록에서 주목되는 사실은 화랑도가 만들어진 이후 약 20년 조금 지난 시점에서 이러한 일이 있었다고 하는 점이다. 그렇다고 한다면 화랑도가 만들어진 이후부터 이때까지는 화랑도가 전쟁터에 나가지 않았음을 유추해 볼 수 있다. 아마도 사다함의 화랑도가 처음으로 전쟁에 종군하기를 원하였을 것이고 진흥왕은 그가 어리다는 이유를 들어 허락하지 않았으나 이는 그와 같은 행위가 그 이전에는 없었기 때문이었을 것이다. 그렇지만 그가 진심으로 간청하자 왕이 종군을 허락하였다고 한다. 또한 그를 따르는 낭도들이 많았다고 하는 것으로 볼 때 진흥왕대에 비로소 처음으로 화랑도가 전쟁에 참전하였음을 알 수 있다.

사다함 관련 기록으로 미루어 보면 화랑도와 국왕이 서로 연결되어 있다고 볼 수 있다. 비록 그렇다고 하더라도 국왕이 화랑도에 대하여 강압적이었다거나 필요에 따라 전쟁에 참여토록 한 것이 아니었고, 화랑도의 자원에 의한 것이었다고 하는 사실에서 화랑도에 대한 국왕의 강제력이 작용한 것은 아니었다고 볼 수 있다.

그런데 A-2의 기록에서는 왕이 풍월도를 받들었고 설원랑이 화랑 국선의 시초가 되었다고 하고 있어 화랑도와 국왕과의 관계를 더욱 보강해 주는 듯한 인상을 주고 있다. 이러한 사실에 주목하여 몇몇 연구는 신라의 화랑도가 마치 국가의 주도 아래 만들어진 것으로 이해한다.[11] 특히 국선의 탄생이 국왕과 연결되어 있음을 주목하지 않을 수 없다. 잘 알려진 바와 같이 국선은 여러 화랑의 대표자이다. 설원랑이 국선이 되었다고 하는 것은 적어도 여러 명의 화랑 가운데서 대표자로 선발되었다고 하는 사실을 알려준다. 그것도 국왕에 의해 설원랑이 국선에 임명되었다고 하는 것으로 보면 국왕이 화랑도에 대하여 깊은 관심이 있었음을 알려준다. 그러면 무엇 때문에 왕이 국선을 임명하게 되었을까 하는 것이다.[12]

그런데 먼저 여기서 해명하고 가야 할 점은 설원랑이 국선이 되었다고 하는 사실이 실제 그가 국선이 되었다기보다는 왕이 국선을 임명한 시기를 분명하게 드러내고 있다는 점이다.[13] 이렇게 볼 때 진지왕

11 박남수가 대표적이라 할 수 있다(박남수, 앞의 책, 2013, 394쪽). 그러나 이미 살펴보았듯이 화랑도는 진흥왕대 지소부인이 아들을 위해 만든 단체이므로 국가적으로나 제도적으로는 거리가 있는 것으로 볼 수 있다.

12 주보돈은 화랑과 국선이 서로 다른 것이 아니라 같은 것으로 보고 있으며, 원래는 화랑 계통과 국선 계통의 사료가 존재하였는데 『삼국사기』는 전자를, 『삼국유사』는 후자를 택한 것으로 보고 있다(주보돈, 앞의 논문, 1997, 124~125쪽). 그렇지만 이러한 견해를 쉽사리 수긍할 수 없다. 도리어 화랑 가운데서 국선의 선발이 있었고 그것은 화랑의 상위에 있었음을 알 수 있기 때문이다.

13 이종욱, 앞의 논문, 1996, 618쪽의 주 26) 참조.

대에 국왕에 의해 처음으로 국선의 임명이 있었고, 미시랑이 초대 국선임을 알 수 있다. A-3의 기록을 보면 진지왕이 미시랑을 만난 다음 그를 국선으로 삼았다고 하는 사실일 것이다. 아마도 이는 국선의 시초가 아닌가 한다.

그렇다고 한다면 앞서 제기한 의문 즉 왜 국왕이 여러 화랑 가운데서 국선을 선발하고 임명하였을까 하는 것이다. 이와 관련하여 기왕의 연구에 따르면, 진지왕이 미시랑을 국선으로 임명한 것은 새로운 인물의 등용을 통해 기존의 정치적 권력을 잡은 세력과 멀리하고 왕권의 강화를 의도하였기 때문이라고 한다.[14] 그러나 앞서 보았듯이 중고기의 화랑도는 진골 귀족의 유력한 사병 집단이 아니었기 때문에 이러한 견해는 쉽사리 따르기 어렵다. 다만 진지왕이 미시랑을 국선으로 임명한 것은 수긍할 수 있는데, 이는 진흥왕대에 화랑도가 만들어진 이후 시간이 흐르면서 점차 많이 생겨난 화랑도에 대하여 정리할 필요성을 느끼고 국선을 임명한 것이 아닐까 싶다. 원화를 폐지한 이후 대략 두 개 정도의 화랑도 집단이 있었으나, 점차 새로운 화랑도 집단이 만들어지면서 서로 뜻을 달리하거나 혹은 다른 화랑도 집단과의 반목 등 여러 가지 뜻하지 않았던 문제들이 발생하자 그러한 것을 조정하기 위한 목적에서 국선을 두었던 것으로 해석하면 되지 않을까 싶다.

그런데 A-3의 기록에서 무엇보다 주목되는 것은 미시랑이 고아라고 하는 점이다. 즉 양친, 부모가 없는 그러한 사람이었다. 그럼에도

14 박순교, 「眞智王의 改革과 花郎徒의 動向」『淸溪史學』 18, 2003, 38쪽. 그러나 그의 이러한 견해 속에는 화랑도가 진골 귀족의 사적인 집단으로 인식하는 것이 전제되어 있어 수긍하기 어렵다.

왕이 그를 국선으로 삼았다고 하는 것으로 볼 때 이는 매우 의도적인 행위였다는 생각이 든다. 잘 알려진 것처럼 화랑도에서 화랑이 추대되었고 대체로 진골 신분을 지녔다. 따라서 여러 무리의 화랑도가 있게 되었고 진골 신분의 화랑들은 서로 화합하기도 하였지만 때로 경쟁이 더 심하였을 수도 있다. 그것은 앞서 보았듯이 낭도가 화랑을 선택하였으므로 화랑도에 따라 숫자가 일률적이지 않았을 가능성이 크기 때문이다. 사정이 이러하게 되자 무리로 이루어진 화랑도는 인원이 많은 화랑도와의 경쟁에서 반목이 생겨날 수 있었을 것이고, 그러한 것이 결국 사회적 문제가 되었을 수도 있었으므로 국왕으로서는 화랑도 전체를 통괄하거나 조정할 수 있는 인물을 선정하는 것이 무엇보다 필요하였을 것이다.

그러한 과정에서 유력한 진골 귀족의 자제를 국선으로 임명하게 되면 그 과정에서 또 다른 문제가 발생할 것을 염려한 것이 아닌가 한다. 즉 화랑도 만의 문제가 아니라 진골 귀족들 전체의 이해관계가 걸린 문제가 될 수 있었기 때문에 외부에서 구하고자 한 것으로 짐작된다. 미시랑이 고아라고 하였으나 아마도 몰락한 진골 귀족의 자제임에는 분명할 것이다. 그래서 아버지가 없는 인물을 택한 다음 국선으로 선택한 것이라 할 수 있다.

이렇게 보면 진지왕대에 이르러서는 여러 화랑도를 통괄할 수 있는 국선이 만들어졌음을 알 수 있다. 그렇지만 국선도 국가의 공식적인 제도가 아니었다고 하는 점이다. 화랑도 내의 자체적인 조정을 위한 것이었을 뿐이고, 그것을 통하여 화랑도와 국왕과의 유기적인 관계를 유지하게 하려는 목적에서 비롯된 것으로 보아도 좋지 않을까 싶다. 또한 이러한 조치는 진지왕대에 이르러 화랑도에 대한 새로운 변화가 일어났음을 보여 주는 것으로 해석해도 좋을 것이다. 즉 화랑제도에 변화가 일어났다고 해야 할 것이고 이는 화랑도가 자체적으로 발전해 나가는 모습을 보여 주는 것이라고 보아도 좋지 않을까 하는 생각에 이르게 되는 것이다.

A-4의 기록도 이러한 측면에서 이해하는 것이 옳을 것이다. 즉 국왕이 화랑도의 활동에 대하여 깊은 관심이 있었던 것으로 해석할 수 있다. 하늘에 변괴가 나타나 풍악에 가고자 하였던 화랑도는 그곳에 가지 않는 것으로 결정하였다. 그런데 변괴가 사라진 후 왕은 기뻐하여 낭도들을 풍악에 보내 놀게 하였다고 하는데 이러한 것을 보면 화랑도는 왕의 관심 대상이기는 하였으나, 그 이상의 것은 아니었다고 볼 수 있다.[15] 변괴가 발생하자 왕이 화랑도에 명하여 풍악에 가지 못하게 한 것이 아니라 그들 스스로가 이상하게 생각하여 가지 않았던 것이다. 하지만 변괴가 해소되자 왕이 기뻐하였다고 하는 것은 왕 자신도 그러한 변괴에 대하여 조심스럽게 대처하는 태도를 가지고 있었다는 것을 알 수 있다. 변괴가 사라지자 기뻐한 왕은 낭도들이 가지 못하게 된 것을 아쉬워하고 이에 낭도들이 풍악에 갈 수 있도록 배려를 한 것이 아닌가 하는 것이다.

그런데 최근 진지왕대에 이르러 화랑도에 커다란 변화가 있었음을 지적한 연구가 있다. 박남수는 진흥왕 및 진지왕대의 화랑은 낭도들의 추대를 받아 국왕이 선임하는 과정을 밟았다면, 진평왕대에는 검술 등의 기준에 따라 국왕이 화랑을 선임하고 낭도들을 편성한 것

15 황패강은 "화랑의 집단적 유오산수는 그들 자신의 의사에서보다는 왕명에 의하였다는 인상이 짙다"고 하였다(황패강, 『신라불교설화연구』, 일지사, 1975, 264쪽).

으로 파악하였다.[16] 그런데 여기서 문제가 되는 것은 국왕이 화랑을 선임하였다고 하는데 이러한 견해는 쉽사리 수긍할 수 없다. 만약 그러한 일이 이루어졌다고 한다면 화랑도는 국가의 제도 하에 존재할 수밖에 없는 것인데 실제로는 그렇지 않기 때문이다. 따라서 국왕이 화랑을 선임하였다고 하는 것에는 동조할 수 없다. 또한 진평왕대에 이르러 국왕이 화랑을 선임한 다음 낭도를 배속시켰다고 하는 견해에 대해서도 쉽사리 수긍할 수 없다. 낭도들의 자율적이고 자발적인 선택이 아니라 강제에 의한 선택이 이루어졌다는 것인데, 그렇다고 한다면 화랑도의 임의 단체적 성격과는 거리가 멀어지게 되기 때문이다.[17]

또한 박남수는 진평왕대를 기점으로 하여 화랑들의 참전 양상에 다소간의 변화를 살필 수 있다고 하였다. 즉 진평왕대부터 화랑도 출신들이 지원보다는 징집되어 부대에 편성되거나 천거를 통하여 참전하였던 것으로 추측하였다.[18] 그리고 이를 통하여 진평왕대에 이르러 화랑도가 예비 전사단으로서의 성격으로 탈바꿈하게 된 것으로 보고 있다. 더 나아가 그는 모량부 익선 아간을 가혹하게 처벌한 것을 들어 기왕의 육부 공동체적 전통을 억제하고 새로운 질서, 즉 국가 중심의 체제로 전환하고자 한 조치로 파악하고 있다.[19]

그렇지만 이러한 해석에는 약간의 문제가 있다. 비록 귀산과 추항

16 박남수, 앞의 책, 2013, 410쪽.

17 박남수는 같은 책, 2013, 421쪽에서 화랑도가 진평왕대에 이르러서도 임의 단체적인 성격을 지니고 있다고 하였다. 이러한 그의 지적을 염두에 두면 그의 논지 전개에 문제가 있음을 알 수 있다.

18 박남수, 같은 책, 2013, 414쪽. 그는 귀산과 추항 그리고 김흠운 등이 이미 소감과 낭당대감에 보임된 상황에서 출전한 것을 근거로 들고 있다.

19 박남수, 같은 책, 2013, 423쪽.

은 그렇다고 하더라도 김흠운에 대해서는 좀 더 검토해 볼 필요가 있다. 김흠운은 태종무열왕 2년(655)에 백제와의 전쟁에서 죽었는데 낭당의 대감으로 출전하였다.[20] 이때는 이미 그가 화랑도에서 양명한 다음의 일이기 때문에 화랑도와 연결하여 설명하는 것은 문제가 있다. 그리고 관창의 참전과 죽음을 예로 들었는데, 이것도 진평왕대의 사실로 보기보다는 신라 중대 화랑도의 활동과 연결하여 살피는 것이 온당할 것으로 생각된다. 이렇게 볼 때 위와 같은 이해와 해석은 중고기 화랑도에 대한 실제 모습을 왜곡하는 것이고, 진평왕대에 이루어진 군제의 변화가 곧 화랑도에도 변화가 있었던 것처럼 설명하는 것은 무리가 있음을 알 수 있다.[21]

더구나 진평왕대의 화랑도가 예비 전사단으로서의 성격을 갖추게 된 것으로 이해한 것도 쉽사리 수긍하기 어렵다. 다만 진평왕대에 이르러 화랑도 조직이 좀 더 조직화되고, 국선이 주도적으로 원활하게 움직여 나갔음을 주목할 수 있을 것이다. 여러 무리의 화랑도가 존재하였던 사실을 통해 진평왕대에 화랑도의 활동이 최고로 활성화되어 있었다고 하는 해석은 수긍할 수 있다.

이렇게 보면 진평왕대보다는 오히려 신라 중대가 시작되는 태종무열왕대에 이르러 화랑도와 국왕과의 관계에 있어 국왕이 그들에게 국가를 보위해야 한다는 명목 하에 전쟁터로 나가게 하였음을 알 수

20 『三國史記』 권47, 열전7 김흠운

21 귀산과 추항의 경우에도 그 구체적인 내막은 알 수 없지만 그들이 자원하여 전쟁에 참여하였는지 아니면 관창과 같이 어느 누구의 추천에 의하여 전쟁터로 나갔는지는 알 수 없다. 아버지와 함께 전장에서 활동하였다고 하는 사실만으로 지원보다 징집되었을 가능성을 설명하는 것은 수용하기 어렵다.

있다(A-5 기록). 비록 기록에는 보이지 않으나 관창과 같은 젊은이들이 전쟁터로 나가 죽음을 맞이하거나 혹은 부상을 입었을 것으로 생각된다. 화랑도의 주축을 이룬 낭도도 여기에서 벗어나 있지는 않았을 것이고, 그러한 것은 결국 국왕이 화랑도를 적절하게 이용한 것으로 볼 수 있다.

이러한 논지 전개가 타당하다면, 진흥왕대에 화랑도가 만들어진 이후 그의 조직이 체계화되고 자율적인 활동이 이루어지다가 태종무열왕대에 이르러 통일 전쟁이 시작되면서 화랑도도 전쟁에서 벗어나기는 어려웠을 것이다. 그렇다고 해서 모든 화랑도가 전쟁터로 나갔다고 하는 것은 아니다. 화랑 관창과 같이 이미 역량이 뛰어난 인물은 관심의 대상이 되었을 것이고 자연스럽게 천거를 받게 되었다고 할 수 있다.

그런데 A-5의 기록은 매우 주의해서 살펴볼 필요가 있다. 우선 효소왕대라고 되어 있으나 여러 가지 상황으로 미루어 볼 때 진평왕대의 일로 판단되기 때문이다.[22] 더 나아가 낭도와 관련된 일에 화랑과 화주 그리고 국왕까지 서로 연결되어 있기 때문이다. 즉 죽지랑이 그의 낭도를 위하여 익선에게 휴가를 요청하였으나 일이 쉽사리 이루어지지 않았다. 그런 과정에서 뇌물 사건이 벌어지고, 조정 화주가 간여하게 되었고 더 나아가 국왕까지 나서 강력하게 조치한 것을 알 수 있다. 그렇다고 한다면 이는 화랑도에 대하여 국가에서 매우 깊은 관심을 보이고 있었다는 사실과 더불어 화랑의 임명은 조정 화

22 李鍾旭, 「三國遺事 竹旨郎條에 대한 一考察」 『韓國傳統文化研究』 2, 1986, 206~211쪽 참조.

주를 거쳐 국왕이 하였을 것이라고 하는 견해에 수긍할 수밖에 없을 것이다. 그렇지만 이는 자세한 논증을 거치지 않은 추측에 불과하다고 할 수 있다. 이에 대해서는 다음 장에서 자세하게 살피는 것으로 하겠다.

태종무열왕대에도 국왕과 화랑도는 밀접한 관계에 있던 것처럼 보인다. 화랑도가 전쟁터에 나갔기 때문에 이 가운데서 살아남은 화랑이나 낭도들은 높은 관직으로 진출하였을 것이고 이후 그들은 새로이 만들어진 화랑도와도 밀접한 관계가 되었다고 할 수 있다. 특히 진골 귀족의 자제들이 만든 화랑도에 대하여 깊은 관심을 가지게 되었을 것이고 그들의 힘을 적절하게 이용하였을 것이다.

이렇게 보면, 화랑도가 만들어진 이후 중고기 말에서 중대 초까지는 화랑도와 국왕과의 관계가 어느 정도 유지되었음을 알 수 있다. 그러므로 반관 반민적인 성격을 지닌 단체라고 규정지은 것에 대해서 무조건 아니라고는 할 수 없을 것이다. 어느 정도 수긍할 수 있는 부분이 있고 특히 국왕이 관심을 보이고 국선을 임명하였다고 하는 사실에서 볼 때 그렇다는 것이다.

그러나 전쟁이 끝나고 국내의 정치적 사정이 변화하는 가운데 김흠돌의 난이 화랑도와 연결되어 있었으므로 결국 신문왕대에 화랑도는 급격한 쇠퇴가 이루어지게 되었던 것이라고 할 수 있다. 결국 이는 국왕과 멀어지게 되었음을 말해 주는 것이라 할 수 있다.

신문왕 사후 효소왕대 화랑도는 새로운 모습으로 등장하고 있다. A-7의 기록에 따르면 효소왕이 대현 살찬의 아들 부례랑을 국선으로 삼았다고 한다. 언뜻 보면 신라 중대에도 왕이 국선을 임명하고 있으므로 중고기의 국선 임명 방식을 그대로 유지한 것으로 생각할 수 있다. 그렇지만 중대 이후의 화랑도에 대해서는 다른 시각에서 볼 필요가 있다.

앞서 보았듯이 중대 이후 화랑도에는 변화가 있었다. 특히 부례랑의 경우 여러 가지 어려움을 겪은 후 국선에 임명되었다. 그런데 부례랑이 국선이 되었던 것은 효소왕보다는 그의 어머니인 신목태후의 의도에서 말미암은 것이었다.[23] 다시 말해서 효소왕이 부례랑을 국선에 임명한 것처럼 기록되어 있으나 이는 신목태후의 의도에 의한 것이었다고 하는 점이다. 이렇게 볼 때 중대 이후 효소왕대부터 화랑도와 국왕과의 관계에는 일정한 거리가 생겼음을 알 수 있다. 훗날 효소왕이 부례랑을 대각간으로 삼았다고 하는 것으로 보아 두 사람 사이에 밀접한 관계를 짐작하기도 하지만 이는 부례랑이 화랑에서 양명한 이후의 일임을 잊어서는 안 될 것이다.

A-8의 기록은 신라 하대 왕위 쟁탈전이 치열하게 치러지던 시기에 활동하였던 화랑 명기와 안락에 대한 것이다. 김헌창이 난을 일으키자 두 화랑이 종군하기를 자원하였고 왕이 허락하여 황산과 시미지진으로 향하였다고 한다. 이러한 사실은 두 화랑의 자원과 왕의 허락 하에 종군이 가능하였던 것이고, 이미 앞서 보았듯이 화랑 사다함의 예와 같은 것이라고 볼 수 있다. 다만 신라 하대에 이르러서는 화랑도가 사병적인 성격으로 변질되었으므로 왕의 입장에서는 그들을 마음대로 운용할 수 없었던 것이고 또한 그러하지도 않았다고 하

23 金台植, 「『三國遺事』 竹旨郎條 탈구축을 통한 新羅 花郎과 그 花主」 『忠北史學』 21, 2008, 71~73쪽 및 曺凡煥, 「神穆太后-新羅 中代 孝昭王代의 政治的 동향과 神穆太后의 攝政-」 『西江人文論叢』 29, 2010, 21쪽에서도 이와 같은 설명을 하고 있다.

는 것을 알려주는 것이다. 다만 국왕이 그들을 반란군 진압에 투입하였던 것은 둘 사이의 관계가 밀접하였다기보다는 김헌창의 난이 신라 왕실에 매우 위협적이었기 때문이며, 그것을 막아내기 위한 목적에서 그와 같이 한 것으로 생각된다. 또한 국가의 군대가 거의 해체된 상황에서는 한 명이라도 더 많은 사람을 모으는 것이 무엇보다 중요하였을 것이다. 도리어 이는 화랑도의 의도가 내재된 것으로 보아야 할 것이고, 그러한 과정에서 왕과 밀접한 관계를 통하여 정치적인 출사의 목적을 가지려고 하였던 것이 아닌가 한다.

A-9의 기록은 헌안왕이 화랑인 김응렴을 사위로 맞이하게 되는 과정을 보여 주고 있다. 이 기록을 자세히 들여다보면 화랑인 김응렴은 이미 왕에게서 초청을 받았다는 것을 알 수 있다. 그렇다고 해서 당시 모든 화랑이 그 자리에 참석하였다고 단정할 수는 없다. 왜냐하면 이미 김응렴을 사위로 삼고자 하는 헌안왕의 의도가 있었던 것이고 그러한 과정에서 그가 그 잔치에 참여하게 된 것이기 때문이다. 따라서 이러한 기록을 바탕으로 화랑도와 국왕과의 관계가 밀접하였다고 할 수는 없다. 더구나 여러 명의 화랑이 함께 참석하지 않았다고 하면 국왕과 당시 모든 화랑도를 이끌었던 국선과의 관계는 밀접한 관계였다고 볼 수 없는 것이다.

다만 A-10에 보이는 것과 같이 네 명의 화랑이 낭도를 이끌면서 국왕에게 관심을 드러내고 있는데 이는 화랑의 정치적인 의도가 숨겨져 있는 것임을 알 수 있다. 다시 말해서 화랑 출신으로 국왕이 된 경문왕에게 자신들의 뜻을 전했다고 하는 것이다. 당시의 정치적인 상황에 대하여 그들의 견해를 드러낸 것이라고 볼 수 있으며, 그것을 국왕이 수용했다고 하는 것은 그들의 의견도 들으려고 하는 경문왕의 의지를 엿볼 수 있다 하겠다. 비록 그렇다고 하지만 이러한 기록을 통해서 국왕과 화랑도와의 관계가 밀접하다거나 혹은 반관 반민적인 성격을 가진 것으로 이해하는 것은 지나친 감이 있어 보인다.

이상에서 보아온 바를 정리하면 다음과 같다. 즉 화랑도가 만들어진 처음에는 국왕과의 관계에 있어 관심의 대상이 되는 정도였다. 그렇지만 진지왕대와 진평왕대를 거치면서 화랑도는 점차 왕과 친밀한 관계를 가지게 되었고, 중대의 시작인 태종무열왕대에 들어와서는 국왕이 그들을 전쟁터에 보내 국가를 위해 죽을 수 있는 기회를 만들었다. 이는 시간적인 흐름 속에서 볼 때 화랑도가 국왕과 점차 밀접해졌을 뿐만 아니라 국왕의 권위 아래 예속되는 듯한 모습을 보여 주고 있다. 이는 기존의 연구에서 밝힌 것과 같이 반관 반민적인 성격을 가졌음 직하다.

이후 효소왕대에 화랑도가 새로운 모습으로 다시 나타났고, 중대의 시기를 거쳐 신라 하대에 이르게 되면 화랑도는 국왕과 의도적으로 연결되고자 하였다. 왕위 쟁탈전에 참여하거나, 국왕에게 그들의 정치적인 의도나 생각을 노랫말로 적어 전하기도 하였다. 이는 화랑도가 본래의 모습을 상실하고 변질되는 가운데 정치적인 의도를 더욱 드러낸 것이라고 볼 수 있다.

비록 그렇다고 하더라도 화랑도와 국왕과의 관계가 유기적이었다거나 혹은 밀접하였다고 단정하는 것은 무리한 이해이다. 중대 이후 화랑도는 왕과 밀접한 관계에 있었다기보다는 국왕과 연결되고자 노력한 측면이 더 컸다고 볼 수 있기 때문이다. 따라서 신라 중대와 하대에 활동한 화랑도를 반관 반민적인 단체로 규정할 수는 없고, 민간단체의 성격을 지닌 존재로 변화되었음을 알 수 있다.

3. 화랑도와 화주

화랑도와 화주에 대해서 살펴보기로 하자. 화주가 화랑도와 관련된 일에 간여한 것으로 볼 때 둘 사이에는 밀접한 관계가 있었음을 알 수 있다. 앞서 인용한 기록이기는 하지만 논지 전개를 위하여 다시금 인용하기로 하겠다.

> B. 죽만랑의 낭도 중에 득오〈또는 곡〉 급간이 있었다. 풍류황권에 이름을 올려놓고 날마다 출근하였다. 열흘 동안 보이지 않기에 낭이 그의 어머니를 불러 아들이 있는 곳을 물었다. 어머니가 말하기를 "당전인 모량의 익선 아간이 내 아들을 부산성의 창직으로 뽑아갔는데, 빨리 가느라고 낭에게 말씀드릴 겨를도 없었습니다" 라고 하였다. 낭이 말하기를 "당시 아들이 만약 사사로운 일로 그곳에 갔다면 찾아볼 필요가 없지만 이제 공사로 갔다니 마땅히 가서 대접해야겠소" 라고 하고, 이에 설병 한 합과 술 한 병을 가지고 좌인〈우리말에 개질지라고 하니 노복을 말한다〉을 거느리고 갔다. 낭의 무리 1백 37명도 위의를 갖추고 따라갔다. 부산성에 이르러 문지기에게 득오실이 어디에 있느냐고 물었다. 문지기는 답하기를 "지금 익선의 밭에서 예에 따라 부역하고 있습니다" 라고 하였다. 낭은 밭으로 찾아가 가지고 간 술과 떡을 대접하였다. 익선에게 휴가를 얻어 같이 돌아가도록 청하였으나 익선이 굳게 거부하여 허락하지 않았다. 그때 사리 간진이 추화군 능절의 조 30석을 거두어 성 안으로 수송하고 있었는데, 낭이 선비를 소중히 여기는 풍모를 아름답게 보고, 익선의 어리석은 고집과 융통성 없음을 비루하게 여겨, 가지고 가던 30석을 익선에게 주고 요청하였다. 그래도 허락하지 아니하므로 또 진절 사지의 말안장을 주니 그제야 허락하였다. 조정의 화주가 이를 듣고 사자를 보내 익선을 잡아다가 그 더러움을 씻기려고 하니 익선이 도망하여 숨었으므로 그

맏아들을 잡아갔다. … 대왕이 이를 듣고 칙령을 내려 모량리 사람으로서 벼슬을 하는 자는 모두 쫓아내어 다시는 관서에 관계하지 못하게 하고 승복을 입지 못하게 했으며, 만약 승려가 된 자라도 종고를 단 큰 절에 들어가지 못하게 하였다(『삼국유사』 권2, 기이2 효소왕대 죽지랑).

B의 기록은 화랑도와 화주와의 관계를 잘 드러내고 있다.[24] 왜냐하면 낭도와 관련된 일에 화랑과 화주 그리고 국왕까지 서로 연결되어 있기 때문이다. 즉 화랑인 죽지랑이 그의 낭도를 위하여 익선에게 휴가를 요청하였으나 쉽사리 허락을 받지 못하였다. 그래서 뇌물까지 주게 되었고 그러한 일이 화주의 귀에까지 들어갔다. 화가 난 화주는

24 여기서 문제가 될 수 있는 것은 B의 기록이 어느 왕 때의 일로 보아야 할 것인가 하는 것이다. 기록에는 효소왕대의 일로 서술되어 있으나 삼품창영의 경우 진평왕대의 일로 보고 있다(三品彰英, 앞의 책, 1974, 60쪽). 그 후 죽지랑조의 기사를 화랑 죽지랑의 만년의 사건으로 이해하는 견해가 제시되었는데(李弘稙, 「三國遺事 竹旨郎條 雜考」『黃義敦先生 古稀紀念 史學論叢』, 1960 : 『韓國古代史의 硏究』, 新丘文化社, 1971, 525쪽), 일반적으로 죽지랑이 화랑이었던 善德王·眞德王代의 사실이 중심을 이루고, 효소왕대에 급찬 득오가 죽지랑을 그리워하며 모죽지랑가를 지은 것으로 이해하고 있다(金哲埈, 「新羅 貴族勢力의 基盤」『인문과학』 7, 1962 : 『韓國古代社會硏究』, 1975, 227쪽 및 이종욱, 앞의 논문, 1986, 207~210쪽. 그리고 辛鍾遠, 「三國遺事 〈孝昭王代 竹旨郎〉條 譯註」『韓國思想史學』 6, 1994, 100쪽의 주 38). 또한 尹善泰, 「新羅의 力綠과 職田」『韓國古代史硏究』 13, 1998, 237~240쪽). 이를 이어 박남수도 이 기록을 선덕왕대 초년을 전후한 기사로 이해하고 있다(박남수, 앞의 책, 2013, 418~419쪽). 그러나 권덕영은 이 사실을 진평왕 45년(623)~48년(626) 무렵으로 파악하고 있다(권덕영, 「新羅圓測의 入唐과 歸國問題」『羅·唐佛敎의 再照明』, 대한불교전통연구원, 1993, 185쪽). 반면 金台植은 「《三國遺事》 竹旨郎條 탈구축을 통한 신라 화랑과 그 花主」『忠北史學』 21, 2008에서 효소왕대로 보았다.

익선을 처벌하려 하였으며, 더 나아가 국왕까지 나서 강력하게 조치하였다.[25] 그렇다고 한다면 이는 화랑도에 대하여 국가에서 매우 깊은 관심을 보이고 있었다고 하는 사실과 더불어 화랑의 임명은 조정 화주를 거쳐 국왕이 하였을 것이라고 하는 기존의 견해에 수긍할 수밖에 없을 것이다.[26] 그렇지만 이에 대해서 좀 더 자세하게 살펴보기로 하자.

화주에 대해서는 이미 오래 전부터 연구가 이루어졌다. 일제 강점기 일본인 연구자 점패방지진(鮎貝房之進)은 시인(時人)이 받드는 화랑과 조정에서 받드는 화랑으로 구분하고 후자가 바로 화주라고 하였다.[27] 또한 삼품창영(三品彰英)은 화주를 화랑의 총체적 통솔자로 보았다.[28] 이후 이기동과 이종욱 등은 일대에 몇 개의 화랑 집단이 있고

---

25 三品彰英은 모량부에 대한 연좌제의 적용이 지나치게 가혹한 것에 대하여 이는 화랑 집회가 그 회원의 보호에 대하여 연대적 책임을 지면서 절대적 사법권을 행사하였던 것으로 풀이하였다(三品彰英,『新羅花郎の硏究』, 1947, 202쪽). 한편 박남수는 기왕의 6부 공동체적 전통을 억제하고 새로운 질서, 곧 국가 중심의 체제로 전환하고자 한 조치로 보았다(박남수, 앞의 책, 2013, 423쪽).

26 이종욱,「新羅 花郎徒의 編成과 組織·變遷」『화랑문화의 재조명』10, 1989, 253~254쪽 참조.

27 鮎貝房之進,「花郎攷」『雜攷』4, 1932, 15쪽 및 25~28쪽.

28 三品彰英은 "여기서 조정의 화주란 화랑의 총체적 통솔자를 의미하는 것으로 그러한 고관직이 조정에 있었음이 字義上으로는 추측되나, 조직상 그것이 어떠한 것이었는가는 상세히 알 수 없다. 단 추측적인 소견에 불과하나, 이러한 것들을 미루어 볼 때 화랑제도라는 것은 조정에 화주라는 자가 있고 그 통솔하에 몇 사람 어쩌면 2명에서 몇 명의 화랑이 있고 이 화랑을 받들어 추대한 몇십, 몇백의 청년이 집회를 결성하였던 것이다"고 하였다(삼품창영, 위의 책, 1947, 51~52쪽).

이를 중앙에서 통제하는 것이 소위 화주였다고 하였다.[29] 이와 같은 학계의 의견으로 볼 때 화주는 화랑도 통제와 관련이 있으며 국가에서 화랑도와 관련하여 둔 관리였다고 이해할 수 있다.

그런데 필사본 『화랑세기』를 이용하여 화주를 새롭게 파악한 견해도 있다. 즉 이종욱은 화주를 풍월주의 아내라고 하면서, 『삼국유사』에 나오는 화주를 화랑도를 관장하던 조정의 관리로 파악한 생각을 버릴 필요가 있다고 하였다.[30] 그리고 조정 화주에 대한 막연한 이해에서 좀 더 진일보한 견해가 도출되었는데, 그것은 효소왕대에 활동한 죽지랑과 관련된 기록에 보이는 화주가 바로 신목태후일 것이라고 하는 견해가 바로 그것이다.[31] 그렇지만 죽지랑조는 진평왕대의 일로 추정되거니와 신라 중대에는 화랑도의 새로운 변화가 있었기에 더 이상 조정 화주와 관련된 기록이 없는 것이 아닌가 한다.

이렇게 보면, 화주에 대하여 다양한 견해가 있음을 알 수 있다. 그렇지만 이상과 같은 견해는 화주가 국가의 조직 체계 내에서 항상 존재하였던 직책임을 명시하고 있다. 과연 그러할까 하는 생각이 드

29 이기동, 앞의 책, 1984, 334쪽 및 앞의 책, 1997, 240쪽에서 "화랑도는 한 시대에 몇 개의 집단으로 나뉘어 활동하였고, 조정 이른바 花主가 있어 이를 통제하였을 것이라 함은 주지의 사실이다"라고 하였다. 이종욱도 화주를 대체로 화랑도를 관장하던 관리였다고 하였다(이종욱, 「삼국유사 죽지랑조에 대한 일고찰」『한국전통문화연구』 2, 1986, 221쪽). 또한 박남수도 앞의 책, 2013, 399~400쪽에서 이와 같은 견해에 따르고 있다. 이미 이진수도 『新羅花郎의 體育思想 研究』, 保景文化社, 1990, 71쪽에서 몇몇 화랑도 위에 화주가 있다고 하였다.

30 이종욱, 『화랑』, 휴머니스트, 2003, 168쪽. 그는 필사본 『화랑세기』의 기록을 근거로 앞서 제시하였던 의견을 수정하였음을 알 수 있다.

31 金台植, 앞의 논문, 2008, 70~73 참조.

는 것은 이와 관련된 기록이 더 이상 나타나지 않고 있기 때문이다. 그렇기에 화랑도와 관련된 일이 발생하였을 경우 임시로 화주가 임명되어 활동한 것으로 생각해 볼 수 있다. 그리고 화랑도와 관련하여 벌어진 일이 해결되면 없어지는 일시적인 관직이었다고 할 수 있다. 아마도 화주는 김태식의 견해처럼 왕모 혹은 왕비가 맡았던 것으로 이해하는 것이 옳을 것이다. 국가의 제도 속에 화주가 없다고 하는 것도 결국에는 상설직이 아니었음을 말해 주는 것으로 생각된다. 결국 화주를 통해 화랑도가 반관 반민적인 특징을 가진 단체라고 주장하는 내용은 어느 정도 수용이 가능하지만, 이것은 신라 중고기에서만 유효한 것이었다고 할 수 있다. 그리고 기왕의 설명처럼 중고기의 조정 화주가 국가와 화랑도를 연결하는 가교 역할을 한 것으로 이해하는 것은 무리한 해석이 아니라고 할 수 있다.

조정 화주 이외에도 화랑도와 국가와의 관계를 알려주는 기록들을 찾아볼 수 있다. 이와 관련하여 아래의 기록부터 살펴보기로 하자.

C-1. 그 후 다시 미모의 남자를 택하여 곱게 꾸며 화랑이라 이름하고 그를 받드니, 무리들이 구름처럼 몰려들었다(『삼국사기』 권4, 진흥왕 37년 봄).

C-2. 당나라 영호징(令狐澄)의 『신라국기(新羅國記)』에 말하였다. "귀족의 자제 중 아름다운 이를 택하여 분을 바르고 곱게 꾸며서 이름을 화랑이라 하였는데, 나라 사람들이 모두 그를 높이 받들어 섬겼다"(『삼국사기』 권4, 진흥왕 37년).

C-1의 기록은 화랑도가 만들어지게 된 배경에 대하여 설명한 것

이다. 미모의 남자를 택하여 받들었다고 한다면[32] 이를 그렇게 한 주체가 분명히 있어야 할 것이다. 그런데 여기서 미모의 남자를 택한 것과 그를 받들었다고 하는 것을 통하여 그 주체를 국가로 볼 수 있을까 하는 의문이 든다. 미모의 남자를 택하여 받들었다고 해서 곧 국가가 그렇게 하였다고 단정할 수는 없기 때문이다.

화랑도가 만들어진 것과 관련하여 이미 언급하였듯이 지소태후와 밀접한 관련이 있다. 즉 지소태후는 진흥왕이 어린 나이에 즉위하게 되자 원화를 폐지하고 새로이 화랑을 두고 그 밑에 원화를 따르던 낭도를 배치하였다. 그리고 이후 시간이 흐르면서 조직이 체계화되어 화랑도로 발전하고, 사상적으로도 더 성숙한 모습을 지니게 되었다고 짐작된다. 또한 그 조직을 통하여 인재까지 선발할 수 있었다. 이렇게 볼 때 화랑도를 만들었던 처음부터 국가에서 어떤 목적을 가지고 그것을 제도화시킨 것은 아님을 알 수 있다. 또한 화랑도를 신라의 제도 속에서 찾아볼 수 없다는 점도 국가와는 무관하게 이루어진 청소년 조직체임을 알 수 있다.

C–2의 기록은 화랑도에 대한 중국인의 견문으로 관심을 끌고 있다. 이 기록은 원래 고음(顧愔)의 『신라국기』에 기록된 것인데, 당 영호징의 『대중유사』에 인용되었고, 그 후 『삼국사기』 권4, 진흥왕 37년 기사에 인용 전재되어 있다.[33] 고음이 신라에 왔을 때는 혜공왕 4년이었다. 이때는 신라 중대의 끝자락이었기에 화랑도가 처음 탄생하였을 때와는 달리 적잖은 변화의 양상을 보이고 있던 시기였다. 귀족

32 받들었다고 하였는데 원문에서는 '奉'으로 쓰고 있다.

33 李基東, 「花郞像의 변천에 관한 覺書–花郞文化論에 부쳐서–」『신라문화』 5, 1988 ; 『新羅社會史硏究』, 一潮閣, 1997, 294쪽.

의 자제 중에서 아름다운 이를 택하여 분을 바르고 곱게 꾸며 이름을 화랑이라고 했다는데 이는 화랑도가 군사적 기능을 상실하고 놀이적 일변도로 변질되었을 무렵의 화랑도로 보는 것이 옳을 것이다.[34]

그런데 C-2의 기록에서 눈여겨 볼 것은 화랑의 선발에 대한 것이다. 귀족의 자제 중에서 아름다운 이를 택하였다고 한 것으로 볼 때 C-1의 기록과 마찬가지로 국가에서 간여한 것은 아니었을 것으로 생각되기 때문이다. 아무래도 화랑들 가운데서 국선 1명을 선발한 것이 고음에게는 그렇게 보였던 것이 아닌가 한다. 중국인의 견문 기록인 만큼 당시 화랑도의 사정에 대해서는 자세하게 알지 못했다고 할 수 있다. 더구나 고음이 신라에서 체류한 기간에 관해서는 알 수 없지만 그다지 오랜 시간 동안 머물러 있었다고는 생각되지 않는다.[35] 따라서 이렇게 보면 지금까지 해석해 온 바와 같이 화랑들 가운데서 국선의 임명이 고음의 눈에는 마치 국가에서 화랑을 선발하는 것처럼 보였던 것이 아닌가 하는 것이다.

이상에서 화랑도와 화주와의 관계에 대해서 살펴보았다. 화주의 존재를 통하여 국가에서 화랑도에 관하여 관심을 가지기는 하였으나 국가의 제도로 묶어둔 그러한 형태의 것은 아니었음을 알 수 있었다. 화주는 화랑도와 관련하여 임시적으로 운용되었으며, 국가의 조직 속에 편재된 것도 아니었다. 중고기에만 화주가 보인다는 점에서 볼 때 더욱 그러하다.

---

34 李基東, 위의 책, 1997, 294쪽.

35 최희준, 「신라중대의 당 사신 영접 절차와 운용」『韓國史研究』 153, 2011 참조.

4. 소결

이상에서 화랑도와 국가 권력과의 관계 및 국왕과의 관계에 대하여 검토해 보았다. 우선 화랑도와 국가 권력과의 관계에 대해서 검토한 것을 정리하면 다음과 같다. 화랑도는 처음 만들어질 때부터 확고한 사상과 체계를 갖추어 출발한 것이 아니었다. 시간이 흐르면서 조직의 체계도 갖추어지고 무리도 여럿 생겨나게 되었다. 이는 화랑도가 점차 발전하였음을 나타내 주는 것이라 할 수 있다. 이러한 화랑도의 변화 및 발전 과정에서 과연 국가는 이들 단체를 어떻게 보았고 어떻게 대우하였는가 하는 것인데, 앞서 살펴본 바와 같이 화랑도는 국가의 통제나 간섭의 대상이 되었던 것도 아니고 또한 제도 아래 존재하였던 그러한 단체도 아니었다. 다만 민간의 자율적인 존재로 있었으나 중고기에는 국가로부터 어느 정도 관심의 대상이 되었다. 그렇기에 반관 반민적인 단체로서의 성격을 가졌을 수도 있다. 그렇지만 중대 이후 하대에서는 국왕과의 관계에 있어서도 매우 자유롭고 탄력적인 관계에 있었다고 해야 할 것이다.

다음으로 화랑도와 국왕과의 관계에서는 화랑도가 국왕의 신민이라는 큰 테두리 속에 있으면서 관심의 대상이 되었다. 왕이 화랑도의 무리에게 관심과 애정을 보인 것은 왕의 신민이라고 하는 점에서 그렇게 한 것이고, 또한 그들 무리 가운데에서 왕을 도와 신라에 동량이 되는 인재를 배출하였기 때문이기도 하다. 따라서 국왕이 그들에게 보인 관심은 그러한 것에서 비롯된 것이고 사적인 목적이나 정치적인 의도가 있어서 그렇게 한 것은 결코 아니라고 하는 사실이다.

마지막으로 중고기에 단 한 번 등장하는 화주를 통해 화랑도와의 관계를 중시하고 있으나, 화주는 이미 보았듯이 화랑도와 관련하여 특정한 일이 발생하였을 때 임시적으로 운용되었다고 볼 수 있다. 그리고 일이 해결되었을 때는 자연스럽게 없어지는 자리였다. 그러므로 중대 시기나 하대 시기에도 화주의 존재를 화랑도와 연결하여 해석하는 것은 무리한 것이라고 보아진다. 아무래도 중고 시기에만 존재한 특별한 존재였다고 해도 과언이 아닐 것이다.

2장

화랑도와 정치 세력

1. 머리말

신라 하대에도 화랑도의 활발한 활동을 찾아볼 수 있다. 예컨대, 화랑이 낭도를 이끌고 반란군 토벌에 참전하거나, 화랑 출신으로 왕위에 오른 경문왕도 떠올릴 수 있다. 이렇듯 신라 하대에 활동한 화랑의 여러 모습은 우리의 관심을 불러일으킨다. 특히 신라 말에 활동한 화랑들 가운데서도 주목할 만한 인물은 김응렴(金膺廉)과 효종(孝宗)이다. 김응렴은 화랑으로 활동하던 때에 헌안왕(憲安王)의 맏딸과 혼인하였으며 헌안왕을 이어 왕위에 올랐다.[1] 또한 효종은 진성여왕대에

1 『三國遺事』 2, 景文大王과 『三國史記』 11, 憲安王 5년 정월. 그리고 경문왕의 왕위계승과 관련한 연구 성과 정리는 金昌謙, 「경문왕 연구의 현황과 제안」 『석문이기동교수정년기념논총 한국고대사연구의 현단계』, 주류성, 2009 : 『신라 하대 국왕과 정치사』, 온샘, 2018을 참조할 것.

화랑으로 활동하였으며 여왕의 주선으로 헌강왕의 딸과 혼인하였다.[2] 그렇지만 화랑 효종은 김응렴과는 달리 왕위 계승에는 실패하였다.

이렇게 보면 두 명의 화랑은 왕의 사위였다는 공통점이 찾아진다. 다시 말하면 왕실과 매우 밀접한 혈연적인 관계가 있었음을 알 수 있다. 그런데 김응렴은 헌안왕을 이어 왕위를 계승한 반면, 효종은 그렇지 못하였다. 더욱이 효종은 효공왕대에 시중(侍中)으로 활동하였으며 당시 정치적 실권자 가운데 한 명이다. 그렇지만 그는 왕위 계승에 실패하였는데 김응렴의 경우와는 크게 대비되는 측면이다. 반면 효종의 아들인 김부는 왕위 계승에 성공하여 경순왕이 되었다.

그렇다면 화랑 출신인 효종은 비슷한 처지에 있던 김응렴과 달리 어떠한 이유로 왕위를 계승하지 못하였을까. 그리고 효종의 아들은 어떻게 하여 왕위를 계승할 수 있었을까. 이러한 의문점을 이 글에서 해결해 보고자 한다.

지금까지 이러한 관점을 가지고 신라 말에 화랑으로 활동하였던 효종에 관하여 접근한 연구는 그다지 많지 않다.[3] 신라 말 박씨 왕인 신덕왕(神德王)의 왕위 계승과 관련하여 효종이 언급되고 있을 뿐이다.[4] 그러므로 화랑 출신인 효종에 관한 체계적인 연구는 거의 없다고

---

2 『三國史記』 48, 열전8, *孝女知恩*과 『三國遺事』 5, *貧女養母*

3 박남수, 「신라 진성왕대 효종랑과 화랑도」 『사학연구』 132, 2018을 주목할 수 있다. 그런데 이 연구는 효종과 박경휘 세력의 대립을 설명하는 과정에서 화랑도와 관련이 없는 신덕왕의 즉위에 대하여 설명하고 있어 문제의 핵심을 살리지 못하고 있다. 즉 그는 "이 무렵에 화랑 출신이 기왕의 화랑도를 정치 세력화하여 신덕왕의 즉위 과정에 참여하였을까 하는 데에 회의적이다"라고 하였다.

4 신라 말 정치적 상황을 연구하는 가운데 효종의 활동과 관련하여 언급된 글을 시대순으로 열거하면 다음과 같다. 李培鎔, 「新羅下代 王

해도 과언이 아니다. 이에 여기서는 효종이 화랑 출신이었다는 사실에 초점을 두고 그의 활동을 당시의 정치적인 상황과 관련하여 살펴보고자 한다.

먼저 효종이 화랑으로 활동하였던 것과 그것이 그의 정치적인 성장과는 서로 어떠한 관련이 있는지를 검토할 것이다. 다음으로 화랑 출신이었던 그가 왕위 계승에 성공하지 못한 이유가 무엇이었는지를 살펴볼 것이다. 마지막으로 효종의 아들이 어떻게 하여 왕위를 계승할 수 있었는가 하는 것을 알아보고자 한다.

2. 화랑 효종랑의 활동과 정치적 성장

효종랑이 진성여왕대에 활동한 화랑이었음은 이미 잘 알려져 있다. 그는 화랑으로 활동하다가 효녀 지은을 도운 것이 계기가 되어 여왕에게 알려지게 되었다. 그리고 여왕의 주선으로 헌강왕의 딸과 혼인할 수 있었다.

그런데 그와 관련된 기록에서 제일 먼저 의문으로 떠오르는 것은

位繼承과 眞聖女王」『千寬宇先生還曆紀念 韓國史學論叢』, 1985 ; 申虎澈, 「新羅의 滅亡과 甄萱」『忠北史學』 2, 1989 : 『後百濟 甄萱政權研究』, 一潮閣, 1993 ; 全基雄, 「新羅 下代末의 政治社會와 景文王家」『釜山史學』 16, 1989 ; 全基雄, 「新羅末期 政治社會의 動搖와 六頭品知識人」『韓國古代史研究』 7, 1994 ; 曺凡煥, 「新羅末 朴氏王의 登場과 그 政治的 性格」『歷史學報』 129, 1991 : 『중세로 가는 길목 신라하대사』, 새문사, 2018 ; 全基雄, 「新羅下代의 花郎勢力」『新羅文化』 10·11합집, 1994 ; 全基雄, 『羅末麗初의 政治社會와 文人知識層』, 혜안, 1996 ; 음선혁, 「新羅 敬順王의 卽位와 高麗 歸附의 政治的 性格」『全南史學』 11, 1997 ; 권영오, 『신라 하대 정치사 연구』, 혜안, 2011 ; 박남수, 위의 논문, 2018 등을 참고할 수 있다.

어떻게 하여 일천여 명에 이르는 낭도들을 거느릴 수 있었을까 하는 점이다.[5] 이러한 의문을 해결하기 위해서는 효종과 관련된 다음의 기록을 살펴보기로 하자.

> A. (효종랑이) 그때 놀러 나갔다가 (이 광경을) 보고 돌아와 부모에게 청하여 집의 곡식 백 석과 옷가지를 청하여 (지은에게) 가져다 주었다. 또 (그녀를) 산 주인에게 몸값을 갚아 주고 양민이 되게 하였으니, 그의 낭도 수천 명이 각각 곡식 한 섬씩을 내어 도와주었다. … 효종랑은 당시 제삼재상 서발한 인경(仁慶)의 아들로 아명은 화달(化達)이었다. 왕〔진성여왕〕이 말하되 "비록 어린 나이이기는 하나 노성함을 볼 수 있다"라고 하면서 자기의 형 헌강왕의 딸을 아내로 삼게 하였다(『삼국사기』 권48, 효녀지은).

A의 기록을 자세히 살펴보면, 효종의 아름다운 행동 뒤에는 그의 아버지인 인경의 역할이 주목된다. 인경은 그의 아들이 효녀 지은에게 도움을 줄 것을 요청하자 곡식 백 석을 내주었다고 한다. 그리고 지은이 양인의 신분을 되찾는 데 도움을 주었던 것 같다. 효종의 아버지인 인경은 진성여왕 재위 당시에 삼재상이었다. 삼재상이 구체적으로 어떠한 지위인지는 알 수 없으나, 재상이었던 것으로 미루어 보아 당시 정치 권력의 핵심부에 가까이 있었던 것만은 사실일 것이다.[6]

---

5 기왕의 연구에 따르면 국가에서는 화랑도에 대하여 많은 경제적인 지원을 하였다고 한다(朱甫暾, 앞의 논문, 1997, 110~111쪽). 그러나 신라 하대에도 계속해서 화랑도에 대한 경제적인 지원이 있었을까 의심된다. 예컨대, 진성여왕대에는 국가의 재정이 바닥이 난 상태였기 때문에 화랑도에 대한 지원은 거의 없었다고 보는 것이 옳을 것이다.

6 이인철은 8세기 말 이후에는 대재상 1인과 차재상 2인 그리고 제삼재상 3인으로 구성되어 있었으며, 이들 재상들은 다수의 대등들 가운데

그렇지만 위의 기록만으로는 인경의 경제적인 지위가 어느 정도인지를 가늠하기가 곤란하다. 이와 관련하여 당시 재상가에 대한 기록을 주목해 보자.

> B. 재상의 집에는 녹이 끊어지지 않으며, 노동(奴僮)이 삼천 명이나 되고, 갑병(甲兵)과 소와 말 그리고 돼지도 이에 맞먹는다. 가축은 해중(海中)의 산에 방목(放牧)하였다가 필요할 때는 활을 쏘아서 잡는다. 곡식을 남에게 빌려주어서 늘리는데, 기간 안에 다 갚지 못하면 노비로 삼아 일을 시킨다(『신당서』 신라전).

B의 기록은 당시 재상가의 경제적 기반에 대하여 알려주고 있다. 그 가운데서도 녹이 끊이지 않는다는 것과 노동이 삼천여 명이나 되었다고 하는 점이 눈에 들어온다. 녹이 끊이지 않는다는 것은 막대한 경제력을 의미할 것이다. 그리고 노동이 삼천여 명이었다는 것은, 비록 과장된 것이기는 하겠지만, 아마도 귀족의 사병일 것으로 짐작된다. 그리고 이들은 왕경 근처에서 집단적으로 거주했다고 생각된다.[7]

이상의 사실에서 미루어 볼 때 효종의 집안도 예외는 아니었을 것이다. 즉 효종의 아버지인 인경은 정치 권력의 핵심부에 있었으며 경제적인 지위도 그에 상응하였을 것으로 생각된다. 또한 인경의 집안

서도 권력의 핵을 이루었던 것으로 보고 있다(李仁哲, 「新羅의 君臣會議와 宰相制度」『韓國學報』 65, 1991 : 『新羅政治制度史研究』, 일지사, 1993, 114~115쪽. 그리고 木村誠은 이 당시의 재상 제도가 권력 재편 혹은 권력 집중의 수단으로 기능하였다는 견해를 발표하였다(木村誠, 「新羅の宰相制度」『人文學報』 118, 1977, 34~35쪽). 이명세, 「신라 宰相의 기능과 역할」『청람사학』 21도 크게 참고된다.

7 李宇泰, 「新羅 三國統一의 一要因—對地方民政策을 중심으로—」『7세기 한국사의 제문제』(제3회 韓國古代史研究會 합동토론회 요지문), 1990, 30쪽).

에는 적지 않은 수의 사병이 있었을 것이다. 그의 이러한 정치·경제적 지위는 효종이 낭도를 일천여 명이나 거느릴 수 있는 토대를 제공해 주었을 가능성이 크다. 이렇게 생각하고 보면 새로운 의문이 생긴다. 그것은 일천여 명에 이르는 효종의 낭도와 인경이 소유한 사병과는 어떠한 관계가 있었을까 하는 점이다.[8] 그러나 이를 구체적으로 알려줄 만한 기록이 찾아지지 않고 있다. 다만 다음의 기록에서 그 실마리를 풀어 보도록 하자.

> C. 웅천주 도독인 김헌창은 그의 부 김주원이 왕이 되지 못한 것을 이유로 반란을 일으키어 … 각간 충공은 문화관문을 지키고, 명기·안락 두 화랑은 각기 종군하기를 청하여 명기는 그 도중과 함께 황산으로 향하고 안락은 시미지진으로 향하였다(『삼국사기』 권10, 헌덕왕 14년 3월).

C의 기록은 화랑인 명기와 안락이 김헌창의 반란 토벌에 자원하였음을 알려준다. 그리고 두 명의 화랑은 각각 무리를 이끌고 황산과 시미지진으로 향하였다고 한다. 이들이 이끌고 간 무리[徒衆]가 낭도들이었을 것이다. 더욱이 이들은 누구의 휘하에도 배속되지 않고 독자적으로 행동하였다. 화랑이 반란군 토벌에서 낭도를 이끌고 독자적으로 행동할 수 있었다는 것은 많은 수의 낭도를 이끌었음을 의미한다. 따라서 화랑을 따르는 낭도들은 이미 사병과 같은 역할을 한 것으로 짐작된다. 화랑도가 사병 집단으로 변질되었음을 염두에 둔다

8 인경의 사병 소유 여부는 잘 나타나 있지 않다. 그렇지만 당시 재상가의 집안에 사병이 있었다는 것을 염두에 두면 인경이 소유한 사병도 적지는 않았으리라 판단된다.

면[9] 더욱 그러하다.

이렇게 보면 화랑 효종 휘하의 낭도로 기록된 사람들은 인경이 소유한 사병이 주류를 이루지 않았을까 싶다. 화랑 명기와 안락의 예에서도 볼 수 있듯이 낭도들이 거의 사병과 같은 역할을 하고 있기 때문이다. 따라서 효종은 화랑으로서 집안의 사병들을 지휘하였다고 파악하는 것이 합당할 것이다. 물론 그의 휘하에 낭도들이 전혀 없었다고는 할 수 없지만, 일천여 명의 낭도로 표현된 많은 숫자는 바로 집안의 사병이었다고 파악된다. 이러한 생각을 가능케 하는 것은 효종의 낭도들이 문객(門客)으로 표현되고 있는 점에서도 그러하다.[10]

낭도들을 문객이라고 표현한 것으로 보아 효종이 이끌었던 낭도들은 거의가 집안의 사병이었음을 더욱 뒷받침해 준다. 문객과 사병을 동일한 것으로 파악할 수는 없지만 문객이란 용어에서 충분히 짐작된다. 문객이란 몸을 의탁해 온 외래의 인을 말하는 것이다.[11] 따라서 문객이란 의미 속에는 주인을 위해 몸을 바치고 그 대가로 생활해 가는 사람을 말하는 것이 내포되어 있다. 예컨대, 사병과 같은 인물들이 그 대표적인 예라 할 수 있다. 그러므로 효종은 집안의 사병들을 지휘하였던 것으로 판단된다. 그리고 유사시에는 효종이 바로 군사 지휘관과 같은 그러한 역할을 하였다고 볼 수 있다.

결국 효종이 일천여 명이나 되는 낭도들과 함께 할 수 있었던 것은 그의 아버지인 인경과 매우 밀접한 관계가 있었음을 알 수 있다.

---

9 李基白, 「新羅私兵考」『歷史學報』 9, 1957 : 앞의 책, 1974, 259~260쪽.

10 『三國遺事』 貧女養母條에는 낭도들을 문객이라 표현하고 있다. 신라 하대 문객과 관련해서는 盧泰敦, 앞의 책, 2009, 244쪽을 참조할 것.

11 盧泰敦, 앞의 책, 2009, 245쪽.

따라서 효종이 진성여왕에게 알려진 것도 집안의 경제력이나 군사력과 불가분의 관계가 있었다고 설명해야 옳을 것 같다.[12] 화랑으로 활동하다가 우연히 지은을 도운 것으로 말미암아 왕의 딸과 혼인하였다는 것은 쉽사리 납득할 수 없다. 헌강왕은 이미 죽고 없었지만, 헌강왕의 사위가 된 것은 바로 인경의 정치·경제적인 배경이 크게 작용하였기 때문으로 보는 것이 합당할 것이다. 물론 진성여왕이 화랑인 효종을 주목한 것도 인경의 여러 가지 배경을 고려한 것이라 할 수 있다.[13]

화랑으로 집안의 사병을 이끌었던 효종은 언제 출사하였을까. 이를 알려줄 만한 기록은 찾아지지 않는다. 다만 다음과 같은 기록에서 그 실마리를 찾아보기로 하자.

D. 대아찬 효종으로 시중을 삼았다(『삼국사기』 권12, 효공왕 6년).

효종은 효공왕 6년에 시중직에 올랐다고 한다. 이렇게 볼 때 그는 효공왕 6년 이전에 이미 출사하였음을 알 수 있다. 아마도 그는 진성여왕대에 헌강왕의 딸과 혼인을 한 이후 관직으로 첫발을 내디뎠던 것 같다. 그렇지 않고서는 효공왕 6년에 갑자기 시중직에 올랐다고

12 박남수, 앞의 논문, 2018, 281쪽에서 "화랑도 운영을 위한 비용은 화랑의 가문 또는 그의 부친이 부담하였다고 본다"라고 하였다. 다만 그는 낭도가 군역과 요역, 조세의 부담을 지는 존재였던 만큼, 화랑과 낭도와의 관계는 국가의 공적 틀을 벗어나지 않는 범위에서 이루어진 사적 집단이라 하였다(같은 논문, 2018, 281쪽). 그렇지만 신라 하대에는 이와 같은 기준으로 볼 수는 없을 것 같다. 이는 신라 하대 화랑도의 변질이라는 측면에서 볼 때 그러하다.

13 전기웅은 진성여왕이 효종을 왕위 계승자로 내정하고 있었던 것으로 짐작하고 있다(전기웅, 앞의 논문, 1989, 24쪽 註 42) 참조).

하는 일이 쉬이 납득되기 어렵기 때문이다. 이렇듯 효종은 일찍이 출사하였던 것으로 생각된다. 그리고 진성여왕대에 활동한 삼재상인 아버지 인경과 더불어 정치적인 세력을 형성하였을 것이다. 또한 그가 시중이 되었다는 것은 정치적 실권자 가운데 한 명이 되었다는 것을 의미한다. 그리고 당시 시중은 상대등과 더불어 왕위를 계승할 수 있는 위치에 있었다.[14] 이러한 점으로 볼 때 그는 정치 권력의 핵심부에 자리하였다고 해도 과언이 아니다.

그는 어떻게 시중직에 오를 수 있었을까. 이제 효종이 시중직에 오를 수 있었던 배경에 대하여 살펴보기로 하자. 효종 이전의 시중은 계강(繼康)이었다. 계강은 효공왕 2년에 시중직에 올라 효종이 시중으로 임명되기 전까지 시중의 직임을 수행하였다.[15] 따라서 효종은 시중직이 비어서 그 자리에 나아간 것이 아니라 계강을 이어 그 자리에 올랐음을 알 수 있다. 계강에서 효종으로 시중이 바뀌게 된 이유는 자세하지 않다. 계강이 시중직에서 물러난 이유를 천변 지이 때문으로 보기도 하지만[16] 그것으로 말미암아 그 자리에서 물러났다고는 생각되지 않는다. 그 보다는 효종이 시중직에 오를 수 있었던 어떤 배경이 작용하지 않았을까 싶다.[17] 당시의 구체적인 사정을 헤아리기는 어려

14 李基白, 「新羅 下代 執事省」, 앞의 책, 1974, 185쪽.

15 『三國史記』 12, 효공왕 2년 정월과 동왕 6년

16 李基白, 앞의 책, 1974, 177쪽.

17 기왕의 연구에서는 효종이 시중직에 오르기 바로 전년인 효공왕 5년 8월에 효종의 형인 김억렴이 견훤의 大倻城 공격을 막아내었고 그것으로 말미암아 효종의 집안이 정치적으로 대두할 수 있었다고 하였다(全基雄, 앞의 책, 1996, 59쪽). 그러나 과연 효공왕 때 김억렴이 대야성의 책임자로 있었을까 하는 의문이 든다. 왜냐하면 김억렴과 관련된

우나 효종이 시중직에 오른 것은 그의 집안과 결코 무관하지 않을 것이다. 앞서도 언급하였듯이, 효종의 집안은 당대 제일가는 진골 귀족 가문의 하나였다. 더욱이 그는 혈연적으로 왕실과도 매우 밀접한 관계에 있었다. 또한 효종은 출사한 이후 그의 아버지인 인경의 정치적 영향력도 큰 도움이 되었을 것이다. 나아가 그는 왕실 내에서 적잖은 세력을 형성하였던 것으로 믿어진다. 이러한 정치적인 실력을 바탕으로 시중이 되었다고 짐작된다.

더욱이 중요한 것은 효종과 효공왕의 관계일 것이다. 효종이 헌강왕의 딸과 혼인하였으므로 효공왕과는 처남 매부 사이가 된다. 따라서 효종은 효공왕과 혈연적으로 밀접한 관계에 있었음을 알 수 있다. 이러한 두 사람의 관계로 미루어 볼 때 효종이 시중직으로 나아가는데 있어서 혈연적인 측면이 적지 않게 작용하였을 것으로 짐작된다. 또한 효공왕 측에서는 효종의 정치·군사적인 배경을 염두에 두고 계강을 면직시킨 것이 아닌가 한다.[18]

기록이 경순왕 말년에 처음으로 나타나고 있기 때문이다. 경순왕 말년에 김억렴이 대야성의 성주였다고 해서 효공왕 대에도 대야성의 성주로 있었다고 추론하는 것은 쉽사리 납득할 수가 없다. 또한 신덕왕 5년에도 견훤이 대야성을 공격하였으나 이기지 못하고 돌아갔다고 한다(『三國史記』 12, 神德王 5년). 신덕왕은 효종과 관련된 세력을 정치적으로 제거한 상태였으며 군사적 요충지인 대야성에 김억렴을 성주로 보냈다는 것이 이해되지 않는다. 따라서 김억렴이 대야성에서 견훤의 군대를 막았기 때문에 효종이 정치적으로 성장하였다는 것은 아무래도 이해하기가 쉽지 않다.

18 曺凡煥, 앞의 책, 2018, 54쪽. 그런데 효공왕의 의도와는 다르게 효종은 반효공왕파였다고 생각된다. 왜냐하면 그는 진성여왕 이후 유력한 왕위 계승자였지만 효공왕이 나타나 왕위 계승에서 멀어질 수밖에 없었다(전기웅, 앞의 책, 1996, 57쪽). 따라서 그는 효공왕에게 있어 적대

이상에서 보면 효종은 화랑으로서 그의 아버지인 인경의 정치·경제적인 기반을 배경으로 하여 집안의 사병을 일천여 명이나 이끌고 지휘하였다. 그리고 진성여왕으로부터 인정받아 일찍이 정계로 나아갔음을 알 수 있다. 또한 이러한 것을 바탕으로 하여 그는 효공왕 6년에는 계강을 시중직에서 밀어내고 그 자리에 올라 권력의 핵심부에 위치하게 되었다.

3. 효종 세력과 박경휘 세력의 대립

시중이 된 효종은 무슨 생각을 가지고 어떻게 행동하였을까 궁금하다. 이를 알아보기 위해서는 그의 정치적인 활동을 주목하지 않을 수 없다. 그렇지만 효종이 시중직에 오른 이후 그의 활동에 대한 일체의 기록이 찾아지지 않고 있다. 따라서 그의 정치적인 활동을 구체적으로 알아내기란 여간 힘들지 않다. 다만 신덕왕이 즉위하기 전까지 시중의 교체가 없었던 점으로 미루어 보아 효종은 시중직을 통하여 여전히 정치적인 실력자로 활동하고 있었음을 추측할 수 있다. 그리고 효종을 정점으로 하는 정치 세력도 왕실 내에서 적지 않은 영향력을 발휘하였다고 짐작된다.

그렇다면 효종을 정점으로 하는 정치 세력은 기왕의 정치 세력과는 어떠한 관계에 있었을까. 이러한 의문을 해결하기 위해서는 효종이 시중직에 오르기 전에 정치적인 실권을 가졌던 인물이 누구였을까

적이지는 않았다고 하더라도 효공왕을 지지하는 그런 인물은 아니었다고 보아진다. 더구나 그가 시중직에 오른 것도 어쩌면 왕위 계승을 염두에 둔 정치적인 행동이지 않았을까 싶다.

를 먼저 살펴볼 필요가 있다. 효종이 시중직에 임명될 즈음 정치적인 실권자로는 상대등 준흥과 시중이었던 계강 그리고 효공왕의 장인이 된 예겸(乂謙)을 떠올릴 수 있다. 그리고 효공왕을 이어 왕위에 오른 박경휘(朴景暉)도 주목된다.

준흥의 정치적인 경력은 정강왕의 즉위와 더불어 기록에 나타나고 있다. 정강왕이 즉위하자 그는 시중에 임명되었다.[19] 따라서 이미 정치적인 실권이 상당하였음을 짐작케 한다. 또한 정강왕이 죽음을 앞두고 시중 준흥에게 유조를 내려 진성여왕의 즉위를 당부한 것으로 보아[20] 그의 정치적인 위치가 상대등에 버금가는 것이었다고 헤아려진다. 그리고 준흥은 진성여왕을 이어 왕위를 계승한 효공왕의 즉위에도 간여하였던 것으로 알려져 있다.[21] 따라서 효공왕이 즉위한 이후 상대등이었던 준흥은 당시 최고의 실력자였다고 해도 과언이 아닐 것이다. 이러한 것들로 볼 때 그는 효공왕과 밀접한 관계였을 것으로 파악된다.

다음으로 시중이었던 계강을 떠올릴 수 있다. 그가 효공왕 이전에 어떠한 지위에 있었는지는 알 수 없지만 효공왕 2년에 시중이 되었다. 그런데 특이한 점은 그가 아찬으로서 시중직에 올랐다는 점이다. 아찬의 관등으로 시중직에 올랐다는 사실은 당장에 무어라 설명할 수는 없다. 다만 그러한 관등임에도 불구하고 시중직에 올랐다는 것은 그의 정치적인 위치가 적지 않았음을 암시한다.

---

19 『三國史記』 11, 定康王 즉위년 8월

20 『三國史記』 11, 定康王 2년

21 全基雄, 앞의 논문, 1989, 23쪽.

이제 효공왕의 장인인 예겸에 대하여 살펴보기로 하자. 그는 효공왕이 즉위한 지 3년째 되던 해에 딸을 납비하여 왕의 장인이 되었다.[22] 예겸은 헌강왕이 즉위한 이후 시중이 되었다가 동왕 6년에 시중직에서 물러났다.[23] 그는 시중직에서 물러난 이후 구체적인 활동을 보이지 않다가 효공왕 3년에 왕의 장인이 됨으로써 다시 정치적으로 두각을 나타내게 된 것이다. 당연히 그는 효공왕과 매우 밀접한 관계에 있었다고 할 수 있다. 이와 같은 사실에서 왕의 장인이 된 예겸도 정치적인 실권자 가운데 한 명이 되었음을 짐작케 한다.

마지막으로 박경휘에 대하여 알아보면, 그는 예겸과 의제가족적(擬制家族的)인 관계에 있었던 인물이었다.[24] 그리고 박경휘는 헌강왕의 사위이기도 하였다. 그가 언제 헌강왕의 딸과 혼인하였는지에 대하여는 알려져 있지 않으나, 왕실과 매우 밀접한 관계에 있었음을 알 수 있다. 그러나 이러한 점을 제외하면 그의 정치적인 경력은 밝혀진 바가 거의 없다.

이러한 가운데 효종이 정치 세력을 형성하고 효공왕 6년에는 계강을 밀어내고 시중직에 올랐다. 이것은 왕실 내에서 일대 정치적인 변화가 있었음을 알려준다. 그렇다면 효종은 상대등 준흥을 중심으로 한 세력과는 어떠한 관계에 있었을까 하는 점이다. 이를 알기 위해서는 상대등 준흥의 정치적인 노선이 어떠했는가를 살펴보지 않을 수 없다. 이미 언급하였듯이, 상대등 준흥은 효공왕의 왕위 계승에 깊이

22 『三國史記』 권12, 孝恭王 3년 봄 삼월

23 『三國史記』 권11, 憲康王 즉위년과 6년 참조.

24 曺凡煥, 앞의 책, 2018, 56쪽.

관여하고 있었다. 따라서 준홍은 효공왕의 지지 세력이었다고 보아도 좋을 것이다. 그런 만큼 상대등 준흥을 친왕파적인 인물로 볼 수도 있다. 준흥의 이러한 정치적인 노선에 대하여 효종이 동조하고 있었다고는 생각되지 않는다. 왜냐하면 효공왕이 등장함으로 말미암아 효종이 왕위 계승에서 멀어졌으며 더구나 준흥이 효공왕의 왕위 계승에 적극적으로 간여하였기 때문이다.

다음으로 효종은 계강을 밀어내고 시중직에 올랐기 때문에 계강과는 완전히 대립적인 관계를 유지하였다고 짐작된다. 계강은 비록 시중직에서 물러나기는 하였지만 정치적인 실권을 완전히 상실한 것은 아니었다고 할 수 있다. 왜냐하면 그는 신덕왕이 즉위한 이후 상대등직에 오르고 있기 때문이다.[25] 따라서 효공왕 6년 이후 효종은 계강의 세력과 대립 관계를 지속하였을 것으로 추측된다.

효종은 예겸과도 좋은 관계를 유지하였다고는 생각되지 않는다. 예겸이 효공왕의 장인이었던 만큼 효공왕을 지지하는 인물이었을 가능성이 높기 때문이다. 더구나 예겸의 의자(義子)인 박경휘와는 더더욱 불편한 관계에 있었다고 짐작된다. 그것은 효공왕 사후 왕위 계승을 둘러싸고 박경휘로 대표되는 세력과 대립 관계에 있었기 때문이다.

이렇게 보아오면 효종은 상대등인 준흥과 시중에서 물러난 계강 그리고 효공왕의 장인인 예겸 그리고 박경휘와는 다른 정치적 노선을 가지고 있었음을 알 수 있다. 따라서 효종은 이들의 세력과 대립되는 상황이었다고 해도 좋을 것이다. 더구나 이들은 효공왕을 지지하는 세력이었던 만큼 반효종 세력이라고 불러도 좋을 것이다.

25 『三國史記』 권12, 神德王 즉위년

그러한 가운데 효공왕 10년에는 상대등의 교체가 있었다. 준흥을 이어 김성(金成)이 상대등에 오른 것이다.[26] 준흥에서 김성으로 상대등이 교체된 것은 아마도 준흥의 죽음과 관련이 있지 않을까 싶다.[27] 그것은 준흥에 관한 기록이 더 이상 찾아지지 않는데서 말미암은 것이다. 김성이 효종을 제치고 상대등에 오른 것으로 볼 때 효종과 비슷한 정치적 이해 관계에 있었다고는 생각되지 않는다.[28] 이렇게 볼 때 효공왕 6년 이후 효종을 중심으로 하는 정치 세력과 반효종 세력의 대립이 지속적으로 이루어졌다고 할 수 있다.

그런데 효종이 시중직에 오른 지 10여 년이 지난 뒤인 912년 4월에 효공왕은 후사 없이 죽음을 맞이하였다. 그리고 효공왕을 이어 국인들의 추대를 받은 박경휘가 신덕왕으로 왕위를 계승하였다. 효공왕 10년에 상대등이 되었던 김성이나 시중인 효종을 제치고 박씨 왕이 탄생한 것이다. 돌려 말하면 정치의 핵심부에 있던 인물 가운데서 왕위를 계승한 것이 아니었다. 더구나 김씨 진골 귀족이 아닌 박경휘가 귀족들의 추대로 왕위에 올랐다. 따라서 효종은 그의 정치적인 영향력과 그를 지지하는 정치 세력이 있었음에도 왕위를 계승하지 못하였음을 알 수 있다. 이는 효종이 박경휘의 지지 세력에 의해 왕위 계승

---

26 『三國史記』 권12, 효공왕 10년 봄 정월

27 효공왕 10년 정월에 상대등의 교체가 이루어지고 있는데 아마도 준흥이 죽었기 때문으로 여겨진다. 그리고 준흥에 대한 기록은 더 이상 나오지 않는 점으로 미루어 보아 이러한 추측은 무리가 없을 것이다.

28 전기웅은 상대등 김성이 경문왕계 김씨 왕실과 운명을 같이 하였던 인물로 보고 있다. 따라서 그는 김성을 친효종적인 인물로 파악하고 있다(전기웅, 앞의 책, 1996, 60쪽). 당시 상대등과 시중이 상하 관계의 관직이 아니고 서로 경쟁 관계에 있던 것이었음을 감안하면 둘 사이의 관계가 좋았다고는 생각되지 않는다.

에서 멀어지게 되었음을 보여 준다.

그렇다면 효종이 왕위를 계승하지 못한 이유가 어디에 있었을까. 이러한 의문을 해결하기 위해서는 박경휘가 신덕왕으로 왕위에 오른 배경을 알아보는 것이 순리일 것이다. 박경휘가 왕위를 계승하게 된 배경에 대하여는 선행 연구를 찾아볼 수 있다.[29] 이에 여기서는 박경휘를 중심으로 살펴보지 않고 효종을 중심으로 검토해 보기로 하겠다. 이를 위하여 효공왕이 돌아갈 무렵의 정치적인 상황부터 살펴보기로 하자.

E-1. 왕이 비천한 첩에게 빠져서 나라의 정치를 돌보지 않았다. 대신 은영(殷影)이 간언하였으나 따르지 않았으므로, 은영이 그 첩을 잡아 죽였다(『삼국사기』 권12, 효공왕 15년 봄 정월).

E-2. 왕이 돌아가니 시호를 효공이라 하고 사자사 북쪽에 장사하였다(『삼국사기』 권12, 효공왕 16년 4월).

위의 E-1과 E-2 기록은 효공왕의 죽음과 관련한 것을 알려주고 있다. E-1에서는 은영이 정치보다는 천첩에게 관심을 둔 효공왕에게 불만을 품고 왕의 천첩을 살해하였다고 전한다. 그리고 E-2의 기록은 은영이 왕의 천첩을 살해한 다음 해에 효공왕이 아무런 이유 없이 죽음을 맞이하였다고 한다.

이상의 두 기록을 통하여 볼 때 효공왕의 죽음에는 석연치 않은

29 신덕왕의 즉위와 관련하여는 조범환, 앞의 책, 2018, 49~58쪽을 참고할 것.

점이 발견된다. 신하가 왕의 천첩을 함부로 살해한 점과 천첩이 죽임을 당한 다음 해에 왕이 아무런 이유 없이 죽음을 맞이하였다는 것이 바로 그것이다.

그렇다면 대신 은영은 왜 효공왕의 천첩을 살해하였을까. 단순히 정사의 소홀만으로 그렇게 하였을까 하는 의문이 든다.[30] 그러나 E-1과 E-2의 기록만으로는 그 자세한 사정을 헤아리기가 쉽지는 않다. 다만 E-1의 기록을 통하여 정치 세력의 변동이 있었음을 추측할 수 있다. 그것은 천첩을 중심으로 한 세력이 정치상의 실권을 장악하려 하였거나 혹은 장악함으로써 세력의 변화가 일어났기 때문으로 짐작된다. 이렇게 생각하면 왕은 천첩으로 대표되는 세력과 매우 밀접한 관계에 있었음을 암시한다. 그리고 효공왕은 천첩의 세력을 이용하여 왕권을 강화하려고 하였던 것은 아니었을까 하는 생각마저 든다. 이러한 생각을 하게 된 것은 효공왕이 적지 않은 문제를 가진 임금이었기 때문이다.

효공왕은 신라의 왕위 계승 원리에 따르면 왕이 될 수 없는 자격 조건을 갖추고 있었다. 왜냐하면 효공왕의 모(母)의 신분에 문제가 있었기 때문이다.[31] 더구나 그는 어린 나이에 즉위하였기 때문에 왕권이

30 음선혁은 대신 은영이 효공왕의 천첩을 살해한 것을 효공왕의 정사 소홀에 대한 불만에서 비롯된 것으로 보고 있다(음선혁, 앞의 논문, 1997, 112쪽).

31 효공왕이 된 요는 헌강왕의 서자라고 하는데, 헌강왕이 길가의 미녀와 행재소에서 야합하여 요를 낳았다고 한다(『三國史記』 권11, 진성여왕 9년 10월). 그런데 그 후로는 요에 관한 것이 잊혀져 있다가 진성여왕 9년에 이르러서야 비로소 왕실로 불려 가 헌강왕의 아들로 인정을 받아 태자가 된 것이다.

매우 취약한 상태에 있었다. 더구나 그를 지지하던 상대등 준흥은 이미 죽었으며 그의 장인인 예겸도 죽었을 가능성이 높다.[32] 다시 말하면 효공왕을 지지해 줄 수 있는 정치 세력이 거의 없어진 것이나 다름이 없었다.[33] 이러한 상황에서 효공왕은 그를 지지해 줄 수 있는 세력을 규합하는 것이 무엇보다 급선무였을 것이다. 이에 효공왕은 천첩으로 대표되는 세력과 결탁하고 왕권을 강화하기 위하여 노력하였던 것이다.

이상과 같은 논증이 타당하다면 은영이 왕의 천첩을 살해한 이유를 어느 정도는 추측할 수 있을 것 같다. 즉 효공왕의 왕권 강화 노력과 천첩으로 대표되는 정치 세력의 대두는 은영과 관련된 세력에게 있어서는 위기로 다가왔을 것이다. 은영과 관련된 정치 세력은 새로운 세력의 대두로 말미암아 정치적인 불이익을 당하고 있었을 수 있다. 그들은 이러한 위기에서 탈출할 방법을 모색하고 그 해결책으로 왕의 천첩을 살해한 것이라 짐작된다. 은영이 천첩을 살해한 것은 천첩을 중심으로 활동하였던 세력과 효공왕과의 관계를 단절시켰다는 것을 암시한다. 나아가 효공왕의 왕권 강화 노력이 거의 실패로 돌아갔음도 알려준다.

그런데 특기할 만한 사실은 대신 은영이 취한 행동에 대하여 진골 귀족들의 반응을 찾아볼 수 없다는 점이다. 진골 귀족들이 은영의

---

32 신덕왕이 즉위한 다음 해에 그의 아버지인 예겸을 宣聖大王으로 추존하고 있는 사실을 통해서 짐작이 가능하다(『三國史記』 권12, 神德王 즉위년).

33 효공왕의 매부였던 효종이나 박경휘는 친효공왕 세력은 아니었다. 이들이 친효공왕 세력이었다면 이들은 은영의 행동에 대하여 어떠한 방법으로든 대처하였을 것이다.

행동에 대하여 아무런 반응을 보이지 않았다는 것은 은영의 행동을 은연중에 지지하였음을 보여 준 것이나 다름이 없다. 아마도 당시 대다수의 진골 귀족은 효공왕의 출신 문제 그리고 그가 왕위를 계승하게 된 것, 천첩의 세력을 등에 업은 왕권 강화 노력 등에 대하여 적지 않은 불만이 있었던 것으로 헤아려진다. 그렇지 않고서야 은영이 효공왕의 천첩을 살해한 것에 대하여 침묵으로 일관할 수는 없었을 것이기 때문이다.

이렇게 보아오면, 당시 시중이었던 효종이 취한 태도도 다른 진골 귀족들이 취한 태도와 크게 다르지 않았다고 할 수 있다. 앞서도 언급하였지만, 은영이 왕의 천첩을 살해하였으나 진골 귀족들은 별다른 반응을 보이지 않았고, 시중이었던 효종도 은영에 대하여 아무런 제재를 취하지 않았던 점에서 미루어 짐작된다. 효종 측이 효공왕을 지지하는 세력이었다면 은영의 이러한 행동을 두고 보지만은 않았을 것이다. 그런 만큼 효종을 중심으로 한 정치 세력은 효공왕을 지지하는 세력이었다고는 생각되지 않는다. 그러한 가운데 왕이 갑자기 죽자 왕위 계승권은 거의 효종에게로 넘어간 것이나 다름이 없었다고 해야 할 것이다.

그럼에도 불구하고 효종은 왕위를 계승하지 못하였다. 돌려 말하면 효종이 왕위를 계승하는 것에 대하여 반대하는 세력들이 많았다는 것을 알려준다. 그렇다면 효종이 반대 세력의 저항을 받을 수밖에 없었던 것은 무엇 때문이었을까. 그 직접적인 원인이 무엇인지 단정할 수는 없으나 그가 화랑 출신이라는 점을 떠올리지 않을 수 없다. 그가 화랑으로 활동하다가 진성여왕에 의해 발탁되었음은 이미 알 수 있었다. 그런데 진성여왕 대에는 왕실에서 화랑 출신의 인물들이 적지 않은 세력을 형성하고 있었던 것으로 밝혀져 있다.[34] 진성여왕의 부(父)인 경문왕이 화랑 출신으로서 왕위를 계승한 이후 왕권을 강화하기 위하여 화랑 출신의 인물들을 적극적으로 등용하였으며[35] 그 이후로 이들 세력은 적지 않은 영향력을 행사하였다. 따라서 왕실에서 화랑 출신의 인물들이 차지하는 비중이 진성여왕대뿐만 아니라 효공왕대에 이르러서는 더욱 커졌다고 할 수 있다. 그것은 화랑 출신인 효종이 시중직에 올랐다는 것을 보아도 짐작이 가능할 것이다.

당시 이러한 정치적인 상황에 대하여 제일 반발한 인물들은 누구였을까. 이들은 화랑 출신의 인물들이 정계로 진출하여 정치 권력의 핵심부에 위치하게 되자 그것에 대하여 불만을 품었던 진골 귀족들로 생각된다. 당시 진골 귀족들은 화랑 출신의 인물들이 정치적으로 성장하는 것을 바라지 않았다고 할 수 있다. 그러한 가운데 화랑 출신인 효종이 효공왕을 이어 왕위에 오르려고 하자 진골 귀족들이 적극적으로 반대하였던 것으로 생각된다. 그리고 효종보다는 박경휘를 지지한 것으로 생각된다. 더구나 김씨가 아닌 박씨 왕을 추대한 것도 화랑 출신 인물들의 정치적인 힘을 약화시키려는 의도가 담긴 것으로 짐작할 수 있다.

결국 효종 세력의 성장에 대하여 진골 귀족들은 세력을 규합하였던 것으로 보인다. 그리고 당시 헌강왕의 사위로 왕실과 혈연적인 관

34 全基雄, 앞의 논문, 1994, 19~21쪽.

35 경문왕대에 네 명의 국선이 금란에 모여 왕에게 치국의 도리에 대하여 지은 노래를 바쳤다. 이 노래를 받아 본 경문왕은 이들에게 상을 주었다고 한다(『三國遺事』 권1, 왕력편, 경문왕조). 이러한 사실을 통하여 볼 때 네 명의 국선은 정계로 진출하여 왕을 지지하는 인물이 되었던 것으로 헤아려진다.

계에 있던 박경휘를 추대한 것으로 생각된다.[36] 이렇게 보면 신덕왕이 왕위에 오르게 된 것은 왕실 내에서 화랑 세력의 성장을 억제하려는 조치로 보아도 좋을 것이다. 이후 약 25년 동안 박씨 왕계가 이어졌다는 것은 화랑 세력이 더 이상 성장하지 못하였다는 것을 암시한다. 그러나 경애왕을 이어 경순왕이 왕위에 오른 것은 두 정치 세력 사이에 큰 변화가 있었음을 보여 준다. 이와 관련하여서는 다음 장에서 자세하게 살펴보기로 하자.

4. 김부의 왕위 등극과 화랑 세력

신덕왕이 즉위한 이후 효종은 어떻게 되었을까. 우선 그에 관한 기록이 더 이상 찾아지지 않는 점으로 미루어 보아 정치적으로 실각하지 않았을까 짐작된다. 비록 시중의 교체 기사는 찾아지지 않으나, 효종이 계속해서 시중직에 머물러 있었다고는 생각되지 않는다. 아마도 효종은 신덕왕 지지 세력에 의해서 강제로 시중직에서 물러나게 되었을 것이다. 그리고 멀지 않은 시기에 죽음을 맞이하였을 가능성도 생각해 볼 수 있다.[37] 그렇지만 그가 못다 이룬 왕위 계승의 꿈을 그의 아들인 김부가 이루었다. 그의 아들인 김부가 경애왕을 이어 경순왕으로 왕위를 계승한 것이다.

그러나 김부의 왕위 계승은 정상적으로 이루어지지 않았다. 널리 알려진 바와 같이 김부는 견훤(甄萱)에 의하여 왕으로 추대되었다. 이

36 신덕왕이 국인들의 추대에 의하여 왕위를 계승하였다는 기록을 통해 충분히 짐작된다.

37 申虎澈, 앞의 책, 199, 117쪽 註19) 참조.

와 관련하여 기왕의 연구에서는 경애왕이 고려에 사신을 보내어 왕건을 신라로 불러들이려고 하자 김부 일파가 그것을 사전에 알아차리고 견훤과 비밀리에 공모하여 경애왕을 시해하고 김부를 왕으로 추대한 것이라고 한다.[38] 다시 말하면 김부를 추종하는 세력들이 견훤과 내통하였다는 것을 의미한다.[39] 그리고 견훤과 내통하였다는 것은 지금

38 曺凡煥, 앞의 책, 2018, 68쪽. 한편 신호철은 견훤이 효종을 중심으로 한 김씨 진골 귀족 세력들의 묵인 내지 내응에 힘입어 경주에 들어갈 수 있었고, 경순왕을 옹립한 것은 이들 김씨 왕족들의 내응 내지 요구에 의해 이루어진 것으로 파악한다(신호철, 앞의 책, 1993, 116~122쪽).

39 이상과 같은 연구에 대하여 전기웅은 "이러한 추론들은 긍정적으로 수용할 만한 근거가 미약하며 지나치다는 느낌마저 든다"고 하였다. 또한 그는 "경순왕의 즉위는 신라인에게 별다른 반발 없이 수용되었으며, 고려 측에서나 당시의 지식인이나 지방 호족의 어느 편에서도 김씨 왕실과 견훤과의 관계나 국왕의 시해에 대한 아무런 비난이나 추궁도 발견할 수 없다. 또한 경순왕 이후의 신라 정부에서는 친견훤적인 어떠한 동태도 드러나지 않는다. 오히려 견훤이 고창전투에 패배하자 곧 고려와의 사신 교환이 재개되고 귀부할 의향을 밝히는 등 친고려, 반견훤의 성격에는 변함이 없었다. 일찍이 신라 내부에 효종과 경휘 세력의 경쟁이 있었다고는 하나 양자 간에 피를 흘리거나 무력으로 대립하지 않았다. 즉 신라 왕실의 틀 내부에서 왕위 계승 경쟁이었을 뿐 외부의 적대 세력, 더욱이 신라인이 기피하였던 견훤을 끌어들여 국왕을 살해할 정도의 극악한 대결이었다고는 생각되지 않는다"라고 하였다(전기웅, 앞의 책, 1996, 133쪽의 각주 113) 참조). 그리고 김호동도 전기웅의 견해에 대하여 대체로 동조하여 다음과 같이 설명하고 있다. "비록 견훤이 신라 왕경을 범하고 왕을 교체까지 하였지만 이에 대한 사전 계획이 없이 갑작스럽게 이루어진 행위였기 때문에 이후의 사태에 대한 어떤 구상도 없이 견훤은 물러났고, 더욱이 고려와는 계속되는 전투의 와중에서 신라에 대한 영향력의 행사를 별반 할 수 없는 상황에서 그마나 신라의 존립이 가능하였고, 또 경순왕의 견훤에의 경사 역시 나타나지 않는다고 보아야 할 것이다"라 하였다(金晧東, 「羅末麗初 變革期의 慶州地域」『慶州史學』16, 1997, 304쪽의 각주 6) 참조). 그런데 전기웅과 김호동의 두 견해는 수긍되지 않는 점이 많다.

까지 통제의 대상이 되었던 지방의 변방 세력과 손을 잡게 되었다는 것을 알려준다.

이러한 연구 성과는 지금까지와는 다른 새로운 견해라고 할 수 있다. 그렇지만 이러한 견해에 대하여 좀 더 천착할 문제점들이 찾아진다. 예컨대, 우선 김부를 중심으로 하는 세력이 어떻게 형성되었는지에 대하여 살펴보지 않을 수 없다. 그리고 그들이 왜 하필이면 견훤과 손을 잡게 되었을까 하는 문제도 밝혀야 할 것이다. 또한 그들이 변방의 세력과 손을 잡게 되었다는 것이 무엇을 의미하는 것인지도 연구해 볼 문제이다.

먼저 김부는 어떻게 하여 정치 세력을 형성할 수 있었을까 하는 점이다. 김부는 효종의 아들이었다. 따라서 효종을 추종하던 세력들 가운데에서 효종의 아들인 김부를 중심으로 새로운 세력을 형성하였을 가능성을 생각할 수 있다. 이들은 효공왕 사후 효종이 왕위에 오르지 못하고 또한 얼마 지나지 않아 죽음을 맞이하자 효종의 아들인 김부를 중심으로 다시 모였다고 생각된다. 그리고 박씨 왕의 견제 세력으로 성장하였다고 보아진다. 따라서 이들은 왕실 내에서 또 하나의 정치 세력으로 자리잡고 있었던 것으로 헤아려진다. 이러한 사실은 다음과 같은 기록에서 찾아볼 수 있다.

예컨대, 극악한 대결이라는 것이 무엇을 의미하는 것인지도 불분명하며, 견훤이 경주에 침입한 것이나 왕을 교체한 것이 계획없이 이루어진 것이라고 한 것은 이해하기 힘들다. 이와 관련하여 본문에서 김부 일파와 견훤과의 관계를 좀 더 철저하게 규명할 예정이다.

F. 왕의 동생 이찬 위응(魏膺)을 상대등으로 삼고 대아찬 유렴(裕廉)을 시중으로 삼았다(『삼국사기』 권12, 경명왕 원년 8월).

F의 기록은 경명왕 원년 8월에 상대등과 시중이 새롭게 임명되었음을 알려준다. 그런데 시중이 된 유렴은 김부의 당제(堂弟)로 밝혀졌다.[40] 그러니까 유렴과 김부는 혈연적으로 가까운 관계였음을 알 수 있다. 김부의 당제가 시중직에 올랐다는 것은 김부 일파의 정치적인 활동이 매우 왕성하였다는 것을 알려준다. 이는 김부 일파가 박씨 왕실에 대하여 계속되는 도전 세력으로 활동하였음을 암시하는 것과 마찬가지이다. 그러한 노력의 결과 마침내 그들은 김부의 당제를 시중직에까지 올릴 수 있었던 것으로 헤아려진다.[41] 돌려 말하면 박씨 왕인 경명왕은 김부 일파의 정치적인 도전에 대하여 시중직을 할애함으로써 무마한 것으로 볼 수 있다.

그러면 김부 측에서는 유렴이 시중이 되자 어떻게 행동하였을까 하는 것이다. 이들의 활동이 구체적으로 나타나 있지는 않으나 다음의 기록이 시사하는 바가 크다.

G-1. 일길찬 현승이 모반하다가 복주되었다(『삼국사기』 권12, 경명왕 2년 8월).

G-2. 상대등 금성을 각찬으로 삼고 시중 언옹을 사찬으로 삼았다(『삼국사기』 권12, 경명왕 3년).

40 경순왕은 신라를 방문하였던 왕건이 고려로 돌아가자 자신의 당제인 유렴을 질자로 딸려 보냈다(『三國史記』 12, 경순왕 5년).

41 경명왕 측에서는 이들을 견제하는 것으로만 끝내지 않고 불만도 달래주는 조치를 취한 것이다. 즉 김부의 당제인 유렴을 시중직에 허여한 것이 바로 그것을 입증하는 것이나 다름이 없다.

유렴이 시중직에 오른 다음해 8월에 일길찬 현승(玄昇)의 모반이 있었으나 실패로 끝났음을 알 수 있다(G-1). 일길찬 현승이 모반을 꾀한 이유는 박씨 왕실에 대한 불만에서 비롯되었다고 짐작된다.[42] 그런데 반란이 있은 다음 해에 상대등과 시중이 교체되었다(G-2). 상대등과 시중의 교체는 아마도 일길찬 현승의 반란과 서로 밀접한 관계가 있지 않았을까 싶다. 즉 현승의 반란 이후 상대등과 시중의 교체가 있었다는 것은 이들이 현승의 반란에 대한 책임을 지고 물러나게 되었다는 것으로 해석된다. 특히 현승의 반란이 박씨 왕실에 대한 불만에서 비롯되었다면 당시 박씨 왕실에 대하여 제일 불만을 가졌을 김부 일파가 사주한 것이 아니었나 한다. 그리고 당시 시중이었던 유렴은 그러한 반란에 대하여 어느 정도 동조한 것으로 보아도 좋을 것이다. 그렇지만 결과는 김부 측에서 의도한 바대로 되지 않았다. 이는 김부를 왕위에 추대하기 위한 김부 일파의 노력이 실패로 돌아갔음을 알려준다.

이러한 가운데 경명왕은 고려 왕건에게 사신을 파견하였다.[43] 경명왕의 이같은 외교 정책 가운데는 변방 세력의 도움을 얻어 박씨 왕실을 유지하고자 하는 의도가 숨겨져 있었다고 볼 수 있다. 또한 경명왕은 변방 세력과 손을 잡음으로써 김부 일파의 세력을 견제하는 효과를 바랐다고도 할 수 있다. 그리고 경명왕을 이은 경애왕은 훨씬 더 친고려적이었다. 특히 경애왕은 왕건이 후백제를 공략하기 위하여

42 曺凡煥, 앞의 책, 2018, 60~61쪽.

43 『三國史記』 12, 景明王 4년 春正月

출병하자 군대를 내어 도왔다.[44] 나아가 왕건을 신라로 초청까지 하려고 하였다.[45] 이러한 사실들은 김부 일파의 정치적인 입지가 점점 더 좁아들게 되었다는 것을 암시하는 것이나 다름이 없다. 국내의 정치 상황과 외교적인 상황이 그들에게는 결코 유리한 상황이 아니었다. 또한 시간이 흐를수록 왕위를 얻는 것이 점점 더 어렵게 되었다고 할 수 있다.

이에 김부 일파는 김부를 왕위에 추대하기 위하여 새로운 방법을 모색할 수밖에 없었다. 그렇다면 그들은 어떠한 방법을 택하였을까. 이와 관련하여 다음의 기록을 주목해 보자.

H. 가을 9월에 견훤이 고울부에서 우리 군사를 공격하였으므로 왕이 태조에게 구원을 요청하였다. (태조가) 장군에게 명하여 굳센 군사 1만 명을 내어가서 구원하게 했는데, 견훤은 구원병이 미처 이르기 전인 겨울 11월에 갑자기 서울에 쳐들어갔다. 왕은 왕비와 궁녀 및 왕실의 친척들과 함께 포석정에서 잔치를 베풀며 즐겁게 놀고 있어, 적의 군사가 닥치는 것을 깨닫지 못하여 허둥지둥하며 어찌해야 할 바를 알지 못하였다. 왕은 왕비와 함께 후궁으로 달아나 들어가고 왕실의 친척과 공경대부와 사녀들은 사방으로 흩어져 도망하여 숨었다. 적병에게 사로잡힌 사람은 귀한 사람이나 천한 사람 할 것 없이 모두 놀라 식은땀을 흘리며 엉금엉금 기면서 종이 되기를 빌었으나 화를 면하지 못하였다. 견훤은 또 군사를 풀어놓아 공사의 재물을 거의 모두 약탈하고, 궁궐에 들어가 거처하면서 좌우의 사람들에게 명하여 왕을 찾도록 하였다. 왕은 왕비와 첩 몇 사람과 함께 후궁에 있다가 붙잡혀 군대의 진영에 이끌려 왔

44 『三國史記』 12, 경애왕 4년 춘정월

45 『三國史記』 50, 열전 견훤

다. (견훤은) 왕을 핍박하여 자살하도록 하고 왕비를 강제로 욕보였으며, 그 부하들을 풀어놓아 궁녀들을 욕보였다. 이에 왕의 족제를 세워 임시로 나라 일을 맡아 다스리도록 하니, 이가 곧 경순왕(敬順王)이다(『삼국사기』 권12, 경애왕 4년 11월).

H의 기록은 견훤이 갑자기 경주에 쳐들어와 경애왕을 시해하고 경순왕을 왕위에 옹립하였음을 알려준다. 그런데 H의 기록을 자세히 검토해 보면 김부 일파와 견훤과의 관계를 알아낼 수 있는 몇 가지 점들을 발견할 수 있다. 그리고 이러한 점들을 분석하게 되면 김부 일파와 견훤과의 관계를 좀 더 잘 파악할 수 있을 것으로 믿어진다.

먼저 경애왕이 포석정에서 잔치를 베풀고 있었던 것을 눈여겨 볼 필요가 있다. H의 기록에서도 나타나 있듯이 신라는 견훤의 계속되는 침략으로 매우 어려운 상황에 직면해 있었다. 그것은 견훤이 경주로 쳐들어오기 약 2개월 전인 9월에 고울부까지 침략해 신라군을 공격하였다는 것을 통하여 짐작된다. 더욱이 경애왕은 견훤의 침입을 막기 위해서 왕건에게 구원병을 청할 정도였다. 그럼에도 불구하고 경애왕이 포석정에서 잔치를 베풀고 있었다는 것은 납득하기 어렵다. 도리어 이것은 김부 일파가 경애왕을 포석정으로 불러내어 잔치를 베풀었던 것으로 보면 어떨까 싶다.[46] 이러한 가운데 갑자기 견훤이 경주를 침공하였다는 것은 그가 경주의 사정을 알고 있었다는 점을 시사한다. 견훤이 경주의 사정 특히 왕실의 사정에 밝았던 것은 왕실에서 내응하는 세력이 있었다는 것을 암시한다. 왕실에서 내응하였던 세력

46 음선혁, 앞의 논문, 1997, 128쪽에서 경애왕이 견훤의 공격에 대한 자신감과 그에 대한 두려움이 없다는 사실을 대내외에 알리기 위해서 포석정 연회를 주최하였다고 하였다.

이 구체적으로 누구였는지는 밝혀져 있지 않지만 김부 일파일 가능성을 배제할 수는 없을 것이다.

다음으로 포석정에서 경애왕과 같이 있었다고 생각되는 종척과 공경 대부들을 떠올릴 수 있다. 이들 가운데 많은 사람이 견훤의 군인들에 의하여 죽임을 당하였다. 그런데 종척이라고 하는 것은 경애왕과 혈연적으로 아주 밀접한 관계에 있었던 인물을 가리키는 것으로 해석된다. 이들이 구체적으로 누구인지 그리고 얼마나 많은 수가 그곳에 있었는지는 알 수 없으나 목숨을 잃은 사람들은 적지 않았을 것이다. 이들은 거의 경애왕을 지지하는 인물들이거나 혹은 경애왕 쪽에서 활동하고 있던 인물들이라고 해도 좋을 것이다. 적어도 이들은 경애왕의 반대 세력은 아니었다고 할 수 있다. 또한 공경대부로 지칭되는 이들은 당시 신라 왕실에서 상당히 높은 관직을 차지하고 있던 진골 귀족들이었다고 생각된다. 이들 가운데서는 죽임을 당한 경우도 있었고 그렇지 않은 경우도 있었다. 예컨대, 왕위에 오른 경순왕이 그 대표적인 예라 할 수 있다. 그리고 경순왕의 당제인 유렴의 경우에도 살아 있었다. 따라서 공경 대부들 가운데서는 경애왕을 지지하는 인물들은 죽임을 당하였지만 김부를 추종하던 인물들은 거의 살아 있었다고 볼 수 있다.

이러한 사실을 통하여 볼 때 김부 일파가 견훤과 비밀리에 접촉을 가졌던 것으로 생각하는 것은 무리가 없을 것이다. 이는 효종의 아들인 김부(金傅)가 후백제의 견훤과 은밀하게 손을 잡은 결과로 나타났다.[47] 또한 김부 일파가 왕건과 반대되는 세력인 후백제 세력을 이용하고자 한 것은 당연한 것으로 받아들일 수 있을 것 같다.

47 조범환, 앞의 책, 2018, 66~68쪽.

그렇더라도 김부 일파가 후백제 세력과 결탁하게 된 원인에 대해서는 좀 더 연구해 보아야 하지 않을까 싶다. 김부 일파가 굳이 견훤의 힘을 빌리고자 한 이유가 분명 존재할 것 같기 때문이다. 당시 김부 일파는 왕건과 견훤이 왕을 칭하고 세력을 키워 나가고 있다는 것을 알고 있었을 것이다. 그리고 견훤의 군사력이 왕건보다는 우세하다는 것도 알았을 것이다. 그러한 가운데 박씨 왕인 경명왕과 경애왕이 친고려 정책을 취하자 김부 일파는 견훤의 불만을 이용하고자 한 것이라 생각된다. 경애왕이 왕건을 불러들인다는 것은 적어도 왕건을 변방의 반란 세력으로는 보지 않겠다는 의미를 내포하고 있는 것이나 다름이 없다. 이에 반해 후백제에 대해서는 아무런 조치도 취하지 않았다. 이것은 그들을 반란 세력으로 간주한다는 의미를 담고 있다. 더욱이 김부 일파는 경애왕이 고려에 사신을 보내어 왕건을 불러들이려는 것을 알고 먼저 견훤에게 그러한 사실을 전한 것으로 생각된다. 그러자 그 해 가을 견훤이 군대를 이끌고 고울부를 침략하였던 것으로 파악된다. 이러한 가운데 김부 일파는 더욱 적극적으로 견훤에게 접근하고 경애왕을 제거해 줄 것을 요청한 것으로 생각된다.[48]

효종의 아들이 왕위에 올랐다는 것은 화랑 출신 세력과 그 세력에 반대하는 세력과의 사이에서 정치적인 판도가 바뀌었다는 것도 함

48 전기웅은 신라인이 싫어하는 견훤의 세력을 끌어들여 국왕을 살해할 정도의 극악한 대결은 아니었다고 하지만 김부 일파가 취할 수 있는 최상의 방법이 바로 그것이었다고 할 수 있다. 또한 김호동은 견훤이 구체적인 계획 없이 경주를 침공하였다고 하는데 이는 당시의 상황을 고려하지 않은 것이라고 할 수 있다. 또한 아무런 계획 없이 군대를 움직이는 장수가 있을까 궁금하다.

께 알려준다.[49] 따라서 화랑 출신의 세력이 승리한 것이나 다름이 없다. 이에 비하여 화랑 세력에 불만을 품었던 진골 귀족들은 정치 세력으로 새롭게 형성되지 못할 만큼 견훤에 의해 피해를 당했음을 알려준다. 그것은 다음의 기록에서도 잘 알 수 있다.

> I. 견훤이 군대를 풀어 크게 약탈하고 (경애)왕을 잡아오게 하여 앞에 이르자 왕을 죽이고 … 그런 후에 (경애)왕의 동생 효렴(孝廉)과 재상 영경(英景)을 포로로 잡고 국가 창고의 진기한 보물과 무기를 취하고 (귀족의) 자녀, 백공 중 기예가 뛰어난 자 등은 스스로 따르게 하여 돌아왔다(『삼국사기』 권50, 견훤).

I의 기록은 견훤이 경주에 침략하여 경애왕의 동생인 효렴과 당시 재상이었던 영경 및 귀족의 자제들을 포로로 잡아갔다고 알려준다. 이것은 견훤이 박씨족 및 그의 지지 세력이 다시 정치적인 활동을 전개하지 못하도록 취한 조치였을 것이다. 특히 경애왕의 동생과 당시 재상이었던 영경이 포로로 후백제에 잡혀갔다는 것은 반김부 일파의 세력들이 김부에 대하여 반대하지 못하도록 하는 조치였다고 할 수 있다. 그리고 효종의 아들인 김부가 왕위에 올랐어도 진골 귀족들의 반대가 두드러지지 않았던 것은 정치 세력의 균형이 완전히 김부 측으로 기울어졌다는 것을 알려주는 것이나 다름이 없다.[50] 결국 효종

---

49 김부가 화랑이었는지의 여부에 대해서는 알려진 바가 없다. 다만 그가 화랑 출신의 아들이었다는 점으로 미루어 볼 때 화랑 출신 세력의 일원으로 파악해도 무리는 없을 것이다. 또한 그를 추종하는 세력들이 거의 화랑과 밀접하게 관련되어 있다는 점에서도 미루어 짐작된다.

50 경순왕이 견훤에 의해 왕위를 계승하고서도 진골 귀족들의 저항을 받지 않았던 것은 지금까지 설명해 온 것과 별반 다르지 않을 것이다. 그런데 기왕의 연구 성과에서도 이러한 점에 대하여 몇몇 연구자들이 언

이 등장한 이후 효종을 중심으로 한 화랑 출신의 세력과 반효종 세력의 대립은 신덕왕의 즉위로 말미암아 반효종 세력의 일시적인 승리로 끝났지만 얼마 지나지 않아 김부의 즉위를 시작으로 하여 화랑 출신의 세력이 다시 승리하였다는 것을 의미한다.

결국 효종을 추종하던 인물들은 그의 죽음 이후 그의 아들인 김부를 중심으로 다시 모였다. 그리고 김부를 왕위에 올리기 위하여 여러 가지 노력을 기울였다. 그러다가 마침내 지방 세력을 끌어들여 박씨 경애왕을 죽였다. 이들은 지방 세력의 성장을 저지하는 데 관심을 두기보다는 오히려 그들 세력과 연계하여 박씨 왕계를 무너뜨리는 데 모든 힘을 쏟았던 것이다. 김부 일파는 김부를 왕으로 추대하기 위하여 그동안 왕실의 전유물로 인정되었던 왕위 계승에까지 지방 세력이 간여할 수 있도록 하는 결과를 불러온 것이다.

급한 것이 있다. 우선 이배용은 견훤이 경순왕을 세우고 돌아간 이면에는 효종이 거느린 화랑 세력의 강력한 저항에 일종의 타협으로 그렇게 한 것으로 짐작하였다(이배용, 앞의 논문, 1985, 353쪽의 각주 16) 참조). 그리고 신호철은 이 사실에 대하여 구체적으로 언급하고 있지는 않지만 "박씨 왕의 왕위 계승에 반발하는 김씨 왕족들은 효종을 이어 왕위 계승의 유력한 후보자로 그의 아들 김부를 내세우게 되었다고 할 수 있다"라고 하였다(신호철, 앞의 책, 1993, 118쪽). 이러한 그의 생각을 통해서 보면 아마도 김부를 추대한 김씨 왕족들이 경순왕 때 정권을 장악하였기 때문에 경순왕이 진골 귀족들의 저항을 거의 받지 않았던 것으로 해석된다. 한편 전기웅은 견훤이 물러간 뒤에도 경순왕의 지위가 신라인들에 의해 무리없이 인정된 것은 "경애왕을 살해한 견훤은 정통 신라 김씨 왕실을 복위코자 한 것이라는 명분이 필요하였을 것이며, 이에 경문왕가의 가장 유력한 계승자였던 효종의 아들을 즉위케 하였던 것으로 생각된다"라고 하였다(전기웅, 앞의 논문, 1989, 24쪽의 각주 43) 참조).

5. 소결

지금까지 신라 말 화랑 출신이었던 효종의 정치적인 활동과 효종의 아들인 김부가 왕위를 계승하게 된 배경에 대하여 살펴보았다. 이와 같은 검토를 바탕으로 신라 말 화랑 출신 인물이 가지는 정치적인 특징에 대하여 간단하게 언급하고자 한다.

이제까지의 검토를 통하여 알 수 있는 바와 같이 효종은 화랑으로서 그의 아버지인 인경의 정치·경제적인 기반을 배경으로 사병을 일천여 명이나 이끌 수 있었다. 그리고 진성여왕으로부터 다음 후계자로 인정받아 일찍이 정계로 나갔다. 또한 효공왕 6년에는 이러한 것을 바탕으로 시중직에 올라 정치 권력의 핵심부에 위치하게 되었다.

정치 권력의 핵심부에 위치한 효종은 왕위에 오르기 위하여 노력하였다. 그러한 과정에서 효공왕의 왕권 강화 노력을 저지하였으며 임금을 압박하여 죽음에 이르도록 내몰았다. 그리고는 왕위 계승권의 제 일인자가 되었다. 그러나 그는 왕위 계승에 실패하였는데 그것은 그가 화랑 출신이라는 사실과 깊은 관련이 있었다. 당시 진골 귀족들, 특히 비화랑 출신의 진골 귀족들은 왕실에서 화랑 출신의 인물들이 정치적 영향력을 확대해 나가는 것을 바라지 않았다. 따라서 그들은 효종보다는 박씨 신덕왕을 추대하였다. 이후 신덕왕의 두 아들이 계속하여 왕위를 이어 나갔다. 이러한 사실은 김부를 핵심으로 하는 정치 세력이 박씨 왕을 지지하는 세력에 의해 밀려나게 되었다는 것을 알려주는 것이다.

한편 효종의 아들인 김부는 그의 아버지가 이루지 못한 왕위 계승에 성공하였다. 그렇지만 그가 왕위 계승에 성공한 것은 독자적인 힘 때문이 아니고 변방의 세력과 결탁함으로써 가능하였다. 그런데 변방의 세력은 바로 반신라적인 세력이었다. 따라서 경순왕은 왕위에 오르기 위해 골품제를 벗어난 집단과 결탁하고 그들의 힘을 빌렸다. 이는 화랑 출신의 인물들이 지방 세력의 움직임에 대하여 대책을 세우기보다는 도리어 그들 세력과 결탁함으로써 왕실의 전유물로 인정되었던 왕위 계승에까지 간여할 수 있도록 하는 결과를 불러온 것이다.

결론

결론

화랑도는 원화가 폐지된 이후 진흥왕대에 만들어진 청년 단체로서 신라가 역사의 뒤편으로 사라질 때까지 함께 하였음은 너무나 잘 알려져 있다. 그런데 화랑도는 탄생한 이후 사라질 때까지 처음 모습 그대로가 아닌 변화를 겪었으며 심지어 성격마저 변질되었다. 그렇기는 하지만 국가에서 필요로 하는 인재를 배출하는 주요한 기능을 하였으며, 신라 사회를 지탱하는 하나의 요소로 작용하였음은 부정할 수 없다.

화랑도의 전신은 원화인데 진흥왕의 모(母)인 지소태후의 노력으로 탄생하였다. 물론 그것이 만들어진 정확한 시기에 대해서는 알 수 없으나 적어도 법흥왕이 불교를 공인한 이후의 일로 파악된다. 두 명의 원화 아래 각각의 낭도가 있었고, 그 수가 삼백여 명에 달하였으며 하나의 조직으로 자리잡았다. 원화를 통하여 필요한 인재를 선발하고자 하였으나 준정의 남모에 대한 질투로 문제가 불거져 결국 원화는 폐지되고 그 뒤를 이어 화랑도가 탄생하게 되었다.

화랑도의 기원은 원화와 밀접한 관계가 있으므로, 개설서에 보이는 것처럼 고대 사회 청소년 집단에서 화랑도가 시작되었다고 하는 견해는 이제 폐기되어도 좋다고 생각된다. 그리고 법흥왕에서 진흥왕으로 이어지는 변화 과정에서 화랑도의 기원을 찾아내야 할 것이다. 이는 화랑도의 탄생을 밝혀내는 것과 직결되어 있다.

화랑도는 탄생 후 적잖은 변화를 겪게 되었다. 신라가 삼국을 통일하기 위한 전쟁이 시작되었을 때 화랑도는 일시적으로 전사단으로서의 성격을 가지게 되었다. 화랑 관창이 바로 그러한 시대에 영웅으로 탄생하였다. 그렇지만 전쟁이 끝난 후 평화가 정착되자 신문왕은 화랑도보다는 국학의 정비를 통하여 인재 양성을 추구하였다. 그러나 화랑도는 신목태후의 의도로 새롭게 부활하였으며 국선이 주축이 되어 활동하였다. 이는 중고 시대에 활동하였던 것과 같은 모습은 찾아볼 수 없고 실제의 모습도 변화되었음을 말해 준다. 그렇다고 해서 기왕의 연구에서처럼 화랑도가 놀이적 기능만을 가진 그러한 존재로 변한 것은 아니었다.

신라 하대에는 화랑도가 더욱 많은 변화를 겪었으며 심지어 그 성격마저 변질되었다. 그것은 화랑도가 처음 만들어졌을 때와 달리 정치적 목적을 지닌 집단으로 바뀌게 되었음을 말해 준다. 특히 국학이 더욱 발전하고 독서삼품과마저 생겨나면서 신라 화랑도는 더 많은 변화를 겪을 수밖에 없었다. 이렇게 되자 화랑도는 변화가 아니라 변질을 재촉하였다. 그것은 신라 하대에 치열하게 전개되었던 왕위 쟁탈전과 직결되어 있었기 때문이다.

다음으로 화랑도의 구성과 조직에 대하여 검토해 보았을 때 무엇보다 주목되는 점은 낭도들이 신분에 따라 화랑을 선택하는 기준이 달랐다고 하는 것이다. 진골 신분의 경우에는 명예나 무사(武事) 등 화랑이 추구하는 이상을 지향하는 경우가 많았고, 두품 신분이나 평민의 경우에는 앞으로의 출세나 지향하는 바를 충족시켜 줄 수 있는 화랑을 선택하였다. 신라의 화랑과 낭도의 성원권은 자동적으로 주어지는 것이 아니었다. 성원권이 자동적으로 주어지는 것이 아니라는 것은 자원(自願)에 의해 가지게 되는 것을 의미한다. 그러므로 낭도와 화랑이 모여 만든 화랑도는 신라의 젊은이들이 만든 공동체이거나 같은 목적을 공유하는 이해 집단의 특성을 가졌음이 다시금 입증된다고 하겠다.

화랑도에서 빠뜨릴 수 없는 존재가 바로 승려이다. 기왕에는 승려가 화랑도 내에서 지식을 전수하고 인재를 선발하였다고 하였으나, 그러한 설명에서 벗어나 좀 더 새로운 관점에서 파악하였다. 다시 말해서 중고기에는 승려가 자발적으로 화랑도에 속하였는데 그러한 이유는 불교를 널리 퍼뜨리기 위한 노력에서 비롯된 것이었다. 그러다가 중고기 말부터는 도리어 화랑이 당시 명망 높은 승려를 모셔 와 낭도들 교육에 힘을 쏟았다. 그렇게 함으로써 화랑 본인이 이끈 무리와 다른 무리와의 차별화를 추진하려는 전략이었다. 승려가 화랑도 내에서 활동하면서 무엇보다 관심을 쏟은 것은 선진 정보를 전달하는 역할이었다. 그리고 승려가 낭도들과 함께 생활하면서 불교에 대한 이해를 넓히는 역할을 하였다. 그렇지만 신라 중대 말부터 화랑도 내에서 승려가 점차 사라져 가는 것을 찾아낼 수 있었다. 이는 화랑도 자체에 변화가 있었음을 의미한다.

화랑도는 수련이 필수적이었다. 화랑도에서 화랑 개인이 수련한 경우를 찾아볼 수 있는데, 개인적인 수련을 통하여 훌륭한 무인으로 성장할 수 있는 계기가 되었다. 이는 화랑 개인이 낭도보다 더 뛰어난 실력이 있어야 함을 말해 주는 것이라 할 수 있다. 그리고 화랑도 무리는 도의를 연마하였는데 이는 세속 오계의 사상을 몸에 익히는 노력이었다. 또한 유학의 기본적인 지식을 습득하고 그것을 구현할 수 있도록 노력하였는데, 이는 양명 후 출사하여 관리로서 살아가는 데 도움이 될 수 있는 지식을 습득한 것으로 짐작된다. 그리고 가락을 서로 좋아하였다고 하는 것은 화랑도 각자의 고유한 노래를 만들어 부르면서 일체감을 형성하기 위해 노력하였고, 산수를 유람하며 가보지 않은 곳이 없었다고 하는데 이러한 활동도 정신 수양을 위한 노력이라고 할 수 있다.

이러한 수련을 한 화랑도는 전쟁이 났을 때는 어떻게 하였을까. 화랑도가 처음 만들어진 이후부터 전쟁에 참여하였다고 단정하는 것은 무리가 있음을 알 수 있었다. 더구나 사다함이나 관창 등은 왕의 허락을 받고서야 전쟁터에 나갈 수 있었다. 이러한 점으로 볼 때 화랑도를 전쟁과 직접적으로 연결하여 이해하는 것은 잘못된 것임을 알 수 있다. 화랑도가 전쟁터에 나갔고 그것이 삼국 통일의 기반이 되었다고 하는 설명은 지양되어야 한다는 점이다. 다만 그들이 삼국 통일 과정에서 일시적으로 전사단적인 성격을 가졌던 것은 사실일 것이다.

다음으로 화랑도의 양명 후 사적 결속과 그 의미에 대해서 알아보면, 화랑도에서 활동하던 화랑과 낭도는 성인이 된 이후에도 서로 밀접한 관계를 유지하였다. 물론 화랑도가 생겨난 이후부터 신라가 멸망할 때까지 그와 같은 사적 결속의 형태가 그대로 유지된 것은 아니었다. 중고기와 통일 신라 전쟁기에 사적 결속이 강하였다면 중대에는 그와 같은 결속 관계가 약간은 느슨해졌다. 하지만 신라 하대에는 화랑도가 사병적 성격을 가지게 되었고 그러한 단체로서의 역할에 기울어지게 되니, 그때 활동하였던 화랑과 낭도는 후일 더 긴밀한 사적 결속을 하게 되었다고 볼 수 있다. 다만 이것은 변형된 사적 관계라고 해야 할 것이다. 신라 하대에는 사적 결속이 화랑도 출신만의 문제가 아니라 광범위하게 만연하였다. 치열한 왕위 쟁탈전을 거치면서 사병의 양성이 노골화되었고, 심지어 장보고까지 세력을 확대하게 되자 화랑도 내에서 신분이 낮은 낭도들은 힘 있는 자를 찾아가게 되었다. 능력이 있는 진골 귀족들은 본인이 소유한 전장을 통해 이와 같은 사람들을 끌어모았고, 그것을 통해 자파의 세력을 확대하였다. 신라 하대의 사적 결속은 화랑도의 변질을 불러왔으며 충성의 대상이 국가에서 개인으로 바뀌었다.

화랑도와 국가 그리고 국왕과는 어떠한 관계에 있었을까 하는 것을 정리해 보았다. 화랑도는 국가의 통제나 간섭의 대상이 되었던 것도 아니고 제도 아래 존재하였던 그러한 단체도 아니었다. 다만 처음 만들어졌을 때는 반관 반민적 성격을 가졌으나, 통일 이후에는 민간의 자율적인 존재로 성격이 변화되었다. 이는 국가의 간섭 대상도 아니었다. 따라서 둘 사이의 관계도 매우 자유롭고 탄력적인 관계에 있었다고 해야 할 것이다. 그리고 국왕과의 관계에서도 국왕의 신민이라는 큰 테두리 속에 있으면서 관심의 대상만이 되었다. 왕이 화랑도에 대하여 관심과 애정을 보인 것은 왕의 신민이라고 하는 것에서 그렇게 한 것이고 또한 그들 무리 가운데 왕을 도와 신라를 이끌어 갈 수 있는 인재를 배출하였기 때문이다. 따라서 국왕이 그들에게 보인 관심은 그러한 것에서 비롯된 것이고 사적인 목적이나 정치적인 의도가 있어서 그렇게 한 것은 아니라고 하는 것이다. 결국 화랑도와 국왕과의 관계는 서로 필요에 따른 것이었다고 해도 좋을 것이다.

신라 청소년 집단으로 알려진 화랑도는 신라에만 있었다고 단정할 수는 없다. 다시 말해서 이와 같은 단체는 고구려나 백제에서도 존재하였을 가능성이 크다. 다만 백제의 경우 기록이 없어 알 수 없으나, 고구려의 경우에는 경당이 있었고 그곳에서 젊은이들이 모여 습사와 문자를 공부하였다고 한다. 그러므로 화랑도가 신라만의 고유한 젊은이의 모임이라고 하는 것은 맞지 않다.

그럼에도 불구하고 고구려나 백제가 신라의 화랑도에 비길 만한 집단으로 성장시키지 못한 것은 무엇 때문일까 하는 것이다. 이는 고구려나 백제에서 찾을 것이 아니라 신라가 이와 같은 청소년 집단을 육성하여 삼국을 통일할 수 있는 기반으로 삼았던 점을 찾아보는 것이 중요할 것이다. 고구려나 백제와 달리 신라의 화랑도는 최고의 신분부터 평민의 신분까지 함께 모여 생활했다고 하는 점에서 중요성을 찾을 수 있다. 그리고 그러한 생활을 통하여 일체감을 형성하였고 그것이 후일 사적인 관계로까지 이어지게 되었다고 하는 점에서 그 중요성을 찾을 수 있다. 고구려의 경우 경당에서 최고 신분의 자제가 평민들과 함께 생활하지는 않았다. 그렇기 때문에 귀족과 그 이하의 신분 간에는 높은 벽이 존재하였으나 신라의 경우에는 그렇지 않았다고 하는 점이 무엇보다 중요할 것이다. 화랑도에 속해 있으며 사회화 과정을 익히는 과정에서 자기 신분에 대한 것을 스스로 받아들이게 되었다. 이러한 것에서 화랑도가 고구려나 백제의 청소년 집단에 비하여 중요성이 있다고 할 것이다.

그리고 무엇보다 의미가 있는 점은 화랑도가 인재 선발의 창구 역할을 하였다고 하는 점이다. 고구려나 백제의 경우에는 이와 같은 기록을 쉽사리 찾을 수 없으나 화랑도가 이와 같은 역할을 하였던 사실을 통해 신라 사회가 더욱 발전할 수 있는 기틀을 마련하였다.

그렇다고 하더라도 화랑도가 다양한 성격을 지닌 집단이었음에는 틀림이 없다. 양면성을 지닌 것뿐만 아니라 시대적인 변화에 맞추어 그 성격도 변해갔기 때문이다. 신라가 망하면서 함께 사라지게 된 화랑도는 고려라는 새로운 시대에는 더 이상 적합하지 않은 존재였다. 새로운 지배 계급이 등장하게 되었으며 인재를 공급하는 방법을 다른 곳에서 찾았기 때문이다.

참고 문헌

1. 단행본

권덕영, 『한국의 역사 만들기』, 새문사, 2015.
권영오, 『신라 하대 정치사 연구』, 혜안, 2011.
김수태, 『新羅中代政治史研究』, 一潮閣, 1996.
김영태, 『신라불교연구』, 민족문화사, 1987.
김창겸, 『신라하대 국왕과 정치사』, 온샘, 2018.
김철준, 『韓國古代社會研究』, 1975.
나희라, 『신라의 국가제사』, 지식산업사, 2003.
노태돈, 『한국고대사의 이론과 쟁점』, 집문당, 2009.
박남수, 『신라 화백제도와 화랑도』, 주류성, 2013.
서정목, 『향가 모죽지랑가 연구』, 서강대학교 출판부, 2014.
손인수, 『신라 화랑도의 공간』, 문음사, 1996.
孫晋泰, 『朝鮮民族史概論』, 乙酉文化社, 1948.
신라사학회 편, 『흥무대왕 김유신 연구』, 경인문화사, 2011.
申瀅植, 『三國史記研究』, 一潮閣, 1981.
신호철, 『後百濟 甄萱政權研究』, 一潮閣, 1993.
이강래, 『삼국사기 형성론』, 신서원, 2007.
이기동,『新羅骨品制社會와 花郎徒』, 一潮閣, 1984.
이기동, 『新羅社會史研究』, 一潮閣, 1997.
이기백, 『新羅政治社會史研究』, 一潮閣, 1974.
이기백, 『한국사학의 방향』, 일조각, 1978.
이기백, 『新羅思想史研究』, 一潮閣, 1996.
이도학 외, 『신라화랑연구』, 한국정신문화연구원, 1992.
이문기, 『신라병제사연구』, 일조각, 1997.
李瑄根, 『花郎道研究』, 海東文化社, 1949.

이선근, 『花郎道』, 형설출판사, 1971.
이종욱, 『新羅骨品制研究』, 一潮閣, 1999.
이종욱, 『화랑』, 휴머니스트, 2003.
이종학 외, 『花郎世紀를 다시 본다』, 주류성, 1992.
李鎭洙, 『新羅花郎의 體育思想 研究』, 보경문화사, 1990.
이인철, 『新羅政治制度史研究』, 일지사, 1993.
이홍직, 『韓國古代史의 研究』, 新丘文化社, 1971.
전기웅, 『羅末麗初의 政治社會와 文人知識層』, 혜안, 1996.
전기웅, 『新羅의 멸망과 景文王家』, 혜안, 2010.
조범환, 『중세로 가는 길목 신라하대사』, 새문사, 2018.
조범환, 『신라중대혼인정치사』, 일조각, 2022.
주보돈 외, 『신라 국학과 인재 양성』, 민속원, 2015.
최광식, 『고대한국의 국가와 제사』, 한길사, 1994.
최재석, 『한국고대사회연구』, 일지사, 1987.
한국향토사연구 전국협의회, 『화랑문화의 신연구』, 문덕사, 1996.
황패강, 『신라불교설화연구』, 일지사, 1975.
三品彰英, 『朝鮮古代研究』, 三省堂, 1943.

2. 논문

강종훈, 「7세기 통일전쟁기 순국 인물 분석–『三國史記』 列傳 7에 실린 新羅 인물들을 중심으로–」 『신라문화제학술발표논문집』 25, 2004.
고경석, 「신라 관인선발제도의 변화」 『역사와 현실』 23, 1997.
고현아, 「신라 원화제 시행의 배경과 성격」 『역사와 현실』 67, 2008.
권덕영, 「新羅圓測의 入唐과 歸國問題」 『羅·唐佛教의 再照明』, 대한불교전통연구원, 1993.
권덕영, 「화랑 관창의 추억」 『新羅史學報』 24, 2012.
김기흥, 「화랑 설치에 관한 諸 史書의 기사 검토–김대문 『花郎世記』와의 관련성을 중심으로–」 『역사교육』 88, 2003.
김덕원, 「신라 國學의 설립과 그 주도세력」 『震檀學報』 112, 2011.
김상기, 「화랑과 미륵신앙에 대하여」 『이홍직기념 한국사학논총』, 1969.
김상현, 「고려시대 화랑 인식」 『화랑문화의 재조명』, 신라문화선양회, 1989.

김상현, 「新羅時代의 花郎 認識」『한국고대사연구』 71, 2013.
김수태, 「新羅 文武王代의 對服屬民政策－百濟遺民에 대한 官等受與을 중심으로－」『新羅文化』 16, 1999.
金壽泰, 「新羅 神文王代 전제왕권의 확립과 金欽突亂」『新羅文化』 9, 1992.
金壽泰, 「統一期 新羅의 高句麗遺民支配」『李基白先生古稀紀念韓國史學論叢(上)』, 1994.
金煐泰, 「僧侶郎徒考－花郎道와 佛敎와의 관계 一考察－」『佛敎學報』 7, 1970.
김영태, 「신라 불교수용의 국가적 이념」『한국불교사상사』, 1975.
김재홍, 「신라 각석 명문에 보이는 화랑과 서약」『신라사학보』 45, 2019.
김정숙, 「신라 화랑의 생활사 연구」『화랑문화의 신연구』 1995.
金昌謙, 「新羅 眞興王의 卽位過程」『韓國上古史學報』 23, 1996.
김창겸, 「强首와 新羅社會」『震檀學報』 101, 2006.
김창겸, 「신라 경문왕에 대한 연구의 현황과 제안」『석문이기동교수정년기념논총 한국고대사연구의 현단계』, 주류성, 2009.
金哲埈, 「新羅 貴族勢力의 基盤」『인문과학』 7, 1962.
김철준, 「한국고대정치의 성격과 중세정치 사상의 성립과정」『동방학지』 10, 1969.
金忠烈, 「花郎五戒의 思想背景考」『亞細亞硏究』 14－4, 1971.
金台植, 「祭場으로서의 川前里 書石谷과 祭官으로서의 신라왕실의 여인들－渦卷文과 銘文 분석을 중심으로－」『한국암각화연구』 6, 2005.
金台植, 「方士로서의 김유신－도교교단으로서의 화랑 탐구를 겸하여－」『新羅史學報』 11, 2007.
김태식, 「『三國遺事』 竹旨郎條 탈구축을 통한 新羅 花郎과 그 花主」『忠北史學』 21, 2008.
김태식, 「김유신의 입산수도와 그의 용화향도」『한국고대사탐구』 13, 2013.
金皓東, 「羅末麗初 變革期의 慶州地域」『慶州史學』 16, 1997.
나희라, 「新羅初期 王의 性格과 祭祀」『韓國史論』 23, 1990.
노태돈, 「羅代의 門客」『韓國史硏究』 21·22합집호, 1978.
박남수, 「新羅 中古期 花郎徒의 敎育과 出仕」『歷史敎育』 108, 2008.
박남수, 「신라 중고기 花郎의 出身 家系와 花郎徒 운영의 변화」『韓國古代史硏究』 51, 2008.

박남수, 「新羅 眞興王代 政治社會와 花郎徒 制定」『史學硏究』 92, 2008.
박남수, 「蔚州 川前里 書石銘에 나타난 眞興王의 王位繼承과 立宗葛文王」『韓國史硏究』 141, 2008.
박남수, 「신라 진성왕대 효종랑과 화랑도」『사학연구』 132, 2018.
朴成熙, 「신라 眞興王 즉위 前後 정치세력의 동향」『韓國古代史硏究』 22, 2001.
박수정, 「신라 국학의 교수법과 관리등용」『역사와 교육』 26, 2018.
박순교, 「眞智王의 改革과 花郎徒의 動向」『淸溪史學』 18, 2003.
朴承吉, 「新羅花郎徒의 敎政團體的 性格과 그 社會學的 意義」『韓國傳統文化硏究』 2, 1985.
박찬승, 「이선근의 한국사 연구와 역사관」『근대교류사와 상호인식Ⅲ』, 아연출판부, 2008.
백동인, 「新羅 嘉俳의 정치성-위계질서와 성역할의 재생산- 」『한국고대사탐구』 32, 2019.
서영교, 「백제멸망전쟁과 김흠순」『영남학』 74, 2020.
辛鍾遠, 「三國遺事 〈孝昭王代 竹旨郎〉條 譯註」『韓國思想史學』 6, 1994.
申瀅植, 「三國史記 志의 分析」『三國史記硏究』, 一潮閣, 1981.
申虎澈, 「新羅의 滅亡과 甄萱」『忠北史學』 2, 1989.
兪昌均, 「花郎의 語源」『國語學論攷』, 계명대학교 출판부, 1984.
尹善泰, 「新羅의 力祿과 職田」『韓國古代史硏究』 13, 1998.
윤진석, 「신라 중고기의 왕위계승과 '섭정'」『대구사학』 126, 2017.
음선혁, 「新羅 敬順王의 即位와 高麗 歸附의 政治的 性格」『全南史學』 11, 1997.
이경섭, 「신라 삼천당의 성격과 추이」『탐라문화』 59, 2018.
李基東, 「新羅社會와 花郎徒」『新羅文化』 1, 1984.
이기동, 「花郎像의 변천에 관한 覺書」『新羅文化』 5, 1988.
이기동, 「新羅 花郎徒 연구의 現段階」『李基白先生古稀紀念韓國史學論叢』, 一潮閣, 1994.
李基白, 「三國時代 佛敎 受容과 그 社會的 意義」『歷史學報』 6, 1954.
李基白, 「新羅私兵考」『歷史學報』 9, 1957.
李基白, 「圓光과 그의 思想」『文化批評』 3, 1969.
이기백, 「상대등고」『신라정치사회사연구』, 일조각, 1974.

이기백, 「한국의 전통사회와 병제」『한국학보』 6, 1977.
李基白, 「韓國의 傳統社會와 兵制」『韓國史學의 方向』, 일조각, 1978.
李道學, 「新羅 花郎徒의 起源과 展開過程」『정신문화연구』 13, 1990.
이도학, 「제천 점말동굴 화랑 각자에 대한 고찰」『충북문화재연구』 2, 2009.
이문기, 「≪삼국사기≫·≪삼국유사≫에서 본 신라 화랑도의 여행」『동방한문학』 58, 2014.
李培鎔, 「新羅下代 王位繼承과 眞聖女王」『千寬宇先生還曆紀念 韓國史學論叢』, 1985.
李丙燾, 「眞興大王의 偉業」『韓國古代史研究』, 博英社, 1976.
이병도, 「삼국시대의 유학」『한국유학사』, 아세아문화사, 1987.
李純根, 「新羅 貴族勢力과 결합한 武人勢力」『聖心女子大學論文集』 23, 1991.
李泳鎬, 「新羅 成典寺院의 成立」『新羅文化祭學術發表會論文集』 14, 1993.
이영호, 「울진 성류굴 암각 명문의 검토」『목간과 문자』 16, 2016.
李仁哲, 「新羅의 君臣會議와 宰相制度」『韓國學報』 65, 1991.
李鍾旭, 「三國遺事 竹旨郎條에 대한 一考察」『韓國傳統文化研究』 2, 1986.
李鍾旭, 「신라 화랑도의 편성과 조직·변천」『新羅文化際學術發表會論文集』 10, 1989.
이종욱, 「新羅 中古時代의 花郎徒」『省谷論叢』 27-4, 1996.
이종욱, 「신라 화랑도의 활동」『서강인문논총』 16, 2002.
이천우, 「신라 진흥왕의 왕위계승을 통해 본 신라 중고 왕실의 '나물왕계' 형성」『震檀學報』 134, 2020.
李弘稙, 「三國遺事 竹旨郎條 雜考」『黃義敦先生 古稀紀念 史學論叢』, 1960.
이희관, 「新羅 中代의 國學과 國學生」『신라의 인재 양성과 선발』, 신라문화선양회, 1998.
李喜寬, 「新羅上代 智證王系의 王位繼承과 朴氏王妃族」『東亞研究』 20, 1990.
全京秀, 「新羅社會의 年齡體系와 花郎制度」『韓國文化人類學』 17, 1985.
全基雄, 「新羅 下代末의 政治社會와 景文王家」『釜山史學』 16, 1989.
全基雄, 「新羅末期 政治社會의 動搖와 六頭品知識人」『韓國古代史研究』 7, 1994.
全基雄, 「新羅下代의 花郎勢力」『新羅文化』 10·11합집, 1994.

田美姬, 「新羅 眞平王代 家臣集團의 官僚化와 그 限界」『國史館論叢』 48, 1993.
전미희, 「元曉의 身分과 活動」『韓國史硏究』 63, 1988.
정구복, 「김유신(595~673)의 정신세계」『청계사학』 16·17합집, 2002.
정운용, 「新羅 花郎制 成立의 政治史的 意義」『화랑문화의 신연구』, 1995.
정호섭, 「新羅의 國學과 學生祿邑」『史叢』 58, 2004.
조범환, 「신라말 박씨왕의 등장과 그 정치적 성격」『역사학보』 129, 1991.
조범환, 「新羅末 花郎勢力과 王位繼承」『史學硏究』 57, 1999.
조범환, 「新羅 中古期 郎徒와 花郎」『韓國古代史硏究』 52, 2008.
조범환, 「新羅 下代 遣唐國學留學生의 파견과 그 역사적 의미」『서강인문논총』 25, 2009.
曺凡煥, 「일제강점기 일본인 연구자들의 신라 화랑 연구」『新羅史學報』 17, 2009.
조범환, 「神穆太后-新羅 中代 孝昭王代의 政治的 동향과 神穆太后의 攝政-」『西江人文論叢』 29, 2010.
趙法鍾, 「花郎關聯 用語의 檢討」『화랑문화의 신연구』, 문덕사, 1996.
주보돈, 「新羅 花郎徒 硏究의 現況과 課題」『啓明史學』 8, 1997.
주보돈, 「新羅 下代 金憲昌의 亂과 그 性格」『韓國古代史硏究』 51, 2008.
주보돈, 「거칠부의 출가와 출사」『한국고대사연구』 76, 2014.
蔡尙植, 「新羅統一期의 成典寺院의 구조와 기능」,『釜山史學』 8, 1984.
崔光植, 「新羅의 花郎에 대한 新考察」『한국의 사회와 역사』, 1991.
최광식, 「화랑에 대한 연구사 검토-초기부터 1986년까지를 중심으로」『화랑문화의 신연구』, 문덕사, 1996.
崔光植·河廷龍, 「新羅 花郎 關係 論著 目錄」『화랑문화의 신연구』, 문덕사, 1996.
최남선, 「금강예찬」, 1927.
최병헌, 「신라하대사회의 동요」『한국사』 3, 국사편찬위원회, 1978.
최재석, 「신라의 화랑과 화랑집단」『민족문화논총』 8, 1987.
최재석, 「화랑연구의 성과-초기부터 1986년까지를 중심으로-」『화랑문화의 신연구』, 문덕사, 1996.
최홍조, 「神文王代 金欽突 亂의 재검토」『大丘史學』 58, 1999.
최희준, 「신라중대의 당 사신 영접 절차와 운용」『韓國史硏究』 153, 2011.

한영화, 「신라의 교육과 관인 선발」『신라사학보』 45, 2019.
한준수, 「신라 국학의 수용」『신라 국학과 인재 양성』, 민속원, 2015.
홍기자, 「신라하대 독서삼품과」『신라문화제학술논문집』 19, 1998.
홍순창, 「신라 화랑도의 연구사적 고찰」『신라가야문화』 2, 1970.
홍순창, 「화랑과 신라의 정치사회-군사적 역할을 중심으로-」『화랑문화의 신연구』, 문덕사, 1996.
Vladimir Tikhnov, 「景文王의 儒·佛·仙 融和政策」『아시아문화』 12, 1996.
木村誠, 「新羅の宰相制度」『人文學報』 118, 1977.
鮎貝房之進, 「花郎攷」『雜攷』 4, 1932.
八百谷孝保, 「新羅社會と淨土教」『史潮』 제7년 제4호, 1937.

ABSTRACT

Hwarangdo of Silla

It is well known that the Hwarangdo (花郎徒) emerged as a youth organization during the reign of King Jinheung, following the abolition of the Wonhwa (原花), and that it endured until the very end of Silla's historical existence. Yet, from its inception to its disappearance, the Hwarangdo did not remain immutable; rather, it underwent significant transformations, and at times even distortions. Nevertheless, it cannot be denied that the institution fulfilled the crucial function of cultivating the talents required by the state, and that it constituted a foundational element sustaining Silla society for a protracted period.

The antecedent of the Hwarangdo was the Wonhwa, an institution brought into being through the efforts of Queen Mother Jiso (智炤太后) during the reign of King Jinheung. Although the precise moment of its establishment cannot be ascertained, it is at least clear that it must have postdated the official recognition of Buddhism under King Beopheung. Each of the two Wonhwa presided over her own cohort of followers (nangdo 郎徒), the numbers of which are said to have reached approximately three hundred, thus forming a consolidated organization. The intent was to select and cultivate capable men through the mediation of the Wonhwa, yet due to Junjeong's jealousy of Nammo—a tragic episode well known in the sources—the Wonhwa system was ultimately abolished, and in its stead the Hwarangdo came into being.

Because the origins of the Hwarangdo are intimately bound to the Wonhwa, I would argue that the common view, often reiterated in general surveys, which traces the beginnings of the Hwarangdo to undifferentiated youth groups of ancient society, should now be definitively set aside. Rather, what is of paramount importance is to seek the genesis of the Hwarangdo within the processes of transformation that took place in the reigns of King Beopheung and the early years of King Jinheung. In this sense, discerning the transition from the Wonhwa to the Hwarangdo is of the utmost significance.

The Hwarangdo, subsequent to its inception, underwent considerable transformations. When Silla entered upon the wars aimed at the unification of the Three Kingdoms, the Hwarangdo temporarily assumed the character of a corps of warriors. It was in this very era that Hwarang Gwan-chang (花郎 官昌) emerged as a paradigmatic hero. Yet, once the wars concluded and peace descended upon the realm, King Sinmun sought to cultivate talent not primarily through the Hwarangdo, but rather through the reorganization of the

National Academy (Gukhak 國學). Even so, at the behest of Queen Dowager Sinmok (神穆太后), the Hwarangdo was reconstituted, with the gukseon (國仙, "National Preceptor" or "Head of the Hwarang") as its central figure. Although by this time it no longer retained the same form it had assumed during the middle period, and its actual operations had been altered, it would be mistaken to conclude—contrary to certain strands of earlier scholarship—that the Hwarangdo had thereby degenerated into an institution possessing merely recreational functions.

In the late Silla period, the Hwarangdo underwent still further changes, indeed to the point of corruption. This signifies that the Hwarangdo ceased to be a group animated by pure and idealistic purposes, and instead evolved into a body oriented toward political ends. In particular, with the continued advancement of the Gukhak and even the establishment of the dokseo sampumgwa (讀書三品科, "Examination in Three Grades for Readers of the Classics"), the Hwarangdo was compelled to undergo yet more profound alterations. In consequence, what occurred was not mere transformation, but outright distortion, a process inseparably bound to the fierce struggles for the throne that characterized the twilight of Silla.

Finally, an examination of the composition and internal organization of the Hwarangdo reveals, above all, that the criteria by which the nangdo (郎徒, "followers" or "disciples") chose their hwarang varied in accordance with social status. Members of the jingol (眞骨, “true bone” aristocracy) most often selected their hwarang in pursuit of ideals such as honor or military prowess, whereas those of the dupum (頭品, “head-rank” stratum) or the commoner classes were inclined to follow those hwarang who could best facilitate their aspirations for advancement. Membership in the Hwarangdo—whether as hwarang or as nangdo—was by no means automatically conferred. That it was not automatically granted signifies that it was acquired voluntarily. Thus, the Hwarangdo, composed of hwarang and nangdo, may rightly be understood as a community forged by the youth of Silla themselves, or, at the very least, as an interest group defined by the pursuit of shared aims.

An element that can never be overlooked in connection with the Hwarangdo (花郎徒) is the presence of Buddhist monks. Earlier scholarship has tended to emphasize that monks within the Hwarangdo transmitted learning and selected talented individuals. Yet, departing from such explanations, more nuanced interpretations may now be advanced. In particular, it can be discerned that, from the late middle period of Silla, monks gradually disappeared from the Hwarangdo. At the outset, monks voluntarily associated themselves with the institution, motivated by the aspiration to disseminate Buddhism more widely. By the later middle period, however, it was rather the hwarang themselves who invited renowned monks of the day in order to devote special attention to the education of their nangdo (郎徒, disciples). In doing so, each hwarang sought to distinguish his own cohort from others, as a deliberate strategy. The role to which the monks devoted themselves most assiduously within the Hwarangdo was that of transmitting advanced forms of knowledge. Moreover, by living together with the nangdo, they broadened the latter's understanding of Buddhism.

Training was indispensable within the Hwarangdo. Instances can be adduced of individual hwarang engaging in personal cultivation, which provided the occasion for them to grow into accomplished martial men. This suggests that a hwarang had to possess superior abilities surpassing those of his nangdo. The collective discipline of the Hwarangdo also entailed the cultivation of moral principles (doŭi 道義), embodied above all in the internalization of the ethical precepts of the Sesok ogye (世俗五戒, "Five Secular Commandments"). In addition, they endeavored to acquire the rudiments of Confucian learning and to put them into practice, thereby equipping themselves with the intellectual resources useful for their eventual careers as officials once they entered public service. The sources also attest that they delighted in music, which in practice meant composing and singing distinctive songs of their own, in order to foster a sense of solidarity. They wandered through mountains and streams, leaving no place unvisited, such pursuits being understood as part of their moral and spiritual cultivation.

How, then, did such training manifest itself when war erupted? It becomes apparent that it is an exaggeration to assert that the

Hwarangdo as a whole participated in warfare from the very moment of its formation. Even figures such as Sadaham (斯多含) or Gwan-chang (官昌) could only enter the battlefield with the king's express permission. From this consideration, it is evident that to interpret the Hwarangdo as intrinsically and directly tied to warfare is misguided. The explanation that they marched to battlefields and thereby laid the foundations for the unification of the Three Kingdoms ought to be firmly set aside. Nevertheless, it remains the case that, for a time, they did assume the temporary character of a corps of warriors.

Turning next to the matter of the Hwarangdo (花郎徒) and the private bonds that persisted after their members reached maturity, it may be observed that hwarang and nangdo (郎徒) who had once been active within the organization often maintained close ties into adulthood. To be sure, such bonds did not remain constant in form from the inception of the Hwarangdo to the collapse of Silla. During the middle period and throughout the wars of Silla's unification, such private bonds were particularly strong, whereas in the central period they appear to have become somewhat attenuated. Yet, in the late Silla period, as the Hwarangdo assumed the character of private military retainers, those hwarang and nangdo who participated at that time tended subsequently to form even more intimate ties. Such connections, however, must be characterized as transformed, indeed distorted, forms of private allegiance. In late Silla, such private bonds were not confined to members of the Hwarangdo alone, but rather pervaded society more broadly. Amidst the fierce contests for the throne, the formation of private armies became increasingly overt, and with the expansion of Jang Bogo's (張保皐) power, nangdo of humbler status sought the patronage of those in positions of influence. Capable aristocrats of the jingol (眞骨) stratum drew such men into their own service through the agency of private military establishments, thereby augmenting their factional strength. The corruption of the Hwarangdo thus also contributed to the corruption of these late Silla networks of private bonds, redirecting the locus of loyalty from the state to individual patrons.

What then was the relationship of the Hwarangdo to the state and to the monarch? The Hwarangdo was neither an object of governmental control or interference, nor an institution situated within a formalized bureaucratic framework. It was, rather, an autonomous entity of civil society, not subject to the intervention of the state. Consequently, its relationship to the state was one of great flexibility and freedom. Likewise, in its relation to the monarch, while the Hwarangdo fell under the broad category of royal subjects, it drew the king's particular attention. The monarch's interest and affection toward the Hwarangdo derived from the fact that they were his subjects, and also from the recognition that from within their ranks would emerge men capable of assisting the king in guiding the destiny of Silla. Hence, the concern shown by the monarch toward the Hwarangdo stemmed from these considerations, and not from any private purpose or political calculation. In sum, the relationship between the Hwarangdo and the monarch may rightly be described as complementary and mutually sustaining.

Finally, although the Hwarangdo has been widely characterized as a uniquely Silla youth organization, one cannot categorically assert that it existed solely within Silla. On the contrary, it is highly plausible that analogous institutions were present in both Goguryeo and Baekje. In the case of Baekje, the absence of records leaves us without evidence. In Goguryeo, however, there existed the gyeongdang (扃堂), a hall where young men gathered to practice archery and to study writing. Thus, it would be erroneous to maintain that the Hwarangdo was an exclusive and distinctive association of Silla's youth.

Nonetheless, one must ask why neither Goguryeo nor Baekje succeeded in cultivating an organization comparable to Silla's Hwarangdo (花郎徒). The explanation is not to be sought in Goguryeo or Baekje themselves, but rather in the fact that Silla deliberately fostered such a youth organization and thereby transformed it into a foundation for its eventual unification of the Three Kingdoms. Unlike its counterparts in Goguryeo and Baekje, the Hwarangdo embraced members ranging from the highest aristocracy down to commoners, cohabiting and training together. Through such communal life they forged a profound sense of solidarity, which in turn extended into durable private relationships in later life. By contrast, in the gyeongdang (扃堂) of Goguryeo, the scions of the highest ranks did not live in association with commoners. Thus, in Goguryeo there remained insurmountable barriers between aristocrats and those of lesser status, whereas in Silla such barriers were far less pronounced. It was within the Hwarangdo, through the processes of socialization, that individuals came to internalize and accept their social standing. In this respect, the Hwarangdo may rightly be regarded as more significant than the youth groups of Goguryeo or Baekje.

What is of still greater importance is that the Hwarangdo functioned as a channel for the selection of talent. While such evidence is scarcely to be found in the records of Goguryeo or Baekje, the fact that the Hwarangdo fulfilled this role demonstrates that it laid a crucial foundation for the advancement of Silla society.

That said, it is undeniable that the Hwarangdo was a body of manifold character. It possessed not only a dual nature, but also altered its very orientation in accordance with the shifting circumstances of successive eras. With the fall of Silla, the Hwarangdo disappeared as well, for it was no longer suited to the new age of Goryeo. A new ruling class had arisen, and alternative avenues were sought for the recruitment and cultivation of officials.

보론(補論)

일제강점기 일본인들의 화랑도 인식*

1. 머리말

일제강점기 일본인 연구자는 왜 화랑 및 화랑도에 관심을 두었을까? 그들이 그것에 관심을 둔 이유가 무엇이며 또한 그것을 연구한 목적을 어떻게 해석해야 할까? 그리고 그 당시에 어떠한 배경에서 화랑도에 대한 연구를 주도하였는가 하는 것도 의문이 아닐 수 없는데, 본고를 작성하게 된 배경이 바로 여기에 있다. 일제강점기 일본인 연구자들의 화랑도에 대한 연구는 몇몇 논문으로 그치지 않고 책으로까지 출간되었다. 예컨대, 1943년 출판된 삼품창영(三品彰英)의 『新羅花郎の研究』는 현재 한국 사학계에 미친 영향이 매우 크기 때문에[1] 일

* 이 논문은 『신라사학보』 17, 2009에 실린 것을 수정 및 보완하여 보론으로 게재하였음을 밝혀 둔다.

1 2022년 이전 개정 교육과정에서 발간되었던 고교 국사 교과서를 보면 "화랑도는 원시 사회의 청소년 집단에서 기원하였다"고 되어 있다. 이는 三品彰英의 논리를 그대로 수용하고 있음을 보여 준다.

제강점기 일본인 연구자들의 화랑도에 대한 연구를 돌아볼 필요성이 바로 여기에 있다고 해도 과언이 아니다.

이와 관련하여 이미 국내의 여러 연구자가 일제강점기 일본인들에 의해 이루어진 화랑도 연구에 대하여 관심을 두고 그것을 분석하였다. 대체로 크게 두 가지 방향에서 연구가 이루어졌는데, 첫째는 일제강점기에 발표된 화랑에 대한 연구를 개괄적으로 살펴본 것이었고, 둘째는 특정한 연구나 연구자를 중심으로 검토한 것이다. 전자와 관련하여 먼저 홍순창(洪淳昶)의 연구를 주목할 수 있다. 그는 일제강점기 일본인 연구자들의 화랑에 대한 연구를 일부 인정하면서도 그들의 연구 태도가 아전 인수격인 편견에 충만되어 있어 극복해야 할 것이라고 하였다.[2] 다음으로 최재석(崔在錫)은 신라의 화랑과 화랑 집단에 대한 연구 검토에서 일본인 연구자의 연구가 잘못되었음을 언급하고 있는데, 주로 그들의 역사 왜곡에 주목하였다.[3]

화랑도에 대하여 기왕의 연구를 검토하는 과정에서 일제강점기 일본인 연구자의 연구 성과를 살핀 논문도 발표되었다.[4] 이 논문은 지금까지 이루어진 화랑도에 대한 연구를 전부 검토하고 있어 일제강점기에 발표된 화랑도 연구에 대해서는 그다지 천착하지 않았다. 다만 간략하게 그들의 연구가 가지는 문제점이 무엇인가 하는 것에 대해서

---

2 洪淳昶, 「新羅花郎道의 硏究史的 考察」『新羅伽倻文化』 2, 1970.

3 崔在錫, 「新羅의 花郎과 花郎集團」『民族文化論叢』 8, 1987 : 『韓國古代社會史硏究』, 一志社, 1987. 그리고 같은 논문을 정리하여 「花郎硏究의 成果-초기부터 1986까지를 중심으로-」『화랑문화의 신연구』, 문덕사, 1996에 발표하였다..

4 崔光植, 「화랑에 대한 연구사 검토」『화랑문화의 신연구』, 문덕사, 1996.

만 언급하고 있다. 또한 정종현은 화랑에 대한 담론이라는 주제로 연구하는 과정에서 식민지 시기 화랑도 담론에 대하여도 언급하였다.[5] 이 밖에도 일제강점기 일본인 연구자의 화랑도 논문에 대하여 간단하게 언급한 것들을 더러 찾아볼 수 있다.[6]

후자와 관련해서 전경수(全京秀)는 삼품창영과 이기동(李基東)의 연구를 비교하여 두 사람의 연구가 가지는 문제점을 분석하였다.[7] 특히 그는 삼품창영이 화랑의 전신으로서 삼한 사회에 존재했었을 가능성이 큰 연령 집단으로서의 청년 조직을 사료로 입증하기 위하여 사료의 맥락까지 왜곡시킨 것에 대하여 문제를 제기하고 있다.[8] 그리고 지교헌(池敎憲)의 연구도 주목되는데, 일본인 연구자인 점패방지진(鮎貝房之進)과 삼품창영의 논리를 비판하였다.[9] 그러면서 그는 두 사람의 연구는 신라 화랑도의 참된 모습을 왜곡하거나, 신라 화랑의 값어치를 훼손함으로써 한국의 민족 문화를 비하하여 한민족의 문화적 우월성을 파괴하려는 데 목적을 둔 것으로 파악하였다.

이상과 같은 연구 성과를 통해 한국 사학계에서 일제강점기 일본

---

5 정종현, 「국민국가와 '화랑도'–애국계몽기~대한민국 건국기의 '화랑' 담론과 활용양상을 중심으로–」『정신문화연구』 105, 2006 : 『신라의 발견』, 동국대학교 출판부, 2008 재수록.

6 申瀅植, 『新羅史』, 이화여자대학교 출판부, 1985, 176~177쪽 참조.

7 全京秀, 「新羅社會의 年齡體系와 花郎制度」『韓國文化人類學』 17, 1985.

8 全京秀, 위의 논문, 1985, 90쪽. 한편 이기백도 「한국 고대의 남북문화권 설정의 문제점」『한국사시민강좌』 32, 2003에서 미시나 쇼에의 화랑 연구의 문제점 특히 원시 미성년 집회의 문제에 대하여 자세하게 다루고 있어 주목된다.

9 池敎憲, 「新羅花郎 硏究에 나타난 日本學者 鮎貝房之進과 三品彰英의 論理」『정신문화연구』 38, 1990.

인 연구자의 화랑도 연구에 대한 평가가 어느 정도 이루어졌고, 그것을 통해 그들의 연구가 가지는 문제점이 무엇인지를 대략 헤아릴 수 있게 된 것은 사실이다. 그렇지만 현재까지 이루어진 두 가지 형태의 연구 경향을 돌아보면, 일제강점기 일본인 연구자의 연구가 잘못되었다거나 혹은 자료를 잘못 이용하였다고 하는 등의 사실 지적에 그치고 있다는 느낌이 든다. 또는 특정한 연구자의 연구를 검토함에 있어서도 어떠한 목적 때문에 그러한 연구가 이루어졌는가 하는 것에 대해서는 그다지 주목하지 않았다고 할 수 있다. 더 나아가 최근 일본에서 이루어진 연구 성과를 제대로 반영하지 못한 점도 염두에 두지 않을 수 없다. 즉 토거방언(土居邦彦)의 논문이 주목되는데, 그는 일본인에 의한 화랑도 연구가 1930년대에 집중되어 있는 점에 주목하고, 그것에 대하여 분석하였다.[10] 지금까지 한국에서 이루어진 연구 성과와는 다른 새로운 관점에서 파악하였다는 점에서 주목된다.[11]

이에 본고는 지금까지 이루어진 연구 성과를 토대로 하여 일제강점기 일본인 연구자의 화랑도 연구를 좀 더 새로운 각도에서 검토해 보기로 하겠다. 그들이 화랑도에 대하여 연구한 궁극적인 의도가 어디에 있었는가 하는 것을 연구자별로 살펴볼 것이다. 그리고 당시 일본의 조선 식민지 통치가 그들의 화랑도 연구에도 어떠한 영향을 미친 것인지에 대해서도 아울러 검토할 예정이다.

10 土居邦彦, 「1930年代日本の花郎研究にみえる戰士機能論の批判的再考」 『史苑』 151, 1993.

11 토거방언의 논문에 대해서는 논지를 전개하는 과정에서 소개할 예정이다.

2. 이마무라 도모(今村鞆)의 잘못된 화랑 연구 시작

일제강점기에 화랑도에 대하여 처음으로 논문을 발표한 연구자는 이마무라 도모(今村鞆, 1870~1943)이다. 그는 「新羅の花郎を論ず」라는 제목의 논문을 1928년 조선총독부 기관지인 『朝鮮』에 발표하였다.[12] 그가 이 논문을 쓴 이유를 알아보기 위해서는 그 내용에 대한 분석도 중요하지만, 무엇보다 그의 생애를 잠시 되짚어 볼 필요가 있다. 왜냐하면 그의 조선에서의 활동이 결국 화랑도에 대한 관심으로까지 나가게 되었던 것과 서로 불가분의 관계에 있었을 것 같기 때문이다.

이마무라는 22세에 오오사카부(大阪府) 순사로 경찰 업무를 개시한 이후, 일본 내에서 십수 년간 경찰로 활동하다, 타이완을 거쳐 1908년 39세의 나이에 선배였던 아츠이 시게루(松井茂, 1866~1945) 경무국장의 추천으로 조선에 도착하였다.[13] 이후 그는 1925년까지 충청북도 경찰부장(1908), 강원도 경찰부장(1909), 경무총감부 남부경찰서장(1910), 평양경찰서장(1914), 제주도사(1915) 등으로 재직하면서, 경찰 간부로서의 직무 수행 외에 조선의 풍속 및 관습을 조사하고, 잡지에 글을 기고하였다. 1925년 퇴직한 이후 그는 조선사편수회(朝

12 조선총독부에서 발간한 기관지인 『조선』에 대해서는 이복규 · 김기서 편역, 『조선총독부 기관지 일어판 《조선》지의 민속 · 국문학자료』, 2004, 민속원, 5쪽 참조.

13 김혜숙, 「이마무라 도모〔금촌병〕의 朝鮮風俗 연구와 在朝鮮日本人」 『한국민족운동사연구』 48, 2006, 76쪽.

鮮史編修會) 등 여러 곳에 촉탁으로 지내면서 조선의 사회풍속사(社會風俗史)의 연구가로 인정받게 되었으며, 1943년 경성에서 죽을 때까지 조선의 민속을 연구한 것으로 알려져 있다.[14]

그런데 그가 화랑도에 대한 글을 발표한 해가 1928년이므로 이미 직업 경찰관에서 물러난 상태였다. 따라서 어찌 보면 재야 민속학자라고 할 수 있는 시기에 글을 집필한 것이다.[15]

> A. 원래 나 자신이 학문 즉 역사 민속의 방면에 발을 들여놓게 된 동기는 1908년에 충청북도의 경찰부장이 되어 내지로부터 부임해 온 직후, 조선 경찰의 창설 시대에 즈음하여 무엇보다도 필요한 일은 조선의 풍속 습관을 조사하여 그것을 숙지하는 것이라고 깨닫고, 그 이후 조금씩 조사를 시작하였는데, 대단히 흥미를 느끼게 되었다. 이어서 실지 조사와 함께 조선의 고문헌을 읽어 볼 필요를 느껴, 조금씩 읽기 시작하였는데, 조선의 독특한 숙어가 있고 나아가 사회 사정이 다르므로 그것을 이해하는 데에는 상당한 곤란이 뒤따랐다. 하지만 20여 년에 걸친 연구가 열매를 맺어 이제는 어떻게 해서든지 읽을 수 있게 되었다. … 여하튼 내가 과학적 궤도에 오를 수 있었던 것은 1925년에 촉탁에서 퇴직한 이래 민속학 서적과 잡지를 읽은 덕택이고, 또 하나는 1930년 조선사 편집회의의 촉탁이 되어 일년간 편집 위원들과 접촉하였기 때문에 가능하였다고 생각한다(이마무라 도모에, 「民俗學과 小生」『朝鮮民俗』第三號, 京城·朝鮮民俗學會, 1940, 1쪽).

14 김혜숙, 위의 논문, 2006, 76쪽.

15 이마무라의 행적을 더듬어 볼 때 지방 경찰이나 지방 행정가 시기와 퇴직 후 재야 민속학자의 시기로 구분해 볼 수 있을 것이다(김혜숙, 앞의 논문, 2006, 77쪽의 주7) 참조). 이러한 점으로 미루어 볼 때 화랑에 대하여 관심을 가진 것은 재야 민속학자 시절이었음을 알 수 있다.

위의 기록을 보면, 이마무라가 조선의 민속에 대하여 관심을 가진 것은 일제 통치의 일환 때문이었음을 알 수 있다. 이러한 이유로 그는 더욱더 조선의 민속을 알고자 하였다. 그의 조선의 풍속에 대한 관심은 결국 『조선풍속집(朝鮮風俗集)』의 발간으로 나타났다. 이 책은 1914년 초판이 나온 이후 바로 1915년에 재판, 1919년 정정 3판이 나올 만큼 1910년대에 꾸준히 읽혔다고 한다.[16] 이러한 사실로 미루어 보면 그의 조선 풍속에 대한 관심이 결국 화랑도에 대한 관심으로까지 영역이 넓어지고 확대되었다고 해도 과언이 아닐 것이다.

그런데 그의 저작집 목록[17]을 보면 주로 조선의 민속에 관한 것이 대부분이고, 신라에 대하여 관심을 가지고 쓴 글은 몇 편이 되지 않는다. 그 가운데서 신라 화랑에 대한 글이 유독 눈에 띄는 것이다. 그는 「신라의 화랑을 논하다」라는 글의 첫머리에서, "신라 · 고려의 역사는 많은 것이 정치사이기 때문에 민속에 관한 기사가 너무 적고 조선 고대의 민속과 사회에 관한 사항은 많이 보충해야 한다. 따라서 이러한 부분을 아는 것은 어렵지만, 신라사의 기사 중에 화랑에 관한 것은 가장 주목해야 할 것이고 또 고찰을 요하는 항목이라 생각하여 이에 나의 얕은 견해를 서술해 본 것"이라고 하였다. 이것은 그가 신라의 화랑을 연구하고자 하는 목적이 어디에 있었는가 하는 것을 알게 하는 구절이라 생각된다.

이마무라는 조선의 민속을 살피는 과정에서 고대 사회의 풍속에 대해서도 관심을 가지게 되었다고 할 수 있다. 그 결과 『삼국사기』나

---

16 김혜숙, 위의 논문, 2006, 76쪽.

17 주영하 외, 『제국 일본이 그린 조선민속』, 한국학중앙연구원, 2006, 311~319쪽.

『고려사』를 읽게 되었고 그것을 통하여 신라 화랑을 알게 되었다고 짐작된다. 그렇다면 그는 정말로 화랑도 그 자체에 대하여 관심을 가지고 있었던 것일까 하는 것에 의문이 간다. 그는 논문에서 "그들이(화랑) 신에게 봉사하는 무당이었다는 것은 후대 남자 무당을 화랑이라고 부름으로써 예전의 흔적을 보이는 것에서 조금도 의심할 수 없다"고 하였다. 이러한 그의 설명은 신라 화랑을 화랑 그 자체로서 인식한 것이 아니라 조선의 무당과 연결하여 화랑을 이해하고자 한 것이라 할 수 있다.[18] 이것은 이마무라가 화랑에 대하여 관심을 가진 것에 대한 하나의 해답이라고 보아도 좋을 것이다. 왜냐하면 그는 신라 화랑을 화랑 자체로서 파악하기보다는 당시 그가 민속과 관련된 자료를 수집하고 정리하는 과정에서 무당이 화랑으로 불리는 것을 알고 그것의 연원을 살피는 과정에서 화랑에 대하여도 관심을 가지게 된 것이라고 할 수 있기 때문이다. 즉 신라 화랑에 대하여 파악하고 싶은 직접적인 목적보다는 무당을 이해하기 위한 보조적인 목적에서 신라의 화랑에 눈을 돌렸던 것이라고 해야 할 것이다.

그리고 그는 『삼국사기』 화랑 관련 기록에 대하여 "어떻게 생각해도 근간이 서지 않고 또 이치에도 합당하지 않아 1500년 전의 사실이라고는 하지만"라고 하여 화랑에 대한 기록을 인정하지 않고 있다.

18 朴賢洙는 "금촌병의 예에서 보이는 것처럼 중추원의 풍속 조사는 연구 조사 당시의 풍속을 대상으로 하는 데에 실패하고 역사적인 연원을 찾는 데로 나아가고 있었다"고 하였는데(박현수, 『日帝의 朝鮮調査에 관한 硏究』, 서울대학교 대학원 인류학과 박사학위논문, 1993, 78쪽), 이는 적절한 지적이라 생각된다. 이마무라는 조선의 풍속을 연구하는 과정에서 무당에 관심을 두었고 무당이 화랑으로 불리고 있었던 것을 알고 신라의 화랑에 대해서 관심을 두었다고 할 수 있다.

더 나아가 "위 기사는 김부식(金富軾)이 『삼국사기』를 썼을 때, 그 자료였던 구비, 전설, 오래된 기록 등에 있던 진짜 재료를 쓰지 않았다."라고 하였다. 다시 말해서 『삼국사기』에 실린 화랑 관련 기록을 믿을 수 없다고 하는 것이다. 또한 화랑과 조선 시대의 무당을 서로 연결하여 설명함으로써 화랑의 존재 자체를 몰각시킨 것이라 할 수 있다.[19]

이상에서 보면 이마무라는 신라 화랑도 그 자체에 대하여 관심을 가졌다기보다는 조선의 무당을 연구하고 이해하는 과정에서 화랑도를 주목하게 된 것이다. 그리고 무당에 대한 깊은 이해를 위해 옛 전적을 살피는 과정에서 화랑도를 눈여겨 본 것이라고 생각된다. 결국 그는 조선의 식민지 통치를 위해 풍속을 알아보는 과정에서 화랑에 주목하였고, 그러한 그의 연구는 화랑에 대한 잘못된 시각을 처음으로 제공했다고 해도 과언이 아니다.[20]

---

19 이마무라가 총독부의 기관지인 『朝鮮』에 글을 발표하였다고 하는 것은 조선의 식민지 정책과 맥을 같이 하고 있다고 보아야 할 것이다(황민호, 「일제하 조선총독부 기관지의 발행과 법률 관련 자료의 경향」 『法史學研究』 31, 2005, 302쪽).

20 홍순창은 이 논문이 "일인 학자의 화랑도연구의 선구적 역할을 한 점에 있어서 주목된다"고 하였다(홍순창, 앞의 논문, 1970, 68쪽). 그렇지만 내용을 찬찬히 뜯어보면 선구적인 역할이 어떤 잘못을 범하고 있는가 하는 것을 알 수 있다. 한편 토거방언은 이마무라의 논문을 화랑의 종교적 측면에 주목한 연구라고 간단하게 언급하고 있다(土居邦彦, 앞의 논문, 1993, 8쪽).

3. 이케우치 히로시(池內宏)의 화랑도 연구를 통한 지적 식민 정책

이마무라의 화랑도에 대한 글이 나온 다음 해인 1929년에 이케우치 히로시(池內宏, 1878~1952)가 「新羅人の武士的精神について」라는 글을 발표하였다. 이 논문은 『사학잡지(史學雜誌)』 40-8호에 실린 것으로 제목에는 '화랑도'가 들어가지 않았으나 화랑도에 대한 글임을 쉽사리 알 수 있다.

이케우치는 일제 강점기에 한국사를 연구한 학자로 잘 알려져 있다. 그는 조선총독부 의뢰로 만철조사부 역사조사부에서 실증주의적 연구에 주력하여 그 기초를 닦았다는 평가를 받고 있다.[21] 이케우치는 이 논문에서 신라인의 무사적(武士的) 정신에 대하여 강조하고 있다. 제목 자체에서도 엿볼 수 있듯이 신라의 화랑들이 용감하게 죽은 것을 높이 평가하였다. 신라 화랑들 가운데서 전장에서 용감하게 죽은 이들을 골라 열거하면서 무사적 정신의 발로라고 보았다.

그렇다면 그는 왜 신라인의 무사적 정신을 강조하였을까 하는 점이다. 그는 논문에서 신라인의 정신 생활상의 특색을 강조하면서 이러한 특색은 당시 조선인 사이에는 도저히 찾아볼 수 없다고 하였다. 이는 그가 조선 사람들의 정신 태도가 화랑의 정신을 상실한 이후 지금과 같은 상황에 이르렀다고 하는 것을 강조하고 있다고 볼 수 있다. 더 나아가 조선인이 다시는 이러한 화랑 정신을 찾는 것이 어렵다고

21 滿鮮史에 대해서는 박찬흥, 「滿鮮史觀에서의 한국고대사 인식 연구」 『韓國史學報』 29, 2007 참조.

하는 것을 은연중에 드러낸 것이라고 생각된다. 결국 이케우치의 이러한 생각은 민족주의자들이 상무 정신을 강조한 것에 대하여 반박의 논리를 펴고 있다고 할 수 있다. 예컨대, 신채호(申采浩)는 상무주의를 추구하는 글을 많이 발표하였고, 상무적 국가주의의 확립을 부르짖었다.[22] 민족주의자들의 이러한 상무주의 정신의 확립에 대하여 이케우치는 지금에 와서 그러한 화랑 정신을 일깨우는 것은 어림없는 일이라고 못을 박았던 것이다.

이후 그는 1936년 『동양학보(東洋學報)』 24권 1호에 「新羅の花郎ついて」라는 글을 또다시 발표하였다. 이 글은 앞의 논문이 발표된 이후 미시나나 아유카이가 그의 견해를 반박하였기 때문에 그에 대한 새로운 견해를 밝힌 것이라 할 수 있다.[23] 그렇지만 그가 이 논문을 쓰게 된 것도 이유가 있을 것으로 생각된다.

그는 앞의 논문에서 언급하지 않았던 것을 몇 가지 더 지적하였는데, 주목되는 것은 원화라든가 설원랑의 존재에 대해서 부정하고 있다. 즉 김부식의 두찬(杜撰)으로 파악하였다. 이러한 태도는 신라

---

22 趙仁成은 「申采浩의 郎家思想에 대한 一考察-「東國古代仙敎考」를 중심으로-」 『慶大史論』 창간호, 1985를 통해 신채호의 상무정신이 어떻게 생겨났는가 하는 것을 밝히고 있다. 또한 윤종문, 「韓末 신채호의 自强運動論과 그 특징」 『韓國人物史硏究』 20, 2013에서도 신채호의 상무정신 강조가 어떻게 이루어졌는가 하는 것을 밝히고 있어 주목된다.

23 李弘稙, 「池內宏著 滿鮮史硏究(上世 第二册)-池內博士의 業績의 回顧를 兼하여」 『亞細亞硏究』 3, 1960, 203쪽을 보면, "실증적 문헌을 존중하는 역사가의 입장에서 화랑제도에 관한 입론이며 민속학적 추측을 많이 가하여 화랑을 밝히고자 한 三品彰英씨론에 對한 하나의 입장을 보였다"고 하였다.

화랑의 탄생 시기를 뒤로 낮추어 보려고 하는 태도에서 비롯되었다고 할 수 있다.

또한 그는 "화랑은 발생 당시 그리고 신라의 전성기에는 신라 무사도를 대표하는 신라 무사의 화형(花形)이었다. 이들을 추종하고 이들을 따랐던 일군의 무리가 평상시에는 수양단이었고 전시에는 전사단이었다"라고 하였다. 이케우치가 신라 화랑도에 대하여 얻은 결론이라고 할 수 있는데, 이러한 설명은 화랑도의 존재 자체를 전사와 수양이라는 측면에서만 설명하고 있다는 점이다.[24] 결국 신라 화랑도를 통해서 당시 민족주의자들이 이끌어 내고자 하였던 사상적인 측면을 발견하기가 어렵다고 하는 것을 은연중에 드러낸 것이라고 생각된다. 도리어 그는 일본의 무사도 정신을 통해 조선 지식인들의 정신을 바꾸고자 한 것으로 보인다. 그는 동경제국대학교의 교수였으며 그가 차지하는 위치가 매우 컸다. 이렇게 볼 때 이케우치의 화랑 연구도 식민지 정책을 위한 도구에서 크게 벗어난 것이 아니라고 해도 무리가 없을 것이다.

4. 아유카이 후사노신(鮎貝房之進)의 화랑도 왜곡과 식민 정책의 첨병

아유카이 후사노신(鮎貝房之進, 1864~1946)은 일본 센다이 지방 유력 가문 출신으로 1895년 명성황후 살해 사건에 직접 간여하였다.

---

24 土居邦彦은 이케우치가 일본 민족의 무사도 정신이 조선의 그것보다 우월하다는 것을 강조하기 위한 목적에서 글을 쓴 것이라고 보고 있다(土居邦彦, 앞의 논문, 1993, 9쪽).

이 사건으로 그해 12월에 일본으로 추방되었지만, 일제의 조선 병탄으로 말미암아 다시 조선으로 돌아와 조선총독부(朝鮮總督府)에서 조선의 역사와 민속을 연구하였다.[25] 또한 그는 1902년 10월에 서울에서 한국연구회라는 '월례연구담화회'를 설치하는 데 깊이 관여하였으며, 조선 문화에 대한 문헌적 연구에 치중하였다. 이런 점에서 그는 일본인들의 본격적인 연구 활동의 초기 담당자 가운데 한 명이라고 할 수 있다.[26]

그는 조선 문화에 대하여 연구하는 과정에서 신라 화랑에 대하여도 관심을 가지고 연구하여 『화랑고(花郎攷)』라는 책을 출간하였다. 이 책은 1932년에 발간되었는데 그의 저서 『잡고(雜攷)』 속에 백정고(白丁攷)·노비고(奴婢攷)와 함께 출판되었다. 『화랑고』는 앞서 일본인들이 발표한 화랑 관련 논문보다는 분량이나 내용이 더 많다. 화랑의 전기, 창시, 명칭, 조직, 존속 기간, 화랑과 낭도와의 관계, 화랑 창설의 목적, 화랑 기질의 원인, 화랑도의 쇠퇴 원인, 화랑도의 변천 등을 10개의 장으로 나누어 서술하고 있다.

그런데 아유카이의 연구는 앞선 일본인 화랑도 연구자보다 더 많은 문제를 안고 있다. 그의 주장을 요약하면 첫째로 화랑도는 유(儒)·불(佛)·도(道)와 접하게 되면서 쇠퇴하였고, 둘째로는 화랑의 기백은 대화 민족의 피를 받아 발로된 것이고, 셋째로는 신라인들의 주요 구성원은 대화 민족이며, 박제상이나 물계자 같은 사람들도 대화 민족의 자손이라고 한 점, 넷째로는 화랑과 낭도와의 관계는 동성애

25 김태식, 『풍납토성, 500년 백제를 깨우다』, 김영사, 2001, 424쪽.

26 朴賢洙, 「日帝의 식민지 調査機構와 調査者」 『정신문화연구』 72, 1998, 14쪽.

관계라고 한 것이 그것이다.

아유카이의 이러한 지적에 대하여 이미 당대 일본인 연구자인 삼품창영의 비판이 있었다. 즉 아유카이가 원화를 창기로 풀이한 것이나 화랑과 낭도와의 관계를 동성애로 본 것에 대해서 학구적이라기보다는 오히려 통속적 소견이라 하였다.[27] 그리고 지교헌도 아유카이의 연구를 자세하게 비판하여 밝히고 있다.[28] 그는 아유카이가 화랑을 연구한 목적이 신라 화랑의 참된 모습을 왜곡하거나 신라 화랑의 값어치를 훼손함으로써 한국의 민족 문화를 비하하여 한민족의 문화적 우월성을 파괴하려는 데 목적을 둔 것으로 보았다.[29] 이러한 지적은 타당하다고 생각되지만, 결국 그의 주장도 민족주의의 관점에서 벗어나고 있지 못한 부분도 없지 않다. 이에 여기서는 지교헌이 지적하지 않았던 측면을 좀 더 살펴봄으로써 아유카이의 의도를 좀 더 구체적으로 헤아려 보기로 하자.

아유카이는 논문에서 화랑의 전기와 관련하여 호종단(胡宗旦)을 등장시켜 설명하고 있다. 호종단은 송나라 복주(福州) 사람으로 상선을 타고 고려에 들어와 예종의 총애를 받으며 고관을 역임하였다고 하였다. 그는 고려의 전도를 여행하며 이르는 곳마다 비갈(碑碣)들의 글자를 도려 내거나 부숴버리고 유명한 종(鐘)들을 쓰지 못하게 만들었다고 한다. 특히 화랑과 관련된 기록도 호종단의 소행으로 몰아가

27 삼품창영, 『신라화랑의 연구』, 1943, 119쪽. 비록 그러한 비판을 하기는 하였지만 미시나 쇼에의 글 전체를 보면 아유카이의 견해를 많이 추종하는 부분도 있어 주의를 요한다.

28 池敎憲, 앞의 논문, 1990 참조.

29 池敎憲, 위의 논문, 1990, 104쪽.

고 있다. 여기서 아유카이가 주장하고자 하는 것은 바로 그러한 인물 때문에 화랑과 관련된 기록들이 제대로 남아 있지 못하다는 것이다. 더 나아가 그가 호종단의 이러한 행동에 대한 것을 처음부터 부각시킨 것은 조선 사람들의 문화 의식의 무지를 비난하기 위한 것이라고 할 수 있다.

그렇다면 아유카이가 화랑에 대하여 이러한 왜곡된 생각을 하게 된 이유가 어디에 있었을까 하는 것이다. 이를 알기 위해서는 당시 조선 지식인들의 생각을 살펴볼 필요가 있다. 당시 조선인 가운데서 화랑도에 대하여 관심을 가진 연구자가 몇몇 있었는데, 그 가운데서 류창선(劉昌宣)이 주목된다.[30] 그는 『신라화랑제도의 연구』라는 글[31]에서 아유카이의 글을 비판하기도 하였지만 대체적인 내용은 수긍하였다. 그가 아유카이의 글을 비판한 것은 화랑 성애 단체설에 대한 것뿐이고 화랑제가 대화 민족과 관련된 것이라고 하는 것에 대해서는 일체의 언급이 없다. 또한 이 논문에서 그는 아유카이의 논지를 그대로 따르는 경우를 적잖게 찾아볼 수 있다. 이러한 사실로 볼 때 아유카이는 조선의 지식인들에게 화랑에 대한 왜곡상을 심는 데 큰 역할을 한 것으로 파악할 수 있다. 따라서 아유카이는 그러한 의도를 가지고서 화랑에 대한 연구를 한 것으로 생각된다. 다시 말해서 조선 지식인의 화랑도에 대한 생각을 부정적으로 바꾸려는 노력을 하였던 것이라 믿어지는 것이다.

30 劉昌宣(1905~?)은 일본 릿교대학(立敎) 출신으로 전공이 역사학이나 국어학에도 관심이 많았다.

31 이 논문은 1935년에서 1936년 사이에 『新東亞』(5-10~12, 6-1~3)에 연재되었다.

일제는 1919년 3.1 독립운동 이후 제3대 조선 총독으로 사이토 마코토가 부임해 와서 문화 통치의 기치를 내세웠지만, 그 이면에는 더욱 교활한 의도가 있었다. 그때 비밀리에 시달된 '교육 시책'을 보면, 조선 사람들 스스로가 무능하다는 것을 강조하도록 하였다.[32] 그런 과정에서 아유카이는 누구보다도 이러한 의도를 충실하게 수행하였으며, 화랑의 연구를 통해 충실하게 그러한 것을 드러내었다. 당시 민족주의 인물들이 화랑을 통한 민족 정신을 고취하고자 하였기 때문에 아유카이도 화랑의 연구를 통해 민족주의자들과는 반대되는 결과를 가져오게 하여 조선의 정신을 말살하려 한 것이라 할 수 있다.

이러한 사실을 염두에 두면 아유카이는 누구보다도 일제의 그와 같은 의도를 달성하기 위한 첨병 노릇을 한 인물이었다고 파악된다. 그는 조선총독부의 촉탁으로 활동하였는데 촉탁은 대체로 인맥 관계에 의하여 소개와 추천에 의하여 임명되었다고 한다.[33] 그러므로 촉탁의 경우 본관(本官)과는 달리 좀 더 자유롭게 활동할 수 있었다. 아유카이는 그러한 지위를 바탕으로 일제의 식민 정책 수행에 누구보다 앞장섰던 인물이라고 할 수 있으며, 그러한 의도를 화랑도에 대한 연구를 통해 드러낸 것이라 할 수 있을 것이다.

---

32 첫째, 조선 사람들로 하여금 자신들의 역사, 전통, 문화를 알지 못하도록 하여 민족의 얼과 문자를 잊어버리게 한다. 둘째, 조선사람 先人들의 無爲, 無能, 惡行을 많이 들추어내서 이를 과장하여 조선인 후손들에게 가르쳐 그들 스스로가 선인들을 경시하고, 멸시하는 감정을 일으키는 것을 기풍화 한다. 셋째, 조선의 청년들이 조선의 인물과 史蹟에 관한 부정적인 지식을 얻게 되면 실망과 허무감에 빠질 것이므로 그때에 일본의 인물, 사적, 문화를 가르치면 쉽게 동화하여 半일본인화 되게 한다.

33 崔錫榮, 『일제의 동화이데올로기의 창출』, 서경문화사, 1997, 149쪽.

5. 미시나 쇼에(三品彰英)의 화랑도 연구와 일선동조론

일제강점기 일본인 연구자들 가운데서 화랑에 대하여 가장 주목할 만한 연구 결과를 낸 이는 미시나 쇼에(三品彰英, 1902~1971)이다.[34] 그의 화랑에 대한 연구를 일제강점기의 앞선 연구자들과 비교해 보면 단연 독보적이라 할 수 있다. 그는 1924년 교토제국대학 문학부 사학과에 입학하여 재학 중에 민속담화회(民俗談話會) 발족을 주도했으며, 1928년 같은 학과를 졸업했으며, 졸업 논문은 「歸化氏族の研究」이었다.[35] 그리고 대학원 재학 시절 신라 화랑에 대한 연구 보고서를 제출하였다. 그 당시 논문의 제목은 「新羅の奇俗 花郎制度に就いて—新羅社會史の研究—」였다. 그리고 그 보고서를 당시 발간되던 『歷史と地理』라는 학술 잡지 제25권 1호부터 제 27권 5호에 걸쳐 연재하였다.

이후 그는 「新羅花郎の原流とその發展」이라는 논문을 1934년 『史學雜誌』 45–10·11·12에 연재하였다. 이 논문은 1930년과 1931년에 『역사와 지리』에 발표하였던 논문을 수정 보완한 것으로 볼 수 있는데, 앞서 발표하였던 논문과 비교해 보면 매우 보강되었음을 알 수 있다. 그리고 최종적으로 그는 1943년에 『新羅花郎の研究』라는 제목의 책으로 정리해 출판하였다. 이에 여기서는 그가 작성한 논문의 목차가 어

34 미시나 쇼에의 생애에 대한 간략한 소개로는 박미경, 「미시나 쇼에의 한국신화 연구 고찰」『일본학연구』 25, 2008, 80~83쪽 참조. 그리고 현재 일본에서는 미시나 아키히데를 미시나 쇼에로 읽고 표기하고 있다.

35 박미경, 위의 논문, 2008, 80~81쪽.

떻게 바뀌는가 하는 것을 정리해 보고, 그것을 통해 그의 화랑 연구의 확장 과정을 살펴보도록 하겠다. 이를 위해 다음의 표는 그러한 것을 이해하는 데 있어 적잖은 도움이 될 것으로 생각된다.

〈표-1〉 三品彰英의 화랑 연구 목차의 변화[36]

《歷史と地理》에 실린 논문 新羅の奇俗 花郎制度に就いて -新羅社會史の研究-	《史學雜誌》에 실린 논문 新羅花郎の源流とその發展	《新羅花郎の研究》
(25권 1호, 1930)	**제1장 花郎源流考(45-10, 1934)**	緖言
Ⅰ. 花郎의 制定	제1절 三韓時代의 成年式과	**제1장 花郎集會의 源流**
1. 眞興王의 花郎制定	男子集會舍	제1절 原始韓族의 男子集會舍
2. 花郎制度의 紀年	제1항 資料文獻	제1항 原始韓族의 成年式
3. 花郎硏究의 資料	제2항 三韓의 成年式과 他民	제2항 成年式과 試煉
Ⅱ. 花郎의 原始宗敎的 性質	族의 成年式	제2절 韓族男子集會舍와 그 文
1. 花郎의 宗敎的 性質	제2절 朝鮮周邊民族間의 成年	化境域
2. 花郎의 服食	式과 若者集會舍	제3항 部族成年入信式의 分布
3. 花郎과 歌儛	제3항 南海方面과의 分布關	제4항 韓族近隣諸族의 男子集
4. 花郎源流考	係	會舍
	제4항 大陸方面과의 分布關係	
(25권 2호, 1930)		**제2장 花郎의 本質과 그 機能**
Ⅲ. 화랑의 원시종교적 성질	**제2장 花郎制度의 本質과 그 機能**	제1절 花郎의 制定과 그 本質
1. 花郎의 遠遊	제1절 花郎과 神靈	제5항 花郎集會와 그 組織
2. 花郎과 山	제5항 花郎에 關한 代表的	제6항 花郎과 神靈
3. 花郎名稱考	史料	제7항 花郎과 神童
	제6항 花郎 金庾信과 神靈	제2절 花郎集會와 歌儛
(25권 4호, 1930)	제7항 花郎과 神童	제8항 新羅의 古代歌儛
Ⅳ. 靑年修養集會로서의 花郎制度	제2절 花郎과 歌舞	제9항 花郎의 歌曲
1. 修養集會로서의 花郎制度	제8항 新羅人의 歌舞	제10항 花郎과 樂器
	제9항 花郎의 歌曲	제3절 花郎의 傳粉粧飾
(25권 6호, 1930)	제10항 花郎과 樂器	제11항 女性花郎
2. 花郎遺風으로서의 高麗의	제3절 花郎女裝考(45-11, 1934)	제12항 花郎의 粧飾
仙郎	제11항 花郎女裝考	제13항 嘉俳
3. 他民族의 若者會集와 花郎	제12항 原花考	제4절 花郎의 遠遊와 그 遊娛地
制度의 比較	제13항 嘉俳考	제14항 花郎의 遊娛地
	제4절 花郎의 遠遊과 그 遊娛地	제15항 花郎遊娛의 意義
(26권 1호, 1930)	제14항 花郎의 遊娛地	제5절 戰士團으로서의 花郎集會
Ⅴ. 花郎과 戰爭	제15항 花郎遊娛의 本義	제16항 原始社會에 있어서의
1. 歌郎과 戰爭		戰爭과 若者集會
2. 戰爭과 女性		제17항 戰爭과 歌儛와 女性
		제18항 戰陣에서의 花郎의 活動

36 이 표에서는 일본어 목차를 한글로 풀이하여 달아 두었다. 다만 '若者'라고 되어 있는 것을 '젊은이'라고 번역하는 것이 옳겠지만 그대로 두었다.

(26권 3호, 1930) **(26권 5호, 1930)** Ⅵ. 花郞과 國家 **(26권 6호, 1930)** Ⅶ. 花郞과 神仙思想 1. 新羅吉俗과 神佛思想 2. 花郞의 神仙的 潤色 **(27권 4호, 1931)** 3. 花郞神仙化의 理由 4. 風流考 Ⅷ. 花郞과 佛敎 1. 佛敎와 固有信仰의 習合 2. 花郞과 佛敎信仰 3. 花郞과 僧侶 **(27권 5호, 1931)** Ⅸ. 花郞과 八關會 1. 八關會 2. 花郞과 八關會 結語	제5절 戰士團으로서의 花郞集會 제16항 若者集會와 戰爭 제17항 戰陣에 있어서 花郞의 活動 제6절 花郞集會의 敎育的 機能과 기타 제18항 敎育機關으로서의 花郞集會 제19항 花郞集會의 司法權的 機能과 義俠的 精神 **제3장 花郞硏究에 보이는 新羅史의 一面(45-12, 1934)** 제1절 花郞制定年次考 제20항 花郞制定年次考 제2절 麻立干考 제21항 新羅의 會議 제22항 麻立干과 部族會議 제23항 麻立干原義考 제3절 花郞集會와 新羅史 제24항 麻立干號에서 王號까지 제25항 眞興王代와 花郞制定 제26항 外來文化와 花郞制度 제27항 新羅王位와 花郞集會	제6절 花郞集會의 敎育的 機能 및 기타 제19항 敎育機關으로서의 花郞集會 제20항 花郞集會의 司法的 機能과 義俠的 精神 **제3장 花郞硏究에서 본 新羅史의 一面** 제1절 花郞의 制定 제21항 花郞制定의 年次 제22항 麻立干號에서 王號로 제23항 眞興王의 花郞制定의 歷史的 意義 제2절 新羅王權의 推移와 花郞集會 제24항 新羅王位와 花郞集會 **제4장 花郞習俗의 推移와 그 末流** 제1절 外來文化와 花郞集會 제25항 男子集會와 外來文化 제26항 花郞習俗과 道敎와의 習合 제27항 花郞習俗과 佛敎와의 習合 제2절 花郞의 遺風 제28항 八關會의 仙郞 제29항 高麗時代 民間敎育에 있어서 의 仙郞 제30항 軍役으로서의 國仙 제31항 花郞이라는 호칭의 今昔 **제5장 花郞習俗의 史的眺望과 一般男子集會-結論**

이상의 〈표-1〉 미시나의 화랑 연구 목차의 변화에서 보면, 그가 처음 화랑에 대하여 쓴 논문이 시간이 지나면서 점차 내용이 보완되고 생각이 발전하였음을 엿볼 수 있다. 이것은 미시나의 화랑에 대한 연구가 그 폭이 넓어지고 내용도 더 풍부해졌음을 알려준다. 본 논문의 첫머리에서 미시나의 화랑 연구가 현재 한국사 연구자들의 화랑

연구에 미친 영향이 매우 컸음을 지적하였는데, 지금도 그 영향력은 줄어들지 않고 있다. 그렇다면 그가 화랑 연구에 이토록 관심을 둔 이유가 무엇이며 어떤 목적을 가지고 이러한 연구를 수행하였을까 하는 의문이 들지 않을 수 없다.

> B. 1929년 저자가 京都 제국대학 대학원 1학년 재학시 연구 보고로서 제출한 것이 「신라의 기속 화랑제도에 대하여–신라사회사의 연구–」라는 제목의 논문이었다. 잡지 『역사와 지리』 제25권 제 1호에서 제27권 제5호에 걸쳐 게재된 것이 그것이다. 단시일에 썼다는 이유만이 아니라 연구적 기초의 미숙으로 매우 엉성한 것이었으나, 저자 자신에게는 화랑 연구의 출발점이 된 추억의 논문이자 그것에 남은 아쉬움으로 오히려 그 뒤에 손질해야 하겠다는 하나의 자극도 되었다. 저자가 처음 신라의 화랑 문제를 다루게 된 것은, 그것이 신라 고대 사회 연구상 중요성을 지님을 깊이 유념했던 것은 아니고, 사실 연구 보고의 테마를 잡지 않으면 안 되는 촉박한 사정이 있었기 때문이었다. 그러나 일단 문제로서 다루고자 했을 때 당시 이 방면의 선배들의 연구가 거의 없어 불가해한 점이 속출했고 그것만으로도 탐구적인 흥미에 끌려 그때부터 지금까지 단속적이기는 하나 이 문제에의 관심은 계속되고 있다. 그 후라고 해서 새로운 한국 고대 사료가 발견된 바 없어 연구의 진척이 지지 부진했던 점은 저자 스스로의 불학으로 부끄러워할 수밖에 없다(三品彰英, 『신라화랑의 연구』, 1934, 머리말).

위의 B의 기록을 보면, 미시나가 화랑에 대하여 처음부터 관심을 가졌다기보다는 연구 보고의 테마를 잡는 과정에서 화랑에 대하여 주목하게 되었음을 알 수 있다. 그리고 연구 보고의 테마를 잡지 않으면 안 되는 촉박한 사정이 있었다고 하였는데, 그 구체적인 것은 밝혀져 있지 않다. 여기서 당장에 그 이유를 헤아리기는 어렵지만 그의 스승이 이마니시 류(今西龍)라는 것과 어떤 관련이 있지 않을까 하는 생각이 든다. 미시나가 처음으로 한국사를 배운 것은 이마니시의 강의를 통해서였으며 이마니시의 강의는 주로 한국 고대사였다고 한다.[37] 이러한 사실로 볼 때 그는 이마니시의 권유로 화랑에 대하여 연구하게 된 것이 아닌가 하는 생각이 든다.

그런데 그는 제출한 보고서를 다음 해인 1930년 및 1931년에 걸쳐 『역사와 지리』라는 잡지에 발표하였다. 물론 수정을 가하였는지 어떤지는 알 수 없지만 적어도 큰 가감 없이 그대로 실은 것으로 파악된다. 이에 『역사와 지리』에 실린 글을 통해 그가 가진 화랑상에 대하여 살펴보면 다음과 같다.

우선 그는 화랑을 연구하는 데 있어 '기속(奇俗)'이라는 제목을 붙였는데, 이는 화랑도가 매우 이상한 집단임을 드러낸 것이라 할 수 있다. 아마도 그가 화랑도를 연구하고자 하는 출발점이 바로 여기에 있었다고 해도 과언이 아닐 것이다. 다시 말하면 화랑도의 연구를 시작하는 목적이 그것을 바로 이해하고자 한 것이 아니라 이상한 습속이므로 연구해 볼 가치가 있다고 한 것에서 출발한 것이다. 더 나아가 고려의 팔관회와 화랑도와의 관계를 설명하고 있는데, 이는 그러한 기록을 통해 화랑도의 변질된 모습을 과장하여 설명하고 있다는 점이다. 이렇게 보면 그가 화랑도에 대하여 처음으로 관심을 가졌을 때는 화랑도와 관련된 자료만을 모아 간단한 설명과 함께 화랑도의 변질된 모습까지 살펴보고자 한 것이라 할 수 있다.

이후에 그는 화랑도에 대하여 더 정제된 글을 발표하였다. 그것은

37 박미경, 앞의 논문, 2008, 81쪽의 註 6) 참조.

바로 1934년에 『사학잡지』에 화랑도에 대하여 투고한 글을 통해 알 수 있다.

> C. 저자는 1934년 『사학잡지』(제45편 제10, 11, 12호)에서 「신라화랑의 원류와 그 발전」이라는 표제로 화랑 문제를 논하여 관계자의 가르침과 구고의 결함을 보완하여 고대 사회에 관한 연구의 관점을 밝혔다(삼품창영, 『신라화랑의 연구』, 1934, 머리말).

미시나는 『역사와 지리』에 논문을 발표한 이후 1934년에는 『사학잡지』에 세 번에 나누어 화랑에 대한 글을 다시 발표하였다. 앞의 〈표-1〉에서도 볼 수 있듯이 그는 처음 쓴 논문과는 달리 좀 더 체계를 갖추고 부기(附記)까지 하였다. 그리고 각주도 달아 완전한 논문의 형식을 갖추고 있다. 3장 2절에 마립간(麻立干)과 관련된 것은 전에 쓴 원고에서는 찾아볼 수 없는 내용이다. 그가 구고의 결함을 보완하였다고 하는 것은 이를 두고 한 말일 것이며, 화랑도에 대한 내용이 더 보완되었음을 의미한다. 또한 그는 화랑과 관련하여 기왕에 발표되었던 논문에 대해서도 비판하거나 논평을 가하기도 하였다.

특히 그는 『사학잡지』에 실린 논문에서 비로소 처음으로 삼한시대의 성년식과 청소년 집회에 대해서 언급하고 그것에 많은 관심을 보였다. 처음 발표하였던 『역사와 지리』에 실린 논문에서는 전혀 언급하지 않았던 부분을 특별히 부각한 것이다. 『역사와 지리』에 실린 논문에서 '화랑원류고'라는 항목을 설정해 두고 있지만, 그것은 신라의 가배나 원화 제도에 대한 간단한 설명에 그치고 있다. 그런데 『사학잡지』에 실은 이 논문에서 그는 대만의 고사족(高砂族)에서 신라 화랑의 원류를 구하고 있다. 그가 대만의 고사족에서 삼한의 청소년 조직의 기원을 구하게 된 이유는 일제가 대만을 식민지화 하면서 고사족의 문화를 조사 연구하게 되었던 것[38]과 밀접한 관련이 있을 것으로 보인다. 즉 일본에서 대만의 고사족과 관련된 자료가 발간된 이후에 미시나는 그것을 참고하여 화랑의 원류를 생각해 낸 것으로 판단된다. 다시 말해서 미시나의 화랑 연구 가운데 삼한의 청소년 집회에 대한 해석은 대만의 고사족에 대한 일본 정부의 조사 자료가 크게 영향을 미쳤음을 알 수 있다.

또한 그는 『사학잡지』에 발표한 논문에서 화랑도 집단의 교육 기관으로서의 기능도 함께 검토하고 있다. 앞서 발표하였던 논문과는 달리 화랑에 대하여 더 많은 관심을 가지고 연구하였음을 알려준다.

후일 그가 스스로 밝힌 바에 따르면 신라의 화랑도를 연구한 목적은 문화 경역을 탐색하는 데 있었다고 한다.[39] 즉 화랑도라는 '기속'이 어떤 기원을 가지며, 그와 유사한 습속의 분포 지역은 어디까지로 볼 수 있을지 찾아보고자 하는 것이었다. 그 결과 미시나는 신라 화랑도의 기원이 원시 한족(韓族)의 미성년 남자 집회에서 비롯된다고 파악하였다. 그러니까 그가 처음에 화랑도에 대하여 관심을 가지고 보고서를 제출하였을 때는 문화 경역에 대한 것까지는 미치지 못하였다고 보는 것이 옳을 것이다. 이후 대학원에서 공부하는 과정에서 그는 문화 경역에 대한 관심이 더욱 확대되었고, 대만의 고사족에 대한 자료를 통하여 화랑도의 기원을 밝히고자 한 것이라 여겨진다.[40]

---

38 박현수, 앞의 논문, 1993, 59쪽.

39 三品彰英, 「神話と文化史」『三品彰英論文集』 3, 平凡社, 1971, 301쪽.

40 미시나가 교토 대학에서 니시다 나오지로(西田直二郎)에게서 '문화사'를 수학하였던 것과 그것이 일찍부터 문화사에 대한 관심으로까지 나

이후 미시나는 여기에서 그치지 않고 1943년에는 『신라화랑의 연구』라는 책을 출간하였다. 어찌 보면 신라 화랑에 대한 그의 완성된 학문적 체계를 보여 준 것이나 다름이 없다. 〈표-1〉을 보면 알 수 있듯이, 그는 『사학잡지』에 실린 논문보다 더 발전시키고 있다. 우선 4장과 5장의 항목을 더 추가하였고, 특히 4장에서 팔관회 문제도 다시 다루었다. 특히 제4장 제30항의 경우 '군역으로서의 국선' 편을 다루었는데 이는 그가 의도하는 바가 있었음을 은연중에 암시하는 것으로 볼 수 있다. 결국 이 책은 그의 화랑도 연구의 완결편으로서 의미를 가지며 일제 시대 화랑도를 연구한 누구보다도 화랑도에 대하여 많은 부분을 살피고 있음을 알 수 있다.

또한 그는 앞선 일본인 연구자의 논문을 비판하면서 자설(自說)의 확립을 강조하였다. 그는 화랑도를 삼한시대 청소년 집회소 및 남성 결사라는 가설의 논지를 더욱 보강하였는데, 미국의 인디언 사회의 청소년 조직을 언급하고 있다. 이러한 사실은 그가 1937년 도미한 것과 관련이 있을 것으로 생각된다. 그는 미국 체류 중에 미국 대륙을 횡단하면서 도중에 몇몇 인디언 마을을 방문해 실지조사를 행하기도 하였다.[41] 결국 『사학잡지』에 실린 청소년 집회와 관련된 것을 더욱 보강하는 차원이라고 볼 수 있으며, 그러한 여행과 방문이 바탕이 되어 그는 화랑도의 기원을 청소년 집회에서 찾아내는 것으로 마무리 지었다. 그렇지만 이에 대해서는 적잖은 문제가 있다고 하는 것이 일반적

아가게 된 것에 대해서는 이정빈, 「미시나 쇼에이의 문화경역 연구와 만선사 인식」『일제시기 만주사·조선사 인식』, 동북아역사재단, 2009, 63~64쪽 참조.

41 박미경, 앞의 논문, 2008, 81쪽.

인 견해이다.[42]

또한 그는 북방의 만주 몽고족은 과거에도 현재에도 남자집회사의 문화 요소를 전혀 남기지 않고 있어 이 점에서 한민족은 남방과 긴밀한 문화 관계를 지녔으며, 북방과는 거리가 있다고 보았다.[43] 더 나아가 그는 한족과 만주는 대립되는 것으로 파악하고 있다.[44] 그는 계속해서 남방문화를 강조하고 있는데, 이는 그의 신화 연구가 한몫을 하고 있다고 볼 수 있다.[45] 그렇지만 그의 이러한 견해도 문제가 많다고 하는 것이 지적된 바 있다.

다음으로 그는 원화(原花)에 대해서도 매우 부정적인 인식을 가지고 있다. "여성 화랑의 존재는 사료적으로 전혀 막연하며, 그 구체적인 내용을 알 수 없다."라고 하며, 원화는 전설에 불과하다고 보았다. 또한 미시나가 신라의 화랑도를 설명하면서 군사적 기능을 이케우치나 아유카이와 더불어 과장한 것은 마찬가지이다. 또한 화랑도를 왕권의 봉사 집단으로 보는 것도 크게 틀리지 않는다고 하였다. 이는 화랑도의 독자성을 강조하기보다는 왕권의 부속적인 존재로 전락시켜 버린 것이라 할 수 있다. 이는 당시 조선인 학자가 화랑도를 통해 조선의 정신을 강조하려는 것과는 반대의 방향으로 가고 있음을 헤아리

42 전경수, 「신라사회의 연령체계와 화랑제도」『한국문화인류학』 17, 1985 참조.

43 삼품창영 저, 이원호 역, 『신라화랑의 연구』, 집문당, 1995, 41쪽.

44 이정빈은 "미시나는 고대 일본의 남선경영을 염두에 두고, 조선사를 '조선반도 남부'의 역사라고 하였다. 그래서 '만선'보다 '일선'을 내세웠다고 이해된다"고 하였다(이정빈, 앞의 논문, 2009, 66쪽).

45 平藤喜久子, 「植民地.朝鮮と日本の比較神話學−三品彰英の朝鮮研究−」『東アジアの古代文化』 135, 2008 참조.

게 한다.

또한 미시나는 이 책의 결론 부분에서 다음과 같이 말하였다.

D. ⑴ 그것을 구성하고 있는 성원에 관하여 본다면, 원시 시대에 있어서는 부족의 남자를 모두 포함하는 부족적 남자 집회였던 것으로 추정되나, 신라의 화랑 집회에 있어서는 상급 계급에 속하는 자가 가입하는 한정적 남자 집회가 있다. 그러나, 중세 이후에 이르러서는 그러한 조직은 붕괴하고 박수·광대 등 천민의 조합에 그 이름이 남아 있다. 그 성원을 성별로 볼 때, 여성 화랑 시대에는 특정 여성의 참가가 보이나 중세 이후에 이르러서는 무창류가 참가하고 오히려 그것이 주요한 성원이었다.

⑵ 그 기능에 관해서 보면, 몇 가지 기능 중 원시 및 신라 시대에 있어서는 군사적 기능이 가장 왕성했으나, 중세 이후는 그러한 기능을 거의 상실하고 말았다. 이에 반해 제의적 기능은 원시 시대로부터 계승되어 중세 이후 타기능이 소실된 데 비해 이것만은 오늘의 민속에까지 그것이 변질되어 존속하고 있다. 성적 습속도 제의적 기능과 유사한 과정을 거쳐 양자가 고금을 통하여 오랜 습속으로서 존속했다고 할 수 있다. 그러나 고대에 있어서는 그것이 수반적 습속에 불과했으나 중세 이후에 있어서는 오히려 그것만이 잔존하게 되었다.

⑶ 국가 및 사회에 대한 관계 면에서 보면, 남자 집회는 원시에 있어서는 의회 정치의 중핵을 이룬 것으로 상정되나 신라 화랑 시대에 있어서는 왕권 지배에 부수하는 국가 봉사를 행했고, 신라 말기 이후 오히려 그 일부의 변질은 반국가적 반란 세력마저 되었다. 또한, 제의적으로는 중세 고려조에 있어서는 국가적 제의에 참가했으나, 근세 이후는 민간의 천속으로 화하여 때로는 반사회적인 악풍의 온상마저 되었다.

미시나의 주장을 보면 결국 화랑도는 신라 시대에만 왕성하였고 그 이후에는 그러한 기능들이 약화되었을 뿐만 아니라 도리어 반국가적·반사회적 기능으로 변화하였다고 하였다(D군의 사료). 이러한 그의 주장은 결국 화랑을 통해 그것의 정신을 본받으려한 민족주의 학자들의 견해를 불식시키기 위한 의도라고 할 수 있다. 민족주의 연구자는 화랑도의 정신 자체를 민족 정신으로 파악하고 독립을 쟁취하기 위하여 그러한 정신을 지닌 젊은 인재 양성의 목적이 있었던 것이다. 그렇지만 일본인 연구자들, 그 가운데서도 미시나는 민족주의 학자들의 이러한 주장을 불식시키기 위하여 노력하였다. 더 나아가 그는 한국사의 자율성과 발전성의 결핍을 의도적으로 드러내고자 한 것으로 생각된다.

미시나는 1940년에 『조선사개설(朝鮮史槪說)』이라는 저서를 출간한다. 이 책에서 그는 한국 역사의 특성을 '타율성(他律性)'으로 규정하였다. 그리고 이 책은 식민주의적 한국 사관을 이론적으로 체계화한 것으로 알려져 있다.[46] 그리고 그러한 의도는 바로 일선동조론에 뿌리를 두고 있었다. 그러한 바탕 위에 화랑도를 연구하였고, 그 결과 화랑의 변형 모습을 이러한 데에서 은연중에 강조한 것은 아닐까 하는 생각에 이르게 된다.

> E. 한국 고대 문화 연구에 관한 나의 관심은 일본 고대 연구의 입장에서이다. 한국 민족은 일본 민족과 가장 근친한 관계에 있으며, 때로는 그 동조(同祖) 관계까지도 논증하려고 하는 사람들이 있을 정도이다. 동조 문제는 차치하더라도 일본 고대 연구가 유력한 비교 자료를 구할 수 있는 곳이 있다면 우선 가장 먼저

46 이만열, 「근현대 한일관계 연구사」『한일역사공동연구보고서』 제4권, 2005, 52쪽.

> 고대 한국이 거론되어져야 할 것이다. 더욱이 안성 맞춤인 것은 한국사의 자율적 발전상이 부족한 성격으로 인해 한국 문화는 특히 그 민간에서 고대성을 많이 보존하고 있으며, 따라서 일본 고대 문화 연구의 비교 자료로 이미 일본에서 그 발전상 밖에 알 수 없는 것의 원초 형상을 암시하는 경우가 적지 않다(三品彰英, 『삼품창영논문집 제4권 증보일선신화전설의 연구』, 평범사, 1972, 453쪽).

미시나의 이러한 생각은 결국 한국 문화를 바로 알기 위해서라기보다는 적어도 일본의 문화를 이해하는 하나의 보조 자료로 삼고자 한 것을 유추해 볼 수 있다. 그렇기 때문에 그의 화랑도에 대한 연구는 그것에 대한 어떤 자세한 규명이라기보다는 어떻게 변형되어 현재에 이르게 되었는가 하는 것에 더 많은 관심을 두고 있다. 따라서 그의 연구를 잘못 이해하면 신라 화랑의 참모습을 알 수 있다고 지적할 수도 있지만, 좀 더 치밀하게 살펴보면 그의 연구는 또 다른 의도를 드러낸 것이다.

또한 그의 화랑도 연구는 또 다른 의도가 숨어 있었음을 엿볼 수 있다. 1943년 12월 20일에 『신라화랑의 연구』가 출판된 것과 맥을 같이 하고 있다는 점이다. 즉 책이 출간될 당시 저자의 약력을 보면 해군교수해군기관학교교관 및 경도제국대학문학부 강사였다. 해군 관련 학교의 교수로 지내면서 화랑도에 대한 것을 정리하여 발간한 것은 당시의 사정과 밀접한 관련이 있다고 짐작된다. 다시 말해서 1943년 10월 20일 '반도인학도특별지원병제도'가 실시되며, 11월 14일 중의원에서 학도병 미지원자에 대한 징용령이 의결되어 당시 전문학교 이상 재학하고 있는 조선인 학생 대부분은 징병과 징용 가운데 하나를 선택해야만 하는 상황에 직면하였다.

이러한 역사적 사실로 미루어 볼 때, 미시나가 화랑을 강조한 것은 결국 일제의 총동원 체제와 연결시켜 이해할 수 있지 않을까 하는 것이다. 그가 『신라화랑의 연구』라는 책을 출간한 것도 총동원 체제 하에서 조선의 젊은이들이 전장에 나가서 용감하게 싸우는 것을 독려하기 위한 것이라고 해야 할 것이다. 신라의 화랑들이 전쟁에 나가 목숨을 초개와 같이 버리는 것을 귀감으로 삼으라고 한 것이다. 신라의 화랑들이 그렇게 한 것이 바로 왕과 국가에 충성한 것과 같이 조선의 젊은이들도 전쟁터에 나가 목숨을 바치는 것이 바로 일본 제국을 위한 것이라고 하는 것을 은연중에 강조한 것이라고 보아야 할 것이다.

이러한 것은 미시나의 신화 연구에도 반영되어 있다. 조선에서 징용령이 발령되었던 해인 1943년에 출판된 『일선신화전설 연구』에서 그는 "조선의 신화는 민족적인 것이 상실된 것처럼 보이지만, 일본 신화와 비교하는 것에 의해, 고대 일본 19중에 조선의 모습을 발견할 수 있는 것"이라고 하였다. 그리고 "일본과 조선이 '참동포라고 할 수 있는 데에는, 민족본래의 신대로 복귀하고, 거기에서 한 걸음 나가지 않으면 안 된다."라고 하였다. 또한 조선에서의 징용령에 관해서도 "오래전부터 함께 살아왔던 이 동포 민족이, 바야흐로 일어나 매우 존엄한 위세로 대동아 여러 민족을 이끌고 갈 날이 멀지 않았다고 생각한다."라고 서술하고 있다.[47] 이러한 사실로 볼 때 화랑도에 대한 그의

47 平藤喜久子, 「昭和前期の日本神話研究-植民地帝國の神話學-」 7쪽. 이 논문은 어느 학술지에 실린 것인지 자세하게 알 수 없는 상황이다. 이 논문을 읽을 수 있도록 배려해 준 박미경 선생님께 지면을 빌어 감사드린다.

글은 이러한 것을 의도적으로 드러낸 것이라고 보아도 무방하리라 생각된다.[48]

당시 각계의 명사가 신문 지상에서 혹은 직접적인 강연에서 학병 출진을 독려하며 전거로 활용하고 있는 유력한 논리가 '화랑도'의 발자취였다.[49] 일제강점기 조선인 연구자나 일본인 연구자는 하나같이 어떤 목적을 가지고 화랑을 연구하였다. 그러나 그 의도는 사뭇 달랐다. 조선인 연구자는 새로운 혼을 강조하고자 하였으나, 일본인 연구자들은 그것과는 달리 조선의 독립을 부정하거나 혹은 조선의 젊은 이들을 전장으로 내몰기 위한 목적에서 화랑도를 연구한 것이라 할 수 있다. 미시나 쇼에도 그 가운데 한 명이었다고 지목해도 그리 틀리지는 않을 것으로 생각되는 것이다.

6. 맺음말

이상에서 일제강점기 일본인 연구자가 화랑도에 대하여 연구한 의도를 살펴보았다. 그 결과 그들은 학문적인 태도보다는 일제의 식민지 정책을 추진하는 데 있어 도움이 되는 방향에서 화랑을 연구하게 되었음을 알 수 있게 되었다. 더 나아가 그들은 화랑 그 자체보다

---

48 이 점은 미시나의 현실적인 상황을 이해하면 좀 더 이해가 가능할 것으로 생각된다. 일본은 1935년을 전후하여 육·해군 학교의 역사 교육의 목적이 바뀌어졌으며, 정신 교육과 사상 교육이 크게 강조되면서 극단적인 황국 사관의 교육 위주로 바뀌었다고 한다. 이렇게 보면 당시 일본의 공식적인 입장이 미시나 연구에도 일정하게 반영될 수밖에 없었을 것이다(이정빈, 앞의 논문, 2009, 72쪽의 註 80) 참조).

49 정종현, 앞의 논문, 2006, 189쪽.

는 그것이 어떻게 변질되었고, 그러한 변질이 현재에는 어떠한 형태로 남아 이르게 되었는가 하는 것을 살피는 데 중점을 두었다. 그 결과 긍정적인 측면보다는 부정적인 측면을 더욱 부각시켰던 것이다.

이마무라 도모는 일제강점기에 화랑에 대하여 처음으로 관심을 보였는데, 그의 관심은 결국 화랑 그 자체에 있었던 것이 아니라 조선의 민속을 연구하는 과정에서 무당이 화랑으로 불리는 것에 관심을 가지고 화랑을 연구하게 된 것이다. 그 결과 그의 화랑 연구는 이후 화랑을 연구하는 일본인 연구자들에게 있어 잘못된 방향을 제시한 첫 번째 연구자라 할 수 있다.

이케우치 히로시는 동경제국대학교 교수로서 당시 조선인 지식인들에게 미친 영향이 큰 인물이었다. 그의 화랑 연구는 조선의 지식인들을 회유하기 위한 목적에서 비롯된 것이고 당시 민족주의자들이 화랑의 정신을 통해 국권을 회복하려는 움직임을 사전에 차단하고자 했던 것으로 볼 수 있다.

아유카이 후노사신은 앞선 연구자보다도 더 철저하게 화랑도를 천박한 존재로 전락시켰다. 그는 일제의 식민지 정책에 있어 첨병에 있던 인물로 내선 일체를 부르짖으며 화랑도를 통해 그것을 드러내려고 하였다. 더 나아가 화랑도에 대한 잘못된 인식을 조선인들에게 심고자 하였다. 특히 그는 『화랑고』라는 책을 통해 화랑의 모습을 더욱 변질시키는 데 앞장섰다고 할 수 있다.

미시나 쇼에는 1943년 『신라화랑의 연구』라는 책을 통해 신라 화랑에 대한 체계를 세운 인물이라고 할 수 있다. 그리고 그의 연구는 지금도 한국사에 영향력을 미치고 있다. 특히 고등학교 국사 교과서에서 화랑의 시작을 삼한 시대 청소년 집단에서 찾고 있는데, 바로 미시나의 견해를 비판 없이 수용한 결과이다. 그러나 미시나의 연구도 결국은 신라 화랑 그 자체보다는 식민지 정책을 위한 수단에서 비롯된 것으로 이해하는 것이 옳다고 생각된다. 그의 연구의 주된 테마는 문화경역에 대한 것이었고, 그 과정에서 화랑에 대한 것도 검토의 대상으로 삼았던 것이다. 문화 경역을 연구하는 과정에서 화랑도에 대한 연구가 심화되었고, 그 결과 화랑의 연구가 상당히 왜곡되어 나타나게 되었다고 할 수 있다. 이기백이 지적한 것처럼 그는 학문적인 객관성보다는 자기의 의도를 관철하기 위해 고의로 사실을 왜곡한 것이다.

결국 일제강점기 일본인 연구자들의 화랑도 연구는 학문적인 목적인 것처럼 보이나 실제로는 내선 일체를 추구하기 위한 정치적인 의도가 내재되어 있었다.[50] 일제강점기 일본인 연구자들이 화랑도를 연구한 구체적인 목적이 바로 여기에 있었다고 해야 할 것이다. 비록 학문적인 연구라고 하지만 그것은 학문을 빙자한 것일 뿐 속내는 다른 곳에 있었음을 보여 주는 것이다. 그리고 그러한 연구 결과가 현재까지도 이어지고 있다는 점에서 학계의 반성이 요구되고 있다.

50 토거방언은 일제강점기 특히 1930년대에 화랑도에 대한 연구가 집중적으로 이루어진 것에 대하여 "파시즘과, 적어도 전시 체제와 동조하고 있었다고 하는 비난은 피할 수 없다고 말할 수 있을 것이다"라고 하였다(토거방언, 앞의 논문, 1993, 19쪽). 그의 이와 같은 견해는 결국 조선의 젊은이들을 대동아전쟁이라는 명분으로 전선에 보내려고 하는 것과 직결된다고 할 수 있을 것이다.

찾아보기

주제어

ㄱ

ㅂ

ㅅ

ㅇ

ㅈ

ㅊ

ㅋ

ㅌ

ㅍ

ㅎ

인명

ㄱ

ㄴ

ㄷ

ㅈ

ㅊ

ㅌ

ㅍ

ㅎ